法律人核心素养丛书

房地产全流程法律实务

张涛 著

Real Estate
Whole Process
Legal Practice

中国法制出版社
CHINA LEGAL PUBLISHING HOUSE

序

笔者生长于白山黑水的黑龙江省，于2006年考入中国政法大学，经本科四年和硕士三年学习后，始进入职场生涯，并陆续在某"红圈所"及房地产私募基金公司工作至今。

本书名为《房地产全流程法律实务》，可以拆分为几个关键词。第一个关键词是"全流程"。在长期实务工作中，笔者广泛地接触了各项与房地产相关的法律事务，从土地一二级开发，到房地产开发建设，再到房地产销售和运营管理；从建设工程，到与房地产相关的并购融资交易，再到资产证券化和公开募集基础设施投资基金等，笔者都亲身参与并有所体悟，本书的内容系经验所得。第二个关键词是"实务"。法律工作对实务具有较高的要求和需求，并通过实务经验反向推动理论或者制度规定层面的调整和进步，本书旨在通过实务梳理而对实践操作有所助力。第三个关键词是"合规风险防控"。本书在写作过程中针对近年来日益得到重视的合规和风控问题给予了重点关注，希望在提出问题的同时，能够给出解决问题的思路和方向。

写书才知著书不易。本书成书大概有三个阶段，最初是"求书不得"。开始萌生写书念头时，唯一的意愿就是可以总结以往的工作经验，进一步夯实专业能力。但真正落笔却很艰难，不仅要在完成正常工作之外腾出时间写作，还要面临家庭琐事的纷纷扰扰，几次落笔之后，发现坚持下去很难，几经搁置。随后是"写书为乐"。本书在写作过程中，因为业务原因，对于某些热门问题有所研究，很快写了两篇介绍性文章并刊发于公众号，赚得几百元稿费的同时，竟然体会到了写作的快乐，于是有了继续的动力。最后是"贵在坚持"。写书的过程并不顺利，需要调研，需要总结，更需要不断地挤时间和熬夜，最终发现写作更重要的反而是不断克服惰性和倦怠，不断坚持。

笔者撰写本书的目的是，希望将自己从校园出发到进入社会以来所学所得展现出来，并能给致力于法律事业的初学者们某种启发，最终通过本书架设一条和法律同仁沟通交流的桥梁。本书的起草难免挂一漏万，希望能够对读者的工作有所裨益，也希望得到读者朋友们的批评和建议。

张涛

2023 年 10 月

目 录 contents

第一章 土地储备和一级开发实务解析及风控要点

一、土地储备 …………………………………………………………… 001

二、土地一级开发 ……………………………………………………… 008

第二章 土地使用权相关问题的法律解析及风控要点

一、国有土地使用权的出让、租赁、作价出资、入股及划拨 ……… 013

二、集体土地使用权的取得 …………………………………………… 023

第三章 房地产项目开发基本流程
——以合规及风控角度出发

一、土地出让 …………………………………………………………… 029

二、用地预审 …………………………………………………………… 030

三、项目立项 …………………………………………………………… 032

四、用地规划 …………………………………………………………… 033

五、取得土地证 ………………………………………………………… 034

六、工程规划 …………………………………………………………… 035

七、单项批复 …………………………………………………………… 035

八、施工许可 …………………………………………………………… 040

九、单项验收 ……………………………………………………………… 040

十、竣工验收备案 ………………………………………………………… 042

十一、权属登记 …………………………………………………………… 043

第四章 建设工程相关实务问题及风控要点

一、建设工程的概念 ……………………………………………………… 045

二、招标投标 ……………………………………………………………… 046

三、建设工程领域常见问题 ……………………………………………… 054

四、主要建设工程类合同审核要点 ……………………………………… 071

第五章 房地产销售相关实务解析及风控要点

一、房地产销售的概念及分类 …………………………………………… 084

二、商品房销售合同的一般内容 ………………………………………… 085

三、房地产销售涉及的特别问题及相应风险提示 ……………………… 091

第六章 物业管理相关实务解析及风控要点

一、物业管理的概念 ……………………………………………………… 111

二、物业管理的立法现状 ………………………………………………… 112

三、物业服务合同的性质 ………………………………………………… 113

四、物业管理的分类 ……………………………………………………… 114

五、物业管理相关重要概念 ……………………………………………… 116

六、物业服务合同的基本内容 …………………………………………… 122

七、物业服务合同的解除、退出和交接 ………………………………… 126

八、物业服务合同备案 …………………………………………………… 127

第七章 房地产租赁相关实务解析及风控要点

一、房地产租赁业务 …………………………………………… 130
二、租赁合同的主要条款及关注事项 ………………………… 130
三、租赁合同的有效性 ………………………………………… 135
四、租赁合同的形式 …………………………………………… 136
五、不定期租赁合同 …………………………………………… 137
六、转租 ………………………………………………………… 137
七、承租人优先购买权 ………………………………………… 138
八、承租人优先承租权 ………………………………………… 139
九、买卖不破租赁 ……………………………………………… 141
十、租赁合同的解除 …………………………………………… 142
十一、租赁房屋作为工商注册地址 …………………………… 143

第八章 房地产公司清算制度解析
——从解散清算及破产清算比较的维度

一、公司清算制度概述 ………………………………………… 145
二、房地产公司解散清算流程 ………………………………… 152
三、房地产公司破产清算流程 ………………………………… 159
四、清算过程中的注意事项 …………………………………… 164
五、清算相关纠纷 ……………………………………………… 165

第九章 房地产公司破产清算、重整及和解辨析

一、破产清算、重整、和解三者之间的关系 ………………… 172
二、破产程序的启动 …………………………………………… 176
三、破产程序涉及的相关主体 ………………………………… 177

四、债务人财产 ……………………………………………………… 188

五、破产费用和共益债务 …………………………………………… 196

六、宣告破产后破产财产的处置 …………………………………… 197

七、房地产公司破产债权清偿顺位 ………………………………… 199

八、处理与破产有关合规及风险控制有关问题的原则 …………… 206

第十章　房地产合作开发基础模式解析与风控要点

一、联合成立项目公司 ……………………………………………… 207

二、股权收购 ………………………………………………………… 210

三、联合竞买 ………………………………………………………… 210

四、委托代建 ………………………………………………………… 210

第十一章　房地产相关资产与股权并购交易辨析与风控要点

一、房地产并购交易的分类 ………………………………………… 219

二、尽职调查对房地产并购交易的重要性及影响 ………………… 224

三、意向阶段文件 …………………………………………………… 225

四、房地产资产交易的核心关注点 ………………………………… 227

五、房地产股权交易的核心关注点 ………………………………… 231

六、交易文件重点条款 ……………………………………………… 236

七、并购交易的反垄断问题 ………………………………………… 237

八、并购交易的方法论 ……………………………………………… 238

第十二章　国有资产交易基础解析

一、国有资产交易法规体系 ………………………………………… 241

二、国有资产交易类型 ……………………………………………… 243

三、国有资产交易一般流程 245
四、中央金融企业资产交易 249
五、中央企业境外资产交易 253
六、基金份额转让是否适用进场交易 254
七、上市公司国有股份转让 255
八、对于相关主体的要求 256

第十三章 私募股权投资基金投资房地产相关合规风险把控

一、私募基金业务的法律规范体系 258
二、私募股权基金的形式 259
三、管理人登记及从业人员管理 260
四、募集资金 271
五、基金备案 275
六、不动产私募投资基金 286
七、基金投资 290
八、项目开发建设 290
九、项目管理 290
十、私募基金退出 291

第十四章 房地产常见融资方式及相关实务问题解析

第一节 银行贷款 293
一、银行贷款的法律关系 293
二、房地产开发贷款 294
三、并购贷款 295
四、经营性物业贷款 296
五、流动性资金贷款 296
六、银行贷款文件的重点关注事项 297

第二节　资产证券化

一、资产证券化概述 298

二、资产证券化和资产支持票据所适用的规范文件 303

三、资产证券化相关主体及重要概念 305

四、各类资产证券化产品 309

五、资产证券化税筹问题 314

六、资产证券化增信措施问题 315

七、资产证券化产品的挂牌/注册流程 317

八、资产证券化产品的存续期管理 319

第十五章　公开募集基础设施证券投资基金及项目全程实务解析

一、基础设施基金的政策法规体系 321

二、基础设施基金的性质 326

三、基础设施基金的特征 327

四、基础设施基金的名称 328

五、基础设施基金的申报流程及支持政策 328

六、基础设施基金试点项目的重点考核因素 331

七、基础设施基金的相关主体 343

八、基础设施基金的基本架构 347

九、基础设施基金涉及的法律文件及重点关注事项 360

十、基础设施基金的发售 363

十一、基础设施基金的上市和交易 367

十二、基础设施基金的借款 369

十三、基础设施基金的信息披露 369

十四、基础设施基金的运营管理 370

第十六章　房地产项目法律尽职调查重点关注事项解析

- 一、公司 …… 373
- 二、项目 …… 375
- 三、物业管理 …… 378
- 四、人员 …… 379
- 五、诉讼仲裁 …… 380
- 六、资产 …… 380
- 七、保险 …… 380
- 八、重大债权债务及担保 …… 381
- 九、重大合同 …… 381
- 十、税务 …… 382

后　记

第一章　土地储备和一级开发实务解析及风控要点

从事房地产相关业务的法律同仁在实际业务中面对的不仅是房产，还有房产赖以存在的基础即土地。《宪法》第十条规定："城市的土地属于国家所有。农村和城市郊区的土地，除由法律规定属于国家所有的以外，属于集体所有；宅基地和自留地、自留山，也属于集体所有。国家为了公共利益的需要，可以依照法律规定对土地实行征收或者征用并给予补偿。任何组织或者个人不得侵占、买卖或者以其他形式非法转让土地。土地的使用权可以依照法律的规定转让。一切使用土地的组织和个人必须合理地利用土地。"我国对于土地分为国有和集体的二元划分，是我们研究一切房地产问题的根本。

一、土地储备

土地储备制度起源于上海。1996年8月，上海成立了我国第一家土地储备机构，即上海市土地发展中心。此后，《杭州市土地收购储备实施办法》出台，各地纷纷开始借鉴上海市、杭州市的经验建立自己的土地储备机构。2007年11月19日，国土资源部[①]、财政部及中国人民银行出台了《土地储备管理办法》（已废止），标志着国家层面的土地储备制度正式建立。

作为土地储备的归口管理部门，原国土资源部（现自然资源部）于2012年11月5日作出了《关于加强土地储备和融资管理的通知》；国土资源部、财政部、中国人民银行、中国银行业监督管理委员会于2016年2月2日作出了《关于规范土地储备和资金管理等相关问题的通知》（以下简称《规范土地储备和资金管理的通知》），针对实践中土地储备存在的具体操作及资金管理等问题进行规范。为了进一步规范土地储备管理，促进土地资源的高效配置和合理利用，2018年1月3日，原国土资源部、财政部、中国人民银行和原中国银行

[①] 现部分部委名称有变化，下文对此不再提示。

业监督管理委员会重新出台了《土地储备管理办法》（以下简称《土储管理办法》）。目前，《土储管理办法》是关于土地储备最重要的规范。从《土储管理办法》的制定主体看，不仅包括土地储备的主管部门，也包括负责土地储备资金及资产监管的财政部门，以及对土地储备涉及的资金、专项债券等进行监督的中国人民银行及原银保监会，更能凸显土地储备这项制度本身的复杂性及合理高效利用土地资源的重要性。

（一）土地储备的定义

土地储备简称"土储"，是指县级（含）以上国土资源主管部门为调控土地市场、促进土地资源合理利用，依法取得土地，组织前期开发、储存以备供应的行为。

从土地储备的定义看，土地储备包括以下几个方面的内容：

第一，土地储备的归口管理部门是国土资源部，即目前的自然资源部，具体对应的部门是自然资源所有者权益司。自然资源所有者权益司的职能是，拟定全民所有自然资源资产管理政策，建立全民所有自然资源资产统计制度，承担自然资源资产价值评估和资产核算工作；编制全民所有自然资源资产负债表，拟定相关考核标准；拟定全民所有自然资源资产划拨、出让、租赁、作价出资和土地储备政策；承担报国务院审批的改制企业的国有土地资产处置。[①] 但需要注意的是，国土资源主管部门必须是县级及县级以上的国土资源主管部门，即只有符合该要求的国土资源主管部门才能设置相应的土地储备机构。

第二，土地储备设置目的是调控土地市场和促进土地资源合理利用。

第三，土地储备的主要工作范围可以用十八个字概括，即"依法取得土地、组织前期开发、储存以备供应"。具体而言，土地储备可以包括征收、收购、收回土地，进行与储备宗地相关的道路、供水、供电、供气、排水、通讯、照明、绿化、土地平整等基础设施建设，以及地籍调查、土地登记、地价评估、围栏和围墙等管护设备的建设等。

（二）土地储备机构

土地储备机构应为县级（含）以上人民政府批准成立、具有独立的法人资格、隶属于所在行政区划的国土资源主管部门、承担本行政辖区内土地储备工作的事业单位。国土资源主管部门对土地储备机构实施名录制管理。

[①] 参见中华人民共和国自然资源部网站，https://www.mnr.gov.cn/jg/jgsz/nsjg/201809/t20180912_2188292.html，2023年5月1日访问。

2020年5月13日，自然资源部办公厅印发了《关于印发〈土地储备机构名录（2020年版）〉的通知》。以北京市为例，除隶属于北京市规划和自然资源委员会（以下简称"北京市规自委"）的北京市土地整理土地储备中心外，还有分别隶属于北京市规自委各分局的分中心，如北京市土地整理储备中心东城区分中心、北京市土地整理储备中心昌平区分中心（目前已更名为"北京市昌平区规划和自然资源综合事务中心"）等。北京市也存在北京市土地整理储备中心金融街分中心，业务范围是"承担西城区金融街区域土地储备、土地供应、土地后备资源调查评价等方面的具体实施工作"，即针对重要区域所单独设定的分中心，未与具体行政区划挂钩。

每个县级以上（含县级）法定行政区划原则上只能设置一个土地储备机构，统一隶属于所在行政区划国土资源主管部门管理。由于土地储备机构设置的目的在于依法取得土地、进行前期开发及储存以备供应土地，这些均是政府部门行使职能提供支持保障的工作，不能或不宜由市场配置资源，因此，按照事业单位分类改革的原则，土地储备机构统一定性为公益一类事业单位。以北京市土地整理储备中心为例，可以通过公开途径查询到其工商信息，具体信息包括负责人、统一社会信用代码、开办资金、登记机关、有效期、宗旨和业务范围等，与一般工商登记不同的是，北京市土地整理储备中心的登记不在市场监督部门，而在北京市机构编制委员会办公室，这也是由其事业单位的特点决定的。

此外，土地储备的目的是调控土地市场和促进土地资源合理利用，因此土地储备机构不宜从事政府融资、土建、基础设施建设、土地二级开发业务等部分，如果土地储备机构仍有与此相关的工作，则应剥离出去或者转为企业。

（三）土地储备计划

土地储备也有其规划。根据《土储管理办法》规定，储备计划系根据各地规划具体情况，编制土地储备的三年滚动计划，合理确定未来三年土地储备规模，对三年内可收储的土地资源，在总量、结构、布局、时序等方面作出统筹安排，优先储备空闲、低效利用等存量建设用地。各地应合理制订年度土地储备计划，其内容包括：上年度末储备土地结转情况（含上年度末的拟收储土地及入库储备土地的地块清单）、年度新增储备土地计划（含当年新增拟收储土地和新增入库储备土地规模及地块清单）、年度储备土地前期开发计划（含当年前期开发地块清单）、年度储备土地供应计划（含当年拟供应地块清单）、年度储备土地临时管护计划及年度土地储备资金需求总量等。

这里的拟收储土地是指已纳入土地储备计划或经县级以上（含县级）人民

政府批准，目前已启动收回、收购、征收等工作，但未取得完整产权的土地；入库储备土地是指土地储备机构已取得完整产权，纳入储备土地库管理的土地。

土地储备计划的根本目的就是更好调控土地市场及促进土地高效合理利用。

（四）土地入库标准

纳入储备范围的土地也有其明确要求，具体包括：依法收回的国有土地，收购的土地，行使优先购买权取得的土地，已办理农用地转用、征收批准手续并完成征收的土地，以及其他依法取得土地。

1. 依法收回的国有土地

依法收回国有土地，即土地收回。《城镇国有土地使用权出让和转让暂行条例》（以下简称《土地使用权出让和转让暂行条例》）第四十二条规定，国家对土地使用者依法取得的土地使用权不提前收回，在特殊情况下，根据社会公共利益的需要，国家可以依照法律程序提前收回，并根据土地使用者已使用的年限和开发、利用土地的实际情况给予相应的补偿。此外，该条例第四十七条对于划拨土地使用权的收回也作了相应规定，对于国有划拨土地，因迁移、解散、撤销、破产或其他原因停止使用划拨土地的，市、县人民政府应当无偿收回土地使用权，基于城市建设发展需要和城市规划的要求，市、县政府也可以无偿收回土地使用权，但应对地上建筑物、其他附着物等根据实际情况给予适当补偿。

原则上，不得提前收回土地使用权，但根据社会公共利益的需要，国家也可以依照法定程序提前收回，并对土地使用者予以相应的补偿。故概括而言，该种国有土地的取得方式简言之就是"收回"。

2. 收购的土地

《国务院关于加强国有土地资产管理的通知》（以下简称《加强土地资产管理通知》）规定，市、县人民政府可划出部分土地收益用于收购土地，金融机构要依法提供信贷支持。基于此，收购的土地也自然可以纳入土储的范围。该种国有土地的取得方式简言之就是"收购"。

3. 行使优先购买权方式取得的土地

《土地使用权出让和转让暂行条例》第二十六条规定，土地使用权转让价格明显低于市场价格的，市、县人民政府有优先购买权。《国务院关于加强国有土地资产管理的通知》规定，国有土地使用权转让，转让双方必须如实申报成交价格。土地行政主管部门要根据基准地价、标定地价对申报价格进行审核和登记。申报土地转让价格比标定地价低20%以上的，市、县人民政府可行使优先购买权。

市、县级人民政府依法确定和公布其基准地价和标定地价，若土地使用权转让成交价格比标定地价低20%以上的，市、县政府可以行使优先购买权。该种国有土地的取得方式简言之就是"优先购买"。

4. 农用地转用及征收方式取得的土地

根据《土地管理法》的规定，农用地转为建设用地的，应当办理农用地转用审批手续；为了公共利益的需要，在符合特定情形下，确需征收农民集体所有的土地的，可以依法实施征收。该两种国有土地的取得方式简言之就是"置换"及"征收"。

综上，凡是纳入土地储备范围的，实质都是收购，仅是收购具体形式的不同，即收回但要补偿、普通收购、优先收购、置换及征收但要补偿等。收购土地的补偿标准，由土地储备机构与土地使用权人根据土地评估结果协商，并经国土资源主管部门和财政部门等确认。

储备土地入库前，土地储备机构应向不动产登记机构申请办理登记手续。储备土地登记的使用权类型统一确定为"其他（政府储备）"。

（五）土地储备机构的主要工作内容

从土地储备的定义就可以看出，土地储备机构的主要工作内容包括以下几个方面，即依法取得土地、组织前期开发和储存以备供应，这既反映了土地储备的主要工作内容，同时也是前后相继的不同阶段。简单理解，土地储备机构就是通过前面提到的征收、收回、收购、置换等方式取得需要储备的土地，并通过进行必要的前期开发，使得储备的土地满足必要的"通平"要求，最终用于土地供应。

首先，依法取得土地阶段。对于土地的取得方式，即征收、收回、收购、置换等，针对的对象不仅有国有土地，也有集体土地。

其次，前期开发阶段。储备土地的前期开发应按照土地的既有规划，完成地块内的道路、水、电、气、热、通讯、围挡等基础设施建设，并对土地进行平整，达到必要的"通平"要求。通平一般分为三通一平、五通一平、七通一平，其中的"平"就是指土地平整，"三通"指通水、通电、通路，"五通"指通水、通电、通路、通讯、通排水，"七通"则是在五通基础上加上通暖气、通燃气或煤气。但在土储机构的前期开发阶段，一般只要完成三通一平即可，五通一平主要是为了满足前期施工需要，而七通一平则是为了开发商启动项目开发建设。为了开展前期必要开发，土地储备机构也可以聘用勘察、设计、施工、监理等单位，对其进行必要的监督管理，并最终组织开展验收工作或者委托专业机构进行验收。

最后，储存以备供应阶段。对已经收储的土地或者已经必要开发的土地，土地储备机构应采取自行管护、委托管护、临时利用等方式进行管护，建立巡查制度，并对侵害或者可能侵害土地权利的行为进行有效应对。该等管护工作，可以由土储机构负责，或者由土储机构选择管护机构负责。储备土地完成前期开发，并具备供应条件后，应纳入当地市、县土地供应计划，由市、县国土资源主管部门统一组织土地供应。供应已发证的储备土地之前，应收回并注销其不动产权证书及不动产登记证明，并在不动产登记簿中予以注销。

土地储备机构除上面的主要工作外，还可以对储备的土地进行临时利用。所谓临时利用，即在储备土地未供应前，土地储备机构可将储备土地或连同地上建（构）筑物，通过出租、临时使用等方式加以利用。储备土地的临时利用应报同级国土资源主管部门同意，且时间上一般不超过两年，不能影响土地供应。其中，在城市规划区内储备土地的临时使用，需搭建建（构）筑物的，在报批前，应当先经城市规划行政主管部门同意，不得修建永久性建筑物。

（六）土地储备的资金来源

土地储备机构进行土地储备相关工作的资金来源主要是通过政府预算安排，实行专款专用。同时，土地储备机构维持自身运转也需要日常经费，这部分费用同样纳入政府预算，不过应当与土地储备资金分账核算，不能够相互混用。

土地储备机构按规定编制土地储备资金收支项目预算，经同级国土资源主管部门审核，报同级财政部门审定后执行。这也正是《土储管理办法》的制定部门包括财政部的重要原因。

具体而言，土地储备机构的土地储备资金包括以下几个组成部分：

首先是国有土地收益基金。《国务院办公厅关于规范国有土地使用权出让收支管理的通知》规定："为加强土地调控，由财政部门从缴入地方国库的土地出让收入中，划出一定比例资金，用于建立国有土地收益基金，实行分账核算，具体比例由省、自治区、直辖市及计划单列市人民政府确定，并报送财政部和国土资源部备案。国有土地收益基金主要用于土地收购储备。"国有土地收益基金是从缴入地方国库的地方出让收入中划出的一定比例资金，主要用于土地储备用途。各地将依据各地的实际情况确定从国有土地使用权出让取得的价款中确定相应比例建立国有土地收益基金，并报送省财政和国土资源主管机关备案。

以广东省为例，广东省财政厅、广东省国土资源厅于 2018 年 5 月 11 日作出《广东省财政厅、广东省国土资源厅关于计提国有土地收益基金有关问题的通知》规定，各市、县财政部门应在每个季度结束后 10 日内通过调库方式，从缴入地方国库的以招标、拍卖、挂牌和协议等方式出让国有土地使用权所取得的总价款中，按不低于 1% 的比例划出资金用于建立国有土地收益基金，实行分账核算。该基金全部为地方收入，主要用于土地收购储备，计提比例调整不影响从土地出让收益中计提农田水利建设资金和教育资金。各地要抓紧按上述要求明确本地区国有土地收益基金计提比例，并报省财政厅和省国土资源厅备案。深圳市国有土地收益基金计提比例由深圳市政府自行确定。

其次是土地出让收入。土地出让收入也可以用于安排给土地储备机构的征地和拆迁补偿费用、土地开发费用。从本质上讲，国有土地收益基金也是来源于土地出让收入。

再次是财政资金支持，如发行地方政府债券所筹集的资金。根据《地方政府土地储备专项债券管理办法（试行）》的规定，地方政府土地储备专项债券是地方政府专项债券的一个品种，是指地方政府为土地储备发行，以项目对应并纳入政府性基金预算管理的国有土地使用权出让收入或国有土地收益基金收入偿还的地方政府专项债券。土地储备专项债券实际就是政府举债用于土地储备，并以土地使用权出让收入或国有土地收益基金作为还款来源。省、自治区、直辖市政府即省级政府是土地储备专项债券的发行主体，市、县政府如果需要发行，也必须由省级政府统一发行并转贷给市县政府，而不能直接作为发行主体。计划单列市政府经省政府批准可以自办土地储备专项债券。

此外，土地储备专项债券实行限额管理，从国家层面来看，每年国务院会批准年度地方政府专项债务限额，在该限额内，财政部会根据土地储备融资需求和土地出让收入状况等，确定年度全国土地储备专项债券的总额度。各省、自治区、直辖市年度土地储备专项债券额度应当在国务院批准的分地区专项债务限额内安排，并由财务部下达给各省级财政部门，并抄送国土资源部。

最后是财政部门批准可用于土地储备的其他资金，以及上述各类资金来源所产生的利息收入等。

需要注意的是，此前土地储备贷款也是土地储备资金来源之一，但是自 2016 年 1 月 1 日起，已经严禁各地向银行业金融机构举借土地储备贷款。

（七）土地储备资金使用管理

土地储备资金的使用管理可以从两个方面理解，一是土地储备资金的使用范围；二是土地储备资金的预决算管理。

对于土地储备资金的使用范围，可以包括以下几个方面：

一是与储备土地取得有关的费用和支出。征收、收购、优先购买或收回土地需要支付的土地价款或征地和拆迁补偿费用，具体包括土地补偿费和安置补助费、地上附着物和青苗补偿费、拆迁补偿费，以及依法需要支付的与征收、收购、优先购买或收回土地有关的其他费用。

二是必要的前期开发所需的费用和支出。储备土地的前期开发，仅限于与储备宗地相关的道路、供水、供电、供气、排水、通迅、照明、绿化、土地平整等基础设施建设。但不得借土地储备前期开发，进行与储备宗地无关的上述相关基础设施建设。

三是偿还土地储备存量贷款本金和利息支出。但如上所述，目前已经严禁土地储备贷款，相应地也不会再产生本金和利息支出。

四是同级财政部门批准的与土地储备有关的其他支出，具体包括土地储备工作中发生的地籍调查、土地登记、地价评估以及管护中围栏、围墙等建设等。

对于土地储备资金的使用，由于纳入财政预算，所以对于土地储备资金的使用有严格的预、决算要求。具体来看，可以从预算制定、预算执行和决算三个阶段分析。在预算制定上，土地储备机构负责编制下一年度的土地储备资金收支项目预算，该预算需经国土资源主管部门审核后，报同级财政部门审定。土地储备支出首先应从国有土地收益基金、土地出让收入、存量贷款资金中安排，不足部分再通过省级政府发行的地方政府债券筹集资金解决。在预算执行上，土地储备机构应当严格按照同级财政部门批复的预算执行，并根据土地收购储备的工作进度，提出用款申请，经主管部门审核后，报同级财政部门审批。在决算上，每年年度结束，土地储备机构应向同级财政部门报送土地储备资金收支项目决算及宗地支出详细情况，由同级财政部门或其聘请的会计师事务所等中介机构进行审核。

二、土地一级开发

从国家层面文件看，并没有土地一级开发这一概念。关于土地一级开发的概念更多的是通俗的讲法，并在一些地方文件中被提及。对此，笔者进行了相应的检索。

表1.1　部分涉土地一级开发规范性文件列示

序号	文件名称	文号	生效日期	颁布主体
1	中关村科技园区土地一级开发暂行办法	京政办〔2002〕16号	2002.4.1	北京市人民政府办公厅
2	北京市土地储备和一级开发暂行办法	—	2005.8.3	北京市国土资源局，北京市发展和改革委员会，北京市规划委员会，北京市建设委员会
3	关于印发贵阳市土地一级开发整理实施意见的通知	筑府发〔2011〕55号	2011.8.29	贵阳市人民政府
4	青岛市人民政府关于进一步规范土地一级开发整理工作的通知	青政发〔2016〕16号	2016.5.26	青岛市人民政府
5.	包头市人民政府办公室关于印发包头市土地一级开发办法的通知	包府办发（2019）6号		包头市人民政府办公厅

（一）土地一级开发的概念及主要内容

以上是省会城市或者省较大城市关于土地一级开发的规定，各个规定关于土地一级开发的定义基本是一致的。以《包头市土地一级开发办法》为例，该办法中土地一级开发的定义是，市人民政府依据国民经济和社会发展计划、城市总体规划和土地利用总体规划，使用社会资金对项目范围内的土地及地上物实施征收（收回、收购）补偿，并进行适当的基础设施配套建设等土地出让前期工作，使土地具备供应条件的行为。

从这些规定看，土地一级开发就是主管部门根据土地利用总体规划、城市总体规划，依法取得土地，并对土地进行必要的开发及配套建设，使该土地具备后续进行土地供应条件的行为。从该定义看，与土地储备的定义基本一致，但土地一级开发更倾向于土地储备的三项主要工作即依法取得土地、前期必要开发、储存以备供应中的前两项工作内容，也就是土地一级开发重在"开发"，开发就包括取得土地和必要开发两项主要工作内容。

通俗地讲，土地一级开发就是取得"生地"并对其进行必要开发使之成为

"熟地"的过程。这里的"生地"一般指国土局尚未通过招拍挂[①]的方式出让或者划拨的土地,这个阶段中,土地尚未具备供应市场的条件;"熟地"一般指经过征地、拆迁、置换和必要市政基础设施建设,可直接用于供应和建设的土地。与土地一级开发对应的是土地二级开发,土地二级开发是指通过出让或者划拨等方式取得土地使用权的主体对土地进行开发、建设和运营。

一般而言,土地一级开发包括如下内容:

一是实施集体土地征收、国有土地收回或收购等相关工作,也就是一级开发主体(一般是土地储备中心)依法取得土地的相关工作。

二是实施地上建筑物、构筑物、附着物征收、拆迁、补偿、安置工作。这项工作其实与上述集体土地征收、国有土地收回或收购相关,在依法取得土地的过程中,即涉及对相关主体进行征收、拆迁、补偿或安置。

三是实施市政及其他基础设施配套建设。也就是对土地进行必要的开发和基础设施建设,包括相关的道路、供水、供电、供气、排水、通讯、照明、绿化、土地平整等基础设施建设等。

(二)土地一级开发和土地储备的联系和区别

土地一级开发和土地储备是两个相近的概念,在实践中容易造成混淆。实际上,土地一级开发和土地储备既有联系,也存在区别。这种联系和区别又都与二者的主要工作内容相关。如上所述,土地储备的主要工作包括依法取得土地、前期必要开发和储存以备供应,而土地一级开发的主要工作包括依法取得土地和前期必要开发。二者的主要工作中存在重合,且主要负责机构都是当地的土储机构,这是二者的联系。土地一级开发不包括储存以备供应,则是二者的区别。此外,不论是依法取得土地,还是前期必要开发,实际上土储机构都没有办法单独完成,只有储存以备供应是土储机构自身即可完成的。

(三)土地一级开发的资金来源

《规范土地储备和资金管理的通知》规定,推动土地储备政府采购工作,地方国土资源主管部门应当积极探索政府购买土地征收、收购、收回涉及的拆迁安置补偿服务。土地储备机构应当积极探索通过政府采购实施储备土地的前期开发,包括与储备宗地相关的道路、供水、供电、供气、排水、通讯、照明、绿化、土地平整等基础设施建设。地方财政部门、国土资源主管部门应当会同辖区内土地储备机构制定项目管理办法,并向社会公布项目实施内容、承接主

[①] 编者注:招标、拍卖、挂牌。以下不再标注。

体或供应商条件、绩效评价标准、最终结果、取得成效等相关信息，严禁层层转包。项目承接主体或供应商应当严格履行合同义务，按合同约定数额获取报酬，不得与土地使用权出让收入挂钩，也不得以项目所涉及的土地名义融资或者变相融资。该规定的内容表明，土地储备机构即土地一级开发的主要责任单位可以通过政府采购，选择符合一定条件的主体负责与征收、收购、收回所涉及的拆迁安置补偿服务，以及实施储备土地的前期开发，包括与储备宗地相关的道路、供水、供电、供气、排水、通讯、照明、绿化、土地平整等基础设施建设。但在这一过程中，土地储备机构应当按照合同约定履行合同义务，包括支付相应工程款，但是政府采购不得与土地出让收入挂钩，该等项目承接主体或供应商也不得层层转包，或以土地名义融资或变相融资。

（四）土地开发一二级联动

所谓"土地开发一二级联动"，是指开发商参与到土地一级开发中，并通过承担土地一级开发成本等方式，廉价地取得相关土地的二级开发、建设、运营等权利，即将土地一级开发和土地二级开发联动起来。一个很形象的说法就是"勾地"，利用土地一级开发的优势取得土地二级开发权利。

土地一级开发实际上产生不了收入，反而在依法取得土地和前期必要开发过程中需要不断支出。但土地二级开发却能通过转让带来收入。因此，土地开发一二级联动往往是将土地二级开发的转让收入补贴开发商在土地一级开发的投入和支出。但这种和土地出让收入挂钩的方式实际已经被《规范土地储备和资金管理的通知》禁止。

此外，土地开发一二级联动的操作实际在目前的法律法规框架下不被允许，也很难实现。《国土资源部、监察部关于继续开展经营性土地使用权招标拍卖挂牌出让情况执法监察工作的通知》（以下简称《继续开展经营性土地使用权招标拍卖挂牌出任过情况执法监察的通知》或"71号文"）规定，各地要严格执行经营性土地使用权招标拍卖挂牌出让制度。2002年7月1日《招标拍卖挂牌出让国有土地使用权规定》实施后，除原划拨土地使用权人不改变原土地用途申请补办出让手续和按国家有关政策规定属于历史遗留问题外，商业、旅游、娱乐和商品住宅等经营性用地供应必须严格按规定采用招标拍卖挂牌方式，其他土地的供地计划公布后，同一宗地有两个或两个以上意向用地者的，也应当采用招标拍卖挂牌方式供应。各地要严格按国家有关政策规定界定《招标拍卖挂牌出让国有土地使用权规定》实施前的历史遗留问题，不得擅自扩大范围，也不得弄虚作假，变相搭车。要加快工作进度，在2004年8月31日前将历史遗留问题界定并处理完毕。8月31日后，不得再以历史遗留问题为由采用协议方式出让经营性土地使用权。《招标拍卖挂牌出让国有建设用地使用权规定》（2007年修订）第四条规定，工业、商业、旅游、娱乐和商品住宅等经营性用地以及同一宗地有两个以上意向用地者的，应当以招标、拍卖或者挂牌方式出让。《城市房地产管理法》第十三条规定，土地使用权出让，可以采取拍卖、招标或者双方协议的方式。商业、旅游、娱乐和豪华住宅用地，有条件的，必须采取拍卖、招标方式；没有条件，不能采取拍卖、招标方式的，可以采取双方协议的方式。采取双方协议方式出让土地使用权的出让金不得低于按国家规定所确定的最低价。综上，自71号文所规定的"8·31大限"以来，工业、商业、旅游、娱乐和商品住宅等经营性用地一律通过招拍挂方式出让，即同一宗土地可以有不同的主体参与竞拍，最终哪一主体是不确定的，土地开发一二级联动实际上已不可能实现。这是因为，第一，土地使用权出让通过招拍挂的形式使得参与一级开发的开发商最终取得土地使用权成为或然性事件；第二，除非特殊情形经营用地已不得协议出让，参与一级开发的开发商也没有通过协议的方式勾地的空间；第三，土地使用权转让价格明显低于市场价格的，市、县人民政府有优先购买权，也不允许土地有低价转让的可能。

  本章内容对土地储备和土地一级开发进行了基础性的介绍和分析。土地储备和土地一级开发属于土地前期开发阶段，通过收购、置换、征收、收回等方式依法取得土地，通过必要开发并储备用地用于后续的土地供应。在新时代下，土地资源变得更为珍贵，如何合理且充分地利用土地资源，对于优化存量土地资源配置，改善营商环境，推动生态文明建设，均具有重要意义。同时，科技水平和管理水平的不断提升也为调查核实土地储备资源数量、质量、分布等提供了强有力的支撑，有利于土地储备计划的制订和执行，并对土地储备进行全生命周期的管理，最终的目的是使得土地资源得到充分合理利用。

  虽然土地储备和土地一级开发相关的业务并非如其他房地产相关业务那样常见，但却是房地产业务的基础，房地产业务合规风险防控也脱离不开基础性的土地储备和一级开发。此外，在日常的业务中，相关法律工作者既要关注相关操作是否符合国家和地方层面的相关规定，也要考虑是否与国家相关政策相符合。

第二章　土地使用权相关问题的法律解析及风控要点

我国实行土地的社会主义公有制，即全民所有制和劳动群众集体所有制，是现行的一切土地管理制度的基础。在土地社会主义公有制的基础上，国家依法实行国有土地有偿使用制度及土地用途管制制度。在我国，凡是取得土地使用权，并在土地上进行居住、商业、办公或其他各种用途的，都必须严格遵照这些基本土地制度。

土地使用权进一步分为国有土地使用权和集体土地使用权，前者对应全民所有制，后者对应劳动群众集体所有制。本章将从国有土地使用权和集体土地使用权两个维度着重介绍和分析土地使用权取得的相关问题，并以此为基础，为与此相关的合规风险提供防控思路。

一、国有土地使用权的出让、租赁、作价出资、入股及划拨

对于国有土地使用权，其取得方式一般分为出让、租赁、作价出资或入股和划拨四种方式，其中，出让方式又进一步可以分为公开出让和协议出让。

（一）国有土地使用权出让

《土地管理法》第五十四条规定，建设单位使用国有土地，应当以出让等有偿使用方式取得。目前，在城市范围内，不论是住宅，还是办公楼、商场，赖以开发建设的基础即土地从所有权角度均属于国有所有，业主所享有的仅仅是国有土地的使用权。

不论是招拍挂方式出让土地，还是协议出让土地，由于二者均是出让土地，因此存在一定的共同点。首先，均是国家作为国有土地所有者将土地使用权在一定年限内转让给土地使用者，并由土地使用者支付土地出让价款。其次，招拍挂方式或协议方式出让土地均需要签订土地使用权出让合同，一方是代表国家的市、县土地管理部门，另一方是土地使用者。最后，二者遵循的土地使用权出让最高年限是相同的，即居住用地70年，工业用地50年，教科文卫体用地50年，商业、旅游、娱乐用地40年，综合或其他用地50年。

1. 国有土地使用权招拍挂方式公开出让

（1）招拍挂出让的一般要求

在《继续开展经营性土地使用权招标拍卖挂牌出任过情况执法监察的通知》之前，国有土地使用权的协议出让是普遍存在的。但是自从2004年8月31日以后（一般称为"8·31大限"），协议出让已经成为特殊情形，通过招拍挂等有偿方式公开出让国有土地使用权成为主流。

根据《招标拍卖挂牌出让国有建设用地使用权规定》，工业、商业、旅游、娱乐和商品住宅等经营性的用地以及同一宗地有两个以上意向用地者的，应当以招标、拍卖或挂牌方式出让。其中，招标出让国有建设用地使用权，是指市、县人民政府国土资源行政主管部门发布招标公告，邀请特定或者不特定的自然人、法人和其他组织参加国有建设用地使用权投标，根据投标结果确定国有建设用地使用权人的行为。拍卖出让国有建设用地使用权，是指出让人发布拍卖公告，由竞买人在指定时间、地点进行公开竞价，根据出价结果确定国有建设用地使用权人的行为。挂牌出让国有建设用地使用权，是指出让人发布挂牌公告，按公告规定的期限将拟出让宗地的交易条件在指定的土地交易场所挂牌公布，接受竞买人的报价申请并更新挂牌价格，根据挂牌期限截止时的出价结果或者现场竞价结果确定国有建设用地使用权人的行为。

鉴于招标、拍卖、挂牌均有其一般的操作程序，且各地在实际操作中可能有所差别，故在此不再过多具体赘述。就一般的程序而言，首先，土地主管部门应依据土地的估价结果和政府产业政策确定拟出让土地的标底或底价。其次，土地主管部门会根据出让地块的具体情况，编制相应的出让文件，包括出让公告、投标或竞买须知、土地使用条件、标书或竞买申请书、报价单、中标通知书或成交确认书、出让合同文本等，并予以公布。再次，意向方，包括境内外的自然人、法人或其他组织均可以申请参加招拍挂的出让活动。出让人进行开标，并确定最终的中标人、竞得人或摘牌人。最后，出让人应与招拍挂的最终中标人、竞得人或摘牌人签署正式的土地使用权出让合同。

（2）土地使用权出让合同的主要条款

2008年4月29日，国土资源部和国家工商总局联合发出了《关于发布〈国有建设用地使用权出让合同〉示范文本的通知》（以下简称《出让合同示范文本》),自 2008 年 7 月 1 日开始执行。该通知要求各市县国土资源管理部门按照示范文本的要求,规范签订国有建设用地使用权出让合同,督促用地主体严格履行合同。从这一要求看,虽然并未强制各地适用该示范文本,但是该示范文本的条款对于各地的指导意义是不言而喻的。

在法律尽职调查、房地产并购交易及房地产项目融资等过程中,土地使用权出让合同都是相关方非常重视和关注的重要文件。结合《出让合同示范文本》,在此对土地使用权出让合同的一般条款设置介绍如下。

1)总则条款

总则条款重点强调出让土地的所有权属于中华人民共和国,出让人仅根据法律授权出让国有建设用地使用权,地下资源、埋藏物不属于出让范围;同时,受让人有权对国有建设用地进行占有、使用、收益和依法处置的权利。

2)出让土地的交付与出让价款的缴纳条款

这一条款重点分为几大类内容,第一类是出让土地的基本信息,包括出让宗地编号、宗地面积、宗地坐落、宗地用途等出让土地的基本信息。第二类是出让人交付出让土地的时间及交付土地时的土地条件。第三类是出让土地的出让年限。第四类是出让价款及支付节奏,包括定金抵作土地出让价款,支付节奏可以是一次性支付也可以是分笔支付,但只有在受让人付清全部土地出让价款后,受让人才能够申请国有建设用地使用权的登记;若逾期支付出让价款将会产生违约金,超过 60 日的,出让人还有权解除出让合同,没收定金,并要求受让人赔偿损失。

本条款的内容虽然并不多,但均为实质性的商务条件,需要重点关注并确保履行相关义务,否则将可能导致商务目的无法达成或者触发违约责任等风险。

3)土地开发建设与利用条款

土地开发建设与利用条款是土地出让合同的主要条款。出让人虽然将出让土地的使用权出让给受让人,但出让人对于出让土地后续的开发建设和利用是有相应要求的,尤其应当符合土地的总体规划,并配合相关政策的推进和执行,这些都将构成受让人在受让出让土地之后开发建设过程中的义务。这些义务体现在:

第一,开发投资强度。由于出让土地的用途不同,开发投资强度根据属于工业项目还是非工业项目也将有所不同。对于工业项目,由于其将直接带来大量固定资产投资及税收,因此,出让合同往往要求受让人承诺项目固定资产总投资额,这里的项目固定资产总投资额包括建筑物、构筑物及其附属设施、设备投资和出让价款等。对于非工业项目，受让人则往往要承诺其开发投资总额。

第二，出让宗地规划条件。出让宗地规划条件是规划管理部门确定的，受让人在开发建设过程中必须严格遵守该等条件，否则即构成对规划要求的违反。规划条件包括建筑总面积、容积率、建筑限高、建筑密度、绿地率等。

第三，宗地建设配套。开发项目往往需要执行政府层面的某些政策，因此出让人往往要求受让人要承诺完成一定的建设配套。例如，某些地区在土地招拍挂的过程中，采取了限地价＋竞配建的模式，即限制最高竞买地价，当两个或以上都达到了最高竞买地价，则开始竞争建设配套，即哪一方承诺的建设配套具有优势就最终胜出。

对于工业项目，一般限制出让土地中用于企业内部行政办公及生活服务设施的占地面积，且不得在宗地范围内建设成套住宅、专家楼、宾馆、招待所和培训中心等与工业项目不符的非生产性设施，旨在强调工业项目的出让土地应集中建设工业生产性设施。对于住宅项目，一般要求受让人承诺建设的住宅总套数。有地区则明确要求建筑面积90平方米以下的住宅比例不得低于宗地范围内住宅总套数的一定比例，如70%。如果受让人承诺配建经济适用房、廉租住房等政府保障性住房的，也将在合同中明确约定建成后的处理方式，如移交给政府、由政府回购、按经济适用房建设和销售标准执行等。其中，移交给政府或者由政府回购等也将进一步约定细节，如是否无偿移交、回购价格等，以确保条款具有实际的操作性和执行性。此外，受让人也可能承诺负责建设其他的一些配套设施，如幼儿园、小学或者养老设施等，对此，合同中均应进行明确约定。

第四，开竣工时间。出让宗地的开工建设往往与邻近宗地的开发建设一并列入项目所在地的整体规划，这也是出让合同需要明确受让人开竣工时间的原因。如果受让人不能按期开工，一般应提前30日向出让人提出申请，但延期期限不得超过一年。同时，出让合同也将针对受让人延期开竣工设置相应的违约责任。

第五，规划调整。原则上规划一旦确定就不会改变，受让人即应按照规划执行。但在特定情况下，规划也存在调整的情况，宗地内既有的建筑物不受影响，但在使用期限内该宗地内建筑物、构筑物及其附属设施等的改建、翻建、重建等，应当按照调整后的规划执行。

第六，国有建设用地使用权收回。这其实是《城镇国有土地使用权出让和转让暂行条例》的规定，即原则上已出让的土地使用权在使用年限内不得收回，但是在特殊情况下，根据社会公共利益也可以提前收回，前提是出让人依法完成报批，并根据收回时地上建筑物、构筑物及其附属设施的价值和剩余年限的评估价值和有关直接损失进行补偿。对此，《民法典》第三百五十八条也规定，建设用地使用权期限届满前，因公共利益需要提前收回该土地的，应当依据本法第二百四十三条的规定对该土地上的房屋以及其他不动产给予补偿，并退还相应的出让金。

4）国有建设用地使用权转让、出租、抵押条款

实践中，已出让的土地使用权的转让、出租和抵押都是常见的情形。针对土地使用权的转让，土地出让合同一般要求受让人需要完成开发投资总额的25%。这一要求是《城市房地产管理法》规定的体现，旨在避免受让人"炒地皮"。《城市房地产管理法》第三十九条规定，以出让方式取得土地使用权的，转让房地产时，应当符合下列条件：（1）按照出让合同约定已经支付全部土地使用权出让金，并取得土地使用权证书；（2）按照出让合同约定进行投资开发，属于房屋建设工程的，完成开发投资总额的25%以上，属于成片开发土地的，形成工业用地或者其他建设用地条件。就已出让的土地使用权的出租和抵押，并没有签署转让情况下的相关限制。但在出租的情况下，出让合同及土地登记文件中对于受让人的权利、义务仍由受让人承担；在抵押的情况下，应当签署相关的合同并办理抵押登记等。

5）期限届满条款

出让土地的使用权届满如何处理一直是社会关注的问题，尤其是商品房住宅业主关注自己的房屋到期后是否能够续期以及续期是否会产生费用。对此，《民法典》第三百五十九条规定，住宅建设用地使用权期限届满的，自动续期。续期费用的缴纳或者减免，依照法律、行政法规的规定办理。非住宅建设用地使用权期限届满后的续期，依照法律规定办理。该土地上的房屋以及其他不动产的归属，有约定的，按照约定；没有约定或者约定不明确的，依照法律、行政法规的规定办理。《民法典》将土地使用权续期区分为住宅和非住宅，对于住宅适用自动续期，但续期费用如何缴纳或减免由法律、行政法规另行规定；对于非住宅，并不适用自动续期，而是依照法律法规办理，关于地上房屋及其他不动产的归属从约定，无约定的从法律、行政法规的规定。由于相关法律、行政法规并没有对此有明确的另行规定，因此，除住宅土地使用权可以自动续期外，非住宅的到期处理仍并不明确。

《出让合同示范文本》约定，出让土地使用权届满，土地使用者需继续使

用的,应至迟提前一年提交续期申请,除根据社会公共利益需要收回的,应予批准续期。同意续期的,应重新签订有偿使用合同,支付土地出让价款。

6)土地闲置

从《出让合同示范文本》约定看,一旦构成土地闲置,闲置满一年不满两年的,应缴纳土地闲置费;土地闲置满两年且未开工建设的,出让人有权无偿收回土地使用权。对闲置土地的大力度处罚,目的在于禁止土地使用权人囤地以及最大限度地利用土地。

根据《闲置土地处置办法》的规定,闲置土地是指国有建设用地使用权人超过国有建设用地使用权有偿使用合同或者划拨决定书约定、规定的动工开发日期满一年未动工开发的国有建设用地。已动工开发但开发建设用地面积占应动工开发建设用地总面积不足1/3或者已投资额占总投资额不足25%的,中止开发建设满一年的国有建设用地,也可以认定为闲置土地。

若根据《闲置土地处置办法》的规定构成闲置土地的,市、县国土资源主管部门应当向土地使用权人下达《闲置土地认定书》,说明闲置原因及认定结论。一般情况下,闲置土地的处理方式是:对于未动工开发满一年的,由市、县国土资源主管部门报经本级人民政府批准后,向国有建设用地使用权人下达《征缴土地闲置费决定书》,按照土地出让或者划拨价款的20%征缴土地闲置费。对于未动工开发满两年的,由市、县国土资源主管部门按照《土地管理法》第三十八条和《城市房地产管理法》第二十六条的规定[①],报经有批准权的人民政府批准后,向国有建设用地使用权人下达《收回国有建设用地使用权决定书》,无偿收回国有建设用地使用权。闲置土地设立有抵押权的,同时抄送相关土地抵押权人。

对于被认定为土地闲置的国有建设用地使用权人,其有申请听证的权利。国有建设用地使用权人要求举行听证的,市、县国土资源主管部门应当依法组

[①] 《中华人民共和国土地管理法》第三十八条规定,禁止任何单位和个人闲置、荒芜耕地。已经办理审批手续的非农业建设占用耕地,一年内不用而又可以耕种并收获的,应当由原耕种该幅耕地的集体或者个人恢复耕种,也可以由用地单位组织耕种;一年以上未动工建设的,应当按照省、自治区、直辖市的规定缴纳闲置费;连续二年未使用的,经原批准机关批准,由县级以上人民政府无偿收回用地单位的土地使用权;该幅土地原为农民集体所有的,应当交由原农村集体经济组织恢复耕种。在城市规划区范围内,以出让方式取得土地使用权进行房地产开发的闲置土地,依照《中华人民共和国城市房地产管理法》的有关规定办理。《中华人民共和国城市房地产管理法》第二十六条规定,以出让方式取得土地使用权进行房地产开发的,必须按照土地使用权出让合同约定的土地用途、动工开发期限开发土地。超过出让合同约定的动工开发日期满一年未动工开发的,可以征收相当于土地使用权出让金百分之二十以下的土地闲置费;满二年未动工开发的,可以无偿收回土地使用权;但是,因不可抗力或者政府、政府有关部门的行为或者动工开发必需的前期工作造成动工开发迟延的除外。

织听证。

7）违约责任

从《出让合同示范文本》约定看，大部分的违约责任是针对受让人的，只是在土地交付及交付条件方面针对出让人设置了违约责任。由于出让人重点目的在于防范受让人迟延开竣工、违反规划条件或者存在其他不利于土地利用的情形，因此，违约责任倾向于针对受让人设置也可以理解。且在各地所适用的土地出让合同中也均是这样的安排。对此，土地使用者应当予以关注，避免因触发违约条款而触发违约责任的不利风险。随着国家对于土地资源的日益重视，作为出让人的政府或者国有土地管理部门也对于违约责任的追究越发重视。

2. 国有土地使用权协议出让

协议出让国有土地使用权是指国家以协议方式将国有土地使用权在一定年限内出让给土地使用者，由土地使用者向国家支付土地使用权出让金的行为。协议出让国有土地使用权和招拍挂方式公开出让国有土地使用权本质上都是出让国有土地使用权，这是二者的共同点，但区别同样显著，即出让的方式不同。招拍挂更突出方式的公开性，以确保达到公开、公平和公正的目的；而协议出让则是在符合特定条件的情况下针对只有一个意向方或其他情况下的特殊出让方式。

《协议出让国有土地使用权规定》第三条规定，出让国有土地使用权，除依照法律、法规和规章的规定应当采用招标、拍卖或者挂牌方式外，方可采取协议方式。

原则上，目前经营性用地都应当采用招拍挂方式出让，协议方式出让则限定为特定的有限列举情形。根据《协议出让国有土地使用权规范（试行）》第4.3条，[①] 第一种情形，非经营性用地以外用途的土地，供地计划公布后同一宗土地只有一个意向方，此时由于土地用途的非经营性，且只有一个意向方，可以采用协议出让方式。第二种情形，原划拨或承租土地的使用者申请协议出让

---

① 《协议出让国有土地使用权规范（试行）》第4.3条规定，出让国有土地使用权，除依照法律、法规和规章的规定应当采用招标、拍卖或者挂牌方式出让，方可采取协议方式，主要包括以下情况：(1) 供应商业、旅游、娱乐和商品住宅等各类经营性用地以外用途的土地，其供地计划公布后同一宗地只有一个意向用地者的；(2) 原划拨、承租土地使用权人申请办理协议出让，经依法批准，可以采取协议方式，但《国有土地划拨决定书》、《国有土地租赁合同》、法律、法规、行政规定等明确应当收回土地使用权重新公开出让的除外；(3) 划拨土地使用权转让申请办理协议出让，经依法批准，可以采取协议方式，但《国有土地划拨决定书》、法律、法规、行政规定等明确应当收回土地使用权重新公开出让的除外；(4) 出让土地使用权人申请续期，经审查准予续期的，可以采用协议方式；(5) 法律、法规、行政规定明确可以协议出让的其他情形。

并经依法批准,原则上可以协议出让,但如果原划拨或出租的文件明确要求收回后应公开出让的除外。第三种情形,划拨土地使用权转让申请协议出让并经依法批准,原则上可以协议出让,但如果原划拨文件明确要求收回后应公开出让的除外。第四种情形,已出让土地续期申请得到批准的,可以协议方式。除了以上有限的几种情形以外,必须有法律、法规明确规定的协议出让情形,才可以适用协议出让。

在确定适用协议出让后,并非出让人和受让人自行商定出让金额即可,而是仍然要通过程序性的操作确保协议出让尽量公开、公正和公平。首先,协议出让的价款设定有最低价。协议出让的出让金不得低于按国家规定确定的最低价。对于最低价,不得低于新增建设用地的土地有偿使用费、征地或拆迁补偿费用,以及按照国家规定应当缴纳的税费等之和。有基准地价的地区,协议出让最低价不得低于出让地块所在级别基准地价的70%。其次,协议出让的出让合同签订后7日内,市、县国土资源部门应当将协议出让结果在土地有形市场等指定场所,或通过报纸、互联网等媒介向社会公布,接受社会监督。公布的时间不得少于15日。

(二) 国有土地使用权租赁

国有土地租赁是指国家将国有土地出租给使用者使用,由使用者与县级以上人民政府土地行政主管部门签订一定年期的土地租赁合同,并支付租金的行为。国有土地租赁是国有土地有偿使用的一种形式,是出让方式的补充。

实践当中国有土地使用权出租的情形并不多,其应当适用的规范性文件也偏少,主要是《规范国有土地租赁若干意见》(国土资发〔1999〕222号),且该意见的发布和生效时间是早在1999年7月27日。鉴于国有土地使用权租赁本质仍然是一种租赁法律关系,只不过具体的租赁物是国有土地使用权,故以下主要从租赁法律关系角度对租赁的几个核心要素进行分析如下:

首先是租赁方式。《规范国有土地租赁若干意见》规定可以采用招标、拍卖或协议的方式,有条件的情况下,必须采用招标、拍卖方式。参照目前的国有土地使用权出让制度,原则上还是应该采用招标、拍卖等公开的方式,只有在征求不到两个或两个以上的意向方情况下才能适用协议方式。

其次是租金。租金标准应当与地价标准相适应。承租人取得土地使用权时未支付其他土地费用的,租金标准应按全额地价折算;承租人取得土地使用权时支付了征地、拆迁等土地费用的,租金标准应按扣除有关费用后的地价余额折算。采用双方协议方式出租国有土地的租金,不得低于出租地价和按国家规定的最低地价折算的最低租金标准，协议出租结果要报上级土地行政主管部门备案，并向社会公开披露，接受上级土地行政主管部门和社会监督。至于租金的支付节奏，采用短期租赁的，一般按年度或季度支付租金；采用长期租赁的，应在国有土地租赁合同中明确约定土地租金支付时间、租金调整的时间间隔和调整方式。

再次是租赁期限。国有土地租赁可以分为短期租赁和长期租赁，主要取决于承租人对于土地的使用目的。如果仅限于短期使用，或用于修建临时建筑物，则为短期租赁，短期租赁时间一般不超过 5 年；如果需要进行地上建筑物、构筑物建设后长期使用的土地，应实行长期租赁，但最长租赁期限不得超过法律规定的同类用途土地出让最高年限，即居住用地最高年限为 70 年，工业用地最高年限为 50 年，教科文卫体用地最高年限为 50 年，商业、旅游、娱乐用地最高年限为 40 年，综合或其他的用地最高年限为 50 年。

又次是转租。承租人取得承租土地使用权，在支付完毕土地租金及完成开发建设后，经土地行政主管部门同意或根据租赁合同约定，承租人可以将承租土地使用权转租。

最后是优先续租。除租赁合同另有约定的，承租人应享有优先承租权。且对土地使用者依法取得的承租土地使用权，在租赁合同约定的使用年限届满前不得收回；因社会公共利益的需要，依照法律程序提前收回的，应对承租人给予合理补偿。

(三) 国有土地使用权作价出资或入股

国有土地使用权作价出资或入股也是国有土地使用权有偿使用的一种方式。但目前关于国有土地使用权作价出资或入股的具体规定仍存在空白。

根据《国土资源部、国家发展和改革委员会、财政部、住房和城乡建设部、农业部、[①] 中国人民银行、国家林业局、中国银行业监督管理委员会关于扩大国有土地有偿使用范围的意见》，对于可以使用划拨土地的能源、环境保护、保障性安居工程、养老、教育、文化、体育及供水、燃气供应、供热设施等项目，除可按划拨方式供应土地外，鼓励以出让、租赁方式供应土地，支持市、县政府以国有建设用地使用权作价出资或者入股的方式提供土地，与社会资本共同投资建设。国有建设用地使用权作价出资或者入股的使用年限，应与政府和社会资本合作期限相一致，但不得超过对应用途土地使用权出让法定最

---

① 编者注：现部分部委名称有变化，下文对此不再提示。

高年限。

《公司法》规定，土地使用权可以作价出资，但必须经过评估。一旦经过评估作价出资，那么土地使用权就应当被登记到出资或入股的公司。根据《国土资源部、国家发展和改革委员会、财政部、住房和城乡建设部、农业部、中国人民银行、国家林业局、中国银行业监督管理委员会关于扩大国有土地有偿使用范围的意见》，作价出资或者入股土地使用权实行与出让土地使用权同权同价管理制度，依据不动产登记确认权属，可以转让、出租、抵押。国有企事业单位改制以作价出资或者入股、授权经营方式处置的国有建设用地，依据法律法规改变用途、容积率等规划条件的，应按相关规定调整补交出让金。

（四）国有土地使用权划拨

1. 适用国有土地使用权划拨的情形

《土地管理法》第五十四条规定，下列建设用地，经县级以上人民政府依法批准，可以以划拨方式取得：（1）国家机关用地和军事用地；（2）城市基础设施用地和公益事业用地；（3）国家重点扶持的能源、交通、水利等基础设施用地；（4）法律、行政法规规定的其他用地。

虽然原则上国有土地的使用应该遵守有偿使用原则，但是既然国有土地有偿使用原则的根本目的是维护土地公有制，那么在涉及国家和社会公共利益情形下，通过划拨方式取得国有土地使用权也在情理之中。这里的国家和社会公共利益就包括国家机关用地，军事用地，城市基础设施用地，公益事业用地，国家重点扶持的基础设施用地以及其他法律、法规规定的用地。为了进一步明确在何种用途和情况下可以通过划拨方式使用土地，国土资源部于2001年10月22日制定了《划拨土地目录》。根据该目录，在前述原则基础上，对以营利为目的，非国家重点扶持的能源、交通、水利等基础设施用地项目，还是应当按照有偿使用原则提供土地使用权。

根据《划拨土地目录》，符合目录的建设用地项目，由建设单位提出申请，经有批准权的人民政府批准，方可以划拨方式提供国有土地使用权。

2. 划拨土地在使用中的限制

划拨土地在使用中存在一定程度的限制，这种限制源自其使用目的应为国家和社会公共利益的初始设定。一旦划拨土地在使用过程中出现有违这一目的的情形，就将对划拨土地使用者产生不利的影响或后果。对于法律工作者，对于划拨土地在使用中的限制应予关注，避免触及相关限制可能产生的不利风险。

原则上，划拨土地使用权不得转让、出租、抵押，[①] 这是因为划拨土地的使用主体本就是基于国家和社会公共利益的目的而占有、使用国有土地，如果该主体再针对划拨土地进行转让、出租或者抵押等行为，就存在利用划拨土地牟利而非为国家和社会公共利益之嫌。

《土地使用权出让和转让暂行条例》第四十五条进一步规定了划拨土地使用权和地上建筑物、其他附着物所有权转让、出租、抵押应当具备的条件。由于房地一体，因此，本质上这也是划拨土地使用权转让、出租、抵押的条件，即（1）土地使用者为公司、企业、其他经济组织和个人；（2）领有国有土地使用证；（3）具有地上建筑物、其他附着物合法的产权证明；（4）签订土地使用权出让合同，向当地市、县人民政府补交土地使用权出让金或者以转让、出租、抵押所获收益抵交土地使用权出让金。这些条件中的核心是划拨土地的使用人应与市、县政府签订土地使用权出让合同，并向市、县政府补交土地使用权出让金或者以转让、出租、抵押所获收益抵交土地使用权出让金。对该等条件的理解是，一旦划拨土地被转让、出租、抵押，那么其公共利益属性即受到影响，因此而取得的收益应根据有偿使用原则的要求偿付土地出让金或支付其他收益。划拨土地的使用者应严格遵守上述规定，否则，对于未经有权部门批准而擅自转让、出租、抵押划拨土地使用权的单位和个人，市、县政府土地管理部门应当没收其非法收入，并有权依据情节严重程度而处以罚款。

二、集体土地使用权的取得

农村和城市郊区的土地，除由法律规定属于国家所有的外，属于农民集体所有；宅基地和自留地、自留山，也属于农民集体所有。农民集体所有的土地依法属于村农民集体所有的，由村集体经济组织或者村民委员会经营、管理；已经分别属于村内两个以上农村集体经济组织的农民集体所有的，由村内各该农村集体经济组织或者村民小组经营、管理；已经属于乡（镇）农民集体所有的，由乡（镇）农村集体经济组织经营、管理。

从集体土地的用途来看，大致可以分为农用地、宅基地和集体建设用地。集体土地的利用蕴藏着巨大的经济价值，并且其利用根据具体用途的不同也将有不同的规则，具体将从如下角度分析：

[①] 《城镇国有土地使用权出让和转让暂行条例》第四十四条规定，划拨土地使用权，除本条例第四十五条规定的情况外，不得转让、出租、抵押。

(一) 农用地的使用

集体土地中的农用地主要包括耕地、林地、草地及其他依法用于农业的土地。这些农用地采取农村集体经济组织内部的家庭承包方式承包，家庭承包的耕地的承包期为30年，草地的承包期为30年至50年，林地的承包期为30年至70年；耕地承包期届满后再延长30年，草地、林地承包期届满后依法相应延长。对于不宜采取家庭承包方式的荒山、荒沟、荒丘、荒滩等，可以采取招标、拍卖或公开协商等方式承包，从事种植业、林业、畜牧业、渔业产业等。

以家庭承包经营为基础、统分结合的双层经营体制，对于促进农业、农村的经济发展和社会稳定具有重要意义。同时，农用地的使用权人也依法享有流转其承包地的土地经营权的权利。目前，国家一方面稳定家庭联产承包责任制，因为这是"三农"稳定的基础；另一方面也鼓励对承包土地进行流转，最大限度地合理利用土地，发挥土地价值。有些地方一些社会资本也在参与到土地流转中。但在土地承包和流转中也对如下基本问题予以关注，并规避其中可能存在的风险：

首先，土地承包的发包方是农民集体土地的所有人即村集体经济组织或者村民委员会。对于已经分别属于村内两个以上农村集体经济组织的农民集体所有的土地，由村内各该农村集体经济组织或者村民小组发包。发包方作为土地的所有人，有权监督承包方按照承包合同约定用途合理使用土地，制止其损害承包土地及农业资源的行为。承包方则依法享有承包土地占有、使用、收益等权利，有权自主组织生产经营和处置产品，依法互换、转让土地承包经营权，依法流转土地经营权，承包土地被依法征收、征用、占用的，有权依法获得相应的补偿。

其次，土地承包的基本程序。集体经济组织成员的村民会议先选举产生承包工作小组，承包工作小组依据法律、法规的规定拟订并公布承包方案。召开村民会议讨论并通过承包方案，然后公开组织实施承包方案，进而签订承包合同。统一组织承包时，集体经济组织成员平等享有承包土地的权利。承包方案应依法经本集体经济组织成员的村民会议三分之二以上成员或者三分之二以上村民代表同意。

最后，承包合同采用书面形式，自成立之日起生效。国家对耕地、林地和草地实行统一登记制度，登记机构应当向承包方颁发土地承包经营权证或林权证等证书，登记造册，确认其土地承包经营权。

集体土地一旦由发包方发包给承包方，发包方便不得收回承包土地，也不得以退出土地承包经营权作为农户进城落户的条件。尽管中国城市化水平已经有显著的提升，2021年年末全国常住人口城镇化率为64.72%[1]，但是仍然有大量的农村人口。从政策角度保留进城人员的土地承包经营权也有利于确保进城人员没有后顾之忧，即便因为任何原因而返回农村，也有土地经营权作为营生手段，这对维护社会稳定有缓释作用。承包期内，承包农户进城落户的，引导支持其按照自愿有偿原则依法在本集体经济组织内转让土地承包经营权或者将承包地交回发包方，也鼓励其流转土地经营权。

为了最大化利用土地，允许承包方对承包土地进行互换和转让。各承包方之间为方便耕种或各自实际需要，可以对属于同一集体经济组织土地的承包经营权进行互换，向发包方备案。承包方经发包方同意，也可以将全部或者部分的土地承包经营权转让给本集体经济组织的其他农户，由受让方与发包方建立新的承包关系，原承包关系终止。但对于互换或转让，均应向登记机构申请登记，否则，不能对抗善意第三人。

面对承包农户大量进城务工等情形，国家目前也鼓励土地经营权的流转。承包方可以自主决定依法采取出租、入股或者其他方式向他人流转土地经营权，并向发包方备案。土地经营权流转，当事人双方应当签订书面流转合同。土地经营权流转期限为五年以上的，当事人可以向登记机构申请土地经营权登记。未经登记的，不得对抗善意第三人。经承包方书面同意，并向本集体经济组织备案，受让方可以再流转土地经营权。承包方可以用承包地的土地经营权向金融机构融资担保，并向发包方备案；受让方通过流转取得的土地经营权，经承包方书面同意并向发包方备案，也可以向金融机构融资担保。当事人可以向登记机构申请登记；未经登记的，不得对抗善意第三人。实现担保物权时，担保物权人有权就土地经营权优先受偿。

(二) 宅基地的使用

农村村民一户只能拥有一处宅基地，其宅基地的面积不得超过省、自治区、直辖市规定的标准。宅基地本质上其实属于集体建设用地的一部分，只不过其主要目的是满足和保障农村村民居住等生活需求。

宅基地的申请，应由村民以户为单位向农村集体经济组织提出。没有设立农村集体经济组织的，应当向村民小组或者村民委员会提出申请。宅基地申请

---

[1] 参见《中华人民共和国2021年国民经济和社会发展统计公报》，载中华人民共和国中央人民政府网站，http://www.gov.cn/xinwen/2022-02/28/content_5676015.htm，2023年5月1日访问。

经农村村民集体讨论通过及在集体范围内公示后,应报乡镇人民政府审批。

对于宅基地,引起普遍关注的是进城落户的农村村民宅基地如何处置的问题。从现行政策看,国家允许进城落户的农村村民依法自愿有偿退出宅基地。乡镇人民政府和农村集体经济组织、村民委员会等应当将退出的宅基地优先用于保障该农村集体经济组织成员的宅基地需求。但同时,国家也禁止违背农村村民意愿强制流转宅基地,禁止违法收回农村村民依法取得的宅基地,禁止以退出宅基地作为农村村民进城落户的条件,禁止强迫农村村民搬迁退出宅基地。

此外,近年来,国家也鼓励农村集体经济组织及其成员盘活利用闲置宅基地和闲置住宅。由于大量农村村民进城务工,导致农村出现了大量的空心化现象,大量的宅基地及地上房屋被空置,造成了极大的浪费。农业农村部于2019年9月30日发布了《关于积极稳妥开展农村闲置宅基地和闲置住宅盘活利用工作的通知》,针对利用闲置宅基地和住宅等制定了一系列措施。鼓励利用闲置住宅发展符合乡村特点的休闲农业、乡村旅游、餐饮民宿、文化体验、创意办公、电子商务等新产业新业态,以及农产品冷链、初加工、仓储等一二三产业融合发展项目。在充分保障农民宅基地合法权益的前提下,支持农村集体经济组织及其成员采取自营、出租、入股、合作等多种方式盘活利用农村闲置宅基地和闲置住宅;鼓励有一定经济实力的农村集体经济组织对闲置宅基地和闲置住宅进行统一盘活利用;支持返乡人员依托自有和闲置住宅发展适合的乡村产业项目。

(三)集体建设用地土地使用权转让及出租

与国有建设用地相同,集体建设用地的规划目的是开发及配套建设。从分类上看,集体建设用地主要用于乡镇企业、乡镇村公共设施、公益事业,集体经营性建设用地,以及宅基地等用途。其中,由于宅基地较为特殊,前面已经介绍,以下主要针对其他用途的集体建设用地进行介绍。

改革开放后,乡镇企业为繁荣经济、增加就业等作出了巨大贡献。土地问题是乡镇企业发展中面临的一个重要问题。农村集体经济组织使用乡(镇)土地利用总体规划确定的建设用地兴办企业或者与其他单位、个人以土地使用权入股、联营等形式共同举办企业的,应当持有关批准文件,向县级以上地方人民政府自然资源主管部门提出申请,按照省、自治区、直辖市规定的批准权限,由县级以上地方人民政府批准;其中,涉及占用农用地的,依照规定办理审批手续。

乡(镇)村公共设施、公益事业建设同样也需要使用土地。对此,经乡

（镇）人民政府审核，向县级以上地方人民政府自然资源主管部门提出申请，按照省、自治区、直辖市规定的批准权限，由县级以上地方人民政府批准；其中，涉及占用农用地的，依照规定办理审批手续。

此外，经土地利用总体规划、城乡规划确定为工业、商业等经营性用途，并经过依法登记的集体经营性建设用地，也可以通过出让或出租等方式交由单位或个人使用，并通过签署合同明确土地界址、面积、动工期限、使用期限、土地用途、规划条件及其他权利义务。集体经营性建设用地的出让或出租，应当经本集体经济组织成员的村民会议三分之二以上成员或三分之二以上村民代表的同意。集体经营性建设用地使用权的受让方可以依法转让、互换、出资、赠与或抵押。原则上，出让或出租的集体经营性建设用地不能收回，但如果涉及特定情形，如为乡镇公共设施和公益事业建设需要使用土地的，不按照批准的用途使用土地的，因撤销、迁移等原因停止使用权土地的，经原批准用地的人民政府批准，也可以收回土地，但应给予适当补偿。

关于国有和集体土地使用权取得的相关问题，本章的内容仅做到点到为止。实际上，本章涉及的国有土地使用权出让、出租、出资、作价入股、划拨，是众多房地产业务中均会涉及的，无论是地产融资、并购交易，或者相关尽职调查，均离不开对于国有土地使用权取得方式的合法性论证。此外，近年来，对于集体土地使用权，如何激活集体土地价值，让集体所有的土地真正能够为"三农"问题的解决提供有力支撑，国家也在不断制定各项政策。

对于国有和集体土地使用权相关问题，广大法律工作者在实际工作中应当结合相关法律、法规进行合法合规层面的判断。同时，也要对国家不时颁布的新规定、新政策给予足够的关注。

第三章　房地产项目开发基本流程
——以合规及风控角度出发

对于任何一个房地产项目，不论其用途如何，按照相关法律法规规定应当进行的项目开发流程都必不可少。对于房地产开发商而言，掌握项目开发流程对于项目的开发建设及组织销售等具有重要意义，可以有效地排布开发时间；对于律师而言，掌握项目开发流程同样至关重要，尤其是在针对房地产项目进行法律尽职调查时，梳理项目的来龙去脉，主要就是梳理项目开发流程，包括项目都取得过哪些重要证照，是否已完成了必要的开发节点和流程，未来的开发建设流程还有哪些，只有对这些了如指掌，才能够应对来自客户的各种问题，并对交易风险作出有效提示。

实践中，各地或者具体项目在开发流程上可能存在一些不同。根据笔者在法律及风控方面的经验，重点按照时间顺序选取了十一大节点，并进行相应的介绍和分析。

一、土地出让

对于经营性用地，目前已主要采用招拍挂方式进行土地使用权出让。对于一个房地产项目的建设单位而言，一切的起始都是从拿地开始，而如何拿地是建设单位所要解决的首要问题。

如本书第一章所述，由于一二级联动已被禁止，且根据招拍挂相关规定，参与一级开发的开发商也不必然就能够在招拍挂中顺利拿地，因此，正常参与土地招拍挂流程是取得土地使用权的基本方式。实践中，开发商为了项目开发管理及隔离项目开发风险，往往采用项目公司制，即针对每个项目设立专门的项目公司，以该项目公司作为参与土地使用权招拍挂的主体，并最终由该项目公司作为建设单位参与该项目后续的开发、建设、销售或者运营管理等。但有时，由于项目公司未能及时设立，也可以开发商特定主体的名义参与招拍挂，如最终摘牌，后续可以将再设立的项目公司作为签署土地使用权出让合同的主体，这就要看开发商和当地国土部门的沟通情况。

二、用地预审

（一）建设项目审批、核准和备案分类

在了解用地预审之前，有必要对建设项目的审批、核准和备案作出基本的区分，因为针对不同类型的项目，其建设项目审批程序也会有所不同。

根据《政府投资条例》的规定，政府投资项目需要相关部门的审批。政府投资是指中国境内使用预算安排的资金进行固定资产投资建设活动，包括新建、扩建、改建、技术改造等。政府投资资金按项目安排，以直接投资方式为主；对确需支持的经营性项目，主要采取资本金注入方式，也可以适当采取投资补助、贷款贴息等方式。政府采取直接投资方式、资本金注入方式投资的项目，项目单位应当编制项目建议书、可行性研究报告、初步设计，按照政府投资管理权限和规定的程序，报请投资主管部门或者其他有关部门审批，即政府投资项目属于审批类的项目。除涉及国家秘密的项目外，投资主管部门和其他有关部门应当通过投资项目在线审批监管平台，使用在线平台生成的项目代码办理政府投资项目审批手续。

根据《企业投资项目核准和备案管理办法》（国家发展和改革委员会令第2号），依据项目不同情况，分别实行核准管理或备案管理，其中，对关系国家安全、涉及全国重大生产力布局、战略性资源开发和重大公共利益等项目，实行核准管理。对于核准项目根据《国务院关于发布政府核准的投资项目目录（2016年本）的通知》，企业投资建设目录内的固定资产投资项目，须按照规定报送有关项目核准机关核准；企业投资建设目录外的项目，实行备案管理。事业单位、社会团体等投资建设的项目，按照目录执行。

除前述属于审批和核准的建设项目外，其他项目则实行备案管理。

综上，审批、核准和备案的分类前提是区分政府投资和企业投资，政府投资适用项目审批，而企业投资则适用核准或备案。在明晰了项目审批、核准及备案管理的区分后，我们再来看用地预审制度。

（二）用地预审制度

根据《建设项目用地预审管理办法》的规定，建设项目用地预审，是指国土资源主管部门在建设项目审批、核准、备案阶段，依法对建设项目涉及的土

地利用事项进行的审查。建设项目用地实行分级预审，对于需审批的建设项目，由该人民政府的国土资源主管部门预审；需核准或备案的建设项目，由与核准、备案机关同级的国土资源主管部门预审。

用地预审申请由建设用地单位提出，但根据建设项目类型不同也有所区别。需审批的建设项目在可行性研究阶段，由建设用地单位提出预审申请；需核准的建设项目在项目申请报告核准前，由建设单位提出用地预审申请；需备案的建设项目在办理备案手续后，由建设单位提出用地预审申请。

申请用地预审的项目建设单位，应当提交的资料包括：建设项目用地预审申请表；建设项目用地预审申请报告，内容包括拟建项目的基本情况、拟选址占地情况、拟用地是否符合土地利用总体规划、拟用地面积是否符合土地使用标准、拟用地是否符合供地政策等；审批项目建议书的建设项目提供项目建议书批复文件，直接审批可行性研究报告或者需核准的建设项目提供建设项目列入相关规划或者产业政策的文件。此外，建设单位应当对单独选址建设项目是否位于地质灾害易发区、是否压覆重要矿产资源进行查询核实；位于地质灾害易发区或者压覆重要矿产资源的，应当依据相关法律法规的规定，在办理用地预审手续后，完成地质灾害危险性评估、压覆矿产资源登记等。

用地预审的主管部门重点审查建设项目用地是否符合国家供地政策、土地管理法律法规规定的条件，是否符合土地利用总体规划，是否符合有关土地使用标准的规定等。原则上，国土资源主管部门应当在受理预审申请或收到转报材料之日起20日内完成审查工作并出具预审意见；20日内无法出具的，经负责预审的国土资源主管部门负责人批准，可以延长10日。

预审意见作为建设项目的重要节点之一，是有关部门审批项目可行性研究报告、核准项目申请报告的必备文件。用地预审文件的有效期为三年，自批准之日起计算。已经预审的项目，如需对土地用途、建设项目选址等进行重大调整的，应当重新申请预审。未经预审或者预审未通过的，不得批复可行性研究报告、核准项目申请报告；不得批准农用地转用、土地征收，不得办理供地手续。

（三）选址意见书

用地预审针对的是非划拨用地，对于划拨用地，适用的是选址意见书。

按照国家规定需要有关部门的批准或者核准的建设项目，以划拨方式提供国有土地使用权的，建设单位在报送有关部门批准或者核准前，应当向城乡规划主管部门申请核发选址意见书。① 故，选址意见书仅适用于审批或核准的建设项目中以划拨方式提供国有土地使用权的情形。

三、项目立项

本部分重点集中在项目核准和项目备案两种主要项目立项的方式上。

（一）项目核准

项目单位可以自行组织编制和报送项目申请报告，也可以委托具有相关经验和能力的工程咨询单位编写。项目申请报告主要包括项目单位概况；拟建设项目情况，如项目名称、建设地点、建设规模、建设内容等；项目资源利用情况分析以及对生态环境的影响分析；项目对社会经济的影响分析等。

选址意见书或者用地预审意见是项目单位报送项目申请报告的必备文件。这也要求在项目核准情况下，项目单位应当首先申请取得选址意见书或者用地预审意见。

企业投资建设属于由国务院投资主管部门、国务院行业管理部门核准的项目的，可以分别通过项目所在地省级政府投资主管部门、行业管理部门向国务院投资主管部门、国务院行业管理部门转送项目申请报告。企业投资建设应当由地方政府核准的项目，应当按照地方政府的有关规定，向相应的项目核准机关报送项目申请报告。

项目核准机关重点对项目的如下方面进行审查，包括是否危害经济安全、社会安全、生态安全等国家安全；是否符合相关发展建设规划、产业政策和技术标准；是否合理开发并有效利用资源；是否对重大公共利益产生不利影响。

项目核准机关应当在正式受理申报材料后 20 个工作日内作出是否予以核准的决定，或向上级项目核准机关提出审核意见。项目情况复杂或者需要征求有关单位意见的，经本行政机关主要负责人批准，可以延长核准时限，但延长的时限不得超过 40 个工作日，并应当将延长期限的理由告知项目单位。

项目符合核准条件的，项目核准机关应当对项目予以核准并向项目单位出具项目核准文件。项目不符合核准条件的，项目核准机关应当出具不予核准的书面通知，并说明不予核准的理由。

项目自核准机关出具项目核准文件或同意项目变更决定 2 年内未开工建设，

---

① 《城乡规划法》第三十六条规定，按照国家规定需要有关部门批准或者核准的建设项目，以划拨方式提供国有土地使用权的，建设单位在报送有关部门批准或者核准前，应当向城乡规划主管部门申请核发选址意见书。

需要延期开工建设的，项目单位应当在 2 年期限届满的 30 个工作日前，向项目核准机关申请延期开工建设。项目核准机关应当自受理申请之日起 30 个工作日内，作出是否同意延期开工建设的决定，并出具相应文件。开工建设只能延期一次，期限最长不得超过 1 年。在 2 年期限内未开工建设也未按照规定向项目核准机关申请延期的，项目核准文件或同意项目变更决定自动失效。

（二）项目备案

实行备案管理的项目，项目单位应当在开工建设前通过在线平台将相关信息告知项目备案机关，依法履行投资项目信息告知义务，并遵循诚信和规范原则。因此，对于备案类项目，完成项目备案后再取得用地预审意见即可。

项目单位进行项目备案所需均为项目的基本信息，主要包括项目单位基本情况、项目名称、建设地点、建设规模、建设内容、项目总投资额，以及项目符合产业政策声明等。项目单位要对其备案的项目信息的真实性、准确性和完整性等负责。项目备案机关收到所要求的全部信息即备案。项目备案信息不完整的，备案机关应当及时以适当方式提醒和指导项目单位补正。

项目备案后，项目法人发生变化，项目建设地点、规模、内容发生重大变更，或者放弃项目建设的，项目单位应当通过在线平台及时告知项目备案机关，并修改相关信息。

不论对于核准项目还是备案项目，项目单位均应当通过全国投资项目在线审批监管平台（http：//www.tzxm.gov.cn/）实行网上受理、办理、监管和服务。项目单位应当通过在线平台如实报送项目开工建设、建设进度、竣工的基本信息。项目开工前，项目单位应当登录在线平台报备项目开工基本信息。项目开工后，项目单位应当按年度在线报备项目建设动态进度基本信息。项目竣工验收后，项目单位应当在线报备项目竣工基本信息。

四、用地规划

用地规划的核心是取得建设用地规划许可证。建设用地规划许可证是房地产项目开发建设的"五证"即国有土地使用证（现在为不动产权证）、建设用地规划许可证、建设工程规划许可证、建筑工程施工许可证、预售许可证之一。需注意的是，建设用地规划许可证使用的是"建设"，而建筑工程规划许可证使用的是"建筑"。城乡规划主管部门负责建设用地规划许可证的核发工作，但针对划拨用地和出让用地，在具体程序和顺序也均有所区别。

对于在城市、镇规划区内以划拨方式提供国有土地使用权的建设项目，经有关部门审批、核准或备案后，建设单位应当向城乡规划主管部门提出建设用地规划许可申请，由城乡规划主管部门依据控制性详细规划核定建设用地的位置、面积、允许建设的范围，核发建设用地规划许可。也就是说，对于划拨土地，项目立项完成后即应当申请建设用地规划许可，建设单位在取得建设用地规划许可后，方可向县级以上人民政府土地主管部门申请用地，并在审批通过后划拨土地。

对于在城市、镇规划区内以出让方式提供国有土地使用权的，在国有土地使用权出让前，城市、县人民政府城乡规划主管部门应当依据控制性详细规划，提出出让地块的位置、使用性质、开发强度等规划条件，作为国有土地使用权出让合同的组成部分。建设单位在取得建设项目的批准、核准、备案文件和签订国有土地使用权出让合同后，向城市、县人民政府城乡规划主管部门领取建设用地规划许可证。对于出让土地而言，先有控制性详细规划，进而将该拟出让地块的基本规划条件纳入国有土地使用权出让合同，在建设单位依法取得土地使用权后，应当签署土地使用权出让合同及项目立项，然后即应当申请建设用地规划许可。

五、取得土地证

首先，需要说明的是，这里的"土地证"仅是简称，在推行不动产权证前，土地证的全称是国有土地使用证，注意，并非国有土地使用权证。但在推行不动产权证后，实际上建设单位取得的已经不叫国有土地使用证了，而是不动产权证书，只是初始登记的时候只有土地相关信息，没有房产相关信息。但为了理解方便，本部分仍使用土地证作为简称。

其次，对于建设用地规划许可证、土地证、建设工程规划许可证和建筑工程施工许可证的办理先后顺序，很多人一直有疑问，尤其是对于前二者，即建设用地规划许可证和土地证的办理顺序。其实这主要是忽略了用地审批这一流程。

根据《建设用地审查报批管理办法》，以有偿使用方式提供国有土地使用权的，由市、县国土资源主管部门与土地使用者签署土地有偿使用合同，并向建设单位颁发《建设用地批准书》。土地使用者缴纳土地有偿使用费后，依规定办理土地登记。以划拨方式提供国有土地使用权的，由市、县国土资源主管部门向建设单位颁发《国有土地划拨决定书》和《建设用地批准书》，依照规定办理土地登记。

《土地使用权出让和转让暂行条例》第十六条也规定，土地使用者在支付全部土地使用权出让金后，应当依照规定办理登记，领取土地使用证，取得土地使用权。

因此，建设用地规划许可证作为规划文件，基于规划先行的原则，取得该证即意味着建设用地符合规划条件，应当首先取得。继而，建设单位将取得《建设用地批准书》，并在缴纳全部土地出让金后，办理土地登记，取得土地证。在土地登记完成后，即将推进建设项目的建设，同样是基于规划先行的原则，应当先进行建设工程规划许可证的申请，取得后，在符合一定条件的情况下，再行办理建筑工程规划许可证。

六、工程规划

建设工程规划许可证是房地产项目"五证"中的另一个重要证照。

申请办理建设工程规划许可证，应当提交使用土地的有关证明文件、建设工程设计方案等材料。因此，建设工程规划许可证必须在土地登记后，同时又要求建设单位针对项目进行必要的建设工程设计。对符合控制性详细规划和规划条件的，由市、县人民政府城乡规划主管部门或者省、自治区、直辖市人民政府确定的镇人民政府核发建设工程规划许可证。

和工程规划有关的一个重要问题是违建。《城乡规划法》第六十四条规定，未取得建设工程规划许可证或者未按照建设工程规划许可证的规定进行建设的，由县级以上地方人民政府城乡规划主管部门责令停止建设；尚可采取改正措施消除对规划实施的影响的，限期改正，处建设工程造价百分之五以上10%以下的罚款；无法采取改正措施消除影响的，限期拆除，不能拆除的，没收实物或者违法收入，可以并处建设工程造价10%以下的罚款。未取得建设工程规划许可证或者未按照建设工程规划许可证的规定建设的，均构成违建。一旦构成违建，将面临停止建设、罚款、拆除等处罚的风险。实践当中，为了经济利益，存在大量在没有工程规划许可的情况下违规建设的问题，这不仅使建设单位面临罚款或拆除的风险，如果因此导致消防方面也出现问题，容易导致安全事故的发生，单位主要负责人也将因此受到制裁，对此，不能不予以重视。

七、单项批复

在规划阶段，建设单位还涉及大量的单项审批，如环保审批、消防审批、交通影响评价、人防审批等。本部分逐一对这些单项审批进行简要介绍。

(一) 环评审批

随着国家日益重视环境问题，建设工程项目自然不能不考虑对周边环境可能带来的影响，环境影响评价变得越来越重要。根据《环境影响评价法》规定，环境影响评价，是指对规划和建设项目实施后可能造成的环境影响进行分析、预测和评估，提出预防或者减轻不良环境影响的对策和措施，进行跟踪监测的方法与制度。

国家对建设项目的环境影响评价实行分类管理，对于可能造成重大环境影响的，应当编制环境影响报告书，对产生的环境影响进行全面评价；对于造成轻度环境影响的，应当编制环境影响报告表，对产生的环境影响进行分析或者专项评价；对环境影响很小、不需要进行环境影响评价的，应当填报环境影响登记表。

建设单位在具备环境影响评价技术能力的情况下，可以自行对其建设项目开展环境影响评价，编制环境影响报告书、环境影响报告表等；也可以委托技术单位对其建设项目开展环境影响评价，编制环境影响报告书、环境影响报告表等。除国家规定需要保密的情形外，对环境可能造成重大影响、应当编制环境影响报告书的建设项目，建设单位应当在报批建设项目环境影响报告书前，举行论证会、听证会，或者采取其他形式，征求有关单位、专家和公众的意见。

建设项目的环境影响评价文件自批准之日起超过五年，方决定该项目开工建设的，其环境影响评价文件应当报原审批部门重新审核；原审批部门应当自收到建设项目环境影响评价文件之日起十日内，将审核意见书面通知建设单位。建设项目的环境影响评价文件未依法经审批部门审查或者审查后未予批准的，建设单位不得开工建设。

(二) 消防审批

消防事关人民群众的生命和财产安全，为此，国家也对建设工程的消防审批非常重视。国家对建设工程实行建设工程消防设计审查验收制度。对国务院住房和城乡建设主管部门规定的特殊建设工程（《建设工程消防设计审查验收管理暂行规定》对于特殊建设工程有明确的列举)①，建设单位应将消防设计文件报送住建主管部门审查，而对其他建设工程，建设单位申请领取施工许可证或者申请批准开工报告时应当提供满足施工需要的消防设计图纸及技术资料。

特殊建设工程未经消防设计审查或者审查不合格的，建设单位、施工单位不得施工；其他建设工程，建设单位未提供满足施工需要的消防设计图纸及技术资料的，有关部门不得发放施工许可证或者批准开工报告。

(三) 交通影响评价

交通影响评价是指对规划和建设项目实施后可能造成的交通影响分析、预测和评估，提出预防或者减轻不良交通影响的对策和措施，优化调整交通资源分配和布局，促进土地利用与交通系统协调发展的方法和制度。

《道路交通安全法实施条例》第三条规定，县级以上地方各级人民政府应当建立、健全道路交通安全工作协调机制，组织有关部门对城市建设项目进行交通影响评价，制定道路交通安全管理规划，确定管理目标，制定实施方案。这是目前关于交通影响评价制度最高位阶的规定。关于交通影响评价的具体操作，一般是由建设单位组织编制交通影响评价报告，并和建设项目规划设计方案一并向公安机关交通管理部门提交评审申请。公安机关交通管理部门受理后，组织评审或者委托第三方专业机构进行评审，出具《评审意见》。建设单位根据《评审意见》修改后再提报公安机关交通管理部门审核，审核通过后出具《交通影响评价意见函》。

(四) 人防审批

人防工程是指为保障战时人员与物资掩蔽、人防指挥、医疗救护等而单独

---

① 特殊建设工程是指具有下列情形之一的建设工程：(1) 总建筑面积大于 2 万平方米的体育场馆、会堂，公共展览馆、博物馆的展示厅；(2) 总建筑面积大于 1 万 5 千平方米的民用机场航站楼、客运车站候车室、客运码头候船厅；(3) 总建筑面积大于 1 万平方米的宾馆、饭店、商场、市场；(4) 总建筑面积大于 2 千 5 百平方米的影剧院，公共图书馆的阅览室，营业性室内健身、休闲场馆，医院的门诊楼，大学的教学楼、图书馆、食堂，劳动密集型企业的生产加工车间，寺庙、教堂；(5) 总建筑面积大于 1 千平方米的托儿所、幼儿园的儿童用房，儿童游乐厅等室内儿童活动场所，养老院、福利院，医院、疗养院的病房楼，中小学校的教学楼、图书馆、食堂，学校的集体宿舍，劳动密集型企业的员工集体宿舍；(6) 总建筑面积大于五百平方米的歌舞厅、录像厅、放映厅、卡拉 OK 厅、夜总会、游艺厅、桑拿浴室、网吧、酒吧，具有娱乐功能的餐馆、茶馆、咖啡厅；(7) 国家工程建设消防技术标准规定的一类高层住宅建筑；(8) 城市轨道交通、隧道工程，大型发电、变配电工程；(9) 生产、储存、装卸易燃易爆危险物品的工厂、仓库和专用车站、码头，易燃易爆气体和液体的充装站、供应站、调压站；(10) 国家机关办公楼、电力调度楼、电信楼、邮政楼、防灾指挥调度楼、广播电视楼、档案楼；(11) 设有本条第一项至第六项所列情形的建设工程；(12) 本条第十项、第十一项规定以外的单体建筑面积大于 4 万平方米或者建筑高度超过五十米的公共建筑。(《建设工程消防设计审查验收管理暂行规定》第 14 条)

修建的地下防护建筑，以及结合地面建筑修建的战时可用于防控的地下室。人防工程施工图设计文件实行审查制度。城市规划区内新建、改建、扩建和加固改造人防工程，其施工图设计文件必须按照国家规定进行审查。其中，防空地下室施工图设计文件，只进行人防专项审查。

建设单位负责报送人防工程施工图设计文件。人防工程施工图设计文件审查机构对施工图设计文件审查后，应当根据审查结果做出下列处理：对于审查合格的人防工程项目，审查机构向人防主管部门提交审查报告，由人防主管部门审批后，向建设单位通报审查结果；对于审查不合格的人防工程项目，审查机构应当将施工图设计文件退回建设单位，并书面说明不合格的原因。施工图设计文件退回建设单位后，建设单位应当要求并监督原设计企业进行修改，修改完成后，报审查机构重新审查。

人防工程施工图设计文件未经审查或者审查不合格的建设项目，政府行政主管部门不予批准单建人防工程建设项目的开工报告，不予核发防空地下室建设项目的建筑工程施工许可证，施工图不得交付施工。

（五）文物保护审批

根据《文物保护法》的规定，文物保护单位的保护范围内不得进行其他建设工程或者爆破、钻探、挖掘等作业。但是，因特殊情况需要在文物保护单位的保护范围内进行其他建设工程或者爆破、钻探、挖掘等作业的，必须保证文物保护单位的安全，并经核定公布该文物保护单位的人民政府批准，在批准前应当征得上一级人民政府文物行政部门同意；在全国重点文物保护单位的保护范围内进行其他建设工程或者爆破、钻探、挖掘等作业的，必须经省、自治区、直辖市人民政府批准，在批准前应当征得国务院文物行政部门同意。在文物保护单位的建设控制地带内进行建设工程，不得破坏文物保护单位的历史风貌；工程设计方案应当根据文物保护单位的级别，经相应的文物行政部门同意后，报城乡建设规划部门批准。

建设工程选址，应当尽可能避开不可移动文物；因特殊情况不能避开的，对文物保护单位应当尽可能地实施原址保护。实施原址保护的，建设单位应当事先确定保护措施，根据文物保护单位的级别报相应的文物行政部门批准；未经批准的，不得开工建设。无法实施原址保护，必须迁移异地保护或者拆除的，应当报省、自治区、直辖市人民政府批准；迁移或者拆除省级文物保护单位的，批准前须征得国务院文物行政部门同意。全国重点文物保护单位不得拆除；需要迁移的，须由省、自治区、直辖市人民政府报国务院批准。

(六) 超限高层建筑防震审批

超限高层建筑工程，是指超出国家现行标准所规定的适用高度和适用结构类型的高层建筑工程以及体型特别不规则的高层建筑工程。

对超限高层建筑工程，设计单位应当在设计文件中予以说明，建设单位应当在初步设计阶段将设计文件等材料报送省、自治区、直辖市人民政府住房和城乡建设主管部门进行抗震设防审批。住房和城乡建设主管部门应当组织专家审查，对采取的抗震设防措施合理可行的，予以批准。超限高层建筑工程抗震设防审批意见应当作为施工图设计和审查的依据。

(七) 树木伐移审批

《城市绿化条例》规定，砍伐城市树木，必须经城市人民政府城市绿化行政主管部门批准，并按照国家有关规定补植树木或者采取其他补救措施。

对于损坏城市树木花草，擅自砍伐城市树木，砍伐、擅自迁移古树名木或者因养护不善致使古树名木受到损伤或者死亡的，由城市人民政府城市绿化行政主管部门或者其授权的单位责令停止侵害，可以并处罚款；造成损失的，应当负赔偿责任；应当给予治安管理处罚的，依照《治安管理处罚法》的有关规定处罚；构成犯罪的，依法追究刑事责任。

(八) 地质灾害评估

《地质灾害防治条例》规定，在地质灾害易发区内进行工程建设应当在可行性研究阶段进行地质灾害危险性评估，并将评估结果作为可行性研究报告的组成部分；可行性研究报告未包含地质灾害危险性评估结果的，不得批准其可行性研究报告。

(九) 防雷设计审批

防雷装置设计实行审核制度。建设单位应当向气象主管机构提出申请，填写《防雷装置设计审核申报表》。建设单位申请新建、改建、扩建建（构）筑物设计文件审查时，应当同时申请防雷装置设计审核。

气象主管机构应当在受理之日起二十个工作日内完成审核工作。防雷装置设计文件经审核符合要求的，气象主管机构应当办结有关审核手续，颁发《防雷装置设计核准意见书》。施工单位应当按照经核准的设计图纸进行施工。在施工中需要变更和修改防雷设计的，应当按照原程序重新申请设计审核。防雷装置设计经审核不符合要求的，气象主管机构出具《防雷装置设计修改意见书》。申请单位进行设计修改后，按照原程序重新申请设计审核。

防雷装置设计未经审核同意的，不得交付施工。

八、施工许可

建筑工程施工许可证是房地产项目"五证"之一。在建筑工程开工之前，建设单位必须按照国家有关规定向工程所在地县级以上人民政府建设行政主管部门申请领取施工许可证。否则，未取得施工许可而擅自进行施工，将面临责令改正、停止施工或处以罚款等处罚措施。

申请施工许可证应满足必要的条件，包括已经办理该建筑工程用地批准手续；在城市规划区的建筑工程，已经取得建设工程规划许可证；需要拆迁的，拆迁进度符合施工要求；已经确定建筑施工企业；有满足施工需要的施工图纸及技术资料；有保证工程质量和安全的具体措施；建筑资金已经落实；等等。从申请施工许可证的条件可以直观地得出几个常识性的结论，第一，取得建设工程规划许可证是申请施工许可的前提；第二，在申请施工许可之前，建设单位应当落实完毕建设资金，已经组织进行施工图设计，并确定施工单位，因为在施工许可证中会出现施工单位的名称。

建设单位应当自领取施工许可证之日起三个月内开工。因故不能按期开工的，应当向发证机关申请延期；延期以两次为限，每次不得超过三个月。既不开工又不申请延期或者超过延期时限的，施工许可证自行废止。

需要注意的是，部分地区为了优化营商环境，深化"放管服"改革，特定范围内的建筑工程可不申请施工许可。以北京市为例，自2021年12月1日起，在市行政区域内工程投资额在100万元以下（含）或建筑面积在300平方米以下（含）的建筑工程，可以不申请办理施工许可证。

九、单项验收

对于建设工程竣工验收，除了通常的四方验收或者五方验收以外，其实还存在大量的单项验收。

（一）消防验收

对按照国家工程建设消防技术标准需要进行消防设计的建设工程，实行建设工程消防设计审查验收制度。国务院住房和城乡建设主管部门规定应当申请消防验收的建设工程（上文提及的特殊工程）竣工，建设单位应当向住房和城乡建设主管部门申请消防验收。对于其他建设工程，建设单位在验收后应当报住房和城乡建设主管部门备案，住房和城乡建设主管部门应当进行抽查。依法应当进行消防验收的建设工程,未经消防验收或者消防验收不合格的,禁止投入使用;其他建设工程经依法抽查不合格的,应当停止使用。

(二) 人防工程竣工验收备案

对人防工程竣工验收备案,各地有相应的规定。以北京市为例,《北京市人民防空工程建设与使用管理规定》第十六条规定,人防工程的竣工应当由建设单位组织验收,经验收合格的,依法向人民防空主管部门备案,并可交付使用。未经验收或者验收不合格的,不得交付使用。

(三) 防雷验收

防雷装置实行竣工验收制度。建设单位应当向气象主管机构提出申请,填写《防雷装置竣工验收申请书》。新建、改建、扩建建(构)筑物竣工验收时,建设单位应当通知当地气象主管机构同时验收防雷装置。

气象主管机构应当在受理之日起十个工作日内作出竣工验收结论。防雷装置经验收符合要求的,气象主管机构应当办结有关验收手续,出具《防雷装置验收意见书》。防雷装置验收不符合要求的,气象主管机构应当出具《防雷装置整改意见书》。整改完成后,按照原程序重新申请验收。

防雷装置竣工未经验收合格的,不得投入使用。

(四) 规划验收

《城乡规划法》第四十五条规定,县级以上地方人民政府城乡规划主管部门按照国务院规定对建设工程是否符合规划条件予以核实。未经核实或者经核实不符合规划条件的,建设单位不得组织竣工验收。建设单位应当在竣工验收后六个月内向城乡规划主管部门报送有关竣工验收资料。建设单位未在建设工程竣工验收后六个月内向城乡规划主管部门报送有关竣工验收资料的,由所在地城市、县人民政府城乡规划主管部门责令限期补报;逾期不补报的,处1万元以上5万元以下的罚款。

(五) 城建档案预验收

城建档案,是指在城市规划、建设及其管理活动中直接形成的对国家和社会具有保存价值的文字、图纸、图表、声像等各种载体的文件材料。城建档案对于建设单位很重要,相当于对档案进行了备份。同时,城建档案在特定情况下,对于建设项目的受让方也同样具有重要意义,如原建设单位已遗失了部分工程材料,符合条件时可以从城建档案馆调取。

《城市建设档案管理规定》规定,列入城建档案馆档案接收范围的工程,建设单位在组织竣工验收前，应当提请城建档案管理机构对工程档案进行预验收。预验收合格后，由城建档案管理机构出具工程档案认可文件。

十、竣工验收备案

所谓竣工验收备案，实际上是包括竣工验收和备案两个部分。首先，我们来看竣工验收的相关条件和程序等。工程竣工验收由建设单位负责组织实施。

竣工验收的条件包括：（1）完成工程设计和合同约定的各项内容。（2）施工单位在工程完工后对工程质量进行了检查，确认工程质量符合有关法律、法规和工程建设强制性标准，符合设计文件及合同要求，并提出工程竣工报告。工程竣工报告应经项目经理和施工单位有关负责人审核签字。（3）对于委托监理的工程项目，监理单位对工程进行了质量评估，具有完整的监理资料，并提出工程质量评估报告。工程质量评估报告应经总监理工程师和监理单位有关负责人审核签字。（4）勘察、设计单位对勘察、设计文件及施工过程中由设计单位签署的设计变更通知书进行了检查，并提出质量检查报告。质量检查报告应经该项目勘察、设计负责人和勘察、设计单位有关负责人审核签字。（5）有完整的技术档案和施工管理资料。（6）有工程使用的主要建筑材料、建筑构配件和设备的进场试验报告，以及工程质量检测和功能性试验资料。（7）建设单位已按合同约定支付工程款。（8）有施工单位签署的工程质量保修书。（9）对于住宅工程，进行分户验收并验收合格，建设单位按户出具《住宅工程质量分户验收表》。（10）建设主管部门及工程质量监督机构责令整改的问题全部整改完毕。（11）法律、法规规定的其他条件。

竣工验收的一般程序是：

第一，工程完工后，施工单位向建设单位提交工程竣工报告，申请工程竣工验收。实行监理的工程，工程竣工报告须总监理工程师签署意见。

第二，建设单位收到工程竣工报告后，对符合竣工验收要求的工程，组织勘察、设计、施工、监理等单位组成验收组，制订验收方案。对于重大工程和技术复杂工程，根据需要可邀请有关专家参加验收组。

第三，建设单位应当在工程竣工验收七个工作日前将验收的时间、地点及验收组名单书面通知负责监督该工程的工程质量监督机构。

第四，建设单位组织工程竣工验收。

工程竣工验收合格后，建设单位应当及时提出工程竣工验收报告。工程竣工验收报告主要包括工程概况，建设单位执行基本建设程序情况，对工程勘察、设计、施工、监理等方面的评价，工程竣工验收时间、程序、内容和组织形式，工程竣工验收意见等内容。

在竣工验收完成后，即到了备案的阶段。建设单位应当自工程竣工验收合格之日起十五日内，向工程所在地的县级以上地方人民政府建设主管部门备案。

十一、权属登记

不动产权属登记，即不动产登记，是指不动产登记机构依法将不动产权利归属和其他法定事项记载于不动产登记簿的行为。不动产登记包括多种情形，如首次登记（初始登记）、变更登记、转移登记、注销登记等。本章主要介绍建设项目的开发流程，故这里主要介绍一系列开发流程并竣工验收后的初始登记。

在依法取得的房地产开发用地上建成房屋的，应当凭土地使用权证书向县级以上地方人民政府房产管理部门申请登记，由县级以上地方人民政府房产管理部门核实并颁发房屋所有权证书。由于目前已经实行不动产登记制度，原国有土地使用证和房屋所有权证书都已经更名为不动产权证书。在建设项目竣工验收后，建设单位进行初始登记取得即为整个项目的不动产权证书，俗称"大产证"。若为商品房住宅项目，开发商将后续根据房屋出售情况办理"大产证"的拆分，为小业主办理"小产证"。

本章的内容是对房地产项目开发的各生命阶段的概要式梳理。从指导实践的角度看，掌握这些基本流程，既能从开发的全局安排角度看具体流程和阶段，也能从具体流程和阶段判断其在全局中的位置和作用，对熟悉房地产业务尤其是开发业务是很有帮助的。从合规及风控的角度看，每一个项目开发流程都有其相应的工作内容，包括相应的审批、核准或备案等，且项目开发流程涉及大量的法律、法规和规定，既要保证开发流程合规，同时也要合理判断开发流程中的风险点，给予必要的风险提示或者合法合规前提下的解决建议。

第四章　建设工程相关实务问题及风控要点

笔者对于房地产相关的建设工程法律问题较为熟悉。最开始接触建设工程方面业务是从审核简单的监理合同开始的，合同约有十几页纸，大概审核了两个多小时，看到后面忘了前面，当时的感觉是建设工程合同太复杂。应当说，建设工程方面的业务作为房地产业务领域的一个重要组成部分，的确比较复杂。任何中大型项目，建设工程方面的合同都可以用车载斗量来形容，数量和规模都非常庞大，从这个角度看，建设工程业务是很艰巨的。加之建设工程业务又涉及大量的工程和造价等方面的专业知识，无疑难上加难。但是从所涉及的法律关系和基本法律问题的角度出发，建设工程的基础法律问题存在较多的共性，甚至可以归结为一定数量的问题点；建设工程相关合同类型也比较固定，总包合同、施工合同、勘察合同、设计合同、监理合同、造价咨询合同等，每一类合同又都有相应的重点审核条款和关注要点。如果能够学习和把握住这些基本点，那么在建设工程非诉业务方面，基本上就应该视为合格了。至于建设工程相关的诉讼，也是建立在这些基本点之上，学习和掌握这些基本点对于应对和处理建设工程相关诉讼也大有帮助。

一、建设工程的概念

《建筑法》第二条规定，本法所称建筑活动，是指各类房屋建筑及其附属设施的建造和与其配套的线路、管道、设备的安装活动。

《建设工程质量管理条例》第二条规定，本条例所称建设工程，是指土木工程、建筑工程、线路管道和设备安装工程及装修工程。《建设工程安全生产管理条例》对建设工程有同样的定义。

《招标投标法实施条例》第二条规定，招标投标法第三条所称工程建设项目，是指工程以及与工程建设有关的货物、服务。

前款所称工程，是指建设工程，包括建筑物和构筑物的新建、改建、扩建及其相关的装修、拆除、修缮等；所称与工程建设有关的货物，是指构成工程不可分割的组成部分，且为实现工程基本功能所必需的设备、材料等；所称与工程建设有关的服务，是指为完成工程所需的勘察、设计、监理等服务。

根据以上规定可以总结得出，建设工程包括土木工程、建筑工程、线路管道工程、设备安装工程和装修工程，与这些工程相关的均可以称之为建设工程。经常有人问，精装修工程是否属于建设工程？答案即是肯定的，精装修同样是建设工程的一种，应当适用与建设工程有关的《建筑法》等相关法律法规。

二、招标投标

之所以在本章专门设置了招标投标的内容，一方面是因为招标投标是建设工程中的一个重要阶段；另一方面也是关于建设工程领域与招标投标有关的法律问题较多且容易引起争议。

（一）招投标相关规则体系

1999年8月30日，第九届全国人大常委会第十一次会议通过了《招标投标法》，自2000年1月1日起施行；经全国人大常委会修订，最新修订版已于2017年12月28日生效。

2000年5月1日，原国家发展计划委员会颁布了《工程建设项目招标范围和规模标准规定》（以下简称3号文）。目前该规定已废止。

2011年12月20日，国务院第183次常务会议通过了《招标投标法实施条例》，自2012年2月1日起施行；经国务院修订，最新修订版已于2017年3月2日生效。

2018年3月8日，国务院作出了《关于〈必须招标的工程项目规定〉的批复》。根据该规定，《必须招标的工程项目规定》自2018年6月1日起施行，3号令届时废止。

2018年3月27日，国家发改委颁布了《必须招标的工程项目规定》（以下简称16号文），该规定自2018年6月1日起施行。

2018年6月6日，国家发改委作出了《关于印发〈必须招标的基础设施和公用事业项目范围规定〉的通知》（以下简称843号文），该通知已于2018年6月6日起施行。

需要指出的是，以上仅是国家层面的与招投标相关的法律、法规，在省、市层面也有关于招投标的进一步规定，对此在实践中也不能忽略，而且是分析具体项目招投标相关问题时应当着重关注的。

（二）必须招标的项目

《招标投标法》是从两个角度框定必须招标的范围，[①] 一个是建设工程相关的活动范围，即不论其勘察、设计、施工、监理，或与工程建设有关的重要设备、材料等的采购；另一个是建设工程的性质或资金来源，即（1）关系社会公共利益、公众安全的项目，包括大型基础设施、公用事业等；（2）全部或者部分使用国有资金投资或者国家融资的项目；（3）使用国际组织或者外国政府贷款、援助资金的项目。这两个角度相交叉就能够框定某项目或者活动是否属于必须招标范畴。

16号文在《招标投标法》关于必须招标项目规定的基础上，进行了进一步的明确和细化。

首先是建设工程的性质或资金来源角度的细化。

对于全部或者部分使用国有资金或国家融资的项目，具体包括：1）使用预算资金200万元人民币以上，并且该资金占投资额10%以上的项目；2）使用国有企业事业单位资金，并且该资金占控股或者主导地位的项目。

对于使用国际组织或者外国政府贷款、援助资金的项目，具体包括：1）使用世界银行、亚洲开发银行等国际组织贷款、援助资金的项目；2）使用外国政府及其机构贷款、援助资金的项目。

对于不属于上述两种情形的大型基础设施、公用事业等关系社会公共利益、公众安全的项目，必须招标的具体范围由国务院发展改革部门会同国务院有关部门按照确有必要、严格限定的原则制定，报国务院批准。

其次是建设工程相关活动的角度的细化。

对于全部或者部分使用国有资金或国家融资的项目，使用国际组织或者外国政府贷款、援助资金的项目，关系社会公共利益、公众安全的项目，如果其勘察、设计、施工、建立以及与工程建设有关的重要设备、材料等的采购达到下列标准之一的，必须招标：

（1）施工单项合同估算价在400万元人民币以上；

（2）重要设备、材料等货物的采购，单项合同估算价在200万元人民币

[①] 《招标投标法》第三条规定，在中华人民共和国境内进行下列工程建设项目包括项目的勘察、设计、施工、监理以及与工程建设有关的重要设备、材料等的采购，必须进行招标：（1）大型基础设施、公用事业等关系社会公共利益、公众安全的项目；（2）全部或者部分使用国有资金投资或者国家融资的项目；（3）使用国际组织或者外国政府贷款、援助资金的项目。前款所列项目的具体范围和规模标准，由国务院发展计划部门会同国务院有关部门制订，报国务院批准。法律或者国务院对必须进行招标的其他项目的范围有规定的，依照其规定。

以上；

（3）勘察、设计、监理等服务的采购，单项合同估算价在 100 万元人民币以上。

同一项目中可以合并进行的勘察、设计、施工、监理以及与工程建设有关的重要设备、材料等的采购，合同估算价合计达到以上标准的，必须招标。

843 号文在 16 号文的基础上，针对大型基础设施、公用事业等关系社会公共利益、公众安全的项目进行了细化，具体包括：

（1）煤炭、石油、天然气、电力、新能源等能源基础设施项目；

（2）铁路、公路、管道、水运，以及公共航空和 A1 级通用机场等交通运输基础设施项目；

（3）电信枢纽、通信信息网络等通信基础设施项目；

（4）防洪、灌溉、排涝、引（供）水等水利基础设施项目；

（5）城市轨道交通等城建项目。

综合来看，16 号文和 843 号文分别对《招标投标法》进行了细化，尤其 16 号文对于必须招标的合同估算价金额标准在 3 号文的基础上进行了提高。总体而言，一方面，国家仍然旨在通过招投标达到提高工作效率、降低企业成本和预防腐败的目的；另一方面，国家也适当提高了必须招标的标准，将一定的自主权交回到企业手中。在具体实践中，根据《招标投标法》、16 号文和 843 号文，以及项目所在省市的具体规定，一般而言，能够对工程建设项目是否适用招投标流程作出较为明确的判断。

根据《招标投标法》的规定，对于应招标而未招标的，将必须进行招标的项目化整为零或者以其他任何方式规避招标的，应责令限期改正，可以处项目合同金额千分之五以上千分之十以下的罚款；对全部或者部分使用国有资金的项目，可以暂停项目执行或者暂停资金拨付；对单位直接负责的主管人员和其他直接责任人员依法给予处分。因此，对于招投标问题应该予以重视，避免企业及主要人员受到相应的处罚或处分。

（三）可以不招标的项目

根据《招标投标法》第六十六条的规定，涉及国家安全、国家秘密、抢险救灾或者属于利用扶贫资金实行以工代赈、需要使用农民工等特殊情况，不适宜进行招标的项目，按照国家有关规定可以不进行招标。

根据《招标投标法实施条例》第九条的规定，有下列情形之一的也可以不进行招标：（1）需要采用不可替代的专利或者专有技术；（2）采购人依法能够自行建设、生产或者提供；（3）已通过招标方式选定的特许经营项目投资人依法能够自行建设、生产或者提供；（4）需要向原中标人采购工程、货物或者服务，否则将影响施工或者功能配套要求；（5）国家规定的其他特殊情形。

2018年5月14日，国务院办公厅发布《关于开展工程建设项目审批制度改革试点的通知》，在精简审批事项和条件中明确要求，社会投资的房屋建筑工程，建设单位可以自主决定发包方式。

2018年12月26日，北京市住房和城乡建设委员会发布了《关于优化建设工程招投标营商环境有关问题的通知》（京建发〔2018〕578号），明确了"社会投资的房屋建筑工程，在确定施工单位、监理单位和建设工程货物供应商时，可自主决定发包方式，不再强制要求进行招投标""社会投资的房屋建筑工程，建设单位直接发包的，可直接与承包单位签订合同，不需要到建设行政主管部门办理直接发包手续"。

其他省、市也相继发出了类似的通知，明确了社会投资的建设工程可以自主决定发包方式，既可以选择直接发包，也可以选择招标投标方式或者其他竞争性方式，自主权交到了社会投资者手中。这是招投标领域今年来的一大变化和转折点。

（四）公开招标和邀请招标

1. 公开招标和邀请招标的概念

招标分为公开招标和邀请招标两种形式。公开招标，是指招标人以招标公告的方式邀请不特定的法人或者其他组织投标。邀请招标，是指招标人以投标邀请书的方式邀请特定的法人或者其他组织投标。

2. 公开招标和邀请招标的适用范围

对于必须招标的项目，公开招标是原则，邀请招标则是例外。

根据《招标投标法》第十一条的规定，国务院发展计划部门确定的国家重点项目和省、自治区、直辖市人民政府确定的地方重点项目不适宜公开招标的，经国务院发展计划部门或者省、自治区、直辖市人民政府批准，可以进行邀请招标。

此外，根据《招标投标法实施条例》第八条的规定，国有资金占控股或者主导地位的依法必须进行招标的项目，应当公开招标；但有下列情形之一的，可以邀请招标：（1）技术复杂、有特殊要求或者受自然环境限制，只有少量潜在投标人可供选择；（2）采用公开招标方式的费用占项目合同金额的比例过大。

3. 公开招标的一般流程

虽然不同的招标人或者招标代理人在具体的公开招标过程中所适用的流程并不完全一致，但由于系公开招标，所以在基本流程上还是一致的。

第一个阶段是招标人发布招标公告和编制招标文件。

招标人应首先发布招标公告。依法必须进行招标的项目的招标公告，应当通过国家指定的报刊、信息网络或者其他媒介发布。招标公告应当载明招标人的名称和地址、招标项目的性质、数量、实施地点和时间以及获取招标文件的办法等事项。

招标人应根据招标项目的特点和情况编制招标文件。招标文件应当包括招标项目的技术要求、对投标人资格审查的标准、投标报价要求和评标标准等所有实质性要求和条件以及拟签订合同的主要条款。由于招标公告中要求的获取招标文件的时间可能与发出招标公告的时间相隔时间很多，因此实操中招标人一般应当在发布招标公告前即已提前编制好招标文件。

同时，招标人应当确定投标人编制投标文件所需要的合理时间，依法必须进行招标的项目，自招标文件开始发出之日起至投标人提交投标文件截止之日止，最短不得少于 20 日。

第二个阶段是投标人编制投标文件。

投标人在取得招标文件后，应针对招标文件的要求编制投标文件。投标文件应当对招标文件提出的实质性要求和条件作出响应。

投标人应当在招标文件要求提交投标文件的截止时间前，将投标文件送达投标地点。招标人收到投标文件后，应当签收保存，不得开启。

招标人采用资格预审办法对潜在投标人进行资格审查的，应当发布资格预审公告、编制资格预审文件。招标人也可以采用资格后审办法对投标人进行资格审查，对此，招标人应当在开标后由评标委员会按照招标文件规定的标准和方法对投标人的资格进行审查。

需要注意的是，当投标人少于三个或者通过资格预审的申请少于三个的，应当重新招标。

第三个阶段是开标。

开标由招标人主持，邀请所有投标人参加。开标时，由投标人或者其推选的代表检查投标文件的密封情况，也可以由招标人委托的公证机构检查并公证；经确认无误后，由工作人员当众拆封，宣读投标人名称、投标价格和投标文件的其他主要内容。招标人在招标文件要求提交投标文件的截止时间前收到的所有投标文件，开标时都应当当众予以拆封、宣读。开标过程应当记录，并存档备查。

招标项目设有标底的，招标人应当在开标时公布。标底只能作为评标的参考，不得以投标报价是否接近标底作为中标条件，也不得以投标报价超过标底上下浮动范围作为否决投标的条件。

第四个阶段是评标。

评标由招标人依法组建的评标委员会负责。依法必须进行招标的项目，其评标委员会由招标人代表和有关技术、经济等方面的专家组成，成员人数为五人以上单数，其中技术、经济等方面的专家不得少于成员总数的三分之二。专家应当从事相关领域工作满八年并具有高级职称或者具有同等专业水平，由招标人从国务院有关部门或者省、自治区、直辖市人民政府有关部门提供的专家名册或者招标代理机构的专家库内的相关专业的专家名单中确定；一般招标项目可以采取随机抽取方式，特殊招标项目可以由招标人直接确定。

评标委员会有权否决某些情形下的投标人的投标，包括：（1）投标文件未经投标单位盖章和单位负责人签字；（2）投标联合体没有提交共同投标协议；（3）投标人不符合国家或者招标文件规定的资格条件；（4）同一投标人提交两个以上不同的投标文件或者投标报价，但招标文件要求提交备选投标的除外；（5）投标报价低于成本或者高于招标文件设定的最高投标限价；（6）投标文件没有对招标文件的实质性要求和条件作出响应；（7）投标人有串通投标、弄虚作假、行贿等违法行为。

第五个阶段是确定中标人及签署合同。

评标委员会推荐的中标候选人应当限定在一人至三人，并标明排列顺序。招标人应当接受评标委员会推荐的中标候选人，不得在评标委员会推荐的中标候选人之外确定中标人。对于国有资金占控股或者主导地位的依法必须进行招标的项目，招标人应当确定排名第一的中标候选人为中标人。排名第一的中标候选人放弃中标、因不可抗力提出不能履行合同、不按照招标文件的要求提交履约保证金，或者被查实存在影响中标结果的违法行为等情形，不符合中标条件的，招标人可以按照评标委员会提出的中标候选人名单排序依次确定其他中标候选人为中标人。依次确定其他中标候选人与招标人预期差距较大，或者对招标人明显不利的，招标人可以重新招标。

中标人确定后，招标人应当向中标人发出中标通知书，并同时将中标结果通知所有未中标的投标人。中标通知书对招标人和中标人具有法律效力。中标通知书发出后，招标人改变中标结果的，或者中标人放弃中标项目的，应当依法承担法律责任。中标人无正当理由不与招标人订立合同、在签订合同时向招标人提出附加条件、不按照招标文件要求提交履约保证金的，取消其中标资格，投标保证金不予退还。对依法必须进行招标的项目的中标人，由有关行政监督部门责令改正，可以处中标项目金额10‰以下的罚款。

招标人和中标人应当自中标通知书发出之日起30日内，按照招标文件和中标人的投标文件订立书面合同。招标人和中标人不得再行订立背离合同实质性内容的其他协议。招标文件要求中标人提交履约保证金的，中标人应当提交，履约保证金不得超过中标合同金额的10%。对于何为背离实质性内容，《招标投标法实施条例》第五十七条规定，合同的标的、价款、质量、履行期限等主要条款应当与招标文件和中标人的投标文件的内容一致。招标人和中标人不得再行订立背离合同实质性内容的其他协议。一般认为，合同的标的、价款、质量、履行期间等主要条款是否一致是判断是否构成实质性背离的关键标准。招标人和中标人不按照招标文件和中标人的投标文件订立合同，合同的主要条款与招标文件、中标人的投标文件的内容不一致，或者招标人、中标人订立背离合同实质性内容的协议的，由有关行政监督部门责令改正，可以处中标项目金额5‰以上10‰以下的罚款。

依法必须进行招标的项目，招标人应当自确定中标人之日起十五日内，向有关行政监督部门提交招标投标情况的书面报告。

4. 邀请招标一般流程

邀请招标的流程与公开招标基本一致。所不同的是，公开招标是公开发布招标公告，而邀请招标则是向具备承担招标项目的能力、资信良好的特定的法人或其他组织发出投标邀请书。投标邀请书的内容与招标公告的内容一致，也是应当载明招标人的名称和地址、招标项目的性质、数量、实施地点和时间以及获取招标文件的办法等事项。

需要注意的是，邀请招标的对象必须是三个以上。

(五) 联合体投标

联合体投标是投标中一种常见的情形，但也有一些招标明确排除联合体投标。《招标投标法》对于联合体投标也有基本的原则性规定。

首先，两个以上的法人或其他组织是可以组成一个联合体以一个投标人的身份共同投标，即原则上联合体投标是允许的，但具体要看招标人是否接受。

其次，联合体各方都应具备承担招标项目的能力，如果国家有关规定或者招标文件对投标人的资格条件有规定的，联合体各方都应该具备这些资格条件。

由同一专业的单位组成的联合体，按照资质等级较低的单位确定资质等级。

再次，联合体内部应该签订共同投标协议或者联合体协议，明确各方在联合体中应承担的工作和责任，并将联合体协议一并提交招标人。

最后，如果联合体中标，联合体各方应当共同与招标人签订合同，就中标项目向招标人承担连带责任。

（六）招投标与其他相关概念

前面已经介绍了必须采用招标的项目，在实操中，除了必须采用招标方式的项目以外，还存在其他与招投标类似的方式。根据《政府采购法》第二十六条的规定，政府采购的方式包括公开招标、邀请招标、竞争性谈判、单一来源采购、询价、国务院政府采购监督管理部门认定的其他采购方式。

竞争性谈判是指谈判小组与符合资格条件的供应商就采购货物、工程和服务事宜进行谈判，供应商按照谈判文件的要求提交响应文件和最后报价，采购人从谈判小组提出的成交候选人中确定成交供应商的采购方式。

根据《政府采购法》的规定，单一来源采购只适用于特定情形，包括只能从唯一供应商处采购的，发生了不可预见的紧急情况不能从其他供应商处采购的，必须保证原有采购项目一致性或者服务配套的要求，需要继续从原供应商处添购，且添购资金总额不超过原合同采购金额10%的。即只要满足任一种情形，那么就可以从单一来源进行采购。

根据《政府采购法》的规定，采购的货物规格、标准统一、现货货源充足且价格变化幅度小的政府采购项目，可以采用询价方式采购。

以上关于竞争性谈判、单一来源采购和询价，主要仍是适用于政府采购领域。但是，对于非必须招标的项目，企业可以作为发包人自行决定是否通过一定的方式招募到其满意的承包商，而方式可能包括公开招标、邀请招标、竞争性谈判、单一来源采购、询价等，这完全是企业自主决定的范畴。在实践中，除了这些方式以外，还有比选，比选是指比选人事先会公布比选的条件和要求，参与比选的申请人自愿报名，由比选人通过比较、选择等最终确定中选人。

需要指出的是，对于非必须招标的项目，如果发包人最终决定采用招标，不论公开招标或邀请招标，那么都要受到《招标投标法》的约束，不能违反《招标投标法》的规定。这一问题在实践中可能受到一些想当然的影响，容易被忽略，认为不是非必须招标的项目虽然采用招标方式但也未必要受到《招标投标法》限制，并可能造成不必要的风险。

（七）招投标有关的刑事责任

招投标过程中涉及较多的是行政处罚，但在严重的情况下也存在触犯《刑法》的可能。与招投标有关的罪行主要是串通投标罪。

《刑法》第二百二十三条规定，投标人相互串通投标报价，损害招标人或者其他投标人利益，情节严重的，处三年以下有期徒刑或者拘役，并处或者单处罚金。投标人与招标人串通投标，损害国家、集体、公民的合法利益的，依照前款的规定处罚。

根据该规定，投标人之间相互串通可能构成串通投标罪，招标人与投标人之间相互串通也可能构成串通投标罪。

那么哪些情形属于串通投标呢？对此，《招标投标法》区分为几种情形：

投标人相互串通投标的情形一般包括：（1）投标人之间协商投标报价等投标文件的实质性内容；（2）投标人之间约定中标人；（3）投标人之间约定部分投标人放弃投标或者中标；（4）属于同一集团、协会、商会等组织成员的投标人按照该组织要求协同投标；（5）投标人之间为谋取中标或者排斥特定投标人而采取的其他联合行动。

视为投标人相互串通投标的情形包括：（1）不同投标人的投标文件由同一单位或者个人编制；（2）不同投标人委托同一单位或者个人办理投标事宜；（3）不同投标人的投标文件载明的项目管理成员为同一人；（4）不同投标人的投标文件异常一致或者投标报价呈规律性差异；（5）不同投标人的投标文件相互混装；（6）不同投标人的投标保证金从同一单位或者个人的账户转出。

招标人与投标人串通投标的情形包括：（1）招标人在开标前开启投标文件并将有关信息泄露给其他投标人；（2）招标人直接或者间接向投标人泄露标底、评标委员会成员等信息；（3）招标人明示或者暗示投标人压低或者抬高投标报价；（4）招标人授意投标人撤换、修改投标文件；（5）招标人明示或者暗示投标人为特定投标人中标提供方便；（6）招标人与投标人为谋求特定投标人中标而采取的其他串通行为。

三、建设工程领域常见问题

建设工程领域涉及的法律问题很多，初看可能觉得很庞杂，但经过总结其实常见的、重要的法律问题还是比较集中的。本部分将建设工程划分为招投标阶段、履行阶段、结算阶段三个主要的阶段，并对每一阶段中需关注的法律问题进行介绍和分析；由于建设工程类合同无效也是一个重要问题，所以也将建设工程类合同无效与前述三个阶段并列一并进行介绍和分析。此外，需要说明的是，以下对于建设工程常见问题的介绍和分析主要是以建设工程施工合同作为基础对象，其他建设工程类合同，如监理合同、勘察合同、设计合同等一般可参照适用。

（一）招投标阶段

在本章第二部分中已将招投标相关问题有了较系统介绍的基础上，招投标阶段所涉及的常见问题主要是"黑白合同"问题。

1. "黑白合同"的概念

"黑白合同"，也叫阴阳合同，并非法律概念，是指招标人和中标人在中标合同以外签订了一份与中标合同构成实质性变更的合同，另行签署的合同是"黑合同"或"阴合同"，中标合同是"白合同"或"阳合同"。"黑白合同"在建设工程领域中广泛存在，而且大量的建设工程有关纠纷也都涉及"黑白合同"，因此对"黑白合同"的掌握是建设工程相关法律问题的核心之一。之所以对"黑白合同"进行严格监管，并明令禁止签订"黑合同"，目的就在于"黑合同"的存在将使得招标制度流于形式，起不到应有的作用，并且会带来建筑市场的混乱。从这个角度上看，"黑白合同"和所谓的抽屉协议有一定类似性，都不是表里如一，而是表里不一。

2. "黑白合同"的构成条件

根据上面"黑白合同"的定义，可以总结"黑白合同"的构成条件。

首先，"黑白合同"应就同一建设工程项目而签订。试想，一个合同针对A工程，另一个合同针对B工程，二者之间也就不存在构成"黑白合同"以规避招标制度的基础。

其次，"黑白合同"中的"白合同"是经过招投标程序而订立的中标合同。"黑白合同"的认定基于招投标程序，若没有经过招投标程序，仅针对同一工程项目而先后订立了两份存在实质性内容不一致的合同，并不构成"黑白合同"，而只能认定为双方合意对合同进行了一次调整。

最后，"黑合同"对"白合同"构成实质性内容变更。针对何为实质性变更，对此，《最高人民法院关于审理建设工程施工合同纠纷案件适用法律问题的解释（一）》（以下简称《施工合同司法解释一》）第二条规定，招标人和中标人另行签订的建设工程施工合同约定的工程范围、建设工期、工程质量、工程价款等实质性内容，与中标合同不一致，一方当事人请求按照中标合同确定权利义务的，人民法院应予支持。《招标投标法实施条例》第五十七条规定，合同的标的、价款、质量、履行期限等主要条款应当与招标文件和中标人的投标文件的内容一致。招标人和中标人不得再行订立背离合同实质性内容的其他协议。因此,对于建设工程最为关键的工程范围、工期、质量、价款等条款是否存在变更是判断是否构成实质性变更的主要参考标准。

但招标人和中标人在中标合同以外签订了与中标合同构成实质性变更的合同,是否一定会被认定为"黑合同"呢?也并非如此。实践中,在招标人和中标人签订中标合同后,很有可能出现规划调整或者其他情形,此时,如果招标人和中标人在中标合同以外签订一份合同,该合同首先并非为了规避招标制度,而是基于规划调整或其他原因而进行的相应调整,所以不宜被认定为"黑合同"。

3. 备案对于"黑白合同"的影响

关于备案对于"黑白合同"的影响,有必要先对施工合同相关司法解释进行简要梳理。关于施工合同纠纷最早的司法解释是2004年10月25日发布的《最高人民法院关于审理建设工程施工合同纠纷案件适用法律问题的解释》(以下简称《施工合同司法解释》),此后在2018年12月29日最高人民法院发布了《关于审理建设工程施工合同纠纷案件适用法律问题的解释》(二)(已失效)(以下简称《施工合同司法解释二》)。在《民法典》正式施行以后,最高法将这两个关于施工合同的司法解释统一整合为《施工合同司法解释一》。

《施工合同司法解释一》第二十一条规定,当事人就同一建设工程另行订立的建设工程施工合同与经过备案的中标合同实质性内容不一致的,应当以备案的中标合同作为结算工程价款的根据。国务院办公厅于2018年5月14日发布了《关于开展工程建设项目审批制度改革试点的通知》。根据该通知,取消施工合同备案、建筑节能设计审查备案等事项。基于此,《施工合同司法解释》第二条在《施工合同司法解释一》基础上在表述上有所调整,即不再强调备案,而只是强调和中标合同不一致。这一方面是对《关于开展工程建设项目审批制度改革试点的通知》的回应;另一方面也符合此前对于"备案的中标合同"的理解,即对《施工合同司法解释一》中"备案的中标合同"应作严格的文义解释,限于根据规定必须进行招标且进行了招标活动并根据中标结果而签订合同;未进行招投标活动而仅用于备案以完成建设工程手续的合同,不属于《施工合同司法解释一》第二十一条的"备案的中标合同"。

4. 非必须招标项目但采用招投标方式订立的合同同样适用"黑白合同"

有观点认为只有法定的强制性招标项目,才可适用《招标投标法》的规定。非必须招标项目,即使当事人依照法定的招投标程序签订了中标合同,也可以在事先或事后另行签订符合当事人真实意思表示的合同对其进行否定，不存在"黑白合同"问题。

但笔者倾向于认为，《招标投标法》第二条适用于所有的招投标活动，当事人对非必须招标项目进行招投标的，说明其自愿接受《招标投标法》的约束；同时，基于对招投标秩序的维护，对于非必须招标项目而实际采用招投标的，也应当适用《招标投标法》。最高人民法院在"建筑工程公司、叶某煌等建设工程施工合同纠纷案"〔（2021）最高法民申5258号〕《民事裁定书》中也认为，《招标投标法》的规范对象为在我国境内进行的所有招标投标活动。虽然2018年3月27日国家发展和改革委员会公布的《必须招标的工程项目规定》《必须招标的基础设施和公用事业项目范围规定》，已不再将民营投资的商品住宅项目列入必须强制招标的范围，但双方当事人既然选择以招投标方式确定施工人，就应当平等适用规制招投标行为的法律规定，即应受《招标投标法》的约束。[①] 据此，因实际履行的合同与中标合同不一致的，也应属于"黑白合同"的适用对象。

5. "黑白合同"的无效

"黑白合同"的无效问题比较复杂，原因在于"黑白合同"存在不同的类型，不同类型情况下的"黑合同"和"白合同"何为有效、何为无效有所不同；进一步地，如果黑合同及/或白合同无效，那么合同双方产生争议应该以哪份合同为准就是摆在争议解决机构面前的难题。

一般而言，"黑白合同"可以分为招标前、招标中和招标后三种模式。

所谓招标前，就是在招标人还未通过招标确定中标人之前，就已经和某承包人签订了"黑合同"，并在该承包人中标后再与其签订中标合同，而双方实际履行的是招标前已经签署的黑合同。这种模式下，"黑合同"和"白合同"均应无效，"黑合同"无效容易理解，"白合同"无效是因为其是虚假招标的产物，自然也应归于无效。此时，一般应按照实际履行的合同进行结算。

所谓招标中，就是在招标过程中，招标人与某个投标人签订"黑合同"，如果该投标人中标，则再根据招投标情况签订中标合同，实际履行的仍是"黑合同"，这种情况和招标前的情形类似，但可以进一步区分中标是否有效，如

---

① （2021）最高法民申5258号民事判决书，载中国裁判文书网，https：//wenshu.court.gov.cn/website/wenshu/181107ANFZ0BXSK4/index.html? docId = mjsWGn5yKlRj3bOatntheaZwLK0J5EA891cCKjMw9/oV-LR4rg8P61ZO3qNaLMqsJLtMGU + Mc34789TnmiwgXuCN05NRB6QgWvb77MR4zDn6hiWB3lObSCvTGdTiP9C/M，2023年6月5日访问。

果中标有效，那么中标合同即"白合同"有效，可以作为结算依据；如果中标无效，那么不论是"黑合同"或"白合同"均无效，一般按照实际履行的合同进行结算。

所谓招标后，就是招标人与中标人签订中标合同后，双方又另行签署了与中标合同构成实质性变更的合同即"黑合同"。这种情况下，中标合同即"白合同"有效，按其进行结算，而"黑合同"应属无效。

（二）履行阶段

1. 转包和违法分包

根据《建设工程质量管理条例》的规定，转包是指承包单位承包建设工程后，不履行合同约定的责任和义务，将其承包的全部建设工程转给他人或者将其承包的全部建设工程肢解以后以分包的名义分别转给其他单位承包的行为。

违法分包，是指下列具体行为：（1）总承包单位将建设工程分包给不具备相应资质条件的单位的；（2）建设工程总承包合同中未有约定，又未经建设单位认可，承包单位将其承包的部分建设工程交由其他单位完成的；（3）施工总承包单位将建设工程主体结构的施工分包给其他单位的；（4）分包单位将其承包的建设工程再分包的。

根据对转包和违法分包的定义，我们可以发现，对于建设工程而言，转包和分包都是经常遇到的，但区别在于，转包是非法的，即转包是不被允许的；而分包则是被允许的，只是不能出现将主体工程分包或分包后再分包等违法情形，否则即构成违法分包，真正禁止的并非分包，而是违法分包。

之所以禁止转包是容易理解的，即某一工程本来是通过招投标或者直接发包等形式将承包权授予某承包商，但某承包商却将全部工程又转给他人，或者将全部工程肢解为多个部分后分别分包给他人，最终的结果是承包商变成了"二传手"，通过转包的方式从工程中脱身，在享有工程业绩的同时甚至还赚取了差价。这不仅违背了发包人的真实意思，而且往往导致工程质量难以得到保证。基于此，转包是被绝对禁止的。

分包在建设工程中是普遍存在的，如经建设单位认可，承包商可以将部分建设工程交由其他单位完成，但前提是承包商要为此承担连带责任。分包尤其是专业分包从本质上是有利于提升建设工程质量的。以建设某个商场这一建设工程而言，如果采用总承包方式，那么将确定一个总承包单位，但对于钢结构、水电、暖通、消防、弱电、强电、幕墙等，都有相应的专业分包单位更专注和擅长这些专业工程，总承包单位可以将该等专业工程分包给专业分包单位，总承包单位负责相应的监督和沟通协调工作。但分包不能对建设工程质量造成不良影响。上面违法分包的四种情形中，第一种情形下分包单位不具备相应资质，构成违法分包无疑；第二种情形总包合同未约定，或者建设单位未认可，承包单位的自行委托分包，这种分包没有合同或权利基础；第三种情形是常见的，建设工程主体结构必须由施工单位负责，而不得分包；第四种情形即违法再分包，这种层层扒皮的方式最终一定会导致相应的工程质量堪忧。

此外，转包和违法分包并不仅适用于建设工程中的施工环节，对于勘察、设计、监理等建设工程相关活动也同样适用。其中监理较为特殊，监理既不能转包，也不能分包。

2. 质量

质量、工期、价款是建设工程合同中最为关键的三大事项。笔者认为和质量相关的可以注意如下两个容易产生歧义的问题，其余可以在后续施工合同审核的部分再进一步介绍和讨论。

（1）缺陷责任期和保修期的区别

缺陷责任期和保修期是两个很容易发生混淆的概念，而且同时出现在总包合同或者施工合同中，造成了一定程度的混用，也不免会导致争议出现。

根据《建设工程质量保证金管理办法》的规定，缺陷是指建设工程质量不符合工程建设强制性标准、设计文件，以及承包合同的约定。缺陷责任期一般为1年（12个月），最长不超过2年（24个月），由发、承包双方在合同中约定。因此，缺陷责任期可以理解为发、承包双方在合同中约定的、因承包人原因导致的建设工程质量不符合强制性标准、设计文件或合同约定而应当由承包人承担责任的期间。缺陷责任期一般为12个月到24个月不等。缺陷责任期从工程通过竣工验收之日起计算。由于承包人原因导致工程无法按规定期限进行竣工验收的，缺陷责任期从实际通过竣工验收之日起计算。由于发包人原因导致工程无法按规定期限进行竣工验收的，在承包人提交竣工验收报告90天后，工程自动进入缺陷责任期。

保修期则相对容易理解，和购买的一般商品一样，承包人应当履行保修责任的期间。根据《建设工程质量管理条例》，建设工程不同的部分其最低保修期有所不同，基础设施工程、房屋建筑的地基基础工程和主体结构工程，为设计文件规定的该工程的合理使用年限；屋面防水工程、有防水要求的卫生间、房间和外墙面的防渗漏，为5年；供热与供冷系统，为2个采暖期、供冷期；电气管线、给排水管道、设备安装和装修工程，为2年。建设工程的保修期，自竣工验收合格之日起计算。

基于上述缺陷责任期和保修期的定义，我们可以简要比较二者的区别。

第一，质量保修期是法定的，缺陷责任期则是约定的。法定质量保修期是最低限度的保修期。当事人双方可以约定比法定保修期更长的保修期限，但不能低于法定最低保修期，否则，该约定无效。而缺陷责任期则可以由发、承包双方在12个月到24个月之间自由选择确定。

第二，质量保修期对应的是保修责任，缺陷责任期对应的是缺陷责任。保修责任主要是通过保修、维修来体现；缺陷责任主要是通过扣除预留的质保金来体现。因此，缺陷责任期内可以预留质保金、到期后返还或者双方通过合同约定质保金的返还期限，而质量保修期内则不存在预留质保金的问题。

第三，保修责任属于合同责任，缺陷责任属于违约责任，两者有所不同。承担了缺陷责任并不能免除保修责任，同时，承担缺陷责任也可能同时承担保修责任。

需要指出的是，实践中不少合同项下的质量保修期、缺陷责任期和质保金的使用是比较混乱的，甚至部分工程人员对于质量保修期和缺陷责任期之间的区别、只有缺陷责任期和质保金挂钩等事宜知之甚少，或者根本就没有这方面的概念。对此，从法律角度应当给予充分的提示，避免概念的混用给后续合同的履行带来风险和争议。

（2）质量保证金及其返还

建设工程质量保证金是指发包人与承包人在建设工程承包合同中约定，从应付的工程款中预留，用以保证承包人在缺陷责任期内对建设工程出现的缺陷进行维修的资金。

从质量保证金的设立初衷看，主要是为了发包人能够扣留一部分给承包人的尾款，用于发生缺陷责任情况下能够有相应的款项用于处理缺陷，同时也是为了通过预留尾款的方式督促承包人提高工程质量，否则尾款可能无法再收回。但随着工程领域的发展，在保障发包人的利益和工程质量的同时，也需要平衡承包人的利益，即不能过多扣留承包人的现金，否则对于承包人的发展也将构成阻碍。

为此，《建设工程质量保证金管理办法》明确规定，保证金总预留比例不得高于工程价款结算总额的3%。同时，推行银行保函制度，承包人可以银行保函替代预留保证金，保函金额也不得高于工程价款结算总额的3%。在工程项目竣工前，已经缴纳履约保证金的，发包人不得同时预留工程质量保证金。

采用工程质量保证担保、工程质量保险等其他保证方式的，发包人不得再预留保证金。

一般而言，发包人在接到承包人返还保证金申请后，应于14天内会同承包人按照合同约定的内容进行核实。如无异议，发包人应当按照约定将保证金返还给承包人。对返还期限没有约定或者约定不明确的，发包人应当在核实后14天内将保证金返还承包人，逾期未返还的，依法承担违约责任。发包人在接到承包人返还保证金申请后14天内不予答复的，经催告后14天内仍不予答复的，视同认可承包人的返还保证金申请。以上仅为一般性的操作，发、承包双方可以对质量保证金返还的具体安排进行约定。

3. 工期

所谓工期，可以简单解释为开工日期和竣工日期之间的期间，即工程期间。因此，对于工期，应当重点把握开工日期和竣工日期。

对于开工日期，是指发包人或者监理单位发出开工通知即开工令上载明的开工日期。但如果开工通知发出后，因发包人原因尚未达到开工条件的，应以开工条件具备的时间为开工日期；因承包人原因导致开工时间推迟的，应以开工通知载明的时间为开工日期，损失的时间由承包人自行承担。需注意的是，开工通知与开工报告有所区别，开工报告是承包人向发包人或监理单位发出申请开工的报告。

开工日期也存在其他的特殊情形。如承包人经发包人同意已经实际进场施工的，以实际进场施工时间为开工日期。如发包人或者监理人未发出开工通知，亦无相关证据证明实际开工日期的，应当综合考虑开工报告、合同、施工许可证、竣工验收报告或者竣工验收备案表等载明的时间，并结合是否具备开工条件的事实，最终认定开工日期。

对于竣工日期，一般以建设工程经竣工验收合格之日为竣工日期。但如果承包人已经提交竣工验收报告，发包人拖延验收的，为保障承包人的利益，以承包人提交验收报告之日为竣工日期。建设工程未经竣工验收，发包人擅自使用的，以转移占有建设工程之日为竣工日期。

工期对于发、承包双方都具有重要意义，也经常发生争议，故发、承包双方都应予以充分的重视，提前预警工期违约的风险并制订必要的预案，及时处置可能造成工期违约的障碍，做好工期违约有关风险防控。对于发包人，按计划竣工，不仅能够保障工程后续按计划投入使用，而且能够避免进一步的工程投入，否则工程迟迟无法竣工很可能导致发包人面临来自政府、购房人或者内部资金周转等各方面的压力。对于承包人，无法按计划竣工意味着无法从一个项目抽身投入下一个项目，并且可能面临来自发包人的索赔。因此，开工日期和竣工日期在合同中明确约定十分重要。此外，由于工程持续的时间都很长，天有不测风云，工程过程中很可能要面临酷暑、严寒、大风、大雨等自然现象，面临来自政府或者重大活动的影响，或者其他合同约定的情形，此时如果符合工程延期的情形，那么发、承包双方最好的方式就是及时进行工期签证，及时签证不仅对于承包人是一种保护，对于发包人也是减少纠纷的有效方式。否则，发包人故意不给签证延长工期，最终导致发、承包双方走向纠纷，带给发包人的未必是节省了工期，反而可能是因诉讼导致工程迟迟无法竣工，发包人的损失可能更大。

4. 计价方式

计价方式对于任何工程类的合同都至关重要。针对勘察设计合同、监理合同或者造价咨询合同等，其计价方式可能较为简单，一般是固定总价或者固定单价，这主要是因为这些合同所涉及的金额往往不会很高。施工合同或者总包合同则不同，所涉及的金额往往较高，对于某些工程而言往往数以亿计，相对应地，计价方式也会有所不同。因此，本部分着重以施工合同为例介绍和分析计价方式。

根据《建设工程施工合同（示范文本）》（GF-2017—0201）（以下简称《施工合同示范文本2017版》），合同价格形式分为三种，即单价合同、总价合同和其他价格形式。单价合同是指合同当事人约定以工程量清单及其综合单价进行合同价格计算、调整和确认的建设工程施工合同，在约定的范围内合同单价不作调整。在单价合同中，发、承包双方可以在专用条款中约定综合单价所包含的风险范围及风险费用的计算方法，以及风险范围以外合同价格的调整方法。总价合同是指合同当事人约定以施工图、已标价工程量清单或预算书及有关条件进行合同价格计算、调整和确认的建设工程施工合同，在约定的范围内合同总价不作调整。在总价合同中，发承包双方可以在专用合同条款中约定总价包含的风险范围和风险费用的计算方法，并约定风险范围以外的合同价格的调整方法。

《建设工程施工合同（示范文本）》（GF-2013-0201）（以下简称《施工合同示范文本2013版》）对于计价方式的约定和《施工合同示范文本2017版》一致。

根据《建设工程施工合同（示范文本）》（GF-1999-0201）（以下简称

《施工合同示范文本 1999 版》），确定合同价款的方式包括三种，分别是固定价格合同、可调价格合同及成本加酬金合同。其中，固定价格合同是指发、承包双方约定合同价款包含的风险范围和风险费用的计算方法，在约定的风险范围内合同价款不再调整，风险范围以外的合同价款调整方法由发、承包双方约定。可调价格合同是指合同价款可根据发、承包双方的约定而调整，并约定调整方法。可调价格合同中合同价款的调整因素包括法律、行政法规和国家有关政策变化影响合同价款，工程造价管理部门公布的价格调整。成本加酬金合同是指合同价款包括成本和酬金两部分，发、承包双方约定成本构成和酬金的计算方式。

《建设工程工程量清单计价规范》（GB 50500—2013）中提及了三种计价方式，并规定，实行工程量清单计价的工程，应当采用单价合同。合同工期较短、建设规模较小、技术难度较低，且施工图设计已审查完备的建设工程可以采用总价合同。紧急抢险、救灾以及施工技术特别复杂的建设工程可以采用成本加酬金合同。

《建设工程价款结算暂行办法》中对于工程价款的规定也有三种方式，第一种是固定总价，对于合同工期较短且工程合同总价较低的工程可以采用固定总价合同方式；第二种是固定单价，发、承包双方可以在合同中约定综合单价包含的风险范围和风险费用的计算方法，在约定的风险范围内综合单价不再调整。风险范围以外的综合单价调整方法在合同中约定。第三种是可调价格，可调价格包括可调综合单价和措施费等，发、承包双方在合同中约定综合单价和措施费的调整方法，调整因素包括：法律、行政法规和国家有关政策变化影响合同价款；工程造价管理机构的价格调整；经批准的设计变更；发包人更改经审定批准的施工组织设计（修正错误除外）造成费用增加；以及其他发承包双方约定情形。

综上，施工合同的计价方式大致有四种，即固定总价、固定单价、成本加酬金和可调价格。从实践来看，以固定总价和固定单价为主，成本加酬金和可调价格都并不多见，所以我们以固定总价和固定单价为介绍重点。

对于固定总价，简言之就是将合同总价款固定。但固定不能理解为一口价或者总价包死不再调整。这里的固定总价其实是固定暂定总价的意思，固定总价仅在双方约定的风险范围内是固定不变的，但如果发生了双方约定的风险范围以外的情形，在固定总价基础上仍会有相应的调整。当然，如前所述，固定总价主要适用于合同工期比较短、合同价格比较低且施工图设计已审查完备的工程，这种情况下，工程出现影响合同价款的风险因素会比较少，固定总价的约定受到的意外冲击因素也相对较少。实践中，固定总价往往也和工程量清单或者单价细目表等结合起来使用，即以工程量清单或单价细目表为基础框定固定总价，同时约定一定的调价因素，除该等调价因素外，固定总价概不调整。《施工合同司法解释一》第二十八条规定："当事人约定按照固定价结算工程价款，一方当事人请求对建设工程造价进行鉴定的，人民法院不予支持。"从该规定看，仍然尊重发、承包双方关于固定价约定的意思表示。

对于固定单价，简言之就是将合同单价固定，即只是固定单价，而工程量则并非确定，要按照工程量据实结算合同价款。在这种情况下，固定单价就面临两个变量，一是工程量可能会有变化，如果出现新增的工程量，而新增的工程量是否适用固定单价呢，实践中，一般而言，已标价工程量清单或者预算书有相同项目的，按照合同约定单价认定；已标价工程量清单或预算书没有相同项目，但有类似项目的，参照类似项目的单价认定；变更导致实际完成的变更工程量与已标价工程量清单或预算书中列明的该项目工程量的变化幅度超过一定比例的，或已标价工程量清单或预算书中无相同项目及类似项目单价的，按照合理的成本与利润构成的原则，按照合同约定，确定变更工作的单价。二是固定单价并非单价不再调整，当出现约定风险以外的情形，价格也会有调整的可能。

综上，对于合同采用哪种计价方式，其实并没有一定之规，需要结合发、承包双方和工程实际情况而定。但无论采用哪种计价方式，都应当确保合同文本中的计价逻辑一致性，万不能出现前后逻辑不一致的情况，这将给后续的工程结算带来极大困难，并造成发、承包双方之间的纠纷。同时，对于计价方式的选择，由于发包人往往处于强势的一方，在合同价款中往往设置包死价，让承包人以固定不变的价格包各种工程范围。但合同的签订仍然要考虑发、承包双方权利义务的适当分配，完全偏向于一方的合同极有可能经不起实践的考验，极容易引起纠纷，最终发包人的利益是否会受到冲击也未可知。

5. 农民工利益保护

农民工对于城镇化发展做了重要贡献。同时，国家也历来重视对建设工程领域的农民工利益保护。近年来，国家陆续发布了多项对于保障农民工利益具有重要作用和意义的规定，包括2019年12月30日国务院发布的《保障农民工工资支付条例》，2021年7月7日人社部、发改委、财政部、住建部、交通运输部、水利部、人民银行、铁路局、原民航总局、银保监会联合发布的《关于印发〈工程建设领域农民工工资专用账户管理暂行办法〉的通知》，2021年8月17日人社部、住建部、交通运输部、水利部、银保监会、铁路局、原民航总局等联合发布的《关于印发〈工程建设领域农民工工资保证金规定〉的通知》等，重点对农民工工资保障的制度安排作了全面细致的规定。

首先是实名管理。施工总包单位或者分包单位应与农民工订立劳动合同并进行实名登记。未与施工总包单位签订劳动合同并进行实名登记的人员，不得进入项目现场施工。实名登记的真正贯彻执行有利于明确哪些农民工在为项目提供劳动，即首先解决哪些人的问题，再进一步针对这些人安排工资支付的相关制度。

其次是工资形式必须是货币，具体可以通过现金或者转账方式，但不得以实物或者有价证券等替代。这点容易理解，实物或者有价证券等形式的真正价值需要评估确认，而评估在实践中很难真正实行，这就可能使得施工总包单位或者分包单位利用实物或有价证券等侵害农民工权益成为可能。

再次是农民工工资保证金制度。这里的农民工工资保证金是指工程建设领域施工总包单位（包括直接承包建设单位发包工程的专业承包单位）在银行设立账户并按照工程施工合同额的一定比例存储，专项用于支付为所承包工程提供劳动的农民工被拖欠工资的专项资金。工资保证金当然可以是现金形式，但也可以用银行类金融机构出具的银行保函替代，未来也可能出现专门的工程担保公司保函或者工程保证保险。农民工工资保证金制度和工程领域已经存在的履约保函、预付款保函等具有相似性，都是由施工总包单位通过账户存款的形式或者保函的形式等为农民工被拖欠的工资提供的专项资金或者担保。如果出现农民工工资被拖欠的情况，那么就可以利用这笔专项资金或者行使相应的担保权利。特别之处在于，如果采用银行保函的形式，受益人应为属地人力资源社会保障行政部门，施工总包单位所承包工程发生拖欠农民工工资，经人社部门依法作出责令限期清偿或先行清偿的行政处理决定，到期仍拒不清偿的，由经办银行承担保函担保责任。工资保证金按工程施工合同额（或年度合同额）的一定比例存储，原则上不低于1%，不超过3%，单个工程合同额较高的可设定存储上限。

又次是农民工工资专用账户。农民工工资专用账户是指施工总承包单位在工程建设项目所在地银行业金融机构开立的，专项用于支付农民工工资的存款账户。总包单位应当在工程施工合同签订之日起30日内开立专用账户，并与建设单位、开户银行签订资金管理三方协议。专用账户名称为总包单位名称加工程建设项目名称后加"农民工工资专用账户"。总包单位应当在专用账户开立后的 30 日内报项目所在地专用账户监管部门备案。施工总包单位对农民工工资支付负总责。建设单位应履行的义务是应当按照工程施工合同约定的数额或者比例，按时将人工费用拨付到总包单位专用账户。人工费用拨付周期不得超过 1 个月。建设单位已经按约定足额向专用账户拨付资金，但总包单位仍拖欠农民工工资的，建设单位应及时报告有关部门。

复次是总包代发制度。施行总包代发制度的，总包单位与分包单位签订委托工资支付协议。分包单位以实名制管理信息为基础，按月考核农民工工作量并编制工资支付表，经农民工本人签字确认后，与农民工考勤表、当月工程进度等情况一并交总包单位，并协助总包单位做好农民工工资支付工作。总包代发制度主要防范的是总包单位将农民工工资支付给了分包单位，但分包单位却不按时向农民工发放。总包代发制度可以理解为总包代分包给农民工发放工资，代发后视为分包单位已经向农民工支付了工资。

最后是农民工工资被拖欠的救济措施。作为被拖欠工资的农民工有权依法投诉，或者申请劳动争议调解仲裁和提起诉讼。同时，任何单位或个人对拖欠农民工工资的行为，也有权向人社部门或其他有关部门举报。

农民工工资被拖欠是工程建设领域的顽疾，为了切实维护农民工劳动报酬权益，国家陆续通过上述各种措施、制度提供有效保障。建设单位、总包单位、分包单位、农民工等各方主体，均应当从各自的角度出发，为保障农民工权益，维护和形成良好的工程领域秩序，对各方均多有裨益。

6. 签证

此"签证"并非出国所需的旅行签证，而是发、承包双方在施工过程中对于合同履行、费用支付、工期延长和损失赔偿等事项的确认，性质上相当于对施工合同所作的一个个补充协议。从具体事项上划分，施工签证可以分为工期签证、费用签证、损失赔偿签证等，即发、承包双方确认的签证内容可以多种多样。

因签证引发的纠纷是很多的。从承包人的角度，承包人往往没有及时或者按照合同约定的方式向发包人的有权代表申请签证，这就导致在结算过程中，承包人提出主张，但发包人不予认可，纠纷也就此产生。此外，从发包人的角度，合同中发包人往往会对工程监理单位和发包人委派代表进行授权，而监理单位和发包人委派代表则只能在授权范围内行使权力，谨慎的发包人往往会要求监理单位只是提供监督管理，但涉及质量、工期、价款的事项都需要发包人确认方为有效,发包人委派代表也无法对质量、工期、价款进行确认。因此,承包人也要在熟悉施工合同的基础上,找对有权代表进行签证,如果是无权代表进行的签证,那么也就无法产生签证的效果。

从法律性质上,签证即由发、承包双方对特定事项进行签字证明,实际上是双方真实意思表示的体现,同时也是对施工合同的补充约定。只要其得到有效签署认可,就将发生法律效力,不论是费用、工期还是损失赔偿等方面。因此,对于签证,发、承包双方都应给予足够的重视,并且,做好签证的归档整理工作。

(三) 结算阶段

1. 建设工程优先受偿权

关于建设工程优先受偿权这一制度,最初是《合同法》第二百八十六条规定:"发包人未按照约定支付价款的,承包人可以催告发包人在合理期限内支付价款。发包人逾期不支付的,除按照建设工程的性质不宜折价、拍卖的以外,承包人可以与发包人协议将该工程折价,也可以申请人民法院将该工程依法拍卖。建设工程的价款就该工程折价或者拍卖的价款优先受偿。"

此后,2002年6月20日,《最高人民法院关于建设工程价款优先受偿权问题的批复》针对建设工程优先受偿权规定,[①] 在原《合同法》基础上作了进一步细化:第一,明确承包人的优先受偿权优于抵押权和其他债权,在发包人利用建设工程进行抵押从银行等金融机构取得开发贷款时,建设工程优先受偿权是优先于该抵押权的。第二,消费者交付购买商品房的全部或大部分款项后,承包人就商品房享有的优先受偿权不得对抗买受人,即符合一定条件的买受人的权利要优先于建设工程优先受偿权。第三,建筑工程价款包括承包人为建设工程应当支付的工作人员报酬、材料款等实际支出的费用,不包括承包人因发包人违约所造成的损失。第四,建设工程承包人行使优先权的期限为六个月,自建设工程竣工之日或者建设工程合同约定的竣工之日起计算,逾期不受保护。

《施工合同司法解释一》第四十二条规定,发包人与承包人约定放弃或者限制建设工程价款优先受偿权,损害建筑工人利益,发包人根据该约定主张承包人不享有建设工程价款优先受偿权的,人民法院不予支持。

《民法典》第八百零七条针对建设工程优先受偿权维持了与原《合同法》

[①] 该批复已被《最高人民法院关于废止部分司法解释及相关规范性文件的决定》(2020年12月29日发布,2021年1月1日实施)废止。

相同的表述。

经过以上的梳理，可以对建设工程优先受偿权有比较明确的理解，即建设工程优先受偿权是在发包人逾期不向承包人支付工程款时，承包人可以和发包人协议将工程折价或者请求人民法院将工程拍卖，并针对折价和拍卖所得价款优先受偿。这一制度制定的初衷无疑是为了保障承包人依法取得工程款的权利，但更为根本的保护对象则是农民工即建筑工人的合法权益，毕竟如果承包人无法取得工程款直接影响的就是承包人对农民工的工资发放。基于此，关于建设工程优先受偿权有如下几点需要提示和关注：

其一，建设工程优先受偿权所针对的发包人不能简单理解为建设单位或业主，也应该包括转包方、分包方等。这是因为转包方或者分包方不向实际施工人支付工程款的，同样可能会造成实际施工人无法向建筑工人支付工资，也是建设工程优先受偿权所要针对的对象。

其二，建设工程优先受偿权限于施工合同，勘察、设计、监理等单位没有类似的优先受偿权。这同样与建设工程优先受偿权的终极对象即建筑工人相关，勘察、设计、监理等单位的工作人员均为专业技术人员，本身对抗风险的能力就要强于建筑工人，对于其的保护程度未与建筑工人等同。

其三，可折价或拍卖的才能适用建设工程优先受偿权，不可折价或拍卖的就不适用。公益性、国有的一般是不能折价或拍卖，如省道、国道；违法建筑。

其四，关于放弃或限制优先受偿权的有效性问题，存在不同的观点。有的认为建设工程优先受偿权是法律明文规定，不能通过承诺等形式由承包人放弃。也有的认为既然是一项承包人的权利，在意思表示真实的情况下当然可以放弃或限制。结合上述《施工合同司法解释一》第四十二条及最高人民法院的相关判例[1]，目前主流的观点是，承包人可以放弃或者限制其建设工程优先受偿权，但是不能放弃或限制损害建筑工人的权益，否则这种放弃或限制是无效的。不过针对个案，如何证明放弃或限制建设工程优先受偿权是否构成损害建筑工人的权益则是一大难点。

---

[1] 最高人民法院（2019）最高法民终1951号民事判决书，载中国裁判文书网，https：//wenshu.court.gov.cn/website/wenshu/181107ANFZ0BXSK4/index.html?docId=tbPbsb8nvNNd5aI/ITjmxKEkMLYCWTu3rLUD4TJPSrQeHlB5KDo/kJO3qNaLMqsJLtMGU+Mc34789TnmiwgXuCN05NRB6QgWvb77MR4zDn5p7JCRU5ajQZ2rBCnpO7oS，2023年5月1日访问。

2. 实际施工人保护

建设工程中普遍存在实际施工人的问题。根据《建筑法》等相关法律法规的规定，承包人不能将全部工程转包给其他人，也不能进行违法分包。但事实上，转包和违法分包的情况仍未根除。转包和违法分包的相对方就是实际施工人，对实际施工人的权益保护需求也很突出。

从《施工合同司法解释一》的规定看，对于实际施工人的保护有几点值得注意：

第一，对于实际施工人的保护突破了合同相对性的限制。合同相对性是处理合同领域问题的一个基本原则，合同一方只能向合同相对方主张权利义务，而不能向非合同的主体提出主张，非合同的主体并未参与合同签署，也未就合同的相关内容与合同签署方达成意思表示一致。在转包合同或分包合同中，合同的一方是转包人和违法分包人，合同的另一方是实际施工人，发包人并非合同的签署方。但当查明发包人欠付转包人或者违法分包人工程款后，可以判决发包人在欠付工程款范围内对实际施工人承担责任。

第二，赋予了实际施工人代位权。实际施工人可以转包人或违法分包人怠于向发包人行使到期债权或与该债权有关的从权利，影响到期债权实现为由，提起代位权诉讼。

第三，从《施工合同司法解释一》看，实际施工人的范围具体是指转包或违法分包中的实际施工人。挂靠的实际施工人并未包括在内。

（四）合同无效

建设工程类合同是否无效是实践中的一个重要问题。一旦建设工程合同被认定为无效，进一步又将涉及无效后的损失赔偿问题。那么，在哪些情形下建设工程类合同将被认定为无效呢？一般有如下几种典型情形：

第一种典型情形，承包人未取得建筑施工企业资质或者超越资质等级。

由于《建筑法》等法律法规都明确规定并要求承包人应具备建筑施工企业资质，并在资质范围内承接业务。具备相应的建筑施工企业资质即意味着该建筑企业具备该等资质要求的业绩、经验和人员储备，这些条件一定程度上就是工程质量能够满足法律规定要求的保障。如果承包人不具备相应资质或者超越资质承接业务，即意味着工程质量缺乏必要的保障，构成工程质量的隐患。因此，这种情况下建设工程合同应属无效。

第二种典型情形，没有资质的实际施工人借用有资质的建筑施工企业名义。

与第一种情形类似，没有资质的实际施工人借用其他有资质的建筑施工企业名义，即俗称的"挂靠"，也给工程质量带来极大隐患。工程质量比天大，一旦工程质量出现问题引发风险，所造成的影响不仅是财产损失，还可能涉及人身和公共安全。所以，对待资质问题应当上升到无效的高度。

第三种典型情形，建设工程必须进行招标而未招标或者中标无效。

在本章的招标投标部分，已经对招标的重要性以及哪些项目必须进行招标进行了介绍。对于应招标而未招标，或者招标但属于中标无效情形的，建设工程合同应属无效。应招标的情形在此不再重复。根据《招标投标法》及其实施条例等规定，中标无效的情形包括如下几种情形：

（1）招标代理机构违反《招标投标法》规定，泄露应当保密的与招标投标活动有关的情况和资料的，或者与招标人、投标人串通损害国家利益、社会公共利益或者他人合法权益的；

（2）依法必须进行招标的项目的招标人向他人透露已获取招标文件的潜在投标人的名称、数量或者可能影响公平竞争的有关招标投标的其他情况的，或者泄露标底的；

（3）投标人相互串通投标或者与招标人串通投标的，投标人以向招标人或者评标委员会成员行贿的手段牟取中标的；

（4）投标人以他人名义投标或者以其他方式弄虚作假，骗取中标的；

（5）依法必须进行招标的项目，招标人违反本法规定，与投标人就投标价格、投标方案等实质性内容进行谈判的；

（6）招标人在评标委员会依法推荐的中标候选人以外确定中标人的，依法必须进行招标的项目在所有投标被评标委员会否决后自行确定中标人的。

第四种典型情形，未取得建设工程规划许可证等规划审批手续。

从项目开发建设的节点来看，建设工程规划许可证的取得是确定施工单位并签署施工合同的前提，确定施工单位并签署施工合同又是取得建筑工程施工许可证的前提，所以，如果未取得建设工程规划许可证即签署的建设工程施工合同应属于无效。且未取得建设工程规划许可证说明工程的相关规划条件还未确定，这时签署建设工程施工合同，在工程范围、工程条件等均会产生系列问题。

因此，当事人以发包人未取得建设工程规划许可证等规划审批手续为由，请求确认建设工程施工合同无效的，人民法院应予支持，但发包人在起诉前取得建设工程规划许可证等规划审批手续的除外。

第五种典型情形，招标人和中标人在中标合同之外就明显高于市场价格购买承建房产、无偿建设住房配套设施、让利、向建设单位捐赠财物等另行签订合同，变相降低工程价款。

《招标投标法》严禁在中标合同以外再签订其他与中标合同构成实质性变更的合同，对于以明显高于市场价格购买承建房产、无偿建设住房配套设施、让利、向建设单位捐赠财物属于变相降低工程价款，说明招标人和中标人在合同价款方面可能存在某种实质性的沟通，这种建设工程施工合同应属于无效，否则将可能严重影响到工程的质量和安全性。

四、主要建设工程类合同审核要点

《合同法》已经被 2021 年 1 月 1 日正式施行的《民法典》取代。建设工程有关的一系列示范文本援引的均是原《合同法》，可以预见，后续建设工程有关的示范文本也将面临着相应的修订。至于除了援引法条的变化以外，是否会对示范文本的条款进行相应的调整，则取决于在修订过程中是否会结合建设工程领域的新变化在示范文本条款上给予新的体现。

在本部分，将建设工程类合同中较为重要且常用的建设工程施工合同、建设工程监理合同、建设工程勘察合同、建设工程设计合同的审核要点进行介绍和分析。这些介绍和分析对于识别、预防及把控建设工程类合同有着重要意义。

（一）建设工程施工合同

建设工程施工合同是最为常见的建设工程类合同，任何建设工程基本都涉及施工。由于需要配合发包人完成施工这一复杂而且专业性极强的活动，所以需要监理、勘察、设计等一系列工作，不过主要仍是围绕着施工这一核心展开。对于施工合同的审核是审核其他合同的基础，故首先来介绍和分析施工合同的审核要点。

1. 《施工合同示范文本 2017 版》文件组成及相关问题

截至目前，国家层面制定的施工合同示范文本有以下几个版本：

（1）原工商总局和原建设部联合制定的《建设工程施工合同（示范文本）》（1991 年版），该示范文本由合同条件（41 条）和合同协议条款构成；

（2）原工商总局和原建设部联合制定的《建设工程施工合同（示范文本）》（1999 年版），该示范文本由协议书、通用条款（47 条）、专用条款构成；

（3）九部委（即国家发展和改革委员会、财政部、原建设部、原铁道部、原交通部、信息产业部、水利部、中国民用航空总局、国家广播电影电视总局）制定的《标准施工招标文件》（2007年版），该招标文件中的合同条款部分由协议书、通用条款（24条）、专用条款构成；

（4）住建部制定的《标准施工招标文件》（2010年版），该招标文件中的合同条款部分由协议书、通用条款（24条）、专用条款构成；

（5）原工商总局和住建部联合制定的《建设工程施工合同（示范文本）》（2013年版），该示范文本由协议书、通用条款（20条）、专用条款构成；

（6）原工商总局和住建部联合制定的《建设工程施工合同（示范文本）》（2017年版），该示范文本由协议书、通用条款（20条）、专用条款构成。

需要说明的是，以上的示范文本或者招标文件中合同条款部分虽然吸收了FIDIC（Fédération Internationale Des Ingénieurs Conseils）的有关内容，但是在体例和内容层面是对既往国内建设工程领域经验的总结。在此我们重点以《施工合同示范文本2017版》为基础进行介绍。目前标准的建设工程施工合同文本都是包括三部分，协议书、通用条款和专用条款。但实践中，如果项目所在地对于施工合同没有必须备案的要求，或者虽然需要备案但没有必须适用示范文本的要求，某些施工合同也存在没有区分通用条款和专用条款的情况。

（1）合同协议书

《施工合同示范文本2017版》合同协议书共计13条，主要包括：工程概况、合同工期、质量标准、签约合同价和合同价格形式、项目经理、合同文件构成、承诺以及合同生效条件等重要内容，集中约定了合同当事人基本的合同权利义务。

（2）通用合同条款

通用合同条款是合同当事人根据《建筑法》《民法典》等法律法规的规定，就工程建设的实施及相关事项，对合同当事人的权利义务作出的原则性约定。

通用合同条款共计20条，具体条款分别为：一般约定、发包人、承包人、监理人、工程质量、安全文明施工与环境保护、工期和进度、材料与设备、试验与检验、变更、价格调整、合同价格、计量与支付、验收和工程试车、竣工结算、缺陷责任与保修、违约、不可抗力、保险、索赔和争议解决。该等条款安排既考虑了现行法律法规对工程建设的有关要求，也考虑了建设工程施工管理的特殊需要。

对于示范文本而言，通用条款自成体系，无须也不能调整。

（3）专用合同条款

专用合同条款是对通用合同条款原则性约定的细化、完善、补充、修改或另行约定的条款。合同当事人可以根据不同建设工程的特点及具体情况，通过双方的谈判、协商对相应的专用合同条款进行修改补充。在使用专用合同条款时，应注意以下事项：

1）专用合同条款的编号应与相应的通用合同条款的编号一致；

2）合同当事人可以通过对专用合同条款的修改，满足具体建设工程的特殊要求，避免直接修改通用合同条款；

3）在专用合同条款中有横道线的地方，合同当事人可针对相应的通用合同条款进行细化、完善、补充、修改或另行约定；如无细化、完善、补充、修改或另行约定，则填写"无"或划"/"。专用条款及其附件需由发、承包双方签字、盖章。

以上3点是审核施工合同时需关注的基本要求，切记要保持通用条款和专用条款编号一一对应；避免直接修订通用条款；如需对通用条款进行调整，应对专用条款的相应条款相应调整。

2. 示范文本的性质和适用范围

示范文本为非强制性使用文本。《施工合同示范文本2017版》适用于房屋建筑工程、土木工程、线路管道和设备安装工程、装修工程等建设工程的施工承发包活动，合同当事人可结合建设工程具体情况，根据示范文本订立合同，并按照法律法规规定和合同约定承担相应的法律责任及合同权利义务。

示范文本虽然非强制适用，但是在实践中由于施工合同签订后仍需办理备案（根据《国务院办公厅关于开展工程建设项目审批制度改革试点的通知》已不再要求备案的地区除外），而某些地区要求备案合同必须采用国家或者当地的示范文本，所以导致示范文本具有了强制适用性。这一点在具体合同审核的过程中应当予以关注。

3. 合同协议书审核过程中的要点

合同协议书是整个合同的纲领性文件，起提纲挈领的作用，涵盖了施工合同的基本条款。以《施工合同示范文本2017版》为例，合同协议书只有13条，并且每一条的内容都言简意赅。一般而言，除非合同协议书中关于合同工期、质量标准、签约合同价与合同价格形式等有和商务安排不一致或者约定易导致权利义务失衡的，一般不需要对合同协议书做条款上的扩充，如有需要增设条款，可以体现在专用条款部分。在审核时，可尽量少调整合同协议书，根据项目具体情况填写相关内容即可。

以下是合同协议书审核过程中需关注的事项：

第一，一般情况下，合同协议书中会约定法定代表人或授权代表签字并加盖公章后生效，但特定情况下，也可以设置一定的生效条件，即附条件生效。

第二，工期总日历天数不变，应已包括国家法定节假日、恶劣天气影响、政府因雾霾而采取停工措施等因素影响的工期天数。实践当中，如北京，就存在因为雾霾而导致停工的相关规定和要求。因此，结合项目具体所在地，从发包人角度可以对工期总日历天数所包括内容以列举方式体现，以尽量减少后续因工期而产生的纠纷。而从承包人角度出发，则应根据自身实际情况看工期总日历天数的组成部门，尽量明确化，避免由于模糊处理而导致纠纷发生时无法得到有效解决。

第三，一般而言，质量标准就是竣工验收合格。但也不排除根据招标文件或者发包人要求，工程质量需要达到特殊的要求，如某奖项等。

第四，签约合同价并非合同结算价。对于一般简单的工程，可能签约合同价就是最终合同结算价款，但是对于复杂工程，由于工期时间长、工程量大，施工期间会涉及各种签证、索赔、甚至设计变更，届时会对价款进行调整。

第五，合同价格形式包括单价合同、总价合同或其他价格形式。具体在通用条款和专用条款中约定。

需要注意的是，示范文本是根据理论和实践的发展而对发承包人的权利义务作出的新调整，相对而言是较为公平合理的。尽管在修订合同的过程中站的角度和立场可能有所不同，但是并不建议一味增加己方的权利、减少己方的义务却增加对方的义务。虽然发包人可能利用自身的优势地位压低价格或者约定对于承包人很苛刻的义务，但是这种畸形的权利义务分配模式势必会在后续的合同履行过程中产生纠纷，甚至不但不会给发包人带来利益，反而会造成损失。

4. 通用条款和专用条款审核关注要点

对于施工合同通用条款和专用条款的审核关注要点，其实本章其他内容也有所涉及，故如下主要针对未涉及的内容进行介绍。

（1）"背靠背条款"

很多分包合同中，总包单位都会约定所谓的"背靠背条款"，即总包单位向分包单位支付工程款的前提是建设单位向总包单位付款，否则，总包单位可以不向分包单位付款。

大多数法院的判决认为"背靠背条款"是一种附条件的合同条款。并且，由于分包单位和总包单位签订分包合同的时候已经知道建设单位向总包单位付款本就存在或然性，因此"背靠背条款"具有一定的合理性。但是，如果建设单位已经向总包单位付款了，或者因总包单位原因导致建设单位拒绝付款，或者总包单位拖延结算、建设单位不付款但总包不主张权利等，那么总包单位的抗辩理由将不会得到支持，属于总包单位滥用权利。

"背靠背条款"作为合同当事人的真实意思表示，当事人应受合同条款的约束，且"背靠背条款"的存在也有其自身的合理性。但裁判机构在审理该类案件时，一般会考虑背靠背条款适用的相对性以及总包单位以该条款抗辩付款请求的理由是否充分合理而进行裁判。

（2）履约保证金金额

《建设部关于在房地产开发项目中推行工程建设合同担保的若干规定（试行）》第二十四条规定，承包商履约担保的担保金额不得低于工程建设合同价格（中标价格）的10%。采用经评审的最低投标价法中标的招标工程，担保金额不得低于工程合同价格的15%。

《招标投标法实施条例》第五十八条规定，招标文件要求中标人提交履约保证金的，中标人应当按照招标文件的要求提交。履约保证金不得超过中标合同金额的10%。

从目前的政策走势看，国家正在努力减轻建筑企业的负担，如提倡保证金采用保函形式，而并非必须采取预留或缴纳保证金的方式，一般认为，履约保证金应当不超过中标金额的10%。

（3）承包人撤场

承包人撤场不仅出现在竣工验收后，还出现在因为承包人原因导致施工合同被解除或终止的情形，此时，承包人可能会采取拒绝撤场等方式要求支付合理或者不合理的工程款。为此，站在发包人角度，一般应在施工合同中明确承包人未在一定期限内撤场的违约责任。

（4）缺陷责任期和保修期的区别

前文已针对缺陷责任期和保修期的区别进行过论述。在此不再赘述。

（5）化石和文物条款

关于化石和文物，在个别地区是应该格外注意和提示的问题，尤其是一些文物古迹较多、历史悠久的地区，应当在合同中明示承包人应采取有效的保护措施。

（6）发包人应办理的许可和文件

在签订施工合同时，如果没有取得土地证、建设用地规划许可证、建设工程规划许可证，合同一般将被认定为无效。

（7）发包人代表授权范围

发包人代表的授权范围应当明确约定，避免授权过大，也应避免授权过小。一般而言，谨慎起见，凡是涉及工期、价款、质量调整的事项，都应当由发包人作出决定，而不能仅仅是发包人代表。

（8）现场统一管理协议

建设单位依法直接发包的专业工程，建设单位、专业承包单位要与施工总承包单位签订施工现场统一管理协议，明确各方的责任、权利、义务。专业分包、劳务分包单位应当接受施工总承包单位的施工现场统一管理。

一般而言，只有发包人直接发包专业工程的情况下才需要单独订立现场统一管理协议。现场统一管理协议由发包人、承包人与专业工程承包人三方共同签订。

（9）组织设计和施工措施计划

编制施工组织设计和施工措施计划的重要性不言而喻，在审核合同的过程中应当重点关注，很多情形下施工组织设计和施工措施计划能够辅助判断承包人是否迟延履行及发包人能否单方解除合同。

（10）项目经理

项目经理应是承包人正式聘用的员工，承包人应向发包人提交项目经理与承包人之间的劳动合同，以及承包人为项目经理缴纳社会保险的有效证明。这一约定很重要。在一般的施工合同审核，以及勘察设计等工程类合同的审核过程中，也可以要求包括但不限于项目经理的施工、勘察、设计单位重要人员提供劳动合同及缴纳社保证明，确保相关人员与相关单位的劳动关系。

同时，为了避免项目进行中项目经理等人员因劳动合同到期而无法继续提供服务，可以约定，承包人应保证与项目经理等在合同履行期内的劳动关系不变。

（11）不利物质条件、异常恶劣的气候条件、不可抗力之间关于费用承担区别

不利物质条件，是指承包人在施工场地遇到的不可预见的自然物质条件、非自然物质障碍和污染物，包括地下和水文条件，但不包括气候条件。通常承包人因采取合理措施而增加的费用和（或）延误的工期由发包人承担。

对于异常恶劣的气候条件，通常承包人因采取合理措施而增加的费用和（或）延误的工期由发包人承担。

对于不可抗力，则需要区分不同的情形而定：①永久工程、已运至施工现场的材料和工程设备的损坏，以及因工程损坏造成的第三人人员伤亡和财产损失通常由发包人承担；②承包人施工设备的损坏通常由承包人承担；③发包人和承包人通常承担各自人员伤亡和财产的损失；④因不可抗力影响承包人履行合同约定的义务，已经引起或将引起工期延误的，应当顺延工期，由此导致承包人停工的费用损失通常由发包人和承包人合理分担，停工期间必须支付的工人工资通常由发包人承担；⑤因不可抗力引起或将引起工期延误，发包人要求赶工的，由此增加的赶工费用通常由发包人承担；⑥承包人在停工期间按照发包人要求照管、清理和修复工程的费用通常由发包人承担。

（12）样品

样品的报送、封存和保管是比较重要的，工程中很多关于质量的纠纷就是源于承包人没有使用样品导致，因此，如果能够较好的保存样品以便在出现问题的时候用于比对，对有关质量问题的解决是比较重要的。

5. 其他在审核施工合同中应明晰的概念

（1）中标但未签订合同的缔约过失责任

招标人即发包人向中标人发出中标通知书后，如果未能签订施工合同，那么发包人应当承担缔约过失责任。一般来讲，缔约过失责任的赔偿范围仅限于信赖利益损失，即守约方的实际损失，而招标投标过程中的实际损失通常包括文本制作费、通讯费、交通费等小额费用，若守约方是已实际设计或施工的，也主要赔偿实际支出费用，不包括期待利益和机会利益损失赔偿。而如果签订施工合同后，发包人应当承担违约责任。一般来讲，违约责任可主张的损害赔偿范围比缔约过失责任可主张的范围广。根据现行法律规定，守约方可获得赔偿的范围包括违约方违约所产生的直接损失和间接损失，即合同履行后可以获得的利益。

（2）招标文件、投标文件、中标通知书的性质

三者的性质是明确的，即招标文件是要约邀请；投标文件是要约；中标通知书是承诺。

（3）关于图纸和工程量清单

施工图纸与工程量清单之间的关系，在工程量清单计价实施之前，工程范围的表述形式一般只有图纸。工程量清单实际就是对图纸和技术标准要求所显示工程内容的另一种表现形式，相对于图纸而言，清单更具有可读性，更方便投标人进行报价。鉴于清单是对图纸和技术规范的翻译，也就注定了图纸、技

术规范与工程量清单之间的因果关系，并由此进一步决定了，无论是单价合同还是总价合同，图纸及技术规范的合同地位应高于工程量清单。通用条款部分关于合同文件的优先顺序约定也正是上述观点的体现。

（4）已标价工程量清单

已标价工程量清单是投标人在发包人提供的工程量清单的基础上填写价格而形成的，实质是投标人对单价的确定。

（5）保证金

《国务院办公厅关于清理规范工程建设领域保证金的通知》规定，对建筑业企业在工程建设中需缴纳的保证金，除依法依规设立的投标保证金、履约保证金、工程质量保证金、农民工工资保证金外，其他保证金一律取消。对取消的保证金，一律停止收取。

（二）建设工程监理合同

建设工程监理合同也有相应的住建部和工商总局联合制定的示范文本，即《建设工程监理合同》（GF—2012—0202）（以下简称《监理合同示范文本 2012 版》）。尽管该监理合同示范文本并没有如《施工合同示范文本 2017 版》有相关性质的说明，但是参照《施工合同示范文本 2017 版》，监理合同示范文本也应属于非强制性使用文本。示范文本仅是国家在平衡委托人和监理单位权利义务基础上制定的，供委托人和监理单位参考使用，并结合项目具体情况进行相应的调整。

从结构上看，《监理合同示范文本 2012 版》也包括三大部分，第一部分是协议书，约定监理合同最核心的条款，包括工程改款、词语定义、组成合同的文件、总监理工程师、签约酬金、期限、双方承诺及合同订立条款。第二部分是通用条件，包括定义与解释，监理人的义务，委托人的义务，违约责任，支付，合同生效、变更、暂停、解除与终止，争议解决及其他条款。第三部分是专用条件，条款与通用条件是一一对应的。

对于监理合同而言，应予重点关注的是委托人即建设单位对监理单位的授权问题。对于不同谨慎程度的委托人，其授权范围也会有所不同。从谨慎的角度出发，一般仅授权监理单位根据相关监理的法律法规对施工单位的建设施工进行监督管理，但凡是涉及质量、工期、价款等事宜的，都需要委托人代表或者委托人进行确认。虽然这种授权内容会增加委托人代表或委托人的责任，但是能够使委托人对工程中最为关键的质量、工期和价款进行有效把控。

对于监理合同的其他内容，主要还是双方权利义务的界定，目的是清晰地界定二者之间的权利义务，并辅以相关的违约条款设置，对此也可以参考施工合同的审核要点。

（三）建设工程勘察合同和设计合同

建设工程勘察是指根据建设工程的要求，查明、分析、评价建设场地的地质地理环境特征和岩土工程条件，编制建设工程勘察文件的活动。

建设工程设计是指根据建设工程的要求，对建设工程所需的技术、经济、资源、环境等条件进行综合分析、论证，编制建设工程设计文件的活动。

勘察重点是查明建设场地的地址和岩土条件，针对的是建设工程在地下的部分；而设计重点是根据建设工程的具体情况编制工程设计文件。因此，对于建设工程而言，应当坚持先勘察、后设计、再施工的原则和顺序。勘察是设计的基础，勘察和设计一同构成施工的基础。

1. 勘察和设计资质

勘察和设计单位根据其专业能力划分为不同的资质等级。勘察、设计单位应当在其资质等级许可的范围内承揽建设工程勘察、设计业务。禁止勘察、设计单位超越其资质等级许可的范围承揽勘察、设计业务。同时也禁止勘察、设计单位借用其他单位的名义承揽勘察、涉及业务，禁止勘察、设计单位允许其他单位或者个人以本单位的名义承揽勘察、设计业务。

工程勘察资质分为工程勘察综合资质、工程勘察专业资质和工程勘察劳务资质。

工程设计资质分为工程设计综合资质、工程设计行业资质、工程设计专业资质和工程设计专项资质。

2. 勘察和设计合同文件组成部分

与勘察合同相比，设计合同有所不同的是，设计合同进一步区分为房屋建筑工程和专业建设工程两大类，每一类都有相应的示范文本。房屋建筑工程的示范文本适用于建设用地规划许可证范围内的建筑物构筑物设计、室外工程设计、民用建筑修建的地下工程设计及住宅小区、工厂厂前区、工厂生活区、小区规划设计及单体设计等，以及所包含的相关专业的设计内容（总平面布置、竖向设计、各类管网管线设计、景观设计、室内外环境设计及建筑装饰、道路、消防、智能、安保、通信、防雷、人防、供配电、照明、废水治理、空调设施、抗震加固等）等工程设计活动。专业建设工程的示范文本适用于房屋建筑工程以外各行业建设工程项目的主体工程和配套工程（含厂/矿区内的自备电站、道路、专用铁路、通信、各种管网管线和配套的建筑物等全部配套工程）以及与主体工程、配套工程相关的工艺、土木、建筑、环境保护、水土保持、消防、安全、卫生、节能、防雷、抗震、照明工程等工程设计活动。这里的房屋建筑工程以外的各行业建设工程统称为专业建设工程，具体包括煤炭、化工石化医药、石油天然气（海洋石油）、电力、冶金、军工、机械、商物粮、核工业、电子通信广电、轻纺、建材、铁道、公路、水运、民航、市政、农林、水利、海洋等工程。

前面提到过，施工合同的审核是建设工程类合同审核的基础。与施工合同和监理合同类似，勘察合同、设计合同示范文本也均分为三个组成部分，即合同协议书、通用条款和专用条款。

勘察合同协议书重点约定工程概况、勘察范围和阶段、技术要求及工作量、合同工期、质量标准、合同价款、合同文件构成等内容；设计合同协议书重点约定了工程概况，工程设计范围、阶段与服务内容，工程设计周期，合同价格形式与签约合同价，合同文件构成等内容，均是集中地、概括地体现了发包人和勘察人、设计人基本的合同权利义务。

勘察合同通用条款具体包括一般约定、发包人、勘察人、工期、成果资料、后期服务、合同价款与支付、变更与调整、知识产权、不可抗力、合同生效与终止、合同解除、责任与保险、违约、索赔、争议解决及补充条款等17条。设计合同通用条款则具体包括一般约定、发包人、设计人、工程设计资料、工程设计要求、工程设计进步与周期、工程设计文件交付、工程设计文件审查、施工现场配合服务、合同价款与支付、工程设计变更与索赔、专业责任与保险、知识产权、违约责任、不可抗力、合同解除及争议解决等17条。

勘察合同专用条款和设计合同专用条款均是对相应通用条款的修订或补充，与施工合同专用条款一致，通用条款自成体系，不得修改。如果要对勘察、设计合同的通用条款有所调整，则应在专用条款相应条款进行调整。

3. 勘察合同的审核关注要点

（1）阶段

工程勘察一般分为三个阶段，即可行性研究勘察、初步勘察、详细勘察。其中，可行性研究勘察是指为了编制工程建筑决策阶段的可行性研究报告而进行的工程地质勘察。初步勘察简称"初勘"，是指在建设场地确定后，为了评定该场地地质条件的稳定性作出评价。详细勘察简称"详勘"，在初步勘察完成后，"详勘"的任务就是对于建筑物地基等具体问题进行勘察，为后续施工图设计和施工提供依据。

工程勘察的阶段不同，所对应的工程范围也有所不同，因此面对勘察合同首先应当根据工程勘察的阶段不同，确定其对应的工程范围。

（2）工期

由于勘察是设计的基础，设计又是施工的基础，因此，对于一个项目而言，每一项工作的工期都可能影响其他相关工作。对于勘察而言，工期有关的关注点应当包括：一是开工日期，即勘察单位开始勘察工作的日期。二是成果提交日期，即勘察单位提交勘察成果报告的日期。三是合同总工期，即勘察单位从开工到完成全部勘察工作的总时间。

（3）后续服务

在整个建设工程的时间链条中，勘察单位的参与时间处于早期。但在施工过程中仍然可能需要勘察单位提供一些技术咨询服务，并且配合竣工验收，因此后续服务对应的服务内容、费用及时限要求等均需要予以明确。

（4）合同价款

勘察合同的计价方式也包括总价合同、单价合同和其他合同价款形式。与施工合同类似，即不论是总价合同还是单价合同，均可以约定固定总价或固定单价，但这里的固定总价和单价并非无法调整，而是在约定的风险范围内不能调整，超过风险范围的仍然要按照合同约定的调整方式调整。

4. 设计合同的审核关注要点

（1）阶段

工程设计包括方案设计、初步设计、施工图设计三个阶段。设计合同中会明确约定所对应的设计阶段，并对不同设计阶段的工作分别收取相应的费用。

（2）工期

工程设计合同中涉及几个期限，一是开始设计日期，即设计单位开始工作的日期；二是完成设计日期，即设计单位提交设计文件并完成设计工作任务的日期；三是设计周期，即开始设计日期到完成设计日期之间的期限。

（3）价款

对于工程设计，其计价也分为不同的方式，包括单价合同、总价合同及其他计价方式的合同。在实践中，单价合同是经常采用的方式，根据不同设计阶段，根据相应的平米数和单价就可以计算出相应的设计费用。此时的单价即为固定单价，一般不做变化。如果委托人要委托设计单位另行提供其他服务则需要另行协商确定价款。

(4) 暂停设计

暂停设计是指发生设计人不能按照合同约定履行全部或部分义务情形而暂时中断工程设计服务的行为。造成暂停设计有多种不同的原因，如发包人原因引起的，包括发包人下达暂停设计的指示，此时发包人一般应承担由此增加的设计费用和延长的设计周期；如设计人原因引起的，包括的情形就多种多样了，如设计人的设计工作或承诺满足不了工程所需等，此时设计人应当在收到发包人复工指示以后复工，并要承担暂停的相关违约责任；如其他原因引起的暂停设计，当出现非设计人原因造成的暂停设计，设计人应当尽快告知发包人，此时的设计周期应当相应延长至双方确认的合理期限。

暂停设计后，发包人和设计人应采取有效措施积极消除暂停设计的影响。当工程具备复工条件时，发包人向设计人发出复工通知，设计人应按照复工通知要求复工。

(5) 施工现场配合服务

一般而言，在施工前应已具备较为完善的施工图设计文件，也就是设计人的设计任务已基本完成。但是，由于在后续施工过程中可能出现设计变更及其他需要设计人配合的事项，因此，发包人往往也需要设计人向现场派驻一定的工作人员。设计人应当提供设计技术交底、解决施工中设计技术问题和竣工验收服务。相应地，发包人也应当对这些施工现场配合服务支付相应费用。

建设工程相关的法律事务庞杂，本章的内容无法囊括建设工程领域的所有法律问题和风险防控点位。同时，建设工程相关的法律事务又有其特有专业性，对于这一领域的了解及掌握是房地产领域不可或缺的重要一环。尤其是在风险防控角度，对于建设工程庞杂的体系，只有掌握其专业性，才能在日常工作中，理解其运作模式，提前预判可能存在的风险点位，并从法律合规角度做好相应的准备，这样在风险真正出现时方能有效应对。

第五章　房地产销售相关实务解析及风控要点

　　房地产销售是整个房地产业务链条中非常重要的环节。对于房地产开发商而言，开发建设需要大量的资金沉淀和支持，只有通过销售才能回笼资金，从而进一步地投入项目开发建设中，取得盈利并再次投入新项目中。市场下行时，任何一个项目销售不佳，都可能造成开发商整体现金流不畅等不利影响。对于购房人而言，购房人也是消费者，只是消费的标的物是价值不菲的房地产。既然是消费，就可能和卖方即开发商在消费的过程中产生各种各样的纠纷。购房对于绝大部分的购房人而言都是人生大事，不只是因为房产价值高昂，也因为购房往往与人生中重要节点，如结婚、生子、养老等相关联，这也使购房人对购房倾注了更多的情感，并给予了超乎寻常的关注度。

　　房地产销售除了关乎房地产开发商和购房人，也直接受到国家调控经济的影响。众所周知，房地产是国民经济的支柱之一，房地产开发、建设和销售的任一环节不仅吸纳了大量就业，而且带动了原材料、装修等大量上下游产业。随着国家经济结构调整，近年来，国家也在通过各种调控政策，包括限制购房人的资格、限制购房人的贷款条件、限制房地产的销售价格等，对房地产销售进行调控。相应地，也对开发商和购房人产生了影响，包括降低了购房人购房的预期，影响了开发商的业绩等。

　　对于法律工作者，房地产销售相关法律问题的重要性不言而喻，销售合同的起草、修订，销售合同的纠纷和争议，都需要法律工作者参与并提供专业的法律意见。房地产销售相关法律事务是房地产法律事务的重要组成部分，且所涉及的法律问题与日常性的交易和生活均息息相关，应当予以足够的重视，并做好相应的风险防控。

一、房地产销售的概念及分类

(一) 房地产销售的概念

从法律关系上定性,房地产销售属于房地产买卖关系,涉及买卖双方。谈及房地产"销售",实际上存在多种情形,包括:房地产开发商作为卖方将房地产物业出售给作为买方的购房人,属于房地产销售;房地产资产交易中,卖方将房地产物业整体或部分转让给买方,也属于房地产销售;日常中我们所说的二手房交易,即购房人将从开发商处购得的房地产物业再对外转让,同样属于房地产销售。但本章中,我们所要介绍和分析仅限于上述第一种情形,即开发商作为卖方、购房人作为买方的一手房交易。

此外,房地产销售中的"房地产"涵盖的范围也很广,包括商品房、限价房、公房[公房还有房改房(成本价)、房改房(标准价)等不同情形]、经济适用房等,其中商品房是最主要的类型,且由于各地或各个时期对于不同类型的房地产物业有不同的处理政策,缺乏法律、法规方面的统一规定,实操上很难统一,因此,本章中的房地产销售专指商品房销售。

(二) 房地产销售的分类

房地产销售一般分为预售和现售两个阶段。《商品房销售管理办法》规定,本办法所称商品房现售,是指房地产开发企业将竣工验收合格的商品房出售给买受人,并由买受人支付房价款的行为。本办法所称商品房预售,是指房地产开发企业将正在建设中的商品房预先出售给买受人,并由买受人支付定金或者房价款的行为。因此,预售和现售在买卖主体、支付价款等方面是一致的,区别在于现售针对的是竣工验收合格的商品房,而预售针对的是正在建设的商品房。

商品房现售应满足的条件包括:(1)主体资质方面,开发商应具有营业执照和房地产开发企业资质证书;(2)土地使用权方面,取得土地使用权证书(目前为不动产权证书)或者使用土地的批准文件;(3)持有建设工程规划许可证和建筑工程施工许可证,由于在取得建设工程规划许可证和建筑工程施工许可证之前必须取得建设用地规划许可证,相当于在手续方面需要取得"四证";(4)开发流程上,已竣工验收;(5)拆迁安置(如有)已落实;(6)供水、供电、供热、燃气、通讯等配套基础设施具备交付使用条件,其他配套基础设施和公共设施具备交付条件或者已确定施工进度和交付日期;(7)物业管理方案已落实等。

商品房预售应满足的条件包括：（1）土地使用权方面，已交付全部土地使用权出让金，取得土地使用权证书；（2）手续方面，持有建设工程规划许可证和施工许可证；（3）资金投入方面，按提供预售的商品房计算，投入开发建设的资金达到工程建设总投资的25%以上，并已经确定施工进度和竣工交付日期。预售并不需要项目达到竣工验收的状态，所对应的节点是投入开发建设的资金达到工程总投资的25%，这里的投入开发建设的资金和工程总投资是针对拟预售的商品房计算。举例而言，项目分为五期，如果仅针对某一期进行预售，那么只要该期的投入开发资金占该期工程总投资的25%，即满足了该项条件。

二、商品房销售合同的一般内容

商品房销售合同从本质上而言是买卖合同，区别在于商品房销售合同的标的物是商品房。就一般的买卖合同而言，合同重点的内容是标的物概况、买卖双方的义务、价款及支付方式、交付及风险转移、保修等。商品房销售合同作为买卖合同的一种，从条款上看，主要关注的也是这些内容。根据《商品房销售管理办法》第十六条的规定，商品房买卖合同应当明确的主要内容有：（1）当事人名称或者姓名和住所；（2）商品房基本状况；（3）商品房的销售方式；（4）商品房价款的确定方式及总价款、付款方式、付款时间；（5）交付使用条件及日期；（6）装饰、设备标准承诺；（7）供水、供电、供热、燃气、通讯、道路、绿化等配套基础设施和公共设施的交付承诺和有关权益、责任；（8）公共配套建筑的产权归属；（9）面积差异的处理方式；（10）办理产权登记有关事宜；（11）解决争议的方法；（12）违约责任；（13）双方约定的其他事项。

住建部和原工商总局在2014年4月联合制定并发布了《商品房买卖合同》的示范文本，并根据预售和现售的区别，分为预售示范文本和现售示范文本。本部分将分别就示范文本相关主要条款进行介绍和分析，并作相应风控要点提示。

（一）预售合同的一般内容

1. 合同当事人条款

由于预售合同均为项目所在地的模板，因此开发商一般会提前在合同当事人条款打印上项目公司即开发商的名称及相关信息。而作为买方的购房人信息，如果购房人是法人，则填写法人的相关信息，如公司名称、法定代表人姓名、营业执照号（统一社会信用代码）等；如果购房人是自然人，则填写自然人的相关信息，如姓名、身份证号、出生日期等。

2. 商品房基本情况条款

商品房基本情况条款是关于项目及商品房基本情况的内容，这些内容是商品房的最基本信息，值得购房人给予关注。

《城市商品房预售管理办法》规定，开发企业进行商品房预售，应当向承购人出示《商品房预售许可证》。售楼广告和说明书应当载明《商品房预售许可证》的批准文号。《最高人民法院关于审理商品房买卖合同纠纷案件适用法律若干问题的解释》（以下简称《商品房买卖合同司法解释》）规定，出卖人未取得商品房预售许可证明，与买受人订立的商品房预售合同，应当认定无效，但是在起诉前取得商品房预售许可证明的，可以认定有效。据此，购房人在购买预售房屋时最重要的就是识别开发商是否已经取得了预售资格。预售依据条款也将明确写明商品房被批准预售的审批部门及预售许可证号。

此外，商品房基本情况条款还会涉及项目的建设依据，如开发商通过何种方式取得项目地块的建设用地使用权，国有土地使用证号、建设工程规划许可证号、建筑工程施工许可证号等。这些均是项目的基本证照和信息，若购房人希望了解或者核实，通过相关部门公示信息或者网络检索均能够核实。

关于商品房本身的基本情况，该条款也进一步约定了房屋的规划用途、楼层数、具体楼栋和楼层、房号、预测套内面积、预测分摊共有面积等。这里比较重要的是预测面积，因为预测面积涉及如果在交房后若存在误差，需要补交或者退还房款。

对于商品房的抵押情况，需要明确商品房是否存在抵押以及抵押的具体情况，包括抵押人、抵押权人、抵押期限、抵押登记机构等。

3. 商品房价款条款

商品房价款条款是买卖双方最为关注的条款。计价方式包括按套内建筑面积计算，即房屋总价等于单价乘以套内建筑面积；按建筑面积计算，即房屋总价等于单价乘以建筑面积；按套计算，即房屋固定总价。就目前而言，通常情况下都是按照建筑面积计算。

对于付款方式，也存在多种方式，如购房人已经向开发商支付了一定金额的定金，那么定金通常要抵作相应金额的首付款或房款。此外，购房人也可以选择不同的付款方式，包括一次性付款，即一次性全额支付房款；分期付款，分几期支付房款，且不采用按揭贷款；按揭贷款，按揭贷款又进一步分为公积金贷款、商业贷款或者公积金和商业贷款结合。

对于付款方式，购房人根据自身的资金情况选择最适宜的方式。但同时，限购政策对于购房人的选择也构成直接影响，购房人应对当地政策有充分了解，否则将面临合同签订之后无法履行的违约问题。以北京为例，目前首套房的首付比例不低于35%，二套房的首付比例不低于60%。二套房的购房首付款压力较大，需要购房人根据政策情况安排资金。

关于逾期付款的违约责任，主要目的是约束购房人，即每迟延支付一天就会产生相应的违约金，逾期超过一定天数开发商则享有解约权，购房人也将承担一定比例的违约金；开发商也可以不行使解约权，但购房人每延期支付一天的违约金比例将有所升高。

4. 商品房交付条件与交付手续条款

交付对于购房人而言是实质性的主要条款，因为对于购房人而言，最重要的目的就是取得开发商交付的房屋，故商品房交付条件及交付手续条款主要约定的就是开发商的交付条件、交付时间及逾期交付的违约责任。

《城市房地产管理法》第二十七条规定，房地产开发项目竣工，经验收合格后，方可交付使用。因此，商品房交付的首要条件就是必须取得竣工验收备案的证明文件。此外，交付条件还要求商品房已经完成房屋测绘报告，能够明确房屋的建筑面积等数据。

商品房相关设施设备也需要明确相应的交付条件，如供水、排水、供电、供暖、燃气、电话通信、有线电视、宽带网络、小区内绿地率、小区内非市政道路、规划的车位车库、物业服务用房、医疗卫生机构、幼儿园、学校等。这些设施设备的交付都需要在该条款中明确约定，项目不同，交付的具体条件也将有所区别。

购房人重点关注的是房屋交付时间，对此，一般约定为具体的某一个日期。开发商应当在约定的交付日期前将查验房屋的时间、办理交付手续的时间地点以及应当携带的证件材料的通知书送达至购房人。购房人按照通知书载明的时间对房屋进行查验，如查验存在问题，开发商应予修复。若开发商逾期交付房屋的，按日应承担逾期交付的违约金，逾期超过一定天数，购房人将享有合同解除权，并要求开发商承担购房款的一定比例作为违约金。

5. 面积差异处理方式条款

开发商在房屋交付时应当已经完成房屋测绘，测绘结果可能与预测面积有所差异，这在实践中也难以避免。面积差异处理方式条款设置的目的就是约定如何处理这种差异。

若存在面积误差，误差比绝对值不超过3%的，据实结算房价款，即不论是实测面积比预算面积多或少3%以内的，房价款不做调整。误差比绝对值超过3%的，购房人有权解除合同。购房人解除合同的，应当书面通知开发商，开发商应当在一定期限内退还购房人已付房款及约定标准的利息。购房人也可以选择不解除合同，此时，如果实测面积大于预测面积，3%以内的部分由购房人补足，超过3%的部分开发商自行承担；如果实测面积小于预测面积，3%以内的部分由开发商返还给购房人，超过3%部分的房款由开发商双倍返还购房人。一定程度上，这也是对购房人的保护，同时对于开发商建设商品房的过程管控提出了更高的要求。对于开发商而言，这种责任也可以通过合同的方式转嫁给施工单位等主体，但原则上，购房人利益的保护是核心。

6. 规划设计变更条款

规划设计变更条款包括了规划变更和设计变更两个方面的内容。规划变更主要是指商品房规划用途、面积、容积率、绿地率、基础设施、公共服务及其他配套设施等规划许可内容经城乡规划主管部门批准而发生的变更。设计变更主要是指商品房结构形式、户型、空间尺寸、朝向、供热、采暖方式等按照法定程序对建筑工程施工图设计文件的变更。

不论是规划变更还是设计变更，均发生在预售合同签订后，此时购房人所面临的商品房的基本情况及商品房可能的交付条件都将发生变化。为了保障购房人的合法权益，预售合同通常约定在出现规划变更或者设计变更后，开发商应在变更确定后的10日内书面通知购房人，告知购房人商品房发生了规划变更或者设计变更。如果开发商逾期没有书面通知购房人的，购房人有权解除合同；开发商按期书面通知了购房人的，购房人应当在15日内作出是否解除合同的书面答复，逾期未予答复的，视为购房人接受变更。如果购房人选择解除合同的，那么开发商应当限期退还购房人已付的全部购房款，并支付约定利率的利息。

7. 商品房质量及保修责任条款

商品房质量及保修责任条款包含商品房质量和保修责任两个方面内容。对于商品房质量，主要是指商品房的地基基础和主体结构，装饰装修及设备标准，以及室内空气质量、建筑隔声和民用建筑节能措施等。这些内容必须达到合格或者预售合同约定的其他标准。保修责任则主要是指开发商按照《住宅质量保修书》承诺的内容承担相应的保修责任。

关于商品房质量，如果商品房未达到预售合同约定的质量，那么购房人有权解除合同，对此，开发商应当限期返还购房人已付的购房款及约定利率的利息。

关于保修责任，根据合同相对性原理，购房人仅能向开发商主张履行保修的义务。但开发商对于因为不可抗力或者买受人原因造成的房屋及其附属设施的损失并不承担保修责任。对于开发商而言，由于其在与施工单位签署的施工合同中也会约定由施工单位的保修责任，一定程度上，开发商对于购房人的保修责任已经转嫁给了施工单位。但是购房人无权直接向施工单位要求承担保修责任，开发商在这个过程中仍有其不可推卸的责任。《商品房销售管理办法》对此即有规定，商品房住宅的保修期限不得低于建设工程承包单位向建设单位出具的质量保修书约定保修期的存续期；存续期少于《商品住宅实行质量保证书和住宅适用说明书制度的规定》确定的最低保修期限的，保修期不得低于该规定确定的最低保修期限。

8. 合同备案与房屋登记条款

合同备案即网签备案，开发商可以在备案的过程中对购房人的身份信息进一步进行核验，以避免出现购房人没有预料到的相关障碍。同时，合同备案也能够有效地避免一房数卖，对于开发商也是一种制约。

房屋登记即买卖双方同意就购房人购买的房屋办理小产证。小产证针对的是整个项目大产证而言。一般而言，在签订预售合同后，一般需要两年的时间取得小产证。若购房人逾期无法取得小产证的，购房人有权解除合同，开发商应当返还全部已付购房款及约定利率的利息。买受人选择不解除合同的，有权要求开发商自逾期之日起按日支付约定利率的利息。

9. 前期物业管理条款

前期物业管理也是预售合同的重要内容，尤其是作为预售合同附件的前期物业服务合同和临时管理规约，购房人应当详细阅读。

前期物业管理是在业主委员会成立之前，由开发商作为委托人委托前期物业服务企业提供的物业管理服务。在此期间，随着商品房的竣工验收，业主开始不断入住，前期物业管理的重点内容是代为查验并承接物业共用部位、共用设施设备。在业主委员会成立后，业主大会选聘了新的物业服务企业后，前期物业管理也随之终止。在新的物业服务企业选聘前，业主应当按照临时管理规约接受前期物业管理单位的管理。

10. 其他事项条款

其他事项中主要包括建筑物区分所有权、销售和使用承诺、送达、买受人信息保护、争议解决、生效等条款，属于合同的一些常见必备条款。其中，建筑物区分所有权应予关注,这里明确了建筑物专有部分由购房人占有、使用、收益和处分;但共有部分则归业主共有,主要包括:建筑物的基础、承重结构、外墙、屋顶等基本结构部分,通道、楼梯、大堂等公共通行部分,消防、公共照明等附属设施、设备,避难层、设备层或者设备间等结构部分;该商品房所在建筑区划内的道路(属于城镇公共道路的除外)、绿地(属于城镇公共绿地或者明示属于个人的除外)、占用业主共有的道路或者其他场地用于停放汽车的车位、物业服务用房。此外,买卖双方还将就规划的车位、车库和会所等进行约定。这都有助于厘清购房人和开发商的权益范围。

(二)现售合同的一般内容

现售合同和预售合同相比,在合同当事人、商品房基本状况、商品房价款、商品房交付条件和交付手续、商品房质量及保修责任等方面均基本一致,在此不再赘述。本部分主要针对现售合同与预售合同的不同之处及需关注之处进行简要介绍。

首先,对于商品房基本情况,由于现售合同针对的是已经竣工验收的商品房,因此开发商拟出售的商品房可能存在出租的情况,现售合同中会对房屋是否存在出租情况,以及如存在出租情况下的租赁相关信息进行约定。这主要是因为"买卖不破租赁"①,即对于开发商已经出租的房屋,在开发商出售给购房人之后,并不影响租赁合同的效力,承租人可以继续在剩余租赁期限内使用租赁房屋,这会形成对购房人的限制。对此,购房人应当予以关注。

其次,由于现售合同针对的是已经竣工验收的商品房,因此,现售合同中并不包括面积差异的处理方式及规划设计变更这些条款。现售合同的测绘面积均是实测面积,而不再是预测面积,不存在面积差异的处理方式;商品房项目及开发商拟出售的房屋都已经竣工验收,相应的规划条件和设计方案也不会出现变更或调整,也不涉及规划设计变更相关的处理方式。

再次,根据《住房和城乡建设部关于提升房屋网签备案服务效能的意见》的附件《房屋网签备案业务操作规范》,现售所针对的房屋也属于网签备案的范围,因此,现售合同除要约定房屋权属登记的时间及逾期处理外,还应当对现售合同的网签备案进行约定。对于购房人,网签备案也能够有效地避免开发商将房屋另行出售。

---

① 《民法典》第七百二十五条规定,租赁物在承租人按照租赁合同占有期限内发生所有权变动的,不影响租赁合同的效力。

最后，商品房在现售的时候虽然一般情况下还处于前期物业服务阶段，即虽然商品房项目已经竣工验收了，但是业主委员会还没成立，或虽然业主委员会已成立但尚未聘请新的物业服务企业取代前期物业服务单位。当然，也存在这样的情况，即拟出售的商品房已经竣工验收，此时业主委员会已成立，且已聘请了新的物业服务企业，那么此时就已经不处于前期物业服务阶段，而是在物业服务阶段。购房人在成为业主后也应当遵守物业服务企业的管理，缴纳物业管理费。

三、房地产销售涉及的特别问题及相应风险提示

房地产销售和我们的日常生活关系密切，其中涉及的一些问题经常容易产生纠纷，本部分对于这些需特别关注的问题逐一进行分析。

（一）房地产销售中的禁止情形

鉴于房地产销售的标的为房地产，且房地产从开发建设到销售都受到相关法律法规的规范和要求，在此针对开发商在房地产销售中的禁止行为，即开发商不得踩踏的"红线"做简要的总结和介绍。

《城市商品房预售管理办法》规定，开发商不得在未取得预售许可的情况下进行商品房预售。否则，根据《商品房买卖合同司法解释》的规定，开发商与购房人所签订的预售合同无效。但是在起诉前取得商品房预售许可证明的，可以认定为有效。

《城市房地产开发经营管理条例》规定，开发商不得进行虚假广告宣传，商品房预售广告中应当载明商品房预售许可证明的文号。这同样是对商品房预售行为的规范和限制。

此外，《商品房销售管理办法》对开发商也有比较详尽的禁止性规定，主要包括：

（1）开发商不得在未解除商品房买卖合同前，将作为合同标的物的商品房再行销售给他人，即开发商不得一房数卖。

（2）开发商不得采取返本销售或者变相返本销售的方式销售商品房，不得采取售后包租或者变相售后包租的方式销售未竣工商品房。

返本销售，是指房地产开发商以定期向购房人返还购房款的方式销售商品房的行为。这实际上是一种非法融资的行为，开发商变相地从购房人融资，并返还本金及利息，构成对金融秩序的冲击。售后包租，则是指房地产开发商以在一定期限内承租或者代为出租买受人所购该企业商品房的方式销售商品房的

行为。《关于审理非法集资刑事案件具体应用法律若干问题的解释》第二条第一项规定，不具有房产销售的真实内容或者不以房产销售为主要目的，以返本销售、售后包租、约定回购、销售房产份额等方式非法吸收资金的，将以非法吸收公众存款罪定罪处罚。对于返本销售、售后包租，涉及非法吸收资金，在不具有房产销售真实内容或者不以房产销售为主要目的时，将涉嫌构成非法吸收公众存款罪。该等潜在的刑事责任值得房地产开发商给予充分关注。

（3）商品住宅按套销售，不得分割拆零销售。

分割拆零销售，是指房地产开发商将成套的商品住宅分割为数部分分别出售给购房人的方式销售商品住宅的行为。商品住宅都是建立在规划基础上，分割拆零销售将导致商品住宅突破既有的规划，并由此可能带来安全性方面的风险，因此，分割拆零销售也同样是开发商的红线。

（4）不符合商品房销售条件的，房地产开发商不得销售商品房，不得向购房人收取任何预订款性质费用。

在前面针对商品房的预售和销售应具备的条件已有介绍和分析，这是开发商进行商品房销售的前提条件，且只有满足该等前提条件的情况下，才能够向购房人收取预订款性质的费用。符合商品房销售条件的，房地产开发商在订立商品房买卖合同之前向购房人收取预订款性质费用的，订立商品房买卖合同时，所收费用应当抵作房价款；当事人未能订立商品房买卖合同的，房地产开发商应当向购房人返还所收费用。

（5）商品房销售后，房地产开发商不得擅自变更规划、设计。

购房人购房是基于开发商对商品房已取得的规划条件和设计条件。由于商品房项目的开发及建设所需要的周期往往较长，尤其是在开发商预售商品房的情况下，此时商品房还处于建设状态，如果规划或设计条件发出变化，则将给购房人的合理预期产生极大不确定性的影响。对此，前面预售合同示范文本中也有相应条款，即如果规划或设计条件发生变化，开发商应当及时通知购房人，购房人有权在约定时间内解除，逾期未解除的视为同意继续履行合同；如果开发商未能通知购房人，则购房人享有解除权。解除后，开发商应向购房人返还已付的购房款及约定利率的利息。

（二）一房多卖的认定

商品房预售和现售的网签和备案目的均是通过技术手段规避一房二卖或者多卖。但实际生活中，一房多卖的情况却并不鲜见。对此，可以从两个维度理解。

首先是一房多卖合同的有效性问题。

《民法典》第二百一十五条规定："当事人之间订立有关设立、变更、转让和消灭不动产物权的合同，除法律另有规定或者当事人另有约定外，自合同成立时生效；未办理物权登记的，不影响合同效力。"合同是否有效与物权是否发生变动并不必然发生联系。登记仅是物权变动的公示方法，登记与否并不能对合同是否有效作出判定。尽管卖方可能与不同主体之间签订了多份买卖合同，但除非属于《民法典》规定的合同无效情形以外，均应认定为有效。

《最高人民法院关于审理商品房买卖合同纠纷案件适用法律若干问题的解释》（以下简称《商品房买卖合同司法解释》第七条规定，买受人以出卖人与第三人恶意串通，另行订立商品房买卖合同并将房屋交付使用，导致其无法取得房屋为由，请求确认出卖人与第三人订立的商品房买卖合同无效的，应予支持。由于出卖人与第三人存在恶意串通的情形，此时宜认定出卖人与第三人之间的买卖合同无效。

其次是如果一房多卖的多个合同均有效情况下的合同履行问题。

《第八次全国法院民事商事审判工作会议（民事部分）纪要》（以下简称《八民纪要》）第十五条针对一房数卖合同履行问题规定，审理一房数卖纠纷案件时，如果数份合同均有效且买受人均要求履行合同的，一般应按照已经办理房屋所有权变更登记、合法占有房屋以及合同履行情况、买卖合同成立先后等顺序确定权利保护顺位。但恶意办理登记的买受人，其权利不能优先于已经合法占有该房屋的买受人。对买卖合同的成立时间，应综合主管机关备案时间、合同载明的签订时间以及其他证据确定。

根据司法实践，原则上，如果多份买卖合同均有效，且其中之一已经办理登记，其他均未办理登记，那么登记的买卖合同已经实际履行办理了登记公示，应继续履行，其他合同的相对方则可依据合同主张卖方的违约责任；如果多份买卖合同均有效且均未办理登记，那么应当看交付情况，已经交付的买卖合同的买受人已经占有房屋，可以进一步主张房屋所有权转移；如果多份买卖合同均有效、均未办理登记且均未交付，先行支付购房价款的买受人已经履行了购房的主要义务，可以进一步主张出卖人交付房屋；如果多份买卖合同均有效、均未办理登记、均未交付且均未付款，就应看哪一份买卖合同先签署，这个合同的买受人可以进一步主张推进交易。

需要指出的是，现实情况是异常复杂和多变的，根据《八民纪要》，还是应当按照已经办理房屋所有权变更登记、合法占有房屋以及合同履行情况、买卖合同成立先后等顺序确定权利保护顺位。

(三) 预售合同是否属于预约合同

预售合同是否属于预约合同，其实对于从事法律专业的人士而言，并不构成一个问题，因为，预售合同和现售合同一样，都属于买卖合同，相对于预约合同而言是本约合同。但对于非专业人士，由于预售合同和预约合同的都有"预"字，难免产生歧义。

《民法典》第四百九十五条规定，当事人约定在将来一定期限内订立合同的认购书、订购书、预订书等，构成预约合同。当事人一方不履行预约合同约定的订立合同义务的，对方可以请求其承担预约合同的违约责任。据此，预约合同是为了将来一定期限内订立合同而签署的合同，具体可以体现为认购书、订购书或者预订书等形式。这与预售合同存在本质区别，因为预售合同并非为了将来订立合同而预先签订的合同，其本身就包含了《商品房销售管理办法》所规定商品房买卖合同所应当具备的全部条款。

上述关于预售合同和预约合同的区别进一步引申出了另一个问题，即实践中如何区分商品房买卖的认购协议（或者认购书）与预售合同/现售合同？《商品房买卖合同司法解释》第五条规定，商品房的认购、订购、预订等协议具备《商品房销售管理办法》第十六条规定的商品房买卖合同的主要内容，并且出卖人已经按照约定收受购房款的，该协议应当认定为商品房买卖合同。所以，区分商品房认购协议与商品房买卖合同，并不是简单看协议的名称，而是要看协议所包含的条款是否已约定有商品房买卖合同的主要内容及购房款的收取情况。如果某协议仅约定了买卖双方的买卖意向及房屋概况、价款支付方式等基础性条款，且有双方未来一定期限或者条件下将签订正式合同的条款，该协议应属于预约合同，仅是认购协议；而尽管一个协议即使名为认购协议，但是已经包括商品房买卖合同的全部条款，并且卖方已经按约定收取购房款的，该协议从性质上也并非预约合同，而属于商品房买卖合同。

(四) 预告登记

《民法典》第二百二十一条规定，当事人签订买卖房屋的协议或者签订其他不动产物权的协议，为保障将来实现物权，按照约定可以向登记机构申请预告登记。预告登记后，未经预告登记的权利人同意，处分该不动产的，不发生物权效力。预告登记后，债权消灭或者自能够进行不动产登记之日起九十日内未申请登记的，预告登记失效。

关于预告登记，在《民法典》以前，《物权法》第二十条即有此规定。从规定内容看，二者唯一的差别是《民法典》将预告登记时效的时间由《物权法》规定的债权消灭或者能够进行不动产登记之日起三个月进一步明确为九十日。

从法条规定上看，预告登记的性质体现在两个方面，一是限制物权变动的效力，即只要进行了预告登记，除非经预告登记权利人的同意，否则对不动产的处分不发生物权效力，这是赋予预告登记人的权力。二是预告登记体现为一定期间的时效性，即预告登记后，如果债权消灭或者自能够进行不动产登记之日起九十日内没有申请登记，则预告登记自动失效，这是对预告登记权利人的限制。预告登记并不产生物权变动的效果，但是通过赋予权利人限制相对人向其他第三方处分不动产的权利的方式使得预告登记成为一种权利人保护自身权利的有效方式。

关于预告登记，一个很重要的问题是和网签备案的区别。首先，预告登记是一种法定的登记制度，规定于《民法典》中；而网签备案实际上是政府部门层面的行政管理行为，这是二者最本质的区别。其次，预告登记的效果主要是通过限制相对方处置不动产实现；而网签备案是先签订房屋买卖合同及进行备案，并将在买卖双方之间实际产生合同法律关系，实际效果也可以避免卖方一房数卖。最后，预告登记虽然是法定的登记制度，但是相关权利人可选择进行预告登记，也可以不选择进行预告登记，这是权利人的自由；网签备案则不同，不论预售或者现售，根据相关规定都必须进行网签备案，不是买卖双方所能自由选择的。

根据《民法典》的规定，预告登记制度不仅适用于买卖房屋的协议或者签订其他不动产物权的协议。《最高人民法院关于适用〈中华人民共和国民法典〉有关担保制度的解释》第五十二条规定，当事人办理抵押预告登记后，预告登记权利人请求就抵押财产优先受偿，经审查存在尚未办理建筑物所有权首次登记、预告登记的财产与办理建筑物所有权首次登记时的财产不一致、抵押预告登记已经失效等情形，导致不具备办理抵押登记条件的，人民法院不予支持；经审查已经办理建筑物所有权首次登记，且不存在预告登记失效等情形的，人民法院应予支持，并应当认定抵押权自预告登记之日起设立。当事人办理了抵押预告登记，抵押人破产，经审查抵押财产属于破产财产，预告登记权利人主张就抵押财产优先受偿的，人民法院应当在受理破产申请时抵押财产的价值范围内予以支持，但是在人民法院受理破产申请前一年内，债务人对没有财产担保的债务设立抵押预告登记的除外。根据该规定，权利人办理抵押预告登记对于权利人就抵押财产主张优先受偿权及主张抵押财产属于破产财产进而优先受偿等均有一定积极作用，并更好地保障相关权利人的权益，因此在实践操作中应重视预告登记的作用。

（五）网签和备案

根据《房屋网签备案业务操作规范》的规定，房屋买卖合同网签备案是买卖双方当事人通过政府建立的房屋交易网签备案系统，在线签订房屋买卖合同并进行备案的事项，是房屋交易的重要环节。

网签备案对于房地产销售是基础而重要的环节，这种重要性可以从三个角度理解。一是对买受人，网签备案能够有效避免一房多卖。网签备案能够核验出售人是否具备售房资格，即出售人是否是真正的房屋所有权人，新建商品房是否取得预售许可或现售备案，是否存在抵押、查封的限制交易情形等。二是对出售人，网签备案能够核验出买受人是否具备购房资格，包括是否属于失信被执行人、是否属于实施限购城市的限购对象及其他不具备购房的情形。三是对国家，网签备案所依赖的网签备案系统能够有效地掌握当地存量房等的销售情况，便于政府统计当地房地产销售行情，以便进行适当的调控。

由于本章仅针对房地产开发商预售或现售方式销售商品房，因此，我们主要介绍新建商品房的网签备案相关事项，对于存量房网签备案则不在讨论范围。

新建商品房的网签备案由出卖人即房地产开发商办理。对于办理时限，虽然宜在销售现场登录网签备案系统办理网签备案，但实际上，销售现场往往并没有时间办理网签备案，一般都是由购房人在提交相关资料后再由开发商工作人员办理网签备案。办理网签备案的过程，房屋网签备案系统会实时自动通过信息共享等方式获取核验所需信息，完成交易主体和房源信息自动核验。

对于网签备案的程序，首先是录入合同。网签备案系统会自动导入买卖双方及房屋信息，当事人在线填写成交价格、付款方式、资金监管等合同基本信息，自动生成网签合同文本。其次是签章确认。买卖双方签署打印网签合同文本并将合同签章页上传至房屋网签备案系统。再次是备案赋码。核验通过的，完成网上签约即时就完成备案，并由系统赋予合同编码。最后是网签备案信息载入楼盘表。网签备案后，系统会将网签备案所取得的合同备案编码、购房人基本信息、成交价格、付款方式、资金监管等信息载入楼盘表。

从性质上看，网签备案是一种行政手段，所以，是否经过网签备案手续并非认定商品房买卖合同是否有效的依据。对此，《住房和城乡建设部关于提升房屋网签备案服务效能的意见》附件《房屋网签备案业务操作规范》2.1也规定,买卖合同网签备案是买卖双方当事人通过政府建立的房屋交易网签备案系统,在线签订房屋买卖合同并进行备案的事项,是房屋交易的重要环节。

(六)商品房销售的涉税问题

本部分的涉税也仅限于开发商作为卖方和购房人作为买方所应当缴纳的相关税费。

1. 契税

《契税法》第一条规定:"在中华人民共和国境内转移土地、房屋权属,承受的单位和个人为契税的纳税人,应当依照本法规定缴纳契税。"第二条规定:"本法所称转移土地、房屋权属,是指下列行为……(三)房屋买卖、赠与、互换。"

根据上述规定,商品房的买受人即购房人为承担契税的纳税人。契税的税率为3%到5%,具体适用税率由省、自治区、直辖市人民政府提出,报同级人民法代表大会常务委员会决定,并报全国人民代表大会常务委员会和国务院备案。

以北京市为例,2021年7月30日通过的《北京市人民代表大会常务委员会关于北京市契税具体适用税率等事项的决定》决定,契税税率为3%,且符合《契税法》第七条规定情形的,免征契税。

根据《契税法》的规定,对于土地使用权出让、出售,房屋买卖的,计税依据为土地、房屋权属转移合同确定的成交价格,包括应交付的货币以及实物、其他经济利益对应的价款。

2. 增值税及附加

(1)增值税

《增值税暂行条例》第一条规定:"在中华人民共和国境内销售货物或者加工、修理修配劳务,销售服务、无形资产、不动产以及进口货物的单位和个人,为增值税的纳税人,应当依照本条例缴纳增值税。"第二条规定:"增值税税率……(二)纳税人销售交通运输、邮政、基础电信、建筑、不动产租赁服务,销售不动产,转让土地使用权,销售或者进口下列货物,税率为11%……"

根据《房地产开发企业销售自行开发的房地产项目增值税征收管理暂行办法》的规定,房地产开发商分为一般纳税人和小规模纳税人。对于一般纳税人,税率为11%。但一般纳税人销售自行开发的房地产老项目,可以选择适用简易计税方法,按照5%的征收率计税。一经选择简易计税方法计税的,36个月内不得变更为一般计税方法计税。这里的房地产老项目是指:1)建筑工程施工许可证注明的合同开工日期在 2016 年 4 月 30 日前的房地产项目；2）建筑工程施工许可证未注明合同开工日期或者未取得建筑工程施工许可证，但建筑工程承包合同注明的开工日期在 2016 年 4 月 30 日前的建筑工程项目。开发商应缴纳的增值税=销售额×11%，其中销售额=（全部价款和价外费用−当期允许扣除的土地价款）÷（1+11%）。如果属于房地产老项目适用简易税率 5%，以取得的全部价款和价外费用为销售额，不得扣除对应的土地价款。如果存在预售，则需要预缴增值税，应预缴税款按照以下公式计算：应预缴税款=预收款÷（1+适用税率或征收率）×3%。这里适用的税率或征税率为，适用一般计税方法计税的，按照 11% 的适用税率计算；适用简易计税方法计税的，按照 5% 的征收率计算。

对于小规模纳税人，适用简易税率为 5%。增值税=取得的全部价款和价外费用为销售额×5%。如果存在预售，则需要预缴增值税，应预缴税款按照以下公式计算：应预缴税款=预收款÷（1+5%）×3%。

（2）增值税附加

1）城市维护建设税

《城市维护建设税法》第一条规定："在中华人民共和国境内缴纳增值税、消费税的单位和个人，为城市维护建设税的纳税人，应当依照本法规定缴纳城市维护建设税。"据此，就商品房销售而言，城市维护建设税的缴纳主体是增值税缴纳主体，即开发商。

城市维护建设税的计税依据是纳税人依法实际缴纳的增值税税额。城市维护建设税的税率根据所在地层级的不同适用不同的税率，纳税人所在地在市区的，税率为 7%；纳税人所在地在县城、镇的，税率为 5%；纳税人所在地不在市区、县城或镇的，税率为 1%。

2）教育费附加

《征收教育费附加的暂行规定》第二条规定，凡缴纳消费税、增值税、营业税的单位和个人，除按照《国务院关于筹措农村学校办学经费的通知》的规定，缴纳农村教育事业费附加的单位外，都应当依照本规定缴纳教育费附加。据此，对于商品房销售而言，开发商为增值税的纳税主体，也应该缴纳教育费附加。

教育费附加以缴纳主体实际缴纳的增值税的税额为计征依据，教育费附加率为 3%，并与增值税同时缴纳。

3）地方教育费附加

《关于统一地方教育附加政策有关问题的通知》第二条规定，统一地方教育附加征收标准。地方教育附加征收标准统一为单位和个人（包括外商投资企业、外国企业及外籍个人）实际缴纳的增值税、营业税和消费税税额的2%。已经财政部审批且征收标准低于2%的省份，应将地方教育附加的征收标准调整为2%，调整征收标准的方案由省级人民政府于2010年12月31日前报财政部审批。据此，针对商品房销售而言，地方教育附加的缴纳单位为增值税的纳税主体即开发商，税率为2%，计征依据为增值税的税额。

3. 印花税

《印花税法》第一条规定，在中华人民共和国境内书立应税凭证、进行证券交易的单位和个人，为印花税的纳税人，应当依照本法规定缴纳印花税。据此，就商品房销售而言，印花税的纳税人为商品房买卖合同的双方，即开发商和购房人都要缴纳印花税。

土地使用权、房屋等建筑物和构筑物所有权转让书据这一税目的税率为5‰。而对于商品房销售，计税依据为产权转移书据所列的金额，但不包括列明的增值税税款。

4. 企业所得税

《企业所得税法》第一条规定，在中华人民共和国境内，企业和其他取得收入的组织为企业所得税的纳税人，依照本法的规定缴纳企业所得税。据此，对于商品房销售，企业所得税的纳税主体为开发商。由于商品房销售涉及预售、现售、分期付款、银行按揭方式销售、视同销售等多种情形，对于每种情形税务机关又有不同的认定，本部分从法律角度不再进一步讨论。

（七）房地产调控政策对房地产销售的影响

近年来，随着房地产市场的火爆，为了稳定房价及稳定购房人的预期，从国家到地方各个层面都制定了相应的房地产调控政策。以下为整理的国家和北京市层面的调控政策。

表 5.1　国家和北京市层面涉房地产调控文件列示

序号	名称	文号	发文机关
行政法规、部门规章等规范性文件			
1	国务院办公厅关于促进房地产市场平稳健康发展的通知	国办发〔2010〕4号	国务院办公厅
2	国务院关于坚决遏制部分城市房价过快上涨的通知	国发〔2010〕10号	国务院
3	住房和城乡建设部关于进一步加强房地产市场监管完善商品住房预售制度有关问题的通知	建房〔2010〕53号	住房和城乡建设部
4	国务院办公厅关于进一步做好房地产市场调控工作有关问题的通知	国办发〔2011〕1号	国务院办公厅
5	国务院办公厅关于继续做好房地产市场调控工作的通知	国办发〔2013〕17号	国务院办公厅
6	关于调整房地产交易环节契税、营业税优惠政策的通知	财税〔2016〕23号	财政部，国家税务总局，住房和城乡建设部
7	关于加强房地产中介管理促进行业健康发展的意见	建房〔2016〕168号	住房和城乡建设部，国家发展和改革委员会，工业和信息化部，中国人民银行，国家税务总局，国家工商行政管理总局（已撤销），中国银行业监督管理委员会（已撤销）
8	住房和城乡建设部关于进一步规范房地产开发企业经营行为维护房地产市场秩序的通知	建房〔2016〕223号	住房和城乡建设部
9	关于完善商品住房销售和差别化信贷政策的通知	京建法〔2017〕3号	北京市住房和城乡建设委员会，中国人民银行营业管理部，中国银行业监督管理委员会北京监管局，北京住房公积金管理中心
10	住房城乡建设部关于进一步做好房地产市场调控工作有关问题的通知	建房〔2018〕49号	住房和城乡建设部

续表

序号	名称	文号	发文机关
地方规范性文件			
11	北京市人民政府贯彻落实国务院关于坚决遏制部分城市房价过快上涨文件的通知	京政发〔2010〕13号	北京市人民政府
12	北京市人民政府办公厅关于贯彻落实国务院办公厅文件精神进一步加强本市房地产市场调控工作的通知	京政办发〔2011〕8号	北京市人民政府办公厅
13	北京市人民政府办公厅贯彻落实《国务院办公厅关于继续做好房地产市场调控工作的通知》精神进一步做好本市房地产市场调控工作的通知	京政办发〔2013〕17号	北京市人民政府办公厅
14	北京市人民政府办公厅转发市住房和城乡建设委等部门《关于促进本市房地产市场平稳健康发展的若干措施》的通知	京政办发〔2016〕46号	北京市人民政府办公厅

限购政策给开发商和购房人对房地产市场的预期都产生了重大的影响，在一定程度上打压了需求端，稳定了市场。对于具体的限购政策或者调控政策，我们在此不详细阐述。但有一个问题值得关注，即限购政策或者调控政策是否属于不可抗力，开发商或者购房人能否主张限购政策或者调控政策作为不可抗力而豁免或者减轻其违约责任，或者作为情势变更而变更或解除合同。

《民法典》第一百八十条规定，因不可抗力不能履行民事义务的，不承担民事责任。法律另有规定的，依照其规定。不可抗力是不能预见、不能避免且不能克服的客观情况。第五百三十三条规定，合同成立后，合同的基础条件发生了当事人在订立合同时无法预见的、不属于商业风险的重大变化，继续履行合同对于当事人一方明显不公平的，受不利影响的当事人可以与对方重新协商；在合理期限内协商不成的，当事人可以请求人民法院或者仲裁机构变更或者解除合同。人民法院或者仲裁机构应当结合案件的实际情况，根据公平原则变更或者解除合同。以上分别是《民法典》关于不可抗力和情势变更的规定。

事实上，不可抗力和情势变更并非完全排斥的两个概念，二者之间也存在交叉。不可抗力的适用条件更为严格，需要满足不能预见、不能避免和不能克服的"三不"条件，不可抗力一般多表现为自然灾害、政府行为或社会事件。而情势变更的适用条件没有不可抗力严格，需要满足无法预见、非商业风险的重大变化，继续履行对一方明显不公平等条件，且赋予双方协商的权利，只是在协商无果的情况下，才请求法院或仲裁机构变更或解除。不可抗力可能导致情势变更的适用，但是情势变更无法直接导致不可抗力的适用。

实际上，限购政策属于国家对房地产市场的宏观调控，且是一个逐步加强和完善的发展过程。尤其是国家层面也在不断对此进行宣传。基于此，有观点认为限购限贷的调整政策并非不可预见，不满足不可抗力的条件，不能认定为不可抗力。

至于限购限贷政策是否属于情势变更，由于情势变更的适用条件较不可抗力更为宽松，笔者认为限购限贷政策也属于情势变更的一种事由。而且，实践中，也的确存在不少当事人依据情势变更制度主张变更或解除合同。

需要说明的是，各地对于限购限贷等房地产调控政策的理解和把握是有差异的。因此，对于由此而产生的纠纷是否能够适用不可抗力或情势变更，就需要因时、因地具体地分析，谋求以固定模式去判断和解决限购限贷政策纠纷并不现实。

（八）捆绑销售问题

捆绑销售在实践中不乏案例，开发商采用捆绑销售策略的主要目的是规避政府的限价政策。较为常见的捆绑对象是捆绑车位、地下室或装修。

1. 捆绑车位

对于是否能够捆绑车位，首要问题是开发商是否对车位有处分的权利。《民法典》第二百七十五条规定，建筑区划内，规划用于停放汽车的车位、车库的归属，由当事人通过出售、附赠或者出租等方式约定。占用业主共有的道路或者其他场地用于停放汽车的车位，属于业主共有。根据该规定，对于建筑区划内规划用于停放汽车的车位、车库的归属，由当事人即开发商和业主通过出售、附赠或出租等方式约定。既然商品房由开发商投资、开发、建设，那么开发商应当享有这些规划范围内的车位、车库的所有权，并有权将其出售给业主。但是对于占用业主共有的道路或其他场地的车位，这些车位只属于业主共有，不属于开发商所有，开发商不能对这些车位进行处置。

其次的问题是开发商是否能够将商品房和车位捆绑进行销售。如果商品房的价格符合当地政府要求的限价，但车位却是高价交易，通过这种方式，开发商就可以整体上超过政府限价标准销售商品房。捆绑销售同时涉及两个法律关系，一个是商品房买卖关系，另一个是车位买卖关系，从本质上看，这是两个独立的法律关系。不排除购房人针对车位买卖关系主张价格畸高，并且是为了规避政府限价政策，届时开发商无论是以意思自治还是其他观点进行反驳都可能于事无补。

对于捆绑车位，实践中虽然比较常见，但是对于开发商来说仍存在一定法律风险。

2. 捆绑地下室

关于地下室权属问题，业内一直存在不同的意见。对此，《民法典》没有明确界定。根据实践，一般地下室的权属存在以下三种可能。

其一，地下室属于人防工程。《国防法》第三十七条规定，国防资产归国家所有。因此，如果地下室属于人防工程，其所有权属于国家。这种情况下，开发商无权转让地下室的所有权或使用权。

其二，地下室属于全体业主共有。如果地下室不属于人防工程，且其建设成本已平摊至整个小区，这种情况下，地下室属于小区全体业主共有。根据《民法典》第二百七十三条的规定，业主对建筑物专有部分以外的共有部分，享有权利，承担义务。如要捆绑地下室使用权售楼，需由业主共同决定，且收益应当归业主所有。

其三，地下室属于开发商所有。如果地下室不属于人防工程，且其建设成本未平摊至整个小区，那么地下室的所有权归建设单位即开发商。这种情况下，开发商作为此类地下室的所有人，依法享有其占有、使用、处分、收益等权益，可以通过转让地下室所有权或使用权的方式收取相应费用。

基于以上分析，开发商以捆绑地下室的方式规避限价政策必须建立在开发商享有地下室所有权或使用权的基础上，否则，在地下室因属于人防工程而由国家所有，以及地下室属于业主共有两种情形下，开发商因不具有地下室的所有权或使用权而没有权利对外转让。此外，强制要求购房者在签订购房合同的同时签订关于地下室的协议可能构成"捆绑销售"，并侵犯购房者的自主选择权。

3. 捆绑装修

商品房销售和商品房委托装修属于不同阶段的两个各自独立且不同的法律

关系。商品房销售的法律关系中,标的物是商品房本身,法律性质属于不动产买卖,而商品房委托装修发生于商品房交付使用之后,标的物是装修工程,其法律性质属于民事委托行为。因此,若开发商在与买受人签订购房合同同时,另行签署一份委托装修协议,只要该委托装修协议体现了双方的真实意愿,不存在欺诈、胁迫、违反法律强制性规定等导致合同无效或被撤销的情形,则应属合法有效,对双方均具有法律约束力。

(九) 房地产广告应注意的问题

房地产广告貌似并非一个房地产销售中的重要问题,但往往因为这种忽视而带来风险。《房地产广告发布规定》第二条规定,本规定所称房地产广告,指房地产开发企业、房地产权利人、房地产中介服务机构发布的房地产项目预售、预租、出售、出租、项目转让以及其他房地产项目介绍的广告。房地产广告的发布主体不限于开发商,还包括房地产权利人、房地产中介服务机构。本部分我们主要从发布人是开发商的角度分析房地产广告所可能带来的风险。

第一,《房地产广告发布规定》所规定的禁止性行为。

首先,房地产广告不得含有下列内容:升值或者投资回报的承诺;以项目到达某一具体参照物的所需时间表示项目位置;违反国家有关价格管理的规定;对规划或者建设中的交通、商业、文化教育设施以及其他市政条件作误导宣传。

其次,不得发布广告的情形:在未经依法取得国有土地使用权的土地上开发建设的;在未经国家征用的集体所有的土地上建设的;司法机关和行政机关依法裁定、决定查封或者以其他形式限制房地产权利的;预售房地产,但未取得该项目预售许可证的;权属有争议的;违反国家有关规定建设的;不符合工程质量标准,经验收不合格的。

再次,不得含有风水、占卜等封建迷信内容,对项目情况进行的说明、渲染,不得有悖社会良好风尚。

又次,不得利用其他项目的形象、环境作为本项目的效果。

最后,不得含有广告能够为入住者办理户口、就业、升学等事项的承诺。

对于商品房销售,不论是预售还是现售,对于开发商而言一定不得碰触上面所列举的红线。

第二,开发商违反房地产广告的内容构成要约而带来的法律责任。

《房地产广告发布规定》第二十一条规定,违反本规定发布广告,《广告法》及其他法律法规有规定的,依照有关法律法规规定予以处罚。法律法规没有规定的,对负有责任的广告主、广告经营者、广告发布者,处以违法所得三倍以下但不超过三万元的罚款；没有违法所得的，处以一万元以下的罚款。从这一规定看，除非是《广告法》或相关法律法规另有规定的，否则处罚措施并非很高，最高只有3万元罚款。

广告的发出除可能给开发商带来行政处罚等风险外，《商品房买卖合同司法解释》第三条规定，商品房的销售广告和宣传资料为要约邀请，但是出卖人就商品房开发规划范围内的房屋及相关设施所作的说明和允诺具体确定，并对商品房买卖合同的订立以及房屋价格的确定有重大影响的，构成要约。该说明和允诺即使未载入商品房买卖合同，亦应当为合同内容，当事人违反的，应当承担违约责任。即一般情况下，商品房销售广告仅作为要约邀请，购房人在收到要约邀请之后对开发商发出要约，开发商作出承诺，双方达成买卖合同。但如果商品房销售广告内容非常详尽、确实，如开发范围内的房屋及相关设施作出的说明和允诺非常具体，且对买卖合同订立及房屋价格产生重大影响，那么，该等广告即构成要约，即便该等说明或允诺未纳入买卖合同，也构成合同内容。

(十) 建设工程优先受偿权对购房人的影响

《民法典》第八百零七条规定，发包人未按照约定支付价款的，承包人可以催告发包人在合理期限内支付价款。发包人逾期不支付的，除根据建设工程的性质不宜折价、拍卖外，承包人可以与发包人协议将该工程折价，也可以请求人民法院将该工程依法拍卖。建设工程的价款就该工程折价或者拍卖的价款优先受偿。在《民法典》施行前，原《合同法》第二百八十六条也有相同的规定。

《最高人民法院关于建设工程价款优先受偿权问题的批复》第二条规定，消费者交付购买商品房的全部或者大部分款项后，承包人就该商品房享有的工程价款优先受偿权不得对抗买受人。

《最高人民法院关于人民法院办理执行异议和复议案件若干问题的规定》（以下简称《执行异议和复议规定》）第二十九条规定，金钱债权执行中，买受人对登记在被执行的房地产开发企业名下的商品房提出异议，符合下列情形且其权利能够排除执行的，人民法院应予支持：(1) 在人民法院查封之前已签订合法有效的书面买卖合同；(2) 所购商品房系用于居住且买受人名下无其他用于居住的房屋；(3) 已支付的价款超过合同约定总价款的50%。

根据《执行异议和复议规定》，购房人在满足一定条件的情况下具有物权期待权。结合《最高人民法院关于建设工程价款优先受偿权问题的批复》，在购房人与开发商签订有效的买卖合同、购房人实际居住且无其他房屋、已支付超过50%的购房款、属于居住需要而非经营需要的，购房人对房屋的物权期待权优先于承包人的建设工程优先受偿权。

（十一）预售资金监管和使用

近年来，各地均有大小房企出现了"暴雷"的状况，由此也带来一定的不稳定因素。尤其是住宅开发商资金链断裂导致住宅存在烂尾的可能，对已经支付了购房款的购房人心理预期将带来很大冲击和不安。基于此，各地也在寻求各种方式完善对房地产市场进行监督管理，其中对商品房预售资金的监督管理就是其中重要一项。2022年1月29日，住建部、人民银行和银保监会三部委联合印发了《关于规范商品房预售资金监管的意见》。

在《关于规范商品房预售资金监管的意见》前，北京市住建委已于2021年11月4日就《北京市商品房预售资金监督管理办法》向社会公开征求意见。在此笔者仅以《北京市商品房预售资金监督管理办法》（2021年征求意见稿）为例，对商品房预售资金监管的一般流程做一些梳理和探讨。

所谓商品房预售资金，是指商品房预售时购房人按照预售合同约定支付的全部房价款，包括定金、首付款、购房贷款以及其他形式的购房款。定金、首付款、购房贷款及其他形式的购房款均应全部存入专用账户，不能存在未置于监管的购房款。

商品房预售资金的监管既涉及商品房的开发建设，也涉及资金监管，因此，对于商品房预售资金监管，涉及多个相关部门，包括住建部门、人民银行、银保监会和商业银行等。其中，北京市住房和城乡建设委员会（以下简称"北京市住建委"）负责指导各区开展预售资金监管工作，组织预售资金管理信息系统建设；各区住房和城乡建设主管部门负责指导、监督、协调本行政区域内商品房预售资金监管工作的具体实施；中国人民银行营业管理部（以下简称"人行营管部"）负责管理商业银行办理专用账户开立、变更和撤销业务；中国银行保险监督管理委员会北京监管局（以下简称"北京银保监局"）配合市住房和城乡建设委开展指导、监督商品房预售资金监管等相关行业监管工作；商业银行在各主管部门监督指导下，开展预售资金监管工作，承担监管主体责任。

为了便于论述，对预售资金监管具体如何开展简介如下。

1. 监管银行的选择

商业银行并不必然能够成为商品房预售资金监管银行。北京市住房和城乡建设委员会同北京银保监局、人行营管部，结合综合商业银行监管能力、服务效率、研发水平、经营状况等因素，经公开招标，选定可从事预售资金监管工作的银行。但这种选聘以两年为一个周期，淘汰未履行预售资金监管职责及无法承担预售资金监管工作的银行，并相应增加新的监管银行。

2. 专用账户开立

房企在申请商品房预售许可前，应在商业银行范围内选择专用账户的开户银行，并与监管银行签署预售资金监管协议。原则上一个预售许可证对应一个账户。

申请办理商品房预售许可时，房地产开发企业应在预售方案中明确预售资金监管方案，提交预售资金监管协议，并在取得商品房预售许可后，应在售楼场所显著位置公示预售资金监管方案及监管协议。

对于预售项目的资金监管，北京市住建委通过门户网站公示预售项目的监管银行、专用账户名称及账号。购房人可凭网签编号、密码等信息，通过政府网站查询预售许可项目对应的预售资金监管账户入账、支取、余额。社会公众可查询各监管账户总额。

3. 资金监管的例外

资金监管是原则，但也存在豁免对预售资金监管的可能，即如果房企资质、信用较好，可凭非监管银行出具的现金保函，免除同等额度的监管资金。如果现金保函额度和有效期内可覆盖房地产项目的重点监管额度和建设周期，项目可不进行预售资金监管。

通过保函方式豁免商品房预售资金监管的前提是非监管银行对于房企资质的认可，实质是由非监管银行对房企的一种担保。

4. 重点监管额度

重点监管额度回答的是专用账户监管什么的问题。对于监管银行，重点是监管专用账户内在重点监管额度范围内的资金，这部分资金不可支取使用，但专用账户累计入账金额超过重点监管额度部分，房企可按照用款计划分节点支取使用。

重点监管额度对于不同房企和不同项目而言是不同的。重点监管额度由区住房和城乡建设主管部门根据项目综合建设费用、交付使用条件、开发企业信用水平和经营状况等综合确定，就北京而言，每平方米不得低于5000元。

5. 专用账户内资金的使用

专用账户内超过重点监管额度范围的资金是可以支取使用的。一般而言，项目用款计划按照地下结构完成、主体结构完成、竣工验收备案、首次登记完成四个环节设置资金使用节点。房企应结合自身资金状况、融资能力，合理确定每个节点的用款额度。但完成首次登记前，专用账户内的资金不得低于重点监管额度的5%。区住房和城乡建设主管部门应核定各节点用款额度。

房企也可以单一楼栋或多楼栋分别申请支取预售资金，申请时应向监管银行提出书面申请。

6. 监管银行的变更

预售项目需变更监管银行的，应由房企和监管银行向属地住房和城乡建设主管部门提出申请。变更期间，属地住房和城乡建设主管部门暂停该项目销售。

7. 预收资金监管与网签的关系

项目预售过程中，购房人支付的定金、首付款等购房款应由购房人账户直接存入监管账户，开发企业不得转存入其他账户。监管银行通过北京银保监局金融专网与本市房地产交易管理系统实时共享房屋网上签约和入账信息，对预售资金收存实施监管。

购房人将定金、符合个人住房贷款规定的首付款足额存入专用账户后，方可完成拟购房屋的认购书网上签约、售房合同网上签约等功能。这就避免了购房人将定金或者首付款支付至房企账户的可能性，也让房企失去了可以将购房人的定金、首付款放入房企大盘子进行周转的可能性，毕竟定金、首付款不进入专用账户就无法完成网签，这对于任何购房人而言都是不能接受的。

除了定金和首付款，购房人申请贷款的，开发企业应将专用账户提供给贷款银行，作为贷款到账账户。贷款银行应将贷款直接发放至专用账户，相应条款应写入购房人贷款合同。

8. 监管银行的审核和放款

监管银行收到开发企业用款申请后，应对申请材料进行审核，符合资金使用条件的，监管银行应在商品房预售资金监管系统中上传相关材料，2个工作日内拨付资金。这里的2个工作日是对监管银行的一个限制，避免过长时间的拨付资金而可能给房企资金周转带来的问题。

9. 监管账户注销

预售项目完成房屋首次登记的，房地产开发企业须持房屋不动产权登记证明向监管银行申请解除资金监管并撤销专用账户。

首次登记一般指的是预售项目取得大产证，这时预售项目已建成，资金监管所主要避免的项目烂尾的情形已经不存在，即可以解除资金监管和撤销专用账户。

10. 监管账户内资金的暂停支取

特定情形下，市、区住房和城乡建设主管部门可以暂停房企专用账户的资金支取，督促房地产开发企业尽快改正，并会同银保监部门监督专用账户内资金使用。这些情况包括：（1）预售项目发生质量事故的；（2）预售项目未按期交付或存在不能按期交付风险的；（3）房地产开发企业存在严重违法违规行为，影响工程建设或存在经营风险的；（4）市、区住房和城乡建设主管部门认为的其他情形。

11. 监管账户的封闭管理

当预售项目存在重大风险隐患时，区住房和城乡建设部门应全面接管预售资金监管账户或建立政府监管账户，实施封闭管理保障账户资金安全，优先用于本项目工程建设。

但对于何为这里的重大风险隐患，事实上并没有明确的判断标准。这种模糊处理在一定程度上有利于住建部门结合房企所可能出现的重大风险而作出相应的判断，并通过封闭管理专用账户内的资金，确保工程建设顺利进行，避免由此给购房人带来更大的风险。

12. 专用账户资金应急用款

专用账户内资金未达到剩余工程建设节点用款额度时，房企因支付工程建设费用或农民工工资困难，存在社会矛盾风险隐患，确需使用预售资金支付相应费用的，应向区住房和城乡建设主管部门提出书面用款申请，经区住房和城乡建设主管部门审核后，可启动应急用款方式支取资金。

13. 处分措施

房企、监管银行及参建各方单位在资金监管过程中发生违规行为的，由各行政主管部门依法予以处分。事实上，在商品房预售资金监管问题上，所有的参与方都应该严格履行各自的职责，避免由于房地产项目而引发项目风险、资金风险及社会不稳定因素，否则各参与方均有可能被追责。这也要求进一步夯实各参与方的责任担当和风险意识。

（十二）阶段性担保

阶段性担保是指购房人向银行申请按揭贷款的情况下，在购房人取得房产证并办理完毕银行作为抵押权人的抵押登记手续前，开发商应当向银行提供阶段性的连带责任保证担保，即如果购房人在此期间无法按期偿还银行按揭贷款，则开发商将履行连带责任保证担保义务；一旦购房人取得房产证并办理完毕抵押登记手续，将房屋抵押给银行，则开发商的阶段性连带责任保证担保义务自动终止。

从阶段性担保的产生看，其实是包括银行、开发商和购房人三方博弈的结果。对于银行，相对于购房人的担保能力，开发商的担保能力必然更强，尤其是在购房人虽然签署了购房合同但尚未办理完毕权属登记取得房产证及抵押登记手续的情况下，由开发商提供阶段性担保，能够有效地保障银行的利益不受损失。对于开发商，在按揭贷款较为普遍的情况下，只有配合购房人满足银行要求才能有利于商品房销售，因此开发商也有动力满足银行关于阶段性连带责任保证担保的要求。对于购房人，有开发商向银行提供阶段性连带责任保证担保，能够增加购房人取得银行贷款，自然乐见其成。因此，银行、开发商和购房人三方均能够接受阶段性担保。

但阶段性担保仍然是对开发商的担保义务，并在购房人无法按期还贷的情况下对开发商构成潜在风险。就阶段性担保，一般需要开发商和银行签署单独的阶段性担保的担保协议，或者由银行、购房人和开发商签署三方协议。但不论采用哪种签署方式，开发商应当关注，明确阶段性担保的终止时点，一旦购房人取得房产证并办理完毕抵押登记，那么阶段性担保即终止。此外，在购房人违约还款时，银行要求开发商承担阶段性担保责任，但同时，开发商应有权与购房人解除购房合同，优先偿还银行的贷款，扣除开发商代替购房人向银行支付的款项后，向购房人返还剩余款项。在房价上涨时，开发商对于这种情况乐见其成，因为开发商可以解除购房合同后再高价将房屋出售；但当房价下降或者开发商效益不佳时，开发商也要面临对购房人返款的压力，甚至遭受损失或者承担资金压力。

如上所述，房地产销售所牵涉的法律问题很多，其中可能引发纠纷的风险点也很多。同时，房地产销售相关问题的实践性很强，与我们的日常生活息息相关。对于开发商而言，在房地产市场并不景气的今天，做好自身在房地产销售方面的风险防控，在房地产销售业务中进退有据，才是在市场上立于不败之地的基础。相应地，我们法律工作者在这个过程中也应当提供法律、合规及风控等方面的专业意见和建议。

第六章　物业管理相关实务解析及风控要点

随着人们生活水平的提升，大家日渐对于居住品质有更高的要求。如果说开发商开发建设商品房主要决定房屋的质量，那么物业管理企业的优劣则决定了房屋的后续维护品质，甚至是很多购房人在是否选择某小区置业的决定性因素。

除此以外，物业管理还是收并购中重要的关注事项之一，甚至往往成为影响交易最终能否落地的关键因素。以地产项目的资产收购为例，对于收购方而言，标的物业所在的物业服务区域内，是否只有标的物业一个业主，如果还有其他业主，共有多少业主，标的物业在面积和业主人数上是否能够达到独立决定物业服务企业的程度，这些都将决定收购方在收购完成后对物业服务企业的影响力。如果收购后，收购方作为标的物业业主不能对物业服务企业施加足够的影响力，甚至物业服务企业还能够基于对共有设施设备的管理而对项目产生很强的干预能力，那么收购方就要对这一潜在风险做好充分的预案，这一物业管理问题很可能就成为决定交易能否得以推进的决定性因素。再以地产项目的股权收购为例，实践中，不乏股权收购项目全部权益后，因为物业服务企业的问题，导致尽管收购方完成了股权收购，但实际上却无法真正控制项目现场，并导致一系列纠纷。这也是为什么在收并购交易中应对物业管理相关事宜作出充分尽职调查及合理解决方案的原因。只有真正管控住了物业服务企业，物业服务企业提供的物业管理才能为项目的运营管理提供助力，否则，就可能成为项目运营管理的掣肘。

一、物业管理的概念

根据《物业管理条例》第二条的规定，物业管理是指业主通过选聘物业服务企业，由业主和物业服务企业按照物业服务合同约定，对房屋及配套的设施设备和相关场地进行维修、养护、管理，维护物业管理区域内的环境卫生和相关秩序的活动。

主体上,物业管理涉及业主和物业服务企业。需要说明的是,物业管理活动未必一定要通过选聘物业服务企业来实施,如果业主自身即具备进行物业管理的能力,就不需要选聘物业服务企业提供物业管理服务,可以自行管理。《物业管理条例》是国务院从规范物业管理活动,维护业主和物业服务企业等各方合法权益的角度制定的,因此针对的是业主聘请物业服务企业这种委托管理模式,但也允许自行管理。

内容上,物业服务企业提供物业服务的内容是对房屋及配套的设施设备和相关场地进行维修、养护、管理,以维护物业管理区域内的环境卫生和相关秩序。具体而言,物业服务企业提供的物业服务主要分为对人和对物两个层面,对物层面容易理解,即物业服务企业负责维修、养护房屋及配套的设施设备等;对人层面包括维护物业管理区域内的必要秩序,如要求业主遛狗要给狗带好绳索,对进出小区的人员进行身份登记等。

形式上,业主在聘请物业服务企业提供物业管理服务时,应当签订书面的物业服务合同。物业服务合同对于保障业主和物业服务企业的合法权益都至关重要,对此,后文将对物业服务合同的相关内容进行单独集中的论述。

二、物业管理的立法现状

目前国家尚未就物业管理制定法律层面上的专门法,仍以行政法规、地方性法规及部门规章等形式对物业管理进行规范。

(一) 法律

法律层面,物业管理方面虽无专门法,但《民法典》的合同编增加了有名合同"物业服务合同"一章,首次对于物业服务合同相关内容进行了法律层面上的确认。这实际上也体现了《民法典》作为社会生活百科全书,是对社会上物业管理、物业管理相关纠纷日益增多现象的理论总结和抽象处理,并能够在一定程度上解决未来物业管理的相关问题。

(二) 行政法规和部门规章

国务院于 2003 年 6 月 8 日公布了《物业管理条例》,自此,《物业管理条例》成为物业管理领域的基础性规定。此后,随着物业管理行业的新发展,《物业管理条例》历经 2007 年 8 月 26 日、2016 年 2 月 6 日以及 2018 年 3 月 19 日三次修订。其中,2018 年修订删除了物业服务企业"具有相应资质的"的限定,增加"守信联合激励和失信联合惩戒机制"以及完善了对物业费的相关规定。

除《物业管理条例》外，原建设部、发改委、国税局等部门还就物业管理中的具体事务制定了相应的规章制度。例如，2003年11月13日，原建设部、发改委联合发布了《物业服务收费管理办法》，以规范物业管理服务收费行为，保障业主和物业服务企业的合法权益；2004年3月17日，原建设部为了加强对物业服务活动的监督管理，规范物业服务市场秩序，提高物业服务服务水平，制定和发布了《物业管理企业资质管理办法》（已废止）；2007年9月10日，为提高政府制定物业服务收费的科学性，合理核定物业服务定价成本，发改委和原建设部印发了《物业服务定价成本监审办法（试行）》。

（三）地方性法规和地方政府规章

除上述法律、行政法规及部门规章外，全国各地也相应地发布了物业管理的地方性法规或地方政府规章，如2006年1月1日起施行的《吉林市物业管理条例》；2008年1月1日起施行的《深圳经济特区住宅区物业管理条例》；2009年5月1日起施行的《山东省物业管理条例》等。

（四）司法解释

最高人民法院分别于2009年5月14日及2009年5月15日就物业管理发布了司法解释，即《最高人民法院关于审理建筑物区分所有权纠纷案件具体应用法律若干问题的解释》（已修订）和《最高人民法院关于审理物业服务纠纷案件具体应用法律若干问题的解释》（已修订）。该等司法解释也为处理物业管理相关纠纷提供了指导性意见。

此外，各地高级人民法院也对本地区的与物业服务纠纷有关问题或案件具有较强的指导意义。

三、物业服务合同的性质

原《合同法》分则中未针对物业服务合同设置专门的章节和内容。对此，基于实践的发展，《民法典》在第二十四章专门设置了"物业服务合同"一章，与第二十三章"委托合同"并列。针对物业服务合同的性质，可以从以下几个维度理解：

首先，物业服务合同是要式合同。要式合同又进一步分为法定要式合同和约定要式合同，物业服务合同属于法定要式合同。《民法典》第九百三十八条规定，物业服务合同应当采用书面形式。即物业服务合同不能采用其他形式，如口头形式等，必须采用书面形式。

其次，物业服务合同是有名合同。在《民法典》实施以前，物业服务合同并非有名合同，但随着《民法典》的颁布，物业服务合同已成为《民法典》合同编分则中的有名合同。

最后，基于物业服务合同是一种新型的典型合同，物业服务合同的当事方之间建立有独立的物业服务法律关系。此前，针对物业服务合同的性质有较多的争论，这种争论主要集中在物业服务合同是不是一种委托合同。这种观点认为，既然业主可以委托物业服务企业或者其他管理人提供管理服务，相应地，物业服务企业或其他管理人也可以向业主收取物业服务费用，那么物业服务合同属于有偿的委托合同。但实际上，尤其随着《民法典》的颁布及物业服务合同作为新增的有名合同，可以发现物业服务合同和委托合同是有区别的，表现在，第一，物业服务企业与受托人的角色有所不同，物业服务企业虽然受到业主及业主委员会等的监督，但可依据自身的意思履行物业服务，并不像受托人那样对委托人有忠实履行其指示的义务。第二，物业服务企业承担自身的责任，受托人的责任则由委托人承担。第三，物业服务合同一般为有偿合同，而委托合同可以是有偿的，也可以是无偿的。虽然物业服务合同与委托合同有一定区别，属于独立的有名合同并形成物业服务法律关系，但是对于物业服务法律关系中没有特别约定的事项，仍可参照适用委托合同相关规定。

四、物业管理的分类

（一）自行管理和委托管理

根据是否委托他人提供物业服务，物业管理可以划分为自行管理和委托管理。

鉴于目前业主对于居住品质、工作环境品质等高度关注，物业服务也向着市场化、专业化方向发展，各大房企都组建了自己的物业团队或者物业公司，并凭借着在物业管理方面的优势在房企竞争中争取有利位置，甚至成了助力其销售的有效因素。因此，自行管理并非物业管理的主流，物业管理的主流仍然是委托管理。委托管理的优势显而易见，能够有效地通过市场竞争机制，优胜劣汰，最终实现为业主提供更好的物业服务的目的。

针对委托管理，物业服务人包括物业服务企业和其他管理人。物业服务企业自不必说，是委托管理的主力，但是业主/业主委员会不仅可以委托物业服务企业提供物业管理服务，也可以委托其他管理人，即物业服务企业以外的对物业进行管理的组织或自然人，如一些管理单位住宅的房管机构等。

（二）前期物业管理和普通物业管理

针对委托管理，物业管理还可以依据前期物业管理和普通物业管理。

所谓前期物业管理，是由建设单位选聘物业服务企业对建筑物的养护、安保、业主入住等提供管理服务。普通物业管理，是由业主或业主委员会选聘物业服务企业对建筑物进行维护，保障建筑物的环境卫生及相关秩序。其实，之所以将物业管理区分为前期物业管理和普通物业管理，是由于商品房项目开发建设及法律法规对于业主大会及业主委员会的相关规定决定的。根据《业主大会和业主委员会指导规则》的规定，物业管理区域内，已交付的专有面积超过建筑物总面积50%时，建设单位应当按照物业所在地的区县房地产行政主管部门或街道办事处、乡镇人民政府的要求，及时报送筹备首次业主大会会议所需的文件资料。符合成立业主大会条件的，区县房地产行政主管部门或街道办事处、乡镇政府应当在收到业主提出筹备业主大会书面申请后60日内，负责组织、指导成立首次业主大会会议筹备组。在项目竣工验收并交付后的初期，已交付的面积比例一般不会达到成立业主大会的条件，且业主实际入住比例较低，此时由建设单位聘请前期物业服务单位负责维护项目物业更为现实和必要，而一旦项目已经大量交付且业主大量入住，那么业主作为自己物业的主人就应当对物业行使管理权限，主要就是指聘请业主委员会更加认可、信任的物业服务企业，相应地，建设单位也应从物业服务法律关系中退出，整个项目物业从前期物业管理阶段过渡到普通物业管理阶段。

前期物业管理与普通物业管理存在着较为明显的区别，包括以下几点。

第一，二者涉及的主体不同。前期物业管理涉及建设单位和物业服务企业，虽然前期物业管理也涉及业主，但从法律关系所涉及的主体看，只有建设单位和物业服务企业，建设单位选聘物业服务企业；而普通物业管理则涉及业主/业主委员会和物业服务企业，业主/业主委员会选聘物业服务企业。

第二，二者的工作具体内容侧重点有差异。物业服务企业在前期物业管理阶段，由于建筑物（尤其是住宅小区）在建成后的初期尚没有业主入住或者只有较少的业主入住，其主要工作内容是对建筑物进行维护、安保，配合业主陆续入住，甚至一些建设单位的收尾工作也需要物业服务企业参与。但在普通物业管理阶段，由于业主委员会已经成立，即表明业主已大部分入住，这是物业服务企业所需要提供服务则重点围绕如何能够通过提供物业服务而使得业主的生活更加安全、舒适，重点是安保、环境卫生、秩序维护方面。

第三，二者存在阶段不同。一般而言，二者在时间上是相继存在的，即前期物业管理阶段在先，在业主委员会成立并选聘新的物业服务企业开始普通物业服务阶段时，前期物业管理阶段即告终止。二者之间不存在共存的关系。实践中，业主大会未必都能够顺利成立，于是真正保障业主生活、安保、卫生的仅是建设单位和物业服务企业签署的前期物业服务合同。当然，这一情况也在随着业主和政府相关部门推进成立业主大会而逐步得到解决和改善。

但是，前期物业管理与普通物业管理之间也存在一定的关联性。

第一，无论前期物业管理或普通物业管理，均应签署书面的物业服务合同。这是物业管理合同为要式合同的要求。

第二，前期物业管理或普通物业管理所签订的物业服务合同，均对业主具有约束力。尽管前期物业服务是建设单位和物业服务企业之间签订的，但是对于尚未成立业主大会的业主仍然具有约束力，业主必须遵守物业服务合同，包括相关管理规约。在建设单位与业主签署的购房合同中也会有相应的条款，即业主签署合同即应遵守前期物业服务合同的约定，并遵守相关管理规约。

(三) 商业物业管理、办公物业管理和住宅物业管理

将物业管理区分为商业物业管理、办公物业管理和住宅物业管理，系从项目类型上的区分，这样在一定程度上体现了不同项目类型对于物业管理的不同要求。商业物业管理和办公物业管理往往不太涉及前期物业管理和普通物业管理之分，以及二者的过渡，主要是因为二者往往都是单一的业主自持（当然也有散售的情形），即开发建设阶段的建设单位和运营管理阶段的业主同意；此外，二者的委托方往往是单一业主，或者少量业主组织的业主委员会。相反，住宅物业管理一般有前期物业管理和普通物业管理之分，在业主大会成立并选出业主委员会之后，业主委员会有权聘请物业管理单位。

五、物业管理相关重要概念

(一) 物业服务区域

物业管理区域是物业管理领域的一个非常重要的概念，这是因为物业管理区域和物业管理、业主大会等均息息相关。

根据《物业管理条例》的规定，一个物业管理区域成立一个业主大会；一个物业管理区域由一个物业服务企业实施物业管理。因此，一个物业管理区域对应一个业主大会和一个物业服务企业，三者之间是相对应的关系。

《物业管理条例》第九条规定，物业管理区域的划分应当考虑物业的共用设施设备、建筑物规模、社区建设等因素，具体办法由省、自治区、直辖市

制定。

《北京市物业管理条例》第十五条规定，物业管理区域的划分应当符合法律法规的规定，综合考虑建设用地宗地范围、共用设施设备、建筑物规模和类型、社区建设等因素，以利于服务便利、资源共享、协商议事。规划城市道路、城市公共绿地、城市河道等公共区域不得划入物业管理区域。第十六条规定，新开发建设项目的土地使用权划拨、出让前，住房和城乡建设主管部门应当就物业管理区域的划分提出意见，纳入区域规划综合实施方案、土地出让合同或者划拨文件，并向社会公布。建设单位应当在房屋买卖合同中明示核定的物业管理区域。

《广东省物业管理条例》第七条规定，物业管理区域根据物业建设用地规划许可证确定的红线图范围，结合物业的共用设施设备、社区建设等因素划定。物业的配套设施设备共用的，应当划定为一个物业管理区域；但其设施设备能够分割、独立使用的，可以划定为不同的物业管理区域。旧城区、城中村等没有实施物业管理的建成居住区需要实施物业管理的，由街道办事处、乡镇人民政府征求相关业主意见后，确定物业管理区域。

以上各地关于物业管理区域的划分虽是原则性的规定，实际上也符合现实生活的实际情况，毕竟现实生活非常复杂多变，反而上述原则性的规定能够灵活地解决实际问题。概言之，物业管理区域的划分有如下原则：

第一，物业管理区域取决于建设用地的宗地范围，而建设用地的宗地范围一般根据建设用地规划许可证的红线图范围确定，物业管理区域往往与建设用地宗地范围相对应。

第二，物业管理区域一般有共同的共用设施设备，因为物业服务企业要对共用设施设备进行维护，如果共用设施设备分属于不同的物业管理区域，由不同的物业服务企业维护、管理，这些设施设备就极有可能发生维护不到位的情况，最终不利于业主权益。只有把共用设施设备集中于同一个物业管理区域，由同一个物业服务企业提供服务，才能利于设施设备的维护。

第三，物业管理区域往往就是一个独立的社区或者小区，反言之，一个独立的社区或者小区往往就构成了一个独立的物业管理区域。这在现实生活中很常见，也是常理上判断物业管理区域的标准，即我们肉眼可见的一个小区，一般就构成一个独立的物业管理区域，也有相应的物业服务企业。但如果社区规模过于庞大，如某些新建设的城区就有很多小区，名称是某某一区、二区、三区、四区，这里的一区、二区、三区就已经是一个独立的小区，应视为一个独立的物业管理区域。

此外,《北京市物业管理条例》明确要求,商品房买卖合同中要明示经核定的物业管理区域。这说明物业管理区域需要城乡建设主管部门核定。在很多并购项目中,查明其物业管理区域,有利于判断相应的物业服务企业的服务区域范围,可能对于并购项目产生重要的影响。

(二) 业主大会和业主委员会

房屋的所有权人为业主。任何一个物业,不论是住宅物业、商业物业还是办公物业,都有业主,业主就是物业的所有权人,所谓物业主人。但并非每一个物业都有业主大会或者业主委员会。很多商业物业或者办公物业,所有权人只有一个,即只有一个业主,该业主可以自主行事,无须业主大会或者业主委员会。也有一些物业虽然有多个业主,但是数量较少,此时,也可以不必成立业主大会,由这几个业主一致同意共同履行业主大会或者业主委员会的职责,进行自我管理。但绝大多数情况,尤其是住宅物业,每个物业项目内都有众多的小业主,小业主们作为物业的主人,要想更好地行使权利和履行义务,就应当成立业主大会,每个业主可以参加业主大会,且正如全国人大一样,需要一个常设机构人大常委会,业主大会也需要其常设机构即业主委员会,代表业主大会行使相应权利和履行相应义务。物业管理区域内的全体业主组成业主大会。业主大会代表和维护物业管理区域内全体业主在物业管理活动中的合法权益。

业主通过业主大会决定的重要事项包括:制定和修改业主大会议事规则;制定和修改管理规约;选举业主委员会或者更换业主委员会成员;选聘和解聘物业服务企业;筹集和使用专项维修资金;改建、重建建筑物及其附属设施;其他有关共有和共同管理权利的重大事项。这些重大事项都事关业主的居住权益和共有权益的维护,需要业主大会这样一个平台。但是现实情况是,除了新建小区以外,很多老旧小区并没有成立业主大会,更好地维护业主的权益,且有利于加强基层社区管理角度出发,应当加强尚未成立业主大会小区的业主大会成立筹备或准备工作。

如前所述,根据《业主大会和业主委员会指导规则》的规定,物业管理区域内,已交付的专有部分面积超过建筑物总面积50%时,即表明已占有相当大比例的业主已经收房,建设单位应当报送筹备首次业主大会会议的相关资料,包括物业管理区域证明,房屋及建筑物面积清册,业主名册,建筑规划总平面图,交付使用共用设施设备的证明,物业服务用房配置证明等。而区县房地产行政主管部门或街道办、乡镇政府等负责部门在收到筹备申请后60日内,应负责组织、指导成立首次业主大会会议筹备组。筹备组由业主代表、建设单位代表、街道办、乡镇政府代表和居委会代表组成。筹备组成员人数应为单数，其中业主代表人数不低于筹备组总人数的一半，筹备组组长由街道办、乡镇政府代表担任。筹备组应在自其成立之日起 90 日内完成筹备工作，组织召开首次业主大会会议，并表决通过管理规约、业主大会议事规则，选举产生业主委员会。业主委员会自选举产生之日起 30 日内，向物业所在地的区县政府房地产行政管理部门和街道办、乡镇政府备案。

业主大会平台一旦搭建，业主委员会一旦选举产生，其代表业主签署物业服务合同等即受到法律保护。但部分涉及业主核心权利和诉求的事项，需要由业主共同决定，包括制定和修改业主大会议事规则，制定和修改管理规约，选举业主委员会或者更换业主委员会成员，选聘和解聘物业服务企业或者其他管理人，适用建筑物及其附属设施的维修资金，筹集建筑物及其附属设施的维修资金，改建、重建建筑物及其附属设施，改变共有部分的用途或者利用共有部分从事经营活动，有关共有和共同管理权利的其他重大事项。《民法典》规定，以上业主共同决定事项，应当由专有部分面积占比 2/3 以上的业主且人数占比 2/3 以上的业主参与表决。对筹集建筑物及其附属设施的维修资金，改建、重建建筑物及其附属设施，以及改变共有部分的用途或者利用共有部分从事经营活动的，应当经参与表决专有部分面积 3/4 以上的业主且参与表决人数 3/4 以上的业主同意；对于其他业主共同决定事项，应当经参与表决专有面积过半数的业主且参与表决人数过半数的业主同意。据此，对于业主共同决定事项，首先从参与表决上有比例限制，即专用部分面积和人数的 2/3 应参与表决。其次进一步对表决比例有所限制，对于涉及筹集维修资金、改建、重建，以及改变共有部分用途或利用共用部分从事经营活动的，专有部分面积和人数适用参与表决的 3/4，物业全体业主人数和专有面积都要过半数，即 2/3 乘以 3/4；对于其他事项，专有部分面积和人数适用参与表决的过半数，物业全体业主人数和专有面积都要 1/3，即 2/3 乘以 1/2。

(三) 建筑物区分所有权

建筑物区分所有权是指业主对建筑物内的住宅或经营性用房等专有部分享有所有权，对专有部分以外的共有部分享有共有和共同管理的权利，即业主对于物业的权利区分为专有和共有两个组成部分的所有权。从权利属性角度讲，建筑物区分所有权是一种物权，之所以在物业管理这一部分进行介绍和论述，主要是因为建筑物区分所有权对于物业服务企业提供物业管理服务有直接的影响,具体来说就是哪些属于专有部分,由业主自行管理,哪些属于共有部分,由物业服务企业管理。

1. 专有部分

简单而言,业主享有完全所有权的部分仅限于其不动产权证上所显示的套内面积,对于建筑面积与套内面积之差,则是由业主所分摊的共有部分或公共设施的面积。对于专有部分,业主享有完全的所有权。

2. 共有部分

业主对建筑物专有部分以外的共有部分,享有权利并承担义务,且不能以放弃权利为由主张不履行义务。对于共有部分有几项内容需要关注:

一是道路。建筑区划内的道路,原则上均属于业主共有,分摊到业主所购物业的建筑面积中。但是明确属于城镇公共道路的除外,这部分道路属于城镇公共基础设施的一部分。

二是绿地。对于建筑区划内的绿地,和道路一样,原则上属于业主共有,分摊到业主所购物业的建筑面积中。但是明确属于城镇公共绿地的或者明示属于个人的除外。

三是建筑区划内的其他公共场所、共用设施和物业用房,这些都是共有部分。

四是车位。车位既是一个业主很关注的问题,也是经常产生争议和纠纷的问题。建筑区划内规划用于停车的车位或者车库的归属,由当事人通过出售、附赠或者出租等方式约定,即这部分并不必然属于业主共同所有。但对于占用业主共有的道路或者其他场地而用于停车的车位,属于业主共有。

以上这些共有部分正是物业服务企业应当提供物业管理所针对的对象。

(四) 专项维修基金

根据《住宅专项维修资金管理办法》的规定,住宅专项维修资金是指专项用于住宅共用部位、共用设施设备保修期满后的维修和更新、改造的资金。这里的住宅共用部位是指根据法律、法规和房屋买卖合同,由单幢住宅内业主或者单幢住宅内业主及与之结构相连的非住宅业主共有的部分,一般包括住宅的基础、承重墙体、柱、梁、楼板、屋顶以及户外的墙面、门厅、楼梯间、走廊过道等。共用设施设备,是指根据法律、法规和房屋买卖合同,由住宅业主或者住宅业主及有关非住宅业主共有的附属设施设备,一般包括电梯、天线、照明、消防设施、绿地、道路、路灯、沟渠、池、井、非经营性车场车库、公益性文体设施和共用设施设备使用的房屋等。需要注意的是,目前关于专项维修资金管理的规定,只有《住宅专项维修资金管理办法》,尚无其他商业或者办公等专项维修资金的规定。

1. 专项维修资金的交存

住宅专项维修资金交存针对的对象包括住宅、住宅小区内的非住宅及住宅小区外与单幢住宅结构相连的非住宅,但是一个业主所有且与其他物业不具有共用部位、共用设施设备的住宅除外。住宅专项维修资金的交存主体是业主。但是,前述物业中属于出售公有住房的,售房单位应当按照规定交存住宅专项维修资金。

住宅专项维修资金属于业主共有。对于从公有住房售房款中提取的住宅专项维修资金属于公有住房售房单位所有。

住宅专项维修资金的交存标准在商品住宅和出售公有住房之间也有所区别。对于商品住宅,住宅的业主或非住宅的业主应按照物业建筑面积交存住宅专项维修资金,每平米建筑面积交存首期住宅专项维修资金的金额为当地住宅建筑安装工程每平米造价的5%-8%。而对于出售公有住房的,业主也是按照物业建筑面积交存住宅专项维修资金,每平米建筑面积交存首期住宅专项维修资金的金额为当地房改成本价的2%,售房单位按照多层住宅不低于售房款的20%、高层住宅不低于售房款30%,从售房款中一次性提取。

2. 专项维修资金的管理

由于专项维修资金属于业主共有,因此原则上专项维修资金应当由业主委员会进行管理。但实际上,由于业主大会是否成立或者是否属于公房等各种因素,对于专项维修资金的管理还是有多种情形的。

业主大会成立前,不论是商品住宅或非住宅的业主,抑或已售公房交存的住宅专项维修资金,均由物业所在地直辖市、市、县人民政府建筑主管部门代管,并在商业银行开立住宅专项维修资金专户。商品住宅的业主,以及已售公房的业主在办理入住手续前,应将首期住宅专项维修资金存入专项维修资金专户,或者交由售房单位存入公有住房住宅专项维修资金专户,否则,建设单位或公房售房单位不得将房屋交付购房人。

业主大会成立后,业主大会应委托一家商业银行开立住宅专项资金专户,并由业主委员会通知当地住建主管部门,由住建主管部门将其开立的住宅专项资金专户内资金余额划转至业主大会开立的资金专户,并移交账目。在划转给业主大会后,业主大会有权决定后续的账目管理单位,并建立住宅专项资金管理制度。实践中,业主大会往往委托给物业服务企业,并对物业服务企业进监督和管理。

如果后续资金账户内的资金余额不足首期交存额30%的,应当及时续交。

3. 专项维修资金的使用

住宅专项维修资金应当专项用于住宅共用部位、共用设施设备保修期满后的维修和更新、改造,不得挪作他用。但住宅专项维修资金不得用于以下用途:(1)依法应当由建设单位或者施工单位承担的住宅共用部位、共用设施设备维修、更新和改造费用;(2)依法应当由相关单位承担的供水、供电、供气、供热、通讯、有线电视等管线和设施设备的维修、养护费用;(3)应当由当事人承担的因人为损坏住宅共用部位、共用设施设备所需的修复费用;(4)根据物业服务合同约定,应当由物业服务企业承担的住宅共用部位、共用设施设备的维修和养护费用。

此外,为了保障住宅专项维修资金的保值增值,在能够保证维修资金正常使用的前提下,可以将住宅专项维修资金用于在银行间债券市场或商业银行柜台市场购买一级市场新发行的国债,但不得利用住宅专项维修资金从事国债回购、委托理财业务或者将购买的国债用于质押、抵押等担保行为。

4. 专项维修资金的监督管理

房屋所有权转让时,业主应当向受让人说明住宅专项维修资金交存和结余情况并出具有效证明,该房屋分户账中结余的住宅专项维修资金随房屋所有权同时过户。受让人应当持住宅专项维修资金过户的协议、房屋权属证书、身份证等到专户管理银行办理分户账更名手续。

直辖市、市、县人民政府建设(房地产)主管部门,负责管理公有住房住宅专项维修资金的部门及业主委员会,应当每年至少一次与专户管理银行核对住宅专项维修资金账目,并向业主、公有住房售房单位公布。专户管理银行应当建立住宅专项维修资金查询制度,接受业主、公有住房售房单位对其分户账中住宅专项维修资金使用、增值收益和账面余额的查询。

六、物业服务合同的基本内容

(一)基本内容

由于物业服务包括前期物业服务及普通物业服务,所以二者适用不同的物业服务合同。从国家层面上,住建部在2004年曾制定了《前期物业服务合同(示范文本)》,但并没有另行制定《物业服务合同(示范文本)》。以北京市为例,北京市住建委在2021年曾对《北京市物业服务合同》和《北京市前期物业服务合同》两个合同的示范文本公开征求意见，在此，仅以此为例对于前期物业服务合同及普通物业服务合同的基本内容做简要的梳理和风险提示。在具体实操中，还是应当由建设单位/业主委员会与物业服务企业协商确定。

1. 签署主体

对于普通物业服务合同，签署主体甲方是业主大会/业主委员会/物业管理委员会/业主，乙方是物业服务企业/专业单位/其他物业管理人。

甲方主体中需要关注的是物业管理委员会。物业管理委员会是指在尚未成立业主大会的情况下，由街道办、社区居委会、社区服务机构、建设单位、业主代表等组成，代行业主大会和业主委员会职责的机构。以《杭州市物业管理条例》为例，该条例第三十八条规定，有下列情形之一的，所在地的街道办事处、乡镇人民政府应当及时组建物业管理委员会，区、县（市）房产主管部门应当予以指导，并会同民政部门对物业管理委员会成员开展相关培训：（一）新交付物业项目尚不具备召开首次业主大会会议条件的；（二）新交付物业项目具备召开首次业主大会会议条件但是尚未成立业主大会的；（三）业主委员会任期届满需要换届选举的；（四）业主委员会因缺额、被罢免等原因在任期内终止需要重新选举的；（五）已经划分物业管理区域但是尚未实施物业管理的建成居住区需要实施物业管理的。物业管理委员会是在业主大会或者业主委员会空缺或无法正常行使职能时，代为履行职责的机构，有利于维护业主的权益，不至于使业主权利的维护出现空窗期。

对于前期物业服务合同而言，甲方主体应当是建设单位，在此不再赘述。

2. 物业项目基本情况

物业项目基本情况包括物业管理区域四至，以及物业服务用房的具体面积、位置等情况。这一部分的内容重点在于填写的准确性，符合实际情况即可。

3. 物业服务事项

该部分中，主要包括物业服务企业项目负责人的基本信息，以及提供物业服务的具体内容。物业服务内容包括：（1）制订物业服务工作计划根据法律、法规和《临时管理规约》的授权制定物业服务的有关制度；并按照有关制度和计划组织实施；管理相关的工程图纸、档案与竣工验收资料等；（2）负责保管甲方移交的全部资料，建立、保管相关档案和资料；（3）负责本物业管理区域内物业共用部位的日常维修、养护和管理；（4）负责本物业管理区域内物业共用设施设备的日常维修养护、运行和管理；（5）负责共有绿地、景观的养护的管理；（6）负责清洁卫生服务，包括物业共用部位、公共区域的清洁卫生、垃圾的收集等；（7）负责协助维护公共秩序和协助做好安全防范工作等。

物业服务内容需要合同当事人依据所需要的物业服务具体框定。

4. 物业服务期限

普通物业服务合同中，物业服务期限宜明确具体的起止时间。

对于前期物业服务合同，物业服务期限也可以约定相应的年数、月数，以及明确起止时间。但是，由于一旦业主大会成立并聘用新的物业服务企业，前期物业服务阶段即告终止，因此，前期物业服务合同所约定的物业服务期限起止时间仍有其意义，但在前期物业服务阶段提前终止的情况下，前期物业服务合同的服务期限也相应终止。对此，即便前期物业服务合同有不同的约定，也不能与《民法典》《物业管理条例》等法律法规的规定相冲突。

5. 物业服务标准

各地均规定有其相应的物业服务标准。以北京为例，北京市住建委在2010年即发布了《住宅物业服务标准》。该标准将物业服务标准分为五级，一级标准为最低标准，每一级标准高于且包含相应低一级别的标准。每一级物业服务标准均包括基本要求，共用部分即共用设施设备运行、维修养护、消防安全防范、绿化养护、环境卫生、公共秩序维护，以及装饰装修管理这几个方面的内容。

据此，物业服务合同当事方可以根据实际需要直接选择上述的物业服务等级。

6. 物业服务费用

物业服务费用条款包括物业服务费标准、物业服务费收费方式、装修管理费及车位管理费等内容。

物业服务费标准针对不同类型物业的服务费区别对待，即住宅、办公楼、商业物业、会所分别约定收费标准。

物业服务费收费方式是非常重要的内容，一般分为包干制和酬金制两种。所谓包干制，是指物业服务费用由业主按照其所持有的物业建筑面积缴纳，业主按此标准缴纳以后即不再需要支付其他物业费用，盈余或者亏损均由物业服务企业享有或承担，且物业服务企业不能够以亏损为由要求增加费用、降低服务标准或减少服务内容。所谓酬金制，是指物业服务费用由业主按照其持有的物业建筑面积为标准进行预先缴纳，预缴纳的物业服务费用由物业服务企业代管，并包括物业服务支出及物业服务企业酬金两个部分，物业服务企业有权定期从预缴纳物业服务费用中提取固定金额或者比例（一般为8%-12%）的酬金，其余部分均作为物业服务支出。若最终物业服务支出超支，由业主补足；若最终物业服务支出结余，则归业主所有或者结转至下一年度继续用作物业服务支出。当然，不论是包干制还是酬金制，关于物业费用的支出情况均应受到业主的监督，并定期向业主公示。

业主在对物业进行装修前，应当与物业服务企业签订书面装饰装修协议，物业服务企业应当告知业主相关禁止行为、注意事项、垃圾堆放和清运要求以及费用、施工时间等，并约定装饰管理费或装修保证金、装修垃圾清运费等。

如果物业服务企业提供停车服务的，还将由物业服务企业与停车场车位使用人签订书面的停车服务协议，明确在车位使用及停车服务等方面的权利义务。

此外，如果物业服务企业接受供水、供电、供气、供热、通讯、有线电视等公用事业服务单位委托代收使用费用的，不得向业主收取手续费等额外费用，也不得限制或变相限制业主或物业使用人购买或使用。

7. 权利与义务

权利与义务条款分为甲方的权利与义务及乙方的权利与义务。甲方即业主的权利主要体现为要求物业服务企业提供约定服务，监督物业服务企业，审定物业服务企业拟订的物业服务方案，监督专项维修资金管理和适用；义务主要体现为遵守临时管理规约、管理规约和业主大会议事规则，遵守物业管理区域内共用部分和共用设施设备的使用、公共秩序和环境卫生的维护等以及应对突发事件等方面的制度要求，缴纳专项维修资金，按时足额缴纳物业费等。乙方即物业服务企业的权利主要体现在收取物业费；义务主要体现在听取业主的意见和建议，接受业主监督，对物业管理区域内各项安全、生活环境的维护，管理违反临时管理规约、管理规约的行为，配合街道办、乡镇政府、行政执法机关及居委会、村委会等。

8. 合同终止

合同终止条款主要包括合同终止及交接等内容。

合同终止的情况下，物业服务企业自收到甲方不再续约的通知之日起30日内应履行交接义务，退出物业管理区域。交接义务包括移交物业共用部分，包括共用设施设备、公共区域等；物业共用部分查验交接及移交相关档案材料等；双方结清预收、代收相关费用；移交物业用房、物业服务等相关资料。

合同终止后，如果尚未有新的物业服务企业承接，那么原物业服务企业应当继续按照合同约定提供物业服务，在此期间可按照原合同约定继续收取物业费。

9. 其他条款

其他条款包括违约责任条款、争议解决条款、生效条款等。由于物业服务合同中这些条款并未体现出与一般合同所不同的特殊性，故在此不再赘述。

（二）物业服务企业的服务承诺

物业服务企业除在物业服务合同中有相关的服务标准等承诺外，还可能在物业管理区域内通过公示等方式额外作出特定的服务承诺。这些服务承诺也将构成物业服务合同的有效组成部分。如果物业服务企业未能实现该等服务承诺，建设单位或业主等有权要求物业服务企业予以改正并履行相关承诺事项。

（三）管理规约

管理规约有广义和狭义两个角度的定义，从广义上讲，管理规约包括临时管理规约和管理规约，前者是指建设单位在销售房屋以前，对物业的使用、维护、管理及业主共同利益保障等业主应当履行的义务，通过规约的形式作出约定；后者则是由业主大会通过的对全体业主具有拘束力的，用以约束业主、物业使用人、业主大会、业主委员会的行为规范。狭义的管理规约仅指后者。

管理规约不论是在前期物业服务阶段还是在普通物业服务阶段，都对全体业主具有拘束力，如果业主或者物业使用人的行为不符合管理规约的规定，物业服务企业有权要求其遵守。

七、物业服务合同的解除、退出和交接

物业服务合同解除是一个看似简单而实则不易的问题，主要是因为物业服务牵涉业主和物业服务企业两个方面的利益。且物业服务又区分为前期物业服务和普通物业服务，这两个阶段的物业服务合同解除也分别有其特殊性。

对于前期物业服务，如前文所述，如果业主大会成立并聘请了新的物业服务企业，在新物业服务合同生效之时，建设单位签署前期物业服务合同即告终止。但在实践中，很多物业或者小区由于未能成立业主大会所以一直处在前期物业服务阶段，建设单位是否有权自行解除前期物业服务合同，是一个经常遇到的问题。确实有一些法院的判例认为在前期物业服务阶段，建设单位和物业服务企业签署前期物业服务合同，业主大会尚未成立，此时，建设单位是可以直接解除前期物业服务企业的。不过，事实上，在物业已进入销售阶段后，虽然处于前期物业服务阶段，但是部分业主可能已经入住，前期物业服务企业已经在为入住的业主提供物业管理服务，此时，建设单位自行或擅自解除前期物业服务合同，将损害到业主利益。故建设单位应当取得业主的同意，或者通过

召开业主大会选举业主委员会，以此解除前期物业服务企业，更为妥当。

对于普通物业服务，如前面所述，业主可以通过业主大会依据法定程序共同决定解聘物业服务企业，解除物业服务合同。若决定解聘的，应当提前六十日书面通知物业服务企业。若业主拟续聘物业服务企业，但是物业服务企业不同意续聘，此时，物业服务企业应当在合同期限届满前九十日书面通知业主或者业主委员会。在物业服务期限届满后，业主没有依法作出续聘或者另聘物业服务人的决定，物业服务人继续提供物业服务的，原物业服务合同继续有效，但是服务期限为不定期。双方可以随时解除不定期物业服务合同，但是应当提前六十日书面通知对方。

物业服务合同终止的，原物业服务人应当在约定期限或者合理期限内退出物业服务区域，将物业服务用房、相关设施、物业服务所必需的相关资料等交还给业主委员会、决定自行管理的业主或者其指定的人，配合新物业服务人做好交接工作，并如实告知物业的使用和管理状况。

物业服务合同终止后，在业主或者业主大会选聘的新物业服务人或者决定自行管理的业主接管之前，原物业服务人应当继续处理物业服务事项，并可以请求业主支付该期间的物业费。

八、物业服务合同备案

物业服务合同签订或变更后，如同租赁合同一样，应办理相应的备案。以《北京市物业管理条例》为例，该条例第六十三条规定，物业服务合同签订或者变更之日起十五日内，物业服务人应当将物业服务合同报街道办事处、乡镇人民政府、区住房和城乡建设或者房屋主管部门备案。且该条例规定，物业服务人未按规定将物业服务合同报街道办事处、乡镇人民政府、区住房和城乡建设或者房屋主管部门备案的，由街道办事处、乡镇人民政府责令限期改正，给予警告；逾期不改的，处五千元以上一万元以下的罚款。

对于物业服务合同的备案，在并购交易的法律尽职调查中应给予充分的重视，一方面物业合同未备案，对于物业服务企业存在被行政处罚的风险；另一方面通过查询物业服务合同备案情况，能够查明并购交易涉及的标的物业的备案物业服务企业及相应管理区域，能够有效地核实交易对方或者目标公司相关人员的介绍是否属实。以北京市为例，在北京市住建委网站的"物业项目信息查询"，就能够查询到相关情况。

随着房地产市场中存量房的比例越来越大，物业管理在整个房地产市场中的地位越发重要，部分地产集团都将物业管理作为新的航道并投入了大量人财物。对于与房地产行业相关的法律工作者，物业管理应当是给予重点关注的一大领域。同时，物业管理所关联的范围也非常广泛，从融资并购交易到商业管理，都离不开物业管理，甚至对物业管理情况的了解和掌握已经成为房地产交易中的一项重要内容，直接关系到交易的成败，凸显了整个过程中对物业管理有关风险把控的重要性。

第七章　房地产租赁相关实务解析及风控要点

在进入本章正题之前，笔者首先想指出、分析并纠正一种偏见。何种偏见呢？即部分从事和房地产业务相关的法律工作者，不论是企业法务或是律师，认为房地产租赁业务很简单、没有太多技术含量、缺乏职业发展前景，要从事就应该从事基金、资产证券化、资本市场、互联网或者涉外等业务方向，且持有这种观点的人并不在少数。笔者遇到过很多在律所负责团队中与租赁业务有关的同仁，这些人有的是入职时间不久的律政新人，有的已经是从业多年的资深律师，甚至他们也认为主做租赁业务的似乎不受重视，缺乏发展空间。笔者最初也有这种偏见，但这只能归因于对于房地产租赁业务并不十分了解，或者说对于房地产业务缺乏足够的认知。

房地产租赁业务作为房地产运营管理的一大环节，所涵盖的业务量及所需要的专业储备是非常厚重的。以律师业务为例，没有任何一个房地产业务团队能够缺少租赁专业方向的律师，并非所有的客户都是从事基金、并购交易、资本市场等看似高大上的业务，但几乎所有的地产类客户都或多或少涉及租赁业务，包括租赁合同起草、审计，以及与租赁有关的纠纷处理。再以企业法务为例，很多公司就是以出租自持物业或者提供不动产运营管理服务为其主要的业务领域，租赁就是创造企业价值的主要途径，这些企业法务最经常接触也最为重要的就是应对与租赁有关的各种事宜。而且，房地产租赁业务不仅是在反复使用的租赁合同模板基础上修修补补那么简单，反而是随着法律法规的变化及商务安排的调整经常需要进行谈判和拉锯，其中会涉及诸如优先购买权、优先承租权、买卖不破租赁等诸多复杂问题，理论和实践交织且经常发生碰撞。因此，想处理好并胜任与房地产租赁业务有关的事宜远没有想象的那么简单。

本章中就将结合笔者的经验，介绍和分析与房地产租赁相关的实务问题及风控要点。

一、房地产租赁业务

什么是房地产租赁业务？首先看租赁，租赁是一种法律关系，即出租人向承租人提供租赁物。租赁合同就是一种常见的有名合同。房地产租赁就是出租人向承租人提供房地产物业作为租赁物的一种法律关系，与其他租赁法律关系的主要不同点就是租赁物不同，是房地产，而且一般而言作为租赁物的房地产价值也往往比较高。进一步地，房地产租赁业务，则是与房地产租赁有关的业务类型。房地产租赁可以进一步划分为几种类型，如住宅物业租赁、商业物业租赁和办公物业租赁等，虽然具体的房地产物业类型不同，但是由于都是租赁法律关系，从合同上又都体现为租赁合同，所以本章里也不再具体区分，重点介绍和分析涉及房地产的租赁法律关系及租赁合同的相关共性问题。

二、租赁合同的主要条款及关注事项

租赁合同作为一种有名合同，在实践中得到反复地使用，因此，一份较为完善的租赁合同所包括的合同条款基本是一致的。在本部分，笔者将对租赁合同中特有的一些条款及相关问题做简要介绍。针对房地产租赁业务中具有共性的重点问题，将在后文中逐一详细介绍和分析。

（一）租赁房屋基本情况条款

由于承租人租赁的标的物就是租赁房屋，所以关于租赁房屋的基本情况，主要就是如实介绍租赁房屋的位置、面积、产权等基本情况。一般而言，在租赁合同中对于租赁房屋的基本情况做到如实披露即可，因为包括面积等基础信息也是计算租金的基础。

（二）租赁用途条款

关于租赁用途，一方面，出租人会要求承租人明确约定承租人利用租赁房屋拟经营的业态，经营范围包括哪些方面，这是从正面约定；另一方面，出租人也往往在承租人的义务条款中，禁止承租人经营违反法律法规规定的业务，以及其他出租人根据整个项目物业的经营安排不希望承租人经营的业务，否则将会触发违约条款。

（三）租赁期限条款

租赁合同中会明确租赁期限，即租赁期限是多少年或多少月，自某年某月某日至某年某月某日。为了续租的方便，出租人和承租人也可以约定，在租赁期限届满前双方未提异议，则租赁期限自动延期多长时间。明确租赁期限的目的一方面是为了明确期限，对于出租人而言有明确的期限，待期限届满时可以再和承租人就租金等事宜进行议价，甚至不再租给承租人；对于承租人而言也有一个明确的期待，不用担心随时被出租人赶走，否则就可以要求出租人承担违约责任及相关损失。另一方面也是避免租赁合同沦为不定期合同，关于不定期合同后文我们将专门介绍和分析。

（四）装修免租期条款

由于承租人和出租人签订租赁合同后，在正式进入经营状态以前，承租人都要对租赁房屋按照其经营要求进行装修，而在装修期间承租人是无法通过经营取得收益的，因此，通常而言，出租人会给予承租人一定的装修免租期，在此期间承租人免于交纳租金，作为出租人对于承租人的一种支持。装修免租期的长短没有一定之规，如果租赁期限长达几年，那么出租人可以给予三四个月的装修免租期；在租赁期限更长的情况下，出租人可以每隔几年就给承租人一定时间的装修免租期。但是给予装修免租期并非无条件的，最基本的就是承租人需要严格按照租赁合同履行义务。例如，如果承租人的租赁期限有 3 年，出租人给予了其 3 个月的装修免租期，但承租人租赁了 1 年就因经营不善而无法履行租赁合同，那么出租人为了避免这种情况的发生，可在租赁合同中约定：如果因承租人原因而导致租赁提前终止，承租人只能享有实际租赁期限占合同约定租赁期限相应比例的装修免租期，剩余的装修免租期对应的租金在租赁合同终止后要由承租人补给出租人。

据此，租赁合同并非想象中那么简单，就是因为租赁业务也属于一种租赁交易，租赁合同中涉及的情况非常复杂，甚至可能无法穷尽，需要法律工作人员开动脑筋、头脑风暴，以作出尽可能被出租人和承租人都能接受的约定。

（五）租金及支付条款

租金是租赁合同中至关重要的内容。本质上讲，租赁合同中的租金能够约定到多少是商务问题，取决于出租人和承租人的谈判能力，租赁房屋的品质、地段和周围竞品的情况，租赁期限，以及出租人和承租人的财务测算等。这些因素综合性地决定了租金。

关于租金的支付，主要是支付节奏。一般而言，季付的居多，当然也有月付、半年付或者年付的。但不论支付节奏如何，承租人都必须在约定的时间按时支付，否则就将触发违约，按日产生违约金，违约情形持续一定时间的情况下，还可能触发租赁合同终止。一般情况下，出租人在到达租金支付节点以前，会向承租人发出交纳租金的通知，如果承租人未能按约定交纳，出租人也会向承租人发出催款通知，要求承租人限期交纳租金。

租金往往是导致承租人退租的主要原因，有些承租人在租赁期限届满后由于无力承担租金而选择不再续租，有些承租人甚至在租赁过程中偷偷跑路，租赁保证金也不要了，所以出租人及其工作人员，也应该对承租人的经营状态有一定程度的了解，包括物业管理单位也要严格控制从楼宇内向外运送办公用品，防止承租人像蚂蚁搬家一样偷偷跑路。实践中确实存在这种情况。

此外，关于租金还有一个问题，即租金的计算基础之一即面积是以使用面积还是建筑面积为基数，一般而言，都是以建筑面积为基数。

（六）租赁保证金条款

租赁保证金就是所谓的押金，一般在租赁住宅物业时都涉及到押一付三，押二付二等，这里的"押"指的就是交纳租赁保证金。从表面上看，租赁保证金就是对于承租人租赁行为的一种担保。例如，如果承租人不交纳租金而违约，可以从租赁保证金中扣除；如果承租人原因导致租赁合同解除，出租人可以没收租赁保证金。但实际上，租赁保证金并非一个法律概念，任何一部法律中都没有明确就租赁保证金进行过规定。因此，首先有必要对租赁保证金的法律性质进行界定。

原《最高人民法院关于适用〈中华人民共和国担保法〉若干问题的解释》（以下简称《担保法司法解释》）第八十五条规定："债务人或者第三人将其金钱以特户、封金、保证金等形式特定化后，移交债权人占有作为债权的担保，债务人不履行债务时，债权人可以以该金钱优先受偿。"虽然随着《民法典》的施行，《担保法司法解释》已经废止，但其在司法实践中的认定并不随着司法解释的废止而改变。根据该规定，租赁保证金可以理解是以金钱形式提交给债务人占有之后的质押担保，即租赁保证金是一种担保。从理论上和实践中看，一般将租赁保证金分为违约金性质的保证金和定金性质的保证金。

大部分租赁合同一般会约定，如果承租人违约导致合同解除，则出租人有权没收租赁保证金或不予返还。这种约定一般理解为违约金性质的保证金。既然属于违约金性质的保证金，那么根据《民法典》第五百八十五条的规定，约定的违约金低于造成的损失的，人民法院或者仲裁机构可以根据当事人的请求予以增加；约定的违约金过分高于造成的损失的，人民法院或者仲裁机构可以根据当事人的请求予以适当减少。即违约金存在调减或者调高的可能。

也有部分租赁合同约定，如果承租人违约，出租人有权没收租赁保证金或者不予返还；相反，如果出租人违约，出租人应该向承租人双倍返还租赁保证金。这种约定与定金的性质类似，一般认定为定金性质的租赁保证金。既然属于定金性质的租赁保证金，那么根据《民法典》第五百八十六条的规定，定金的数额由当事人约定；但是，不得超过主合同标的额的20%，超过部分不产生定金的效力。实际交付的定金数额多于或者少于约定数额的，视为变更约定的定金数额。以及《民法典》第五百八十八条的规定，当事人既约定违约金，又约定定金的，一方违约时，对方可以选择适用违约金或者定金条款。定金不足以弥补一方违约造成的损失的，对方可以请求赔偿超过定金数额的损失。出租人或承租人只能在定金条款和违约金条款中择一适用，不能一并适用。如果选择定金条款适用，定金不足以弥补守约方的损失，守约方可以请求赔偿超过定金数额的损失。

（七）装修保证金条款

装修保证金与租赁保证金虽然都是保证金，但最大的不同点在于租赁保证金是承租人向出租人缴纳，而装修保证金则是承租人向物业管理单位缴纳。由于这点不同，所以在租赁合同中未必一定涉及装修保证金，因为物业服务单位不是租赁合同的必然签署方。但有一些出租人也同样是物业管理单位，向承租人提供物业管理服务。如果出租人和物业管理单位同意，那么租赁合同中一般就会出现装修保证金。约定的内容一般是，如果因承租人装修房屋而给出租人或物业管理单位造成损失的，出租人或物业管理单位有权从装修保证金中扣除相应损失金额；相反，如果承租人装修房屋未给出租人或物业管理单位造成损失，那么装修保证金将返还给承租人。所以，多数情况下，装修保证金也相当于违约金性质的保证金。

（八）物业管理费条款

如果出租人同时也作为物业管理单位而提供物业管理服务，那么承租人就要一并向出租人交纳物业管理费。由于物业管理费属于物业管理方面的问题，已在物业管理的章节专门介绍和分析，在此不再赘述。

（九）租赁房屋的维修条款

《民法典》第七百一十二条规定，出租人应当履行租赁物的维修义务，但是当事人另有约定的除外。对租赁物进行维修是出租人的义务，尽管当事人可以约定排除，但租赁合同一般都会约定出租人负有维修租赁物的义务。如果出租人未履行维修义务的，承租人可以自行维修，费用由出租人承担，或者因租赁物维修而影响承租人适用租赁房屋的，应相应减少租金或延长租期。但因为承租人的过错而给租赁房屋造成损害需要维修的，出租人不承担维修义务。

（十）租赁房屋的装修条款

租赁房屋的装修属于承租人对租赁房屋的改善或增设他物。《民法典》第七百一十五条规定，承租人经出租人同意，可以对租赁物进行改善或者增设他物。承租人未经出租人同意，对租赁物进行改善或者增设他物的，出租人可以请求承租人恢复原状或者赔偿损失。由于装修是承租人开展经营的前提条件，所以，出租人应当允许。但需要注意的是，出租人也有权根据约定要求承租人在租期届满之后返还租赁房屋时将租赁房屋恢复到出租人交付租赁房屋时的状态，否则，对于由于将租赁房屋恢复原状而产生的费用可能需要承租人承担。

（十一）租赁房屋的交付及返还条款

租赁房屋的交付和返还涉及的主要问题是交付和返还时租赁房屋的状态。一般而言，在交付时，出租人和承租人都会签署一个确认单，就租赁房屋包括哪些物品及状态进行确认，返还时，承租人按照原租赁状态进行返还即可，避免在出租人和承租人之间产生分歧。但是对于承租人因使用租赁房屋而出现的自然老化等问题，不构成承租人的违约责任。

（十二）租赁房屋的转租条款

租赁房屋的转租是指承租人将租赁房屋又转租给了其他人即次承租人。从出租人的角度而言，一般情况下是不希望承租人转租的，因为合同具有相对性，出租人只能依据租赁合同去追究承租人，而承租人才是承租人和次承租人签订的转租合同的相对方。但由于一些特殊原因，有时承租人未经出租人同意，就擅自将租赁房屋转租给次承租人；有时出租人是将项目物业整体出租给承租人，进而承租人以转租为业，将租赁房屋分而转租。转租可能产生一系列的问题，如承租人转租未经出租人同意，出租人拟单方主动解除租赁合同等。对此，我们将在下文中专门予以介绍和分析。

（十三）租赁房屋的转让、续租条款

租赁房屋的转让是指出租人在租赁期间将租赁房屋转让出售。这里的租赁房屋的转让不包括出租人作为目标公司的股权转让，而是指以租赁房屋为标的物的资产转让。对于租赁房屋的资产转让，涉及的法律问题也很丰富，包括买卖不破租赁、承租人的优先购买权等。租赁房屋的续租涉及的主要问题是承租人优先续租权。本章中后续将针对这些内容专门予以介绍和分析。

三、租赁合同的有效性

租赁合同作为有名合同，是否无效首先要符合《民法典》关于合同无效的规定。在《民法典》施行以前，合同无效首先适用的是原《合同法》第五十二条的规定，即合同无效有五种情形，分别是：（1）一方以欺诈、胁迫的手段订立合同，损害国家利益；（2）恶意串通，损害国家、集体或者第三人利益；（3）以合法形式掩盖非法目的；（4）损害社会公共利益；（5）违反法律、行政法规的强制性规定。但随着《民法典》取代《合同法》，关于合同无效的规定有所改变，分别是：（1）通谋虚伪表示行为无效①；（2）违反法律行政法规效力性强制性规定的行为无效②；（3）违反公序良俗的民事法律行为无效；（4）恶意串通损害他人合法权益的民事法律行为无效③。

除根据《民法典》上述约定对租赁合同是否存在无效情形进行判断外，实践中也存在一些应予关注的与租赁合同有效性相关的问题，主要包括以下几种情形：

第一种情形是未取得建设工程规划许可证对租赁合同有效性的影响。《最高人民法院关于审理城镇房屋租赁合同纠纷案件具体应用法律若干问题的解释》第二条规定，出租人就未取得建设工程规划许可证或者未按照建设工程规划许可证的规定建设的房屋，与承租人订立的租赁合同无效。但在一审法庭辩论终结前取得建设工程规划许可证或者经主管部门批准建设的，人民法院应当认定有效。如租赁房屋未取得建设工程规划许可证，或者未按照建设工程规划许可证建设的租赁房屋，出租人和承租人所签订的租赁合同无效。之所以这样的租赁合同无效，基础原因在于取得合法有效的建设工程规划许可证并据此建设的房屋才是符合《城乡规划法》规定的，不属于违建。对此，《城乡规划法》第六十四条规定，未取得建设工程规划许可证或者未按照建设工程规划许可证的规定进行建设的，由县级以上地方人民政府城乡规划主管部门责令停止建设；尚可采取改正措施消除对规划实施的影响的，限期改正，处建设工程造价5%以上10%以下的罚款；无法采取改正措施消除影响的，限期拆除，不能拆除的，没收实物或者违法收入，可以并处建设工程造价10%以下的罚款。据此，

---

① 《民法典》第一百四十六条规定，行为人与相对人以虚假的意思表示实施的民事法律行为无效。
② 《民法典》第一百五十三条规定，违反法律、行政法规的强制性规定的民事法律行为无效。但是，该强制性规定不导致该民事法律行为无效的除外。违背公序良俗的民事法律行为无效。
③ 《民法典》第一百五十四条规定，行为人与相对人恶意串通，损害他人合法权益的民事法律行为无效。

未取得建设工程规划许可证或者未按照建设工程规划许可证的规定进行建设不仅要停止建设，而且会被处以罚款等行政处罚，甚至被限期拆除。

因此，对于已建成的物业出租，从承租人的角度，应确认该租赁房屋已经取得必要的建设手续，尤其是建设工程规划许可证，排除违建的可能。对于在建的物业出租，如果承租人拟在物业还处于在建状态的情况下，即与出租人签署租赁合同，那么若此时租赁房屋已经取得建设工程规划许可证，租赁合同是有效的；若此时租赁房屋尚没有取得建设工程规划许可证，那么应在租赁合同的生效条件中附加条件，即"法定代表人或授权代表签字或盖章并加盖公章且出租人就租赁房屋已取得合法有效的建设工程规划许可证"类似的表述。

第二种情形是租赁房屋未竣工验收或未经消防验收合格对租赁合同有效性的影响。

实践中，租赁房屋未办理竣工验收或消防验收，并不必然导致租赁合同无效。因未经竣工或消防验收而导致租赁房屋不符合使用条件的，承租人可以据此主张解除房屋租赁合同。

《建筑法》第六十一条规定，建筑工程竣工经验收合格后，方可交付使用；未经验收或者验收不合格的，不得交付使用。《消防法》第十三条规定，依法应当进行消防验收的建设工程，未经消防验收或者消防验收不合格的，禁止投入使用；其他建设工程经依法抽查不合格的，应当停止使用。因此，如果未经竣工验收合格或者消防验收合格，建设工程就不能投入使用。注意这里的落脚点是使用。不能使用并不意味着否定租赁合同的效力，若由此而导致承租人无法使用的，赋予了承租人解除合同的权利。这也符合目前限制合同无效的适用范围，发挥当事人意思自治的趋势。

第三种情形是租赁合同备案对合同有效性的影响。对此，《民法典》第七百零六条给予了明确规定，当事人未依照法律、行政法规规定办理租赁合同登记备案手续的，不影响合同的效力。

四、租赁合同的形式

《民法典》第七百零七条规定，租赁期限6个月以上的，应当采用书面形式。当事人未采用书面形式，无法确定租赁期限的，视为不定期租赁。据此，租赁合同应采用书面形式签订，否则将由于未采用书面形式而无法确定租赁期限，进而被视为不定期租赁。

对于房地产租赁业务，由于租赁物区别于一般的标的物，且对于出租人而言价值较高，因此不签订书面形式的租赁合同不常见，但也不排除熟人之间或者某些租金较低的地区，出租人和承租人之间仅以口头形式约定租赁相关事宜。但在此，我们还是要强调，租赁合同应以书面形式白纸黑字呈现，避免由于口头约定而在纠纷出现时没有主张权利的依据。

五、不定期租赁合同

所谓不定期租赁合同，即租赁期限不定的租赁合同。上面提到的未采用书面形式、无法确定租赁期限的，视为不定期租赁。《民法典》第七百三十条规定，当事人对租赁期限没有约定或者约定不明确，依据本法第五百一十条的规定仍不能确定的，视为不定期租赁；当事人可以随时解除合同，但是应当在合理期限之前通知对方。尽管签署了书面形式的租赁合同，但在租赁合同中没有约定租赁期限或约定不明确，那么也视为不定期租赁。

此外，如果租赁期限届满后，承租人继续使用租赁房屋，出租人也未提出异议，原租赁合同继续有效，但租赁期限视为不定期。尽管租赁期限届满，但是，租赁合同除了租赁期限变更为不定期以外，其他条款继续有效，出租人和承租人仍可以依据租赁合同主张相关权利和要求履行相关义务，但是任一方都有权在提前合理期限通知的情况下解除租赁合同。

六、转租

转租作为房地产租赁中较为普遍的现象，一方面涉及出租人、承租人和次承租人等多方主体，法律关系较出租人和承租人的双方关系更为复杂；另一方面由于法律关系更为复杂，所以也更容易发生纠纷。因此，对于转租应该予以足够的重视。

根据《民法典》的规定，承租人转租租赁房屋应经出租人同意。出租人同意的，就转租而言，就存在两个法律关系，一个是出租人和承租人之间租赁关系，租赁合同继续有效；另一个是承租人和次承租人之间转租关系。若出租人知道或者应当知道承租人转租，但是在六个月内并未向承租人提出异议的，视为出租人同意承租人转租。在经过出租人同意的情况下，转租所涉及的两个法律关系，基于合同相对性原则，出租人只能依据租赁合同向承租人主张权利义务；次承租人也只能依据转租合同针对承租人主张权利义务。

在出租人同意承租人转租的情况下，如果承租人出现欠租，出租人可以要求承租人承担因逾期交纳租金的违约责任，在符合租赁合同约定的情况下，出租人可以解除租赁合同。此时，次承租人为了避免被出租人要求腾退，可以突破合同相对性原则，直接向出租人支付租金，次承租人向出租人支付租金的范围内，次承租人可以免于再向承租人支付转租合同项下的租金，但是如果次承租人向出租人支付的租金超过了应向承租人支付的租金，可以要求承租人予以赔偿。

实践当中也存在承租人未经出租人同意或者在隐瞒的情况下擅自将租赁房屋转租给次承租人的情形。此时，出租人可以解除其与承租人的租赁合同。从出租人角度出发，出租人可以要求承租人返还租赁房屋，也可以作为房屋权利人要求次承租人腾退租赁房屋。从次承租人角度出发，即便出租人解除其与承租人的租赁合同，但这并不影响承租人和次承租人的转租合同效力，因为出租人解除其与承租人的租赁合同而导致次承租人无法继续按照转租合同使用租赁合同的，那么次承租人应依据转租合同而向承租人要求承担违约责任。从承租人角度出发，在其与出租人的租赁合同法律关系中应当向出租人承担违约责任，在其与次承租人的转租合同法律关系中应当向次承租人承担违约责任。

七、承租人优先购买权

《民法典》第七百二十六条至第七百二十八条集中规定了承租人的优先购买权。出租人出卖租赁房屋，应当在出卖之前的合理期限内通知承租人，承租人享有以同等条件优先购买的权利；但是，租赁房屋按份共有人行使优先购买权或者出租人将租赁房屋出售给近亲属的情形除外。出租人履行通知义务后，承租人在十五日内未明确表示购买的，视为承租人放弃优先购买权。如果出租人未事先就出售租赁房屋通知承租人的，或者出租人妨碍承租人行使优先购买权的，承租人可以请求出租人承担赔偿责任，但出租人和第三人订立的房屋买卖合同效力不受影响。

关于承租人的优先购买权，有以下几个问题应予以注意。

第一，承租人行使优先购买权所针对的只是租赁房屋的资产转让，如果租赁房屋是通过股权转让方式转让的，则承租人并不能行使优先购买权。但实践中也存在，出租人和承租人在租赁合同中约定，不论租赁房屋通过资产转让或股权转让，承租人均有优先购买权。此种情况虽不常见，但是从出租人角度出发，在签署租赁合同时还是应当予以关注的。

第二，承租人就租赁房屋享有优先购买权，但是只有在同等条件下才能行使优先购买权。同等条件应如何界定和理解一直是实践当中的现实问题，对此有不同的看法，有的认为承租人如果要行使优先购买权应当与其他潜在的意向方的拟购买条件完全一致；有的认为承租人只要在核心条件上和潜在的意向方保持一致即可行使优先购买权，如转让价格、支付方式等方面。一般而言，从维护出租人利益的角度出发，后者显然更符合承租人的利益，即只要承租人在转让价格、支付方式等方面满足同等条件，就可以行使优先购买权。

第三，租赁房屋仅是拟转让物业的一部分时承租人是否也享有优先购买权，或者出租人是否应当履行事先通知的义务。这个问题需要综合考虑房屋使用功能和承租人部分房屋占全部房屋的比例。如果承租人承租的房屋能够和其他部分相区分，且使用功能上也相对独立，那么在整体物业出售时，不宜认定承租人有优先购买权；如果承租人承租的房屋只占整体物业的一小部分，不足整体物业面积的50%，那么也不宜认定承租人有优先购买权；反之，则宜认定承租人享有优先购买权。其实，这种意见也符合公平原则，如果认定承租人在租赁房屋具有独立性或者面积占比较小的情况就享有优先购买权，势必过度增加了出租人的义务，影响出租人在出售整体物业时的进度，甚至可能由于个别承租人的阻挠而导致整体物业无法对外出售，给承租人带来很大的经济损失。

第四，承租人优先购买权能否放弃。优先购买权是一项权利，权利可以放弃，一般司法实践也都支持这种观点，承租人有优先购买权，但可以自行放弃。实践中，很多租赁合同尤其是大型商业物业租赁合同中，出租人都明确要求承租人承诺放弃优先购买权，以免日后出售过程中受到阻碍。其实，通过约定方式让承租人放弃优先购买权属于法无禁止即可为的范畴。对于规模较小的租户，往往仅承租某大型物业的一部分面积，在出租人所提供的租赁合同模板中，只要出租人明示，承租人对优先购买权的放弃当然有效。对于规模较大的租户，甚至是整租物业的承租人，具有较强的谈判能力，如果其接受放弃优先购买权，则当然有效；如果其拒绝放弃，那么也应当尊重其优先购买权，其可能就是未来出租人转让项目物业时的受让方。

此外，结合前面提及的租赁房屋的转租问题，也涉及优先购买权的问题。承租人经出租人同意而转租的，承租人就不再享有优先购买权，优先购买权转而由实际使用租赁房屋的次承租人享有。未经出租人同意而转租的，承租人和次承租人都不再享有优先购买权。

八、承租人优先承租权

《民法典》第七百三十四条规定，租赁期限届满，房屋承租人享有以同等条件优先承租的权利。在原《合同法》中，并没有优先承租权的规定，因此属于《民法典》施行以来的新的规定。

承租人优先承租权的行使条件也相对容易理解，第一，主要租赁期限届满，实际上所谓优先承租即优先续租。在承租人有意继续租赁的情况下，这对出租人和承租人而言都是有利的，符合双赢的原则，对于出租人不用再去接洽其他潜在的意向承租人，甚至可以减少一笔中介费用；无须在出租给新的承租人之后再给予一定的免租期，也减少了新的承租人装修租赁房屋可能给出租人带来的影响。对于承租人也不必再去新找租赁房屋，再支出新的租赁房屋的装修费用，也可能节约一笔中介费用。第二，承租人只有在与新的潜在意向承租人同等条件下才享有优先承租权。比照前面提到的优先购买权，对于优先承租权的同等条件，也宜认定为相对的同等条件，即在租金水平、支付方式上一致就认定为同等条件。但需要注意的是，对租赁房屋的使用也是一个重要的认定是否构成同等条件的因素，因为如果新的意向承租人要改变承租人原来对租赁房屋的使用方式，那么可能对出租人带来不利的影响，即此时承租人不改变租赁房屋的使用方式是更占优势的。当然，实践中租赁情况是复杂多变的，对于同等条件的认定应该具体问题具体分析，但应维护出租人的合法权益。

和承租人优先购买权一致，承租人的优先承租权也有一个能否通过约定方式放弃的问题。一般而言，应当认可在租赁合同中约定放弃承租人优先承租权的效力，即尊重租赁合同当事方的意思表示。

和承租人优先购买权有所不同的是，《民法典》对承租人行使优先购买权有一个时间限制，即如果承租人在十五日内没有表示要购买租赁房屋的，即视为放弃优先购买权。但《民法典》对于承租人优先承租权却并没有相关的规定。笔者理解，从《民法典》角度似乎也无法明确规定，因为，承租人优先承租权肯定不能够在租赁合同已经届满之后再去主张和行使，否则从租赁合同角度看承租人即已经超过约定的租赁期限了。正常且各方应都能接受的操作应该是，在租赁合同即将届满前的一定期限，如2个月或者3个月，出租人一方面应该开始联系新的意向承租人；另一方面也应该通知承租人租赁期限即将届满，出租人要继续招租。出租人如果能找到新的意向承租人，且承租人也有续租意向，那么应比较二者是否属于同等条件，同等则承租人有优先权，否则，新的意向承租人可以承租。这个过程不宜在《民法典》中规定过死，留给实践和当事方自行解决更为妥当。

九、买卖不破租赁

买卖不破租赁是房地产租赁领域的一个重要问题，着眼点是对承租人利益的保护。对此，《民法典》第七百二十五条规定："租赁物在承租人按照租赁合同占有期限内发生所有权变动的，不影响租赁合同的效力。"也就是说，在资产转让的情况下，尽管出租人发生了变化，但并不对承租人承租租赁房屋构成影响。这与公司股东发生变化，对以公司名义签订的租赁合同并不构成影响相似。

第一，租赁合同出租人变更的问题。由于买卖不破租赁，承租人在租赁合同项下的权利并不受租赁房屋已转让的影响，租赁合同继续有效。对于承租人而言，买卖不破租赁当然是对承租人的保护，但由于租赁合同继续有效，只是由于租赁房屋所有权的变动而导致实际的出租人由原出租人变更为租赁房屋的受让方，即便受让方没有与原出租人、承租人三方一起签订租赁合同的补充协议变更出租人，承租人也应按照租赁合同的约定而向受让方继续履行租赁合同项下的义务或向受让方主张相关权利。当然，一般情况下，在租赁房屋转让的过程中及转让协议中，受让方会要求转让方配合并促成与承租人签订租赁合同的补充协议，通过补充协议明确承租人后续向受让方交纳租金等。

第二，租赁房屋抵押、查封对承租人的影响。《民法典》第四百零五条规定，抵押权设立前，抵押财产已经出租并转移占有的，原租赁关系不受该抵押权的影响。

《最高人民法院关于审理城镇房屋租赁合同纠纷案件具体应用法律若干问题的解释》第十四条规定，租赁房屋在承租人按照租赁合同占有期限内发生所有权变动，承租人请求房屋受让人继续履行原租赁合同的，人民法院应予支持。但租赁房屋具有下列情形或者当事人另有约定的除外：（1）房屋在出租前已设立抵押权，因抵押权人实现抵押权发生所有权变动的；（2）房屋在出租前已被人民法院依法查封的。

根据上面的规定可见，尽管承租人和出租人的地位实际上是存在差异的，往往出租人占优势地位，承租人并不占优势地位，对于承租人权益是予以保护的，所以才有了买卖不破租赁。但是这种保护也不是无限制的，而且也由此产生了抵押权和查封等权利限制的纠葛。

对于抵押权，如果在抵押权设立以前，抵押财产已经出租并且转移了占有的，租赁关系不受抵押权的影响。即若租赁关系建立在抵押权设立以前，承租人的租赁权是优先于抵押权的，抵押权人行使抵押权不会构成对承租人租赁权的影响。注意，《民法典》这里要求租赁权优先于抵押权是有一系列条件的，除时间上租赁关系要建立在抵押权设立前外，租赁房屋即抵押财产要出租并转移占有，这主要是为了抵押人恶意倒签租赁合同给抵押权人设置障碍。相反，如果抵押权设立在先，而后抵押人签订租赁合同，那么承租人的租赁权并不优先，此时抵押权人如行使抵押权，承租人的租赁权无法对抗。但抵押人应该对租赁房屋已设定有抵押向承租人予以披露，否则承租人在抵押权人行使抵押权而遭到损失后，可以向抵押人主张赔偿。

对于查封，与抵押权类似，如果租赁在先，查封在后，那么针对租赁房屋的执行措施，如拍卖等就不能对抗承租人的租赁权；反之，如果查封在先，租赁在后，那么针对租赁房屋的执行措施就可以对抗承租人的租赁权。针对查封在先、租赁在后的情况，租赁房屋的出租人同样有义务向承租人披露，否则承租人因租赁房屋被执行而遭到损失后，也可以向出租人主张赔偿。

第三，恶意长租约的问题。所谓恶意的长租约，是指租赁房屋的所有人在转让租赁房屋所有权时，恶意地签订超长期的租赁合同，利用买卖不破租赁而给租赁房屋的受让人构成不利影响。这种不利影响主要表现在，受让人虽然在受让后享有租赁房屋的所有权，但是不能使用租赁房屋或者另行出租；或者受让人后续拟以租赁房屋为抵押物进行抵押融资的时候，由于租赁在先，租赁权优先于抵押权，可能给受让人的抵押融资造成负面影响等。租赁房屋的所有人即出租人恶意签订长租约的情况确实存在，对于受让方而言，首先就是要做好事先的尽职调查，在尽职调查中对长租约或者其他租赁合同中的特殊约定需要予以格外关注。此外，法院在审理该等纠纷时也会对长租约的签署合理性、是否存在倒签等予以考量。

十、租赁合同的解除

有观点认为租赁合同的解除并不难，无非是出租人或者承租人触发了租赁合同约定的合同解除条款，守约方因此获得了解除租赁合同的权利。但实际上，租赁合同涉及的合同解除问题是比较复杂的，在此，仅就四种情况下的解除进行介绍和分析。

第一种最为常见，即上面提到的租赁合同中明确约定了合同的解除条件，如出租人逾期不交付租赁房屋，这直接影响到承租人对租赁房屋的使用安排。承租人逾期不向出租人缴纳租金，若出租人催告后承租人仍不缴纳租金，则出租人应享有解除租赁合同的权利。对于租赁合同的解除条件，主要取决于合同当事方的约定，针对那些影响合同继续履行、对己方权利构成实质性影响的情形，约定触发合同解除。此时，享有解除权的一方可以向另一方发出解除租赁合同的通知，合同自通知到达另一方时解除。

第二种也很常见，即出租人和承租人协商解除租赁合同。租赁合同中一般均约定经出租人和承租人协商一致可以解除租赁合同。但即便租赁合同中没有约定，作为租赁合同的当事方，出租人和承租人也可以在协商达成一致的情况下解除租赁合同，并对合同解除后，双方如何给对方以一定形式的补偿作出约定。

第三种出租人主动解除租赁合同。在实践当中，我们也经常遇到这样的情形，如某出租人拟将自持物业对外进行资产转让，但受让方开出的受让条件是出租人必须完成清租，清租后才受让。此时，出租人就要在承租人仍正常履约的情况下主动单方解除租赁合同。针对出租人的该等要求，承租人固然可以要求继续履行合同，这可能获得司法裁判上的支持；但是由于出租人执意要解约，法院或仲裁机构可能认为租赁合同已无继续履行的必要和可能，而选择支持合同解除，但出租人应赔偿承租人由此而遭受的损失。根据一般司法实践，由于承租人需要再寻找适合的租赁房屋进行经营，并且新租约的租金可能更高，同时会产生新的装修成本等，出租人单方主动解约需要弥补承租人的损失是比较大的，一般是6个月的租金，并需返还承租人的租赁保证金，但6个月的租金是否能够完全弥补承租人需要承担的经营损失、租金差额损失及装修成本等，需要法院或仲裁机构予以判断。所以，对于出租人主动解除租赁合同是需要深思熟虑，看是否满足其商务方面诉求的，否则带来经济方面的赔偿较大，而且不排除在承租人是众多小租户情况下引发维稳担忧的可能。

第四种是违约方起诉解除。违约方固然不享有单方解约的权利，但是一概不允许违约方通过起诉的方式解除租赁合同，对于双方可能均不利。因此对于符合一定条件的违约方是可以起诉解除租赁合同的，包括：（1）违约方不存在恶意违约的情形；（2）违约方继续履行租赁合同对其显失公平；（3）守约方拒绝解除合同，违反诚信原则。但是违约方通过起诉方式解除租赁合同的，并不影响其应该按照租赁合同约定承担相应的违约责任，而只是赋予了违约方通过诉讼方式解决合同僵局的一种可能性。

十一、租赁房屋作为工商注册地址

承租人往往将租赁房屋的地址作为其工商登记的注册地址。对于出租人而言，应当确保其是否具备将租赁房屋作为工商注册使用的条件，就北京而言，某些区县针对区域内的楼宇在对应的工商所有负责的工作人员，可以咨询这些工作人员租赁房屋是否可以作为工商注册使用，以及对于最小工商注册面积的要求，相应地，就可以评估出可以大致注册多少个地址。否则，如果出租人承诺可以向承租人提供注册地址，却无法履约，就将触发违约责任。

在某些并购交易中，由于受让方意图将租赁房屋在受让完成并经过改造提升后继续对外招租或使用，受让方很关注租赁房屋究竟能够提供多少个工商注册地址，因此，对于并购交易而言，如果受让方的商务意图包括租赁，那么也应该对于租赁房屋是否支持工商注册及能够提供多少工商注册地址予以关注。

第八章 房地产公司清算制度解析
——从解散清算及破产清算比较的维度

一、公司清算制度概述

在我国,房地产开发企业的组织形式通常为公司,即依照《公司法》设立的企业法人,包括有限责任公司和股份有限公司。为规范公司各方利益主体之间的利益关系、维护市场经济的稳定运行,我国制定了《公司法》《企业破产法》等一系列法律法规,对公司设立、运营到终止的全生命周期中的有关事项加以规制,形成了完善的公司法律制度体系。而公司清算制度即规范公司解散或破产后如何清理相关各方权利义务关系、使公司法人资格归于消灭的法律制度。作为公司法律制度的重要组成部分,公司清算制度对于公司妥善退出市场、依法保障债权人和股东利益、维护社会经济秩序具有十分重要的意义。

在当前经济形势下,不少房地产公司出现了资金流动性方面的问题。公司清算不仅出现在集团公司层面,对于房地产企业而言,由于普遍设立项目公司作为开发具体项目的主体,对于项目公司的清算也是普遍存在的。房地产公司虽然在公司清算方面存在一些特殊需要关注的问题,但主要仍是在公司清算制度的框架内,为此,本章首先介绍公司清算的一般制度安排。

(一)公司清算的定义

公司清算,是指公司出现解散事由或破产原因后,为了终结公司作为当事人的各种法律关系,并使公司的法人资格归于消灭,而对公司各项事务尤其是财产、债权债务等进行处理、处分的行为,是公司终止的必经环节。此处的清算包括解散清算和破产清算,前者由于公司出现解散事由而清算,后者由于公司出现破产原因而清算。

(二) 解散和清算的关系

公司解散是指基于一些合法事由而使公司的主体资格归于消灭的行为及程序。因此，公司解散作为引起公司法人资格消灭的法律事实，是导致公司终止的原因之一。

而公司清算是在公司终止之前，对公司涉及的法律关系进行清理和了结的程序，是公司终止的必经环节。除因合并、分立导致的解散外，公司在解散后即应进入公司清算环节，了结公司涉及的所有法律关系，清算完成后方可进行公司的注销，从而最终实现公司法人资格的消灭。因此，我国目前实行的是"先解散后清算"的制度，在发生特定的导致公司解散的事由后，公司就应当进入清算阶段，并进而通过清算达到公司法人资格终止的目的。公司解散是导致公司清算的原因之一，而公司清算是公司解散后的必然结果。公司解散和公司清算是一个整体，与最终的公司注销登记一同构成了一个完整的公司终止程序。

(三) 清算分类

公司清算是在公司面临终止时进行的法定程序，而公司终止的原因包括解散和破产。因此，根据我国现行的公司清算制度，按照公司终止原因的不同，公司清算分为解散清算和破产清算两类。

1. 解散清算

解散清算是指公司出现法定或章程规定的解散事由后进行的清算。根据《公司法》的规定[1]，公司解散清算的事由包括：公司章程规定的营业期限届满或公司章程规定的其他解散事由出现；股东会或股东大会决议解散；依法被吊销营业执照、责令关闭或者被撤销；公司经营管理发生严重困难，继续存续会使股东利益受到重大损失，通过其他途径不能解决。

按照公司解散清算中主导方的不同，解散清算又分为自行清算和强制清算两类。

---

[1] 《公司法》第一百八十条规定，公司因下列原因解散：(1) 公司章程规定的营业期限届满或者公司章程规定的其他解散事由出现；(2) 股东会或者股东大会决议解散；(3) 因公司合并或者分立需要解散；(4) 依法被吊销营业执照、责令关闭或者被撤销；(5) 人民法院依照本法第一百八十二条的规定予以解散。第一百八十二条规定，公司经营管理发生严重困难，继续存续会使股东利益受到重大损失，通过其他途径不能解决的，持有公司全部股东表决权百分之十以上的股东，可以请求人民法院解散公司。第一百八十三条规定，公司因本法第一百八十条第一项、第二项、第四项、第五项规定而解散的，应当在解散事由出现之日起十五日内成立清算组，开始清算。有限责任公司的清算组由股东组成，股份有限公司的清算组由董事或者股东大会确定的人员组成。逾期不成立清算组进行清算的，债权人可以申请人民法院指定有关人员组成清算组进行清算。人民法院应当受理该申请，并及时组织清算组进行清算。

自行清算是指公司在出现法定或公司章程规定的解散事由后，由公司在法定期限内成立清算组，自行进行的清算。

强制清算是指公司在出现法定或公司章程规定的解散事由后，未在法定期限内成立清算组自行清算，债权人向人民法院提出申请，由人民法院指定有关人员组成清算组对公司进行的清算。

自行清算和强制清算的区别主要体现在如下几点：

首先，启动原因不同。自行清算因公司发生解散事由而启动；强制清算则因自行清算遇到显著障碍等特殊情形，包括公司解散逾期不成立清算组进行清算、虽然成立清算组但故意拖延清算或违法清算可能会严重损害债权人或者股东利益等情形。

其次，法院是否介入不同。对于自行清算，由负有清算义务的主体组织清算即可。而对于强制清算，法院将干预强制清算，包括法院可以依申请启动强制清算程序、更换清算组成员、确认清算方案、批准延长清算期限、裁定终结强制清算程序等。

再次，债权人地位不同。一般清算中，债权人地位比较被动，一般仅参与债权申报。而在强制清算中，债权人可以向法院申请启动强制清算，为了保护债权人利益，法律赋予债权人积极介入的权利。

最后，清算时限不同。一般清算没有明确的清算时限；强制清算中，法律规定了 6 个月的一般清算期限，即清算组应当自成立之日起 6 个月内清算完毕，如需延长，则需要法院的批准。

2. 破产清算

根据《企业破产法》的规定，① 破产清算是指在公司出现破产原因（不能清偿到期债务，并且资产不足以清偿全部债务或者明显缺乏清偿能力）时，公司或其债权人向人民法院提出申请，人民法院基于该申请对公司进行的清算。

3. 解散清算和破产清算的关系

（1）二者的区别

解散清算和破产清算的区别主要体现在以下几点。

首先，解散清算和破产清算使用的法律不同。解散清算制度适用《公司

---

① 《企业破产法》第二条第一款规定，企业法人不能清偿到期债务，并且资产不足以清偿全部债务或者明显缺乏清偿能力的，依照本法规定清理债务。第七条规定，债务人有本法第二条规定的情形，可以向人民法院提出重整、和解或者破产清算申请。债务人不能清偿到期债务，债权人可以向人民法院提出对债务人进行重整或者破产清算的申请。企业法人已解散但未清算或者未清算完毕，资产不足以清偿债务的，依法负有清算责任的人应当向人民法院申请破产清算。

法》，清算虽然分为一般清算和强制清算，但清算制度具有比较强的任意性，可以由负有清算义务的人自行清算，也可以在必要时候由人民法院指定的清算组清算；而破产清算适用《企业破产法》，因此破产清算的程序具有强制性。

其次，解散清算和破产清算的原因不同。《公司法》明确规定了公司解散的事由，公司解散事由出现后才开始启动公司清算流程；而破产清算的原因则是公司资不抵债。

再次，解散清算和破产清算的组成人员不同。清算可以由公司股东为清算人，在需要法院强制清算时才由法院依法指定清算组成员；破产清算只能由法院依照《企业破产法》规定的程序和方法选任。

最后，解散清算和破产清算中债权人的作用也不同。在清算中，清算程序由清算组按照法律规定推动，债权人地位相对被动，主要参与的方式是申报债权；而在破产清算中，债权人组成债权人会议，参与破产清算程序，决定公司清算中的有关重大事项，决定破产财产的分配处理方案等，债权人是破产清算过程中的重要参与者。

（2）解散清算过渡为破产清算

《公司法》第一百八十七条规定，清算组在清理公司财产、编制资产负债表和财产清单后，发现公司财产不足以清偿债务的，应当依法向人民法院申请宣告破产。公司经人民法院裁定宣告破产后，清算组应当将清算事务移交给人民法院。

解散清算和破产清算的事由不同，一旦公司因解散事由出现而进入解散清算程序，清算组在发现公司财产不足以清偿债务时，就出现了破产清算的事由，从而实现由解散清算向破产清算的过渡。在公司进入破产清算的程序后，就应当按照《企业破产法》的规定进行相关破产清算工作。

（四）清算相关主体

在清算的过程中，公司清算工作主要是通过法律法规规定的责任主体推动，并最终实现清算的价值及达到公司终止的目的。结合相关法律法规的规定及实践经验，与清算工作相关的主体主要包括以下几类。

1. 清算责任人

所谓清算责任人，是指在公司解散事由出现时负有义务启动清算程序并决定清算组人员组成的法律主体。

公司性质不同，清算组即清算责任人的组成也有所不同，结合《北京市高级人民法院关于企业下落不明、歇业、撤销、被吊销营业执照、注销后诉讼主体及民事责任承担若干问题的处理意见（试行）》及各地类似意见的规定，各类性质企业的清算责任人为：

（1）国有企业以工商登记确定的上级主管部门为清算责任人。

（2）集体企业以工商登记确定的开办单位、部门，或投资人为清算责任人。

（3）联营企业以各投资主体为清算责任人。

（4）企业为股份合作制企业法人的，工商登记确定的出资人为清算责任人。

（5）企业为其他非公司企业法人的，工商登记确定的出资人为清算责任人。

（6）子公司以母公司为清算责任人。

（7）有限责任公司以全体股东为清算责任人。

（8）股份有限公司以公司章程规定负有清算责任的股东或股东大会选定的股东为清算责任人；股东大会不能选定清算组的，派员担任董事会成员的股东为清算责任人。

（9）外商投资企业应依据《外商投资企业清算办法》（已失效）进行清算，成立清算组（清算委员会）。未成立清算组的，清算责任人为各方股东。中外合资、合作企业外方已不存在的，中方股东应通过申请特别清算程序对企业进行特别清算，成立特别清算委员会。未成立特别清算委员会的，中方股东为清算责任人。

2. 清算组

清算组是指公司解散后接管公司财产及具体执行公司清算事务的主体。

清算组的职权包括：清理公司财产，分别编制资产负债表和财产清单；通知、公告债权人；处理与清算有关的公司未了结的业务；清缴所欠税款以及清算过程中产生的税款；清理债权、债务；处理公司清偿债务后的剩余财产；代表公司参与民事诉讼活动。

清算责任人和清算组虽然都是清算的相关主体，但却是不同的主体，二者之间存在以下区别。

（1）主体范围不同

据前文所述，企业性质不同其清算责任人也有所区别。而对于清算组，有限责任公司的清算组由股东组成，股份有限公司的清算组由董事或者股东大会确定的人员组成；逾期不成立清算组的，由人民法院指定有关人员组成。清算人可以由董事、股东或者其他有关人员组成。

(2) 责任不同

清算责任人的责任是启动清算程序和组织产生清算组。而清算组的责任是执行清算事务。

(3) 责任来源不同

清算责任人的责任是法定的，不能解除；而清算组的责任则是约定或指定的，一旦公司或者人民法院解任或者清算组辞职，则不再承担责任。

(4) 法律地位不同

清算组有权处理清算事务，并对外代表公司，具有诉讼主体地位；而清算责任人则不具备该种法律地位。

尽管清算责任人和清算组有所区别，但是二者也存在重合的情形，即清算责任人有时也是清算组的成员。

3. 保结人

《公司法》或者《企业破产法》及相关司法解释并未出现"保结人"这一概念。但是在实践中，"保结人"却是在公司清算过程中实际存在的主体。在很多地方的市场监管部门为企业办理注销手续时，往往要求一定的主体在《企业法人注销保结书》中承诺对注销企业未了债权债务负责处理，这些主体一般是公司的股东或者第三人。这些对注销企业未了债权债务承诺负责处理的主体就是"保结人"。

保结人虽然不是清算责任人，但是由于其在《企业法人注销保结书》中作出承诺，因此便享有了相应的权利和义务。一般而言，"保结人"的权利义务包括：

(1) 企业法人办理注销登记后，保结人有权以原企业对外享有的债权起诉债务人。

(2) 债权人有权以原企业遗留的债务起诉原企业的"保结人"。

(3) 企业在被吊销、撤销或歇业后未经清算的情况下即被注销，"保结人"应当承担清算责任。

(4) 企业被吊销、撤销或歇业后，保结人对原企业具有虚假出资、注册资金投资不到位或抽逃注册资金的情形，应当按照法律规定承担相应的民事责任。

(5) 保结人占有、侵吞、藏匿、转移原企业财产对债权人造成损害，应当在其侵占、藏匿、转移、处分的财产范围内承担赔偿责任。

(6) 保结人在《企业法人注销保结书》中明确承诺对注销企业的债权债务

予以承担或担保，应当认定保结人受让原企业债权债务或对原企业的债务进行担保，实体处理上应按照债权债务转让或担保作相应处理。

4. 人民法院

在自行清算的情况下，人民法院不会参与到公司清算过程中。但在强制清算和破产清算过程中，尤其是破产清算过程中，人民法院不仅是清算的参与者，而且全程主导破产清算的进程。关于人民法院如何参与破产清算，笔者在后续关于房地产公司的破产清算流程中会详细阐述。

(五) 制度设定和价值

公司清算制度的设定，有力地保障了公司清算程序中公平正义和利益平衡的实现，维护了交易安全和社会主义市场经济秩序，具有非常重要的社会价值。

1. 正义价值

首先，公司在存续过程中涉及多种法律关系，如公司与股东之间的投资关系、公司与债权人之间的债权债务关系、公司与职工之间的劳动关系、公司与政府之间的行政管理关系等。公司终止后，法人资格归于消灭，故必须在公司终止之前对公司涉及的各种法律关系进行彻底的、一次性的清理和了结。法律关系的核心内容是权利和义务，法律通过分配权利来确立正义，公司清算制度即通过对法律关系清理过程中各方当事人权利和义务的公平分配及确认，从而实现公司清算过程中的公平正义。

其次，公司清算制度是一种程序制度，它通过程序的正义来实现结果的公平。公司清算制度明确了公司清算过程中的清偿规则、方式和步骤，通过一系列的正当程序设计，以达到使债权人得到公平清偿的目的。

最后，公司清算制度规定了清算程序中公权力的监督和干预机制，如司法解散、强制清算等，通过国家强制力来保障正义的实现。

2. 利益平衡价值

公司法律制度应当体现公司不同参与人利益平衡的现代理念，公司清算制度作为公司法律制度的重要组成部分，就充分地体现了利益平衡的原则。在公司清算过程中，涉及股东、债权人、管理层、普通职工、政府部门等各方利益主体，其相互之间可能会存在利益冲突。而该等利益主体之间存在信息不对称、主体地位悬殊等问题，如果不通过法律制度对公司清算行为进行规制，任由公司自行对公司财产和债权债务关系等进行清理、处分和分配，则很可能造成各方利益失衡的结果。公司清算制度通过对各方利益主体的权利施加一定的保护或限制，如职工债权优先受偿等，均衡各方利益主体的利益，实现利益均衡价值。

3. 秩序价值

公司作为适应市场经济发展的一种企业组织形式，已经在我国市场经济中占据主要地位。如果在公司清算过程中，所涉股东、债权人等各方利益主体的利益得不到保障，则会对社会信用体系和经济秩序造成负面影响。公司清算制度通过规范公司清算行为、确定各方权利义务、平衡各方利益，不仅保障了公司清算程序依法有序进行，同时也维护了社会主义市场经济主体的交易安全和市场经济秩序的稳定，具有秩序价值。

二、房地产公司解散清算流程

房地产公司的解散清算遵循的是一般公司解散清算的流程。根据《公司法》等相关法律法规的规定，我国房地产公司解散清算基本流程如下。

（一）解散事由出现

房地产公司解散清算流程起始于公司解散事由的出现。具体而言，房地产公司解散清算的解散事由分为以下三类。

1. 一般解散事由

一般解散事由包括公司章程规定的营业期限届满、公司章程规定的其他解散事由出现、股东会或者股东大会决议解散［有限责任公司股东会作出公司解散的决议（若有限责任公司为单一股东，则作出公司解散的股东决定），必须经代表2/3以上表决权的股东通过；股份有限公司股东大会作出公司解散的决议，必须经出席会议的股东所持表决权的2/3以上通过］及企业歇业。

但需注意的是，公司章程规定的营业期限届满或者公司章程规定的其他解散事由出现时，公司可以通过修改公司章程而存续，并非必然导致解散。修改公司章程中的前述事项，有限责任公司须经持有2/3以上表决权的股东通过，股份有限公司须经出席股东大会会议的股东所持表决权的2/3以上通过。

此外，企业歇业是指企业停止经营活动且不再继续。企业歇业是企业终止的一种情形，一般分为两种情形：一种是企业自行申请歇业；另一种是企业领取企业法人营业执照后满6个月尚未开展经营活动或者停止经营活动满1年的，视同歇业。但企业停业整顿，不存在终止情形的，不属于歇业范畴。

2. 强制解散事由

强制解散事由包括公司依法被吊销营业执照、责令关闭或者被撤销。

根据《行政处罚法》的规定，吊销执照是行政处罚的一种。吊销营业执照是国家行政机关依据法律或行政法规对企业法人违反法律或法规的行为实施的行政处罚。

企业被责令关闭是指行政机关对违反行政管理秩序的企业禁止其继续从事相关生产经营活动的行政处罚。

企业被撤销是指企业根据其上级主管部门的决定，自行或由其上级主管部门办理注销登记，使企业法人资格消亡的特殊情形。

当以上强制解散事由出现后，企业应依法办理清算手续，在注销前其法人资格并未终止，仍然存续。

3. 司法解散事由

理论上，司法解散的事由包括公司僵局、股东压迫、股东浪费公司资产、侵害债权人利益或者危害社会公共利益等。

但目前《公司法》仅将理论上的公司僵局情形作为司法解散事由。公司经营管理发生严重困难，继续存续会使股东利益受到重大损失，通过其他途径不能解决的，持有公司全部股东表决权10%以上的股东请求人民法院解散公司，人民法院判决公司解散的情形。

归结起来，构成司法解散事由的条件包括：原因方面，公司经营管理发生严重困难，继续存续会使股东利益受到重大损失；程序方面，其他途径不能解决；主体方面，持有公司全部股东表决权10%以上的股东请求人民法院解散公司。

对于何为"公司经营管理发生严重困难，继续存续会使股东利益受到重大损失"，《最高人民法院关于适用〈中华人民共和国公司法〉若干问题的规定（二）》（以下简称《公司法司法解释二》）第一条进行了界定，包括：公司持续两年以上无法召开股东会或者股东大会，公司经营管理发生严重困难；股东表决时无法达到法定或者公司章程规定的比例，持续两年以上不能作出有效的股东会或者股东大会决议，公司经营管理发生严重困难；公司董事长期冲突，且无法通过股东会或者股东大会解决，公司经营管理发生严重困难；经营管理发生其他严重困难，公司继续存续会使股东利益受到重大损失。

（二）成立清算组、备案及刻章

房地产公司在出现前述解散事由后十五日内成立清算组，自行进行清算。有限责任公司的清算组由股东组成，股份有限公司的清算组由董事或者股东大会确定的人员组成。如果房地产公司逾期不成立清算组进行清算、虽然成立清算组但故意拖延清算、或者违法清算可能严重损害债权人或股东利益，债权人和股东可以申请人民法院指定有关人员组成清算组进行强制清算。

根据《市场主体登记管理条例》的规定，清算组应当自成立之日起10日内清算组成员、清算组负责人名单通过国家企业信用信息公示系统公告。

清算组成立后，持成立清算组的股东决定、股东会决议或股东大会决议及向公安机关申请刻制印章的申请书等，向公安机关申请刻制清算组公章，并向银行申请开立清算组账户。

（三）通知债权人并公告

清算组成立后，在十日内通知房地产公司的债权人，如向公司提供借款的银行、承包项目建设工程的承包人、购买项目预售商品房的购房人、公司职工等，并在六十日内在报纸上公告。

对于通知债权人并公告事宜，清算组应当将公司解散清算事宜书面通知全体已知债权人，并根据公司规模和营业地域范围在全国或者公司注册登记地省级有影响的报纸上进行公告。书面通知和报纸公告二者不可互相替代。

清算组未履行通知和公告义务，导致债权人未及时申报债权而未获得清偿，债权人有权要求清算组成员对因此造成的损失承担赔偿责任。

（四）清算组接管公司

由于清算组在成立后要全面清理公司的资产、债权和债务等，处理公司未了结的业务，并代表公司参与民事诉讼活动，因此清算组必须接管公司。对于房地产公司而言，接管的范围包括如下几个方面：

1. 公司印章

清算组要接管公司的各类印章，包括公司公章、公司各职能部门的印章、财务章、合同章及分支机构印章等。

2. 资产

对于房地产公司而言，清算组要接管公司账面的现金，持有的房产及在建工程、土地使用权，机器设备，有价证券，以及办公物品等公司所有资产。

3. 员工花名册

清算组要全面了解公司在职及离退休的人员名单，并掌握各类人员的用工形式、工资、住房公积金、社会保险等情况。

4. 合同

清算组应全面掌握公司已签署的已执行完毕及尚未执行完毕的各类合同、协议。

（1）财务账册及其他相关财务资料。

第八章　房地产公司清算制度解析——从解散清算及破产清算比较的维度 | 155

（2）公司其他历史档案等应予移交给清算组的资料。

（五）核定公司资产

核定公司资产是公司清算的基础性工作，唯有清晰了解公司的资产情况，才能进一步执行清算工作。对于房地产公司而言，其资产主要包括：公司的经营资产，包括但不限于房产、土地使用权、机器设备、资本公积金等；公司对外享有的债权；公司持有的股权；公司持有的知识产权，如著作权、商标权、专利权等。

实践中，公司解散时，股东尚未缴纳的出资也应作为清算财产。股东尚未缴纳的出资，包括到期应缴未缴的出资，以及依照《公司法》第二十六条和第八十条的规定分期缴纳尚未届满缴纳期限的出资。

（六）核定公司负债

核定公司负债也是公司清算的基础性工作，在核定完毕公司的资产和负债后，才能确定公司是否有足够的资产用于偿还负债，若足够，则分配公司剩余财产；若不足，则公司将进入破产清算程序。对于房地产公司而言，其负债主要包括：金融机构借款，应付货款及其他应付款项，应付工资、住房公积金、社会保险，以及未缴税金等。

（七）债权申报和登记

房地产公司的债权人自接到通知书之日起三十日内，未接到通知书的自公告之日起四十五日内，向清算组申报其债权，说明债权的有关事项，并提供相关证明材料，由清算组对债权进行登记。在申报债权期间，清算组不得对债权人进行清偿。

债权人对清算组核定的债权有异议的，可以要求清算组重新核定。清算组不予重新核定，或者债权人对重新核定的债权仍有异议的，债权人可以公司为被告向人民法院提起诉讼请求确认债权。

债权人在规定的期限内未申报债权，在房地产公司清算程序终结（指清算报告经股东会、股东大会或者人民法院确认完毕）前补充申报的，清算组也应予以登记。

（八）清理公司财产，制订清算方案

清算组负责对房地产公司的所有财产进行清理，并编制资产负债表和财产清单。而后，清算组应制订清算方案，提出收取债权和清偿债务的具体安排。房地产公司自行清算的，清算方案应报股东会或者股东大会决议确认；人民法院组织清算的，清算方案应报人民法院确认。清算方案没有经过股东会、股东大会或者人民法院确认，不具有法律效力，清算组不能执行。

需要指出的是，报股东会或股东大会确认并非报人民法院确认的前提，报人民法院确认也并非清算方案确认的最终程序，而是区分自行清算和强制清算而有的不同确认程序。

清算组在清理公司财产、编制资产负债表和财产清单后，发现公司财产不足以清偿债务时，应依法向人民法院申请宣告破产，人民法院裁定宣告破产后，清算组应将清算事务移交给人民法院，解散清算程序转入破产清算程序。

但如果是人民法院指定清算组强制清算的，清算组可以与债权人协商制作有关债务清偿方案，债务清偿方案经全体债权人确认且不损害其他利害关系人利益的，人民法院可依清算组的申请作出裁定予以认可，终结清算程序，进而办理公司注销登记。这种方式阻却了解散清算转为破产清算。债权人对债务清偿方案不予确认或者人民法院不予认可的，清算组仍应依法向人民法院申请宣告破产。

（九）执行清算方案，了结公司债权债务

清算方案经股东会、股东大会或者人民法院确认后，由清算组按照清算方案对房地产公司的债权债务进行清理和了结，具体包括：

（1）处理公司未了结的业务

清算期间，公司不得开展新的经营活动。但清算组为了清算的目的，有权处理公司尚未了结的业务。

（2）收取公司债权

清算组应及时向公司债务人要求清偿已经到期的公司债权。对于未到期的公司债权，应尽可能要求债务人提前清偿。如果债务人不同意提前清偿的，清算组可以通过转让债权等方法变相清偿。

（3）清偿公司债务

清算组通过清理公司财产、编制资产负债表和财产清单后，确认公司现有的财产和债权大于所欠债务，并且足以偿还公司全部债务时，应当按照如下法定顺序清偿：

首先，支付公司清算费用，包括公司财产的评估、保管、变卖和分配等所需的费用，公告费用，清算组成员的报酬，委托注册会计师、律师的费用，以及诉讼费用等；

其次，支付职工的工资、社会保险费用和法定补偿金；

再次，缴纳所欠税款；

最后，清偿公司债务。

债权人在法定申报期限届满后补充申报的债权，清算组可以在尚未分配财产中依法清偿。如果尚未分配财产不能全额清偿，除债权人因重大过错未在规定期限内申报债权外，债权人可以向人民法院主张由股东以其在剩余财产分配中已经取得的财产予以清偿。

如果是强制清算，人民法院指定的清算组发现公司财产不足以清偿债务，但与全体债权人协商一致达成了不损害其他利害关系人利益的债务清偿方案，并经人民法院裁定认可的，清算组应依据该债务清偿方案向债权人清偿公司债务。

（十）分配公司剩余财产

房地产公司财产在分别支付清算费用、职工的工资、社会保险费用和法定补偿金，缴纳所欠税款，清偿公司债务后，仍有剩余的，清算组应将剩余财产分配给股东。有限责任公司按照股东的出资比例分配，股份有限公司按照股东持有的股份比例分配。

（十一）制作清算报告

房地产公司清算结束后，清算组应制作清算报告，报股东会、股东大会或者人民法院确认。如为强制清算的，清算组还应同时申请终结清算程序，人民法院对清算报告予以确认后，应裁定终结清算程序。

需要注意的是，如为强制清算的，清算组应当自成立之日起6个月内清算完毕。因特殊情况无法在6个月内完成清算的，清算组应当向人民法院申请延长。

（十二）办理注销登记

房地产公司清算结束后，清算组应在30日内将已获股东会、股东大会或者人民法院确认的清算报告报送公司登记机关，申请注销公司登记，公告公司终止。对于已取得房地产开发企业资质证书的房地产公司，还应在办理完毕注销登记后的十五日内，到原资质审批部门注销资质证书。

公司未经清算即办理注销登记，导致公司无法进行清算，债权人可以主张有限责任公司的股东、股份有限公司的董事和控股股东，以及公司的实际控制人对公司债务承担清偿责任。

需要关注的实践中的一个重要问题是，部分公司经过清算并办理注销登记后仍有遗留债权未获追偿，或遗留债务未清偿。关于该等遗留债权或遗留债务的处理，将于后文中专门论述。

(十三) 简易注销登记

2016年12月26日，原工商总局作出了《关于全面推进企业简易注销登记改革的指导意见》，该意见对简易注销登记的适用作出了相应的规定。

1. 适用范围及主体

简易注销登记适用的主体包括有限责任公司、非公司企业法人、个人独资企业、合伙企业。当这些主体具备如下情形之一时，可以自主选择适用一般注销程序或简易注销程序：

(1) 领取营业执照后未开展经营活动的；

(2) 申请注销登记前未发生债权债务的；

(3) 申请注销登记前已将债权债务清算完结的。

但企业有下列情形之一的，不适用简易注销程序：

(1) 涉及国家规定实施准入特别管理措施的外商投资企业；

(2) 被列入企业经营异常名录或严重违法失信企业名单的；

(3) 存在股权（投资权益）被冻结、出质或动产抵押等情形；

(4) 有正在被立案调查或采取行政强制、司法协助、被予以行政处罚等情形的；

(5) 企业所属的非法人分支机构未办理注销登记的；

(6) 曾被终止简易注销程序的；

(7) 法律、行政法规或者国务院决定规定在注销登记前须经批准的；

(8) 不适用企业简易注销登记的其他情形。

人民法院裁定强制清算或裁定宣告破产的，有关企业清算组、企业管理人可持人民法院终结强制清算程序的裁定或终结破产程序的裁定，向被强制清算人或破产人的原登记机关申请办理简易注销登记。

2. 简化登记程序

企业申请简易注销登记应当先通过国家企业信用信息公示系统"简易注销公告"专栏主动向社会公告拟申请简易注销登记及全体投资人承诺等信息（强制清算终结和破产程序终结的企业除外），公告期为四十五日。登记机关应当同时通过国家企业信用信息公示系统将企业拟申请简易注销登记的相关信息推送至同级税务、人力资源和社会保障等部门，涉及外商投资企业的还要推送至同级商务主管部门。公告期内，有关利害关系人及相关政府部门可以通过国家企业信用信息公示系统"简易注销公告"专栏"异议留言"功能提出异议并简要陈述理由。公告期满后,企业方可向企业登记机关提出简易注销登记申请。

3. 各方责任

企业应当对其公告的拟申请简易注销登记和全体投资人承诺,向登记机关提交材料的真实性、合法性负责。《全体投资人承诺书》是实施监督管理的依据。企业在简易注销登记中隐瞒真实情况、弄虚作假的,登记机关可以依法做出撤销注销登记等处理,在恢复企业主体资格的同时将该企业列入严重违法失信企业名单,并通过国家企业信用信息公示系统公示,有关利害关系人可以通过民事诉讼主张其相应权利。

对恶意利用企业简易注销程序逃避债务或侵害他人合法权利的,有关利害关系人可以通过民事诉讼,向投资人主张其相应民事责任,投资人违反法律、法规规定,构成犯罪的,依法追究刑事责任。

三、房地产公司破产清算流程

根据《企业破产法》等相关法律法规的规定,我国房地产公司破产清算基本流程如下。

(一) 申请破产清算

房地产公司具备破产原因,即不能清偿到期债务,并且资产不足以清偿全部债务或者明显缺乏清偿能力的,债务人[①]及其债权人均可向人民法院申请对债务人进行破产清算。债务人明显缺乏清偿能力的情形包括:因资金严重不足或者财产不能变现等原因,无法清偿债务;法定代表人下落不明且无其他人员负责管理财产,无法清偿债务;经人民法院强制执行,无法清偿债务;长期亏损且经营扭亏困难,无法清偿债务;导致公司丧失清偿债务能力的其他情形。

房地产公司或债权人在提出破产申请时,应提交破产申请书和有关证据,房地产公司提出申请的,还应提交财产状况说明、债务清册、债权清册、有关财务会计报告、职工安置预案以及职工工资的支付和社会保险费用的缴纳情况。

此外,房地产公司已解散但未清算或者未清算完毕,资产不足以清偿债务的,依法负有清算责任的人应向人民法院申请破产清算。

(二) 法院裁定受理并指定管理人

债权人或债务人提出破产清算申请后,人民法院自收到申请之日起 15 日内

[①] 在房地产公司破产清算程序中,房地产公司被宣告破产前,该公司称为"债务人",其财产称为"债务人财产";被宣告破产后,该公司称为"破产人",其财产为"破产财产",人民法院受理破产清算申请时对债务人享有的债权称为"破产债权"。本章采用该等表述。

裁定是否受理。但债权人提出申请的，人民法院自收到申请之日起5日内通知债务人，债务人可以自收到人民法院的通知之日起7日内向人民法院提出异议，人民法院在异议期满之日起10日内裁定是否受理。有特殊情况需要延长裁定受理期限的，经上一级人民法院批准，可以延长15日。

人民法院在裁定受理申请的同时指定管理人，并自裁定作出之日起5日内送达申请人。债权人提出申请的，人民法院还会将受理裁定送达债务人，债务人应在收到裁定后15日内，向人民法院提交财产状况说明、债务清册、债权清册、有关财务会计报告以及职工工资的支付和社会保险费用的缴纳情况。

（三）通知债权人并公告

人民法院裁定受理破产清算申请后，在25日内通知已知债权人，如向债务人提供借款的银行、承包项目建设工程的承包人、购买项目预售商品房的购房人、债务人的职工等，并予以公告。

（四）债权申报和登记

债权人在人民法院确定的债权申报期限（自人民法院发布受理破产清算申请公告之日起计算，最短不得少于30日，最长不得超过3个月）内向管理人申报债权。在人民法院确定的债权申报期限内，债权人未申报债权的，可以在破产财产最后分配前（破产财产分配方案提交债权人会议表决之前）补充申报；但是，此前已进行的分配，不再对其补充分配。为审查和确认补充申报债权的费用，由补充申报人承担。

需要注意的是，债务人所欠职工的工资和医疗、伤残补助、抚恤费用，所欠的应当划入职工个人账户的基本养老保险、基本医疗保险费用，以及法律、行政法规规定应当支付给职工的补偿金，职工不必申报，由管理人调查后列出清单并予以公示。职工对清单记载有异议的，可以要求管理人更正；管理人不予更正的，职工可以向人民法院起诉。

管理人收到债权申报材料后登记造册，对申报的债权进行审查，并编制债权表，提交第一次债权人会议核查。债务人、债权人对债权表记载的债权无异议的，由人民法院裁定确认。债务人、债权人对债权表记载的债权有异议的，可以向受理破产清算申请的人民法院提起诉讼。

（五）接管债务人财产和日常事务

人民法院受理破产清算申请后，管理人接管债务人的财产，并负责决定债务人的日常经营管理事务。具体包括以下几类。

1. 接管债务人财产，接受债务清偿和财产交付

人民法院受理破产清算申请后，由管理人接管债务人的财产、印章和账簿、文书等资料，并调查债务人财产状况，制作财产状况报告。债务人财产包括破产清算申请受理时属于债务人的全部财产，以及破产清算申请受理后至破产程序终结前债务人取得的财产。

债务人占有的不属于债务人的财产，管理人经审查确认权利人的返还要求成立后，将该财产返还给权利人。

管理人接管债务人财产后，书面通知债务人的债务人和财产持有人及时向管理人清偿债务和交付财产，并负责依法追回可撤销行为、无效行为涉及的财产，追缴债务人的出资人欠缴的出资，追回债务人董事、监事和高级管理人员侵占的财产，以及决定质物和留置物的取回、在运途中标的物的交付、债权债务的抵销等事宜。但应注意，在第一次债权人会议召开之前，管理人采取对债务人利益有重大影响的财产处分行为应当事先取得人民法院许可；在第一次债权人会议召开之后应当及时报告债权人委员会，未设立债权人委员会的，应当及时报告人民法院。

管理人可以拟订债务人的财产管理方案，主要内容包括但不限于债务人财产管理维护方案、债务人继续营业方案、债务人财产清收方案等，经债权人会议表决通过后执行。债权人会议表决没有通过的财产管理方案，管理人可以请求人民法院裁定认可，并在人民法院裁定认可后执行。

2. 决定未履行完毕合同的继续履行或解除

人民法院受理破产清算申请后，管理人对破产申请受理前成立而债务人和对方当事人均未履行完毕的合同有权决定解除或者继续履行，并通知对方当事人。

如果管理人自破产申请受理之日起 2 个月内未通知对方当事人，或者自收到对方当事人催告之日起三十日内未答复的，视为解除合同。管理人决定继续履行合同的，对方当事人有权要求管理人提供担保，管理人不提供担保的，视为解除合同。

3. 决定债务人的日常经营事务

管理人负责决定债务人的内部管理事务；决定债务人的日常开支和其他必要开支；在第一次债权人会议召开之前，经人民法院许可，决定继续或者停止债务人的营业。

（六）宣告破产

第一次债权人会议上无人提出重整或和解申请的，管理人在债权审核确认和必要的审计、资产评估后向法院提出破产宣告的申请。人民法院作出破产宣告裁定后，在五日内送达债务人和管理人，并在十日内通知已知债权人并予以公告。

（七）变价破产财产

1. 拟订破产财产变价方案

人民法院裁定宣告破产后，应由管理人及时拟订破产财产的变价方案。除债权人会议另有决议外，变价出售破产财产应当通过拍卖进行。

2. 提交债权人会议表决

管理人将拟订的破产财产变价方案提交债权人会议讨论，出席债权人会议的有表决权的债权人过半数通过，并且其所代表的债权额占无财产担保债权总额的1/2以上的，破产财产变价方案即通过。债权人会议没有通过的，管理人可以提请人民法院裁定认可。

3. 执行破产财产的变价方案

管理人根据债权人会议通过或者人民法院裁定认可的破产财产变价方案，适时变价出售破产财产。

（八）分配破产财产

1. 拟订破产财产分配方案

管理人根据破产财产变价的实际情况及时地拟订破产财产分配方案。

对特定破产财产享有担保权的债权的分配，不列入破产财产分配方案。设定担保的破产财产的变价所得，直接优先用于对该财产享有担保权的债权的受偿。设定担保的破产财产的变价所得，大于该财产上担保债权金额的，大于部分用于无财产担保债权的分配。设定担保的破产财产的变价所得，小于该财产上担保债权金额的，不足受偿的债权作为无财产担保债权参加分配。对特定财产享有担保权的债权的债权人放弃其优先受偿权利的，其债权作为无财产担保债权参加分配。

无担保财产以及担保财产价值大于该担保财产上担保债权金额的部分，优先清偿破产费用和共益债务。优先清偿后的剩余部分，依照下列顺序进行清偿：职工债权；破产人欠缴的社会保险费用和破产人所欠税款；普通债权、破产财产不足以清偿同一顺序债权的清偿要求的，按照比例清偿。

2. 提交债权人会议表决

管理人将拟订的破产财产分配方案提交债权人会议讨论，出席债权人会议的有表决权的债权人过半数通过，并且其所代表的债权额占无财产担保债权总额的1/2以上的，破产财产分配方案即通过，由管理人提请人民法院认可。债权人会议没有通过的，管理人可以要求债权人二次表决，债权人会议二次表决仍不通过或者拒绝表决的，管理人可以提请人民法院裁定认可破产财产分配方案。

3. 执行破产财产分配方案

债权人会议通过或者人民法院裁定认可的破产财产分配方案，由管理人执行。管理人按照破产财产分配方案实施多次分配的，应当公告本次分配的财产额和债权额。管理人实施最后分配的，应当在公告中指明，并载明所提存分配额在最后分配公告日的交付或者分配情况。

附生效条件或者解除条件的债权，管理人应当将其分配额提存。在最后分配公告日，债权生效条件未成就或者解除条件成就的，管理人应当将提存的分配额分配给其他债权人。在最后分配公告日，债权生效条件成就或者解除条件未成就的，管理人应当将提存的分配额交付给债权人。

债权人未受领的破产财产分配额，管理人应当提存。债权人自最后分配公告之日起满2个月仍不领取的，视为债权人放弃受领分配的权利，管理人或者人民法院应当将提存的分配额分配给其他债权人。

对于诉讼或者仲裁未决债权的分配额，管理人也应将其分配额提存。

（九）破产程序终结

管理人在破产财产最后分配完结后，应及时向人民法院提交破产财产分配报告，并提请人民法院裁定终结破产程序。债务人财产不足以清偿破产费用，或者破产人无财产可供分配的，管理人应直接提请人民法院裁定终结破产程序。人民法院自收到管理人终结破产程序的请求之日起十五日内作出是否终结破产程序的裁定，裁定终结的，应予以公告。

破产财产分配时，管理人提存的诉讼或者仲裁未决债权的分配额，自破产程序终结之日起满2年仍不能受领分配的，由人民法院将提存的分配额分配给其他债权人。

（十）办理注销登记

管理人自破产程序终结之日起十日内，持人民法院终结破产程序的裁定，向房地产公司的原登记机关办理注销登记。对于已取得房地产开发企业资质证书的房地产公司，还应在办理完毕注销登记后的十五日内，到原资质审批部门注销资质证书。

四、清算过程中的注意事项

（一）税务处理

在房地产公司清算过程中，应注意以下税务处理事项：

1. 向主管税务机关报告

根据《税收征收管理法实施细则》第五十条的规定，房地产公司出现解散、撤销、破产情形的，在清算前应当向其主管税务机关报告。

2. 办理土地增值税清算手续

根据《税收征收管理法》第十六条和《税收征收管理法实施细则》第十五条的规定，房地产公司发生解散、破产、撤销情形，依法终止纳税义务的，应在办理注销登记前申报办理注销税务登记。而根据国家税务总局发布的《关于房地产开发企业土地增值税清算管理有关问题的通知》第二条第二款的规定，房地产公司申请注销税务登记但未办理土地增值税清算手续的，主管税务机关可要求其进行土地增值税清算。因此，房地产公司在申请注销税务登记前，应就其开发建设的房地产项目办理完毕土地增值税清算手续。

3. 结清应纳税款及相关滞纳金等

根据《税收征收管理法实施细则》第十六条的规定，在办理注销税务登记前，纳税人应当向税务机关结清应纳税款、滞纳金、罚款，缴销发票、税务登记证件和其他税务证件。一般而言，房地产公司涉及的应纳税种包括增值税、企业所得税、土地增值税、契税、房产税、城镇土地使用税、印花税等，在房地产公司清算过程中，房地产公司应缴纳的该等税款及相关滞纳金等均应在办理注销税务登记前向税务机关结清。但需注意的是，在破产清算程序中，房地产公司所欠税款及人民法院受理破产清算申请前因欠缴税款产生的滞纳金均应按照法定的清偿顺序受偿，最终可能无法获得足额清偿；而在人民法院受理破产清算申请后因欠缴税款产生的滞纳金，不属于破产债权，在破产清算程序中不予清偿。

4. 办理注销税务登记

房地产公司发生解散、破产情形进行清算的，应在办理注销登记前，向原税务登记机关申报办理注销税务登记。如房地产公司被吊销营业执照或被撤销登记而解散的，应当自营业执照被吊销或者被撤销登记之日起十五日内，向原税务登记机关申报办理注销税务登记。在办理完毕注销税务登记手续后，房地产公司方可向原登记机关办理公司注销登记手续。

(二) 债权异议处理

1. 解散清算中的债权异议处理

《公司法司法解释二》第十二条规定，房地产公司清算时，债权人对清算组核定的债权有异议的，可以要求清算组重新核定。清算组不予重新核定，或者债权人对重新核定的债权仍有异议，债权人可以公司为被告向人民法院提起诉讼请求确认。清算组则代表公司参加诉讼。

2. 破产清算中的债权异议处理

职工债权由管理人调查后列出清单并予以公示。职工对清单记载有异议的，可以要求管理人更正；管理人不予更正的，职工可以债务人为被告向人民法院提起确认之诉。由管理人代表债务人应诉。

债务人、债权人对债权表记载的债权有异议的，均可以向受理破产申请的人民法院提起确认之诉。债权人对自身债权的审核结果有异议的，应以债务人为被告；债权人对其他债权人债权的审核结果有异议的，应以债务人和该被异议债权人为共同被告。此时均由管理人代表债务人参加诉讼。

五、清算相关纠纷

一般而言，房地产公司在办理注销登记前，应将全部未了结的债权债务在公司清算程序中进行彻底的清理。然而在实践中，由于清算组怠于主张债权，公司注销时债权未到期，公司清算注销后发现新的可追回财产，清算组未通知债权人或通知程序存在瑕疵，债权人因特殊原因未能及时申报债权等种种原因，经常发生房地产公司清算完毕并办理注销登记后仍存在遗留债权债务的情形。

在此情形下，由于房地产公司法人资格已归于消灭，其遗留债权债务的处理涉及遗留债权是否仍可主张、由谁主张，以及遗留债务的债权人是否仍可主张债权、向谁主张的问题，且往往牵涉公司股东、清算组、债权人等各方利益，极易引发纠纷。本部分将依据我国公司法律制度的有关规定和基本原则，以及相关的司法判例，总结当前我国房地产法律实务中对于房地产公司注销后遗留债权债务的处理方式。

(一) 遗留债权的处理

房地产公司清算完毕并办理注销后仍有遗留债权的，虽然此时公司的法人资格已经消灭，但基于法律公平正义的理念，不应简单地认定遗留债权已经灭失，以避免不当得利的出现。一般认为，房地产公司注销后，其遗留债权并不归于消灭，但对于享有该等遗留债权的权利主体和处置方式，则依照公司注销前所履行的是解散清算还是破产清算程序而有所不同。

1. 解散清算

对于房地产公司解散清算并登记注销后的遗留债权，实务中一般认为，公司原股东基于权利承继原则可以对遗留债权主张权利。为实现对遗留债权享有的权利，公司原股东可以将遗留债权的债务人作为被告向人民法院提起诉讼。有观点认为，根据《公司法》的规定，公司解散后，股东应当对公司进行清算，清算完毕并办理注销登记后，公司归于消灭。由于经合法清算后的公司剩余财产，由股东依法进行分配后归股东所有，因此，股东在公司注销后，发现公司对外尚有债权或其他财产权益的，可以自己的名义依法提起诉讼，主张权利。与此近似的观点认为，公司与公司股东在法律上虽然是两个独立的民事主体，但因存在投资关系，股东对公司经营成果享有收益权利，并对公司解散负有清算责任，在公司注销登记后对尚未处理的债权，公司股东根据民法权利承继原则，全体股东成为权利主体，虽然公司注销后，其法人人格已经消灭，但公司的债权不因其主体的消灭而灭失，公司的原股东可以对清算中未处理的债权主张权利。

需要说明的是，如果公司原股东在清算报告或注销登记申请书等材料中确认公司债权债务已清理完毕的，不应因此认定原股东已放弃对遗留债权的权利。这是因为，涉及对权利放弃的认定，在考量相关意思表示时应当遵循严格标准，不宜认定为放弃权利的意思表示。而公司原股东在清算报告或注销登记申请材料中确认公司债权债务已清理完毕，是解散清算和注销登记程序的必要事项，并不足以证明股东已明确作出放弃遗留债权的意思表示，因此，股东仍可就遗留债权主张权利。实践中，江苏省高级人民法院在"房地产公司与何某、王某敏等商品房销售合同纠纷二审案"[1]，以及山东省高级人民法院在"范某芹与钢铁公司买卖合同纠纷再审案"[2]中均持此观点。

---

[1] 江苏省高级人民法院（2013）苏民终字第0363号民事判决书，载中国裁判文书网，https://wenshu.court.gov.cn/website/wenshu/181107ANFZ0BXSK4/index.html?docId=0iKNW5yGV8LnS3xiF+F3Lu59tCoG6OGnUUmdEON2wnHM06F40GZsB5O3qNaLMqsJLtMGU+Mc34789TnmiwgXuCN05NRB6QgWvb77MR4zDn7NHSi8ApFwF5PisTmUhtlB，2023年5月1日访问。

[2] 山东省高级人民法院（2015）鲁民提字第229号民事判决书，载中国裁判文书网，https://wenshu.court.gov.cn/website/wenshu/181107ANFZ0BXSK4/index.html?docId=ctuPvqzO3k7k6ot0ZwWTa/9oYd9d9wCfbE230QwV2RQtlOmijFj6+JO3qNaLMqsJLtMGU+Mc34789TnmiwgXuCN05NRB6QgWvb77MR4zDn64T0WkeGsSLhDeV9eOyto0，2023年5月1日访问。

2. 破产清算

对于房地产公司破产清算并登记注销后的遗留债权，由于公司资产不足以清偿债务，追回的遗留债权应当向公司债务人继续清偿，而不存在经破产清算后剩余财产归股东所有的情形，因此，公司原股东不能对遗留债权主张权利，而应由公司债权人向遗留债权的债务人主张权利，追回的债权按照破产财产分配方案向公司债权人进行追加分配。《企业破产法》第一百二十三条明确规定①，债权人在公司破产程序终结之日起两年内发现公司有应当追回的财产或应当供分配的其他财产的，可以请求人民法院按照破产财产分配方案进行追加分配。

（二）遗留债务的处理

实务中，对于房地产公司注销后遗留债务的处理，也要根据不同情况进行区别对待：

1. 房地产公司未经依法清算即注销

清算是为了终结房地产公司已有的法律关系而对公司资产、债权债务进行清理、处分和分配的行为，是公司注销前的必经程序，是为保护债权人利益而设定的强制性规定。房地产公司未经依法清算即办理注销登记有违法律法规的规定，依法负有公司清算责任的人应当承担相应的法律后果，包括向公司注销后遗留债务的债权人承担清偿责任。根据《公司法司法解释二》的规定，② 公司未经依法清算即办理了注销登记，包括公司未经清算即办理注销登记或未经依法清算而以虚假的清算报告骗取公司登记机关办理注销登记的，遗留债务的债权人可以主张有限责任公司的股东、股份有限公司的董事和控股股东，以及

---

① 《企业破产法》第一百二十三条规定，自破产程序依照本法第四十三条第四款或者第一百二十条的规定终结之日起二年内，有下列情形之一的，债权人可以请求人民法院按照破产财产分配方案进行追加分配：（1）发现有依照本法第三十一条、第三十二条、第三十三条、第三十六条规定应当追回的财产的；（2）发现破产人有应当供分配的其他财产的。有前款规定情形，但财产数量不足以支付分配费用的，不再进行追加分配，由人民法院将其上交国库。

② 《最高人民法院关于适用〈中华人民共和国公司法〉若干问题的规定（二）》第十九条规定，有限责任公司的股东、股份有限公司的董事和控股股东，以及公司的实际控制人在公司解散后，恶意处置公司财产给债权人造成损失，或者未经依法清算，以虚假的清算报告骗取公司登记机关办理法人注销登记，债权人主张其对公司债务承担相应赔偿责任的，人民法院应依法予以支持。第二十条规定，公司解散应当在依法清算完毕后，申请办理注销登记。公司未经清算即办理注销登记，导致公司无法进行清算，债权人主张有限责任公司的股东、股份有限公司的董事和控股股东，以及公司的实际控制人对公司债务承担清偿责任的，人民法院应依法予以支持。公司未经依法清算即办理注销登记，股东或者第三人在公司登记机关办理注销登记时承诺对公司债务承担责任，债权人主张其对公司债务承担相应民事责任的，人民法院应依法予以支持。

公司的实际控制人（公司解散清算中的"清算义务人"）承担清偿责任。债权人可以该等清算义务人为被告向人民法院起诉，主张债权。

2. 房地产公司注销登记时，股东或第三人承诺对遗留债务承担清偿责任

实践中，市场监督管理部门在办理公司注销登记时一般会要求公司股东或第三人承诺公司注销后遗留的债务由其负责。但需注意的是，房地产公司破产清算后办理注销登记的，因公司资产不足以清偿债务，不涉及公司股东或第三人承诺对遗留债务承担清偿责任的情形，因此该情形仅适用于公司未经依法清算或经解散清算后办理注销登记的情况。此时，根据《公司法司法解释二》第二十条第二款的规定，房地产公司未经依法清算即办理注销登记，股东或者第三人在办理注销登记时承诺对公司债务承担责任的，遗留债务的债权人可以股东或第三人为被告向人民法院起诉，主张其对遗留债务承担清偿责任。虽然前款规定仅涉及"未经依法清算即办理注销登记"的情形，但实务中一般认为，房地产公司经过解散清算程序后办理注销登记，股东或第三人在注销登记时承诺对公司债务承担责任的，遗留债务的债权人也有权要求其承担清偿责任。例如，《北京市高级人民法院关于企业下落不明、歇业、撤销、被吊销营业执照、注销后诉讼主体及民事责任承担若干问题的处理意见（试行）》第二十四条[①]规定，就未将"未经依法清算"作为债权人向公司注销时对公司遗留债务作出承诺的承诺人主张债权的条件。

3. 房地产公司虽经清算后注销，但清算程序存在瑕疵

在房地产公司经解散清算后注销的情形下，根据《公司法司法解释二》的规定[②]，公司清算组未按照规定履行通知和公告义务，导致债权人未及时申报债权而未获清偿的，债权人可以主张清算组成员对因此造成的损失承担赔偿责任，人民法院应依法予以支持。

同样地，在房地产公司经破产清算后注销的情形下，参考《企业破产法》

[①] 《北京市高级人民法院关于企业下落不明、歇业、撤销、被吊销营业执照、注销后诉讼主体及民事责任承担若干问题的处理意见（试行）》第二十四条规定，企业被注销登记时，清算主体或第三人在工商管理部门承诺企业注销登记后遗留的债权债务由其负责的，债权人可以做出承诺的清算主体或第三人为被告，要求其承担清偿责任。

[②] 《最高人民法院关于适用〈中华人民共和国公司法〉若干问题的规定（二）》第十一条规定，公司清算时，清算组应当按照公司法第一百八十五条的规定，将公司解散清算事宜书面通知全体已知债权人，并根据公司规模和营业地域范围在全国或者公司注册登记地省级有影响的报纸上进行公告。清算组未按照前款规定履行通知和公告义务，导致债权人未及时申报债权而未获清偿，债权人主张清算组成员对因此造成的损失承担赔偿责任的，人民法院应依法予以支持。第二十三条第一款规定，清算组成员从事清算事务时，违反法律、行政法规或者公司章程给公司或者债权人造成损失，公司或者债权人主张其承担赔偿责任的，人民法院应依法予以支持。

第一百三十条①及最高人民法院于 2008 年作出的《关于债权人对人员下落不明或者财产状况不清的债务人申请破产清算案件如何处理的批复》中的规定,②如因公司相关责任人或管理人原因存在清算瑕疵（如房地产公司的清算义务人怠于履行义务，导致公司主要财产、账册、重要文件等灭失无法清算而终结，或者管理人未依法通知和公告债权人等情形），导致债权人未能参与破产清算的，债权人可以要求公司相关责任人/管理人按照遗留债务在正常参与破产清算情形下的分配率来承担赔偿责任。

4. 房地产公司经过合法清算程序后注销

在房地产公司经过合法解散清算程序后办理注销的情况下，如果导致遗留债务产生是由于债权人自身的原因，则清算组在已经依法履行通知、公告义务以及其他清算义务和责任的情况下，将不对债权人的遗留债务承担责任，因此造成的损失由债权人自行承担。但如果房地产公司股东或第三人在办理注销登记时承诺对遗留债务承担清偿责任的，遗留债务的债权人仍可以向相应承诺人主张清偿责任。

在房地产公司破产清算程序中，如果不存在清算瑕疵，则在公司破产清算程序终结并注销后，公司债权人已丧失按照《企业破产法》规定而获得的参与分配请求权，并且由于公司注销后不存在继受主体，导致公司遗留债务实际归于消灭，故债权人无法就遗留债务主张相应权利，由此造成的损失只能由其自身承担。

本章内容试图从解散清算和破产清算比较分析的角度介绍房地产公司清算制度。尤其是在经济下行的情况下，对公司清算程序及相关要求的了解有利于妥善处理各方利益，在公司运行过程中及时做好相关风险把控，避免因未做好公司清算而给公司治理带来不必要的合规风险。

---

① 《企业破产法》第一百三十条规定，管理人未依照本法规定勤勉尽责，忠实执行职务的，人民法院可以依法处以罚款；给债权人、债务人或者第三人造成损失的，依法承担赔偿责任。

② 《最高人民法院关于债权人对人员下落不明或者财产状况不清的债务人申请破产清算案件如何处理的批复》规定，债务人的有关人员不履行法定义务，人民法院可依据有关法律规定追究其相应法律责任；其行为导致无法清算或者造成损失，有关权利人起诉请求其承担相应民事责任的，人民法院应依法予以支持。

第九章　房地产公司破产清算、重整及和解辨析

笔者和破产工作颇有渊源。笔者从事法律工作后不久，曾被时任律所派往大连市参与当地一宗规模较大的重整案件。律所的角色是管理人，笔者是管理人的工作人员。当时由于对重整这一破产程序和管理人相关工作不甚了解，故虽然实际参与了重整相关工作，但其实并未对破产工作有全局和整体性的理解以及总结。相反，在脱离了该宗重整案件以后，在后续的法律工作中却经常遇到与破产有关的问题，并日渐感觉到破产相关问题的重要性。

破产工作的重要性可从两个层面理解。第一，企业和人一样，有生也有死，没有人能活着离开这个世界，企业也如此。破产就是企业离开这个世界一种常见的情形，只有了解破产相关问题，才能在实际工作中正确处理与破产有关的问题，维护债务人（宣告破产后为破产人）、债权人及其他相关方的合法权益。第二，破产工作对于不同主体均有重要意义。对于法院，企业破产清算、重整、和解都由法院受理，并且法院在受理后要对破产清算、重整、和解工作给予指导，这就要求法官具有与破产工作相关的知识和经验储备。对于企业，了解破产工作有助于预防自身成为破产企业，也能够在企业具备破产情形时进行正确行为避免对相关方造成进一步损害，并与管理人进行配合。第三，对于债权人，了解破产工作能够在债务人面临破产时有效维护自身的合法权益，包括债权申报，行使别除权、取回权、抵销权等。第四，对于律师和会计师等中介机构从业人员，了解破产工作是成为破产管理人、代理债权人进行债权申报，以及处理破产有关纠纷的重要技能储备。

与清算类似，房地产公司的破产也要遵循公司一般的破产规则，但也有一定的特殊性。本章内容将按照破产一般规则和房地产公司破产的特殊情形进行分析和讨论，在这个过程中对可能存在的风险点进行剖析。

一、破产清算、重整、和解三者之间的关系

关于破产，困扰大家的一个问题就是《企业破产法》同时规定了破产清算、重整及和解等多个概念，但这三个概念之间分别是什么关系，分别如何适用？下面将对三者之间的关系做简单的厘清。

（一）破产清算

一般意义上，或者狭义理解上，破产指的就是破产清算。此时，满足破产清算条件的企业已经无法清偿到期债务，并且资产不足以清偿全部债务或者明显缺乏清偿能力，需要对该企业的财产进行清算，并相应偿还债权人的债权，保障债权人的权益。因此，破产清算是在企业濒于破产时对企业的财产进行清算以最大限度保障债权人利益的破产活动，其最终目的是通过破产清算这一程序对债权人利益进行最大限度的保障和维护。

如上所述，企业进入破产清算程序也需要企业满足一定的条件。具体而言包括两种，一是企业已经无法清偿到期债务并且资产不足以清偿全部债务；二是企业已经无法清偿到期债务并且明显缺乏清偿能力。

提请破产清算的主体既可以是债权人，也可以是债务人，这是容易理解的。因为破产清算的目的就是清算债务人的财产和保障债权人的权益。但债务人和债权人申请企业破产清算的具体要求有所不同。比如，债权人向法院申请企业破产，所需要提交的是破产申请书和相关证据，包括申请人、被申请人的基本情况，申请破产的目的、事实和理由等。但债务人向法院申请企业破产的，除上述内容外，债务人还要向法院提交财产状况说明、债务清册、债权清册、有关财务会计报告、职工安置预案以及职工工资的支付和社会保险费用的缴纳情况。之所以区别对待的主要原因在于，债权人只能够知道债务人无法清偿到期债务的事实，但对债务人的资产情况是否资不抵债或者明显缺乏清偿能力是无从知道的；相反，债务人对自身资产情况、清偿能力都是知悉的，因此对于债务人提请破产提出了更高的要求。

根据《企业破产法》的规定，企业法人已解散但未清算或者未清算完毕，资产不足以清偿债务的，依法负有清算责任的人应当向法院申请破产清算。因此，除了债务人和债权人以外，依法负有清算责任的人即清算组也可以向法院申请债务人的破产清算。此种情况主要针对企业在出现《公司法》规定的解散情形时，在注销前必须经过清算流程，如果在清算过程中发现企业已经资不抵债了，那么清算组就应当向法院申请破产清算，以实现对企业剩余资产向债权

人进行分配，并最终达到注销企业的效果。

企业进入破产清算程序，法院指定的管理人就要对企业的资产进行盘点，若最终被法院宣告破产，则进入后续财产分配阶段。但如果破产宣告前，第三人为债务人提供足额担保或者为债务人清偿全部到期债务，或者债务人已清偿全部到期债务的，法院应当裁定终结破产程序，并予以公告，因为此时债务人已经不再符合破产清算的条件。

（二）重整

很多人对重整程序存在一定的陌生感。实际上，重整属于广义的破产程序的一种，与破产清算及和解并列存在。重整的目的是对于虽然具备破产条件，但是有希望、有价值通过重整程序而起死回生的企业，使其重新恢复正常经营。这与破产清算重点旨在清算债务人财产及公平地向债权人偿还债权是有本质区别的。

根据《企业破产法》第二条的规定，重整的适用条件具体可以分为两种情形。一是企业法人不能清偿到期债务，并且资产不足以清偿全部债务或者明显缺乏清偿能力。这第一种情形是企业具备破产条件，与破产清算及和解的适用条件是相同的。二是企业法人有明显丧失清偿能力可能。在第二种情形中企业可能尚不符合破产条件，但是已经有明显丧失清偿能力的可能了，即可以适用重整程序，这也有助于提高重整成功的可能，更好地发挥重整使得企业起死回生的作用。

提请重整的申请人既可以是债权人，也可以是债务人。这与破产清算是一致的。除此以外，还有一个特殊情形，即法院受理破产申请后、宣告债务人破产前，债务人或者出资额占债务人注册资本 1/10 以上的出资人，也可以向法院申请重整。

与破产清算不同的是，重整由于旨在使债务人起死回生，因此重整程序有明确的截止时间。债务人或者管理人应当在法院裁定债务人重整之日起六个月内，向法院和债权人会议提交重整计划草案。6 个月期限届满，经过债务人或管理人请求，法院可以裁定进一步延期 3 个月。3 个月期限届满仍无法提出重整计划草案的，法院将裁定终止重整程序，并宣告债务人破产。因此，重整程序自法院裁定债务人重整之日起最长只有 9 个月的时间，即不能让重整程序拖延更长时间，以免给债权人的债权造成其他不利的影响。

（三）和解

和解也是《企业破产法》规定的破产程序之一，与破产清算和重整并列。

和解从字面意义上容易理解，即和解的目的是债务人提出和解方案，并进一步与债权人就债务的免除、债务的延期等达成一致，避免企业进入破产清算程序。

根据《企业破产法》第二条的规定，和解的适用条件和破产清算一致，也是具体可以分为两种情形。第一种是企业法人不能清偿到期债务且资产不足以清偿全部债务；第二种是企业法人不能清偿到期债务且明显缺乏清偿能力。

但是提请和解的申请人只能是债务人，而不能是债权人。这主要是因为和解的目的是债务偿还的延期和债务减免，债权人并不会主动地向法院申请这些事项，这些事项只是债务人的单方诉求。

和解程序更多是在法院主导下的债务人和债权人的和解。《企业破产法》第一百零五条另外依据当事人意思自治对和解进行了约定，即法院受理破产申请后，债务人与全体债权人就债权债务的处理自行达成协议的，可以请求法院裁定认可，并终结破产程序。《企业破产法》第一百零五条规定的和解，是债务人与全体债权人的自行和解，类似于民事诉讼法上的调解结案，与作为破产程序之一的和解程序不同。

（四）破产清算、重整、和解的联系

前面已经对破产清算、重整及和解的基本情况有所介绍，表明三者是完全不同的破产程序。在此基础上，再总结三者之间的联系和区别就水到渠成了。

第一，破产清算、重整及和解都是《企业破产法》规定的破产程序，三者是并存的关系。

企业可以因具备破产条件而直接进入破产清算阶段、重整阶段、和解阶段，而不必一个程序以另一个程序为前置条件。

第二，破产清算、重整及和解存在相互转化的可能。

对于破产清算，有三种可能性：第一种，在法院裁定受理破产申请后，如果企业符合宣告破产的条件，则法院可以宣告破产，即企业进入破产清算程序，最终将推进破产清算程序，达到宣告破产的结果，并进一步地进行破产财产的变现和分配，直至企业注销。第二种，法院受理破产申请后，宣告债务人破产前，债务人或者出资额占债务人注册资本 1/10 以上的出资人，可以向法院申请重整。此时，破产清算程序可能转化为重整程序。第三种，法院受理破产申请后，宣告债务人破产前，债务人可以向法院申请和解，并提出和解协议草案。此时，破产清算程序可能转化为和解程序。

对于重整，有两种可能性：第一种，在法院裁定受理重整申请后，重整计划草案得以通过，重整成功，那么企业得以起死回生。第二种，在法院裁定受理重整申请后，重整方案未能得以通过且法院未强裁通过，存在特定情形（债务人的经营状况和财产状况继续恶化，缺乏挽救的可能性；债务人有欺诈、恶意减少债务人财产或者其他显著不利于债权人的行为；由于债务人的行为致使管理人无法执行职务）并经管理人或利害关系人请求，则法院将裁定终结重整程序、宣告企业破产。此时重整程序转化为了破产清算程序。但重整程序无法转化为和解程序，一是法律上并无相关规定；二是如果重整程序也没有成功，表明债权人对管理人根据债务人的资产负债情况提出的重整方案并不认可，也就没有必要再向和解程序转化，债权人势必不会认可债务人的和解方案。

对于和解，也有两种可能性：第一种，自法院裁定受理和解申请后，债务人和债权人达成和解，那么企业债务将根据和解方案执行，债务得到减免或者延期等处理。第二种，在法院裁定受理和解申请后，和解协议草案经债权人会议表决未获得通过，或者已经债权人会议通过的和解协议未获法院认可的，法院应当裁定终止和解程序，并宣告债务人破产。此时和解程序转化为破产清算程序。但和解程序也无法转化为重整程序，原因与上面重整程序无法转化为和解程序相同。

(五) 预重整

破产清算、重整及和解是现行《企业破产法》所规定三种破产程序。在此用少许的笔墨也简单介绍一下预重整，预重整后续将不可避免的作为重整的一个前置程序。

现行《企业破产法》是 2007 年 6 月 1 日生效的，已经有十多年的施行历史。在这个过程中，不论是国内的经济形势还是国际的经济形势都发生了较大的变化。这也联合其他因素共同催生了《企业破产法》进一步修订的需求。

2021 年 11 月 25 日，国务院在《关于开展营商环境创新试点工作的意见》中提出，推行预重整制度，建立健全企业破产重整信用修复机制，允许债权人等推荐选任破产管理人。该意见提出了要推行预重整制度。

根据《郑州市中级法院审理预重整案件工作规程（试行）》，预重整系指申请人向人民法院提出预重整申请，或者申请人提出重整申请后，人民法院在受理重整申请前，指定预重整管理人对具有重整原因的债务人参照《企业破产法》第八十一条的规定，制定预重整草案，并征集利益相关方意见形成预重整方案的程序。

由此可见，预重整制度在部分法院已有相关的实践操作，未来随着《企业破产法》的进一步修订，最高人民法院势必也将逐步推动预重整制度在全国法院系统普遍意义上的统一操作指引。关于预重整制度的相关操作也值得后续持续关注。

二、破产程序的启动

破产程序的启动可从两个方面理解，一是哪些主体可以提出申请；二是债务人在具备哪些具体条件时可以被提出申请破产。对此，结合上面对破产清算、重整及和解的介绍，可以总结为如下的表格，以便理解。

表9.1 破产清算、破产重整及破产和解的比较

类别	破产清算	重整	和解
申请主体	债务人	债务人	债务人
	债权人	债权人	/
	依法负有清算责任的人	出资额占债务人注册资本十分之一以上的出资人	/
申请条件	企业已经无法清偿到期债务并且资产不足以清偿全部债务	企业已经无法清偿到期债务并且资产不足以清偿全部债务	企业已经无法清偿到期债务并且资产不足以清偿全部债务
	企业已经无法清偿到期债务并且明显缺乏清偿能力	企业已经无法清偿到期债务并且明显缺乏清偿能力	企业已经无法清偿到期债务并且明显缺乏清偿能力
	企业法人已解散但未清算或者未清算完毕，资产不足以清偿债务的（仅限于依法负有清算责任的人提起申请情形）	企业有明显丧失清偿能力可能	/

上面表格中的申请条件是原则性规定，具体到实践中应该如何认定"债务人不能清偿到期债务""债务人资产不足以清偿全部债务""明显缺乏清偿能力"？根据相关司法解释及实践案例，一般可以通过如下途径给予判断。

对于债务人不能清偿到期债务：在债权债务关系依法成立、债务履行期限已经届满且债务人未完全清偿债务的情形下，应认定债务人不能清偿到期债务。

对于债务人资产不足以清偿全部债务：在债务人的资产负债表，或者审计报告、资产评估报告等显示其全部资产不足以偿付全部负债的，法院应当认定债务人资产不足以清偿全部债务，但有相反证据足以证明债务人资产能够偿付全部负债的除外。

对于明显缺乏清偿能力：债务人账面资产虽大于负债，但债务人存在因资金严重不足或者财产不能变现等原因，法定代表人下落不明且无其他人员负责管理财产，经法院强制执行，或者长期亏损且经营扭亏困难，进而无法清偿债务的，法院应当认定其明显缺乏清偿能力。

三、破产程序涉及的相关主体

（一）法院

法院在破产程序（包括破产清算、重整及和解程序）中的作用不可取代，可以说，我国的企业破产制度就是在法院主导下进行的。总结起来，法院在破产程序中的作用可以分为以下几个方面：

第一，破产案件由法院管辖。具体而言，破产案件由债务人住所地法院管辖。不论破产清算、重整还是和解程序，均由法院管辖，即需要相应破产程序的有权申请人向法院申请债务人进入破产程序。法院将裁定是否受理相应的破产申请。在这一过程中，如果债权人提出破产申请，法院应当通知债务人，由债务人决定是否对该申请提出异议。如果债务人提出破产申请，根据《企业破产法》的规定，法院一般应当在收到破产申请之日起15日内裁定是否受理，特殊情况下经上级法院批准，可以再延长15日。若法院裁定不予受理的，如申请人对裁定不服，可以自裁定送达之日起10日内向上级法院上诉。

第二，法院负责指定管理人。只要法院裁定受理破产申请，就需要同步指定相应的管理人。管理人向法院报告工作，接受债权人会议和债权人委员会的监督。债权人会议认为管理人不能依法、公正执行职务或者有其他不能胜任职务情形的，可以申请法院予以更换。此外，管理人的报酬也由法院确定。关于管理人的权利义务等相关内容，我们会在后面专门涉及管理人的部分详细介绍。

第三，法院负责管辖破产申请受理后有关债务人的民事诉讼。法院受理破产申请后，有关债务人的民事诉讼，只能向受理破产申请的法院提起。但是这里仅限于民事诉讼，对于仲裁仍然由相应的仲裁机构负责。之所以由受理破产申请的法院负责管理后续债务人的民事诉讼，主要是因为该法院一般是债务人的住所地法院，债务人的主要资产也可能在该地，由该案统筹管辖后续民事诉讼，有利于法院更好地处置相关纠纷，固化债务人财产，以便保障债权人的合法权益。此外，受理破产申请的法院，如对有关债务人的海事纠纷、专利纠纷、证券市场因虚假陈述引发的民事赔偿纠纷等案件不能行使管辖权的，可以依据民事诉讼法由上级法院指定管辖。

第四，法院负责召集第一次债权人会议。第一次债权人会议由法院召集，自债权申报期限届满之日起十五日内召开。后续的债权人会议可以由债权人委员会或者管理人提议召开，但第一次会议只能由法院召集。

(二) 管理人

在破产程序中，管理人扮演着至关重要的角色。管理人由法院指定，并受法院、债权人会议、债权人委员会的监督。可以说，一个专业尽责的管理人不仅能够有效地维护债权人的合法权益，也能够为债务人的破产程序推进尤其是在重整程序中发挥重要的作用。一般而言，可以从以下几个方面对管理人在破产程序中的作用进行介绍。

第一，管理人的组成。管理人可以由有关部门、机构的人员组成的清算组或者依法设立的律师事务所、会计师事务所、破产清算事务所等社会中介机构担任。法院根据债务人的实际情况，可以在征询有关社会中介机构的意见后，指定该机构具备相关专业知识并取得执业资格的人员担任管理人。但因故意犯罪受过刑事处罚、曾被吊销相关专业执业证书、与破产案件有利害关系或法院认为不宜担任管理人的其他情形的，不得担任管理人。个人担任管理人的，应当参加执业责任保险。实践中，律师事务所被指定担任管理人的情形较多，主要还是因为律师事务所能够独立开展的与破产程序相关工作比较多，如涉及破产的资产盘点、诉讼仲裁、债权审核。当然对于一些财务相关工作，如审计、评估，还是需要另行聘请相关中介机构负责。

第二，管理人接管债务人的财产、印章、文书等资料。法院在指定管理人之后，管理人应立即开展接管债务人财产、印章、文书等资料的工作。一般而言，管理人会限定债务人移交的时间，只有债务人尽快完成相关资料的交接，管理人才能有序地开展管理工作。如果债务人各项资产比较复杂，那么对于资产的盘点、清查等工作也需要有序开展。通俗来讲，这个资料交接的过程，就是债务人把自身管理权和财产权移交给管理人，并由管理人完成对债务人资产和负债摸底的过程。管理人还要结合对债务人财产状况的调查，制作财产状况报告。

第三，管理人负责决定债务人的内部管理事务。管理人接管债务人之后，债务人的内部管理事务就不再由债务人负责，而由管理人负责，包括决定债务人的日常开支、其他必要开支、印章使用等。

第四，管理人决定继续或停止债务人的营业。管理人接管债务人之后，可以决定继续履行或解除已签署尚未履行完毕的合同。

第五，管理人负责处分债务人的财产。管理人接管债务人之后，可以决定处分债务人的财产，但应当向债权人委员会报告。如果债权人委员会未成立，则应当及时报告法院。

第六，管理人代表债务人参与诉讼、仲裁或其他法律程序。管理人接管债务人之后的一个重要工作就是代表债务人参与到诉讼、仲裁及相关法律程序中，包括主动起诉、被诉、被保全、被执行等。一般而言，管理人会要求债务人将已经被诉、被保全、被执行的相关文件移交给管理人，管理人对这些文件进行及时的梳理，然后和法院、仲裁机构取得沟通，包括申请已开始但尚未终结的民事诉讼或仲裁的中止审理（在管理人接管债务人的财产后，管理人应当申请诉讼或者仲裁继续进行），申请与债务人财产有关的保全措施的解除，申请与债务人财产有关的执行程序的中止。除此之外，管理人对于债务人无效处置债务人财产及个别清偿等行为可以行使撤销权，对于属于债务人财产的债权应予追回，这些都需要管理人主动提起诉讼。笔者曾参与过某重整程序的管理人诉讼仲裁工作，工作非常繁杂，需要和法院、仲裁机构频繁沟通协调，从这个意义上讲，律师事务所担任管理人还是具有一定的优势。

第七，管理人负责债权申报和审核。接受债权申报和对债权进行审核是管理人的重要工作内容。法院在受理破产申请之后有几个重要的时间点，包括法院在裁定受理破产申请之日起25日内应公告通知债权人，公告的目的就是告知债权人申报债权的期限、地点和注意事项，以及第一次债权人会议的召开时间和地点。债权申报期限自法院发布受理破产申请的公告之日起计算，最短不得少于30日，最长不得超过3个月。对于一些中小企业及债权债务关系不复杂的破产案件，30日到3个月的时间还能够满足需要，但是对于一些大型企业的破产案件，即便最长的3个月时间也往往非常紧张，因此也就需要管理人投入大量的人员进行接收债权申报，同步地也要进行债权审核。虽然债权审核并非一定在3个月时间内完成，但是由于第一次债权人会议召开的时间和地点是固定的，则也要在第一次债权人会议之前完成审核工作。

第八，在重整程序中，债务人或者管理人应当自法院裁定债务人重整之日起六个月内，同时向法院和债权人会议提交重整计划草案。重整计划草案应当包括下列内容：（1）债务人的经营方案；（2）债权分类；（3）债权调整方案；（4）债权受偿方案；（5）重整计划的执行期限；（6）重整计划执行的监督期限；（7）有利于债务人重整的其他方案。在债务人被依法宣告破产后，管理人应及时拟订破产财产的变价方案和分配方案，提交债权人会议讨论。

总体而言，管理人的职责范围是非常广泛的，重点是接管债务人资料，盘点债务人资产，代表债务人进行诉讼仲裁，以及接收债权申报和进行债权审核。这些工作对于维护债权人利益至关重要，要求管理人应当勤勉尽责，忠实执行职务。

（三）债务人

债务人是对被申请进入破产程序的企业的称呼。在企业被宣告破产之后，债务人即为破产人。

一般而言，债务人在进入破产程序之后，债务人的经营权就由管理人执行，债务人应当向管理人移交其相关资料。实践中，不排除债务人对于法院指定的管理人不予配合的情形。根据《企业破产法》的规定，债务人拒不向管理人移交财产、印章和账簿、文书等资料的，或者伪造、销毁有关财产证据材料而使财产状况不明的，法院可以对直接责任人员依法处以罚款。

但对于重整程序，在重整期间，经债务人申请，法院批准，债务人也可以在管理人的监督下自行管理财产和营业事务。此时，已接管债务人财产和营业事务的管理人应当向债务人移交财产和营业事务，管理人的职权由债务人行使。

（四）债务人的有关人员

债务人进入破产程序，所谓"城门失火，殃及池鱼"，势必会对债务人的有关人员产生影响并需要其承担相应的法律义务。

债务人的有关人员是指债务人的法定代表人，经法院决定，可以包括企业的财务管理人员和其他经营管理人员。自法院受理破产申请的裁定送达债务人之日起至破产程序终结之日，债务人的有关人员承担下列义务：（1）妥善保管其占有和管理的财产、印章和账簿、文书等资料；（2）根据法院、管理人的要求进行工作，并如实回答询问；（3）列席债权人会议并如实回答债权人的询问；（4）未经法院许可，不得离开住所地；（5）不得新任其他企业的董事、监事、高级管理人员。因此，债务人的有关人员所受到的影响比较大，主要是基于有关人员尤其是债务人的法定代表人真正知悉债务人的经营管理，没有这些有关人员的配合，管理人不可能有效地接管债务人，也不可能梳理清晰债务人的债权债务关系等，进而导致债权人的利益无法得到切实保障。

债务人的有关人员主要是指法定代表人，但是对于其他财务管理人员如果对向管理人交接有重要作用的，法院也可以决定有关人员的范围。管理人负责管理财产和营业事务的，也可以聘任债务人的经营管理人员负责营业事务。

（五）债务人的董监高

《企业破产法》第一百二十五条规定，企业董事、监事或者高级管理人员违反忠实义务、勤勉义务，致使所在企业破产的，依法承担民事责任。有前款规定情形的人员，自破产程序终结之日起三年内不得担任任何企业的董事、监事、高级管理人员。首先，这里的企业董事、监事、高级管理人员（以下简称"董监高"）与上面的债务人的有关人员可能存在重合，如董事或经理担任法定代表人的情形；但也存在不重合的，如监事。其次，债务人的董监高受该条规制主要是为了防止债务人董监高违反忠实勤勉义务，那么这些董监高需要承担民事责任，并自破产程序终结之日起三年内不得担任任何企业的董监高。这与《公司法》第一百四十六条规定的担任破产清算的公司、企业的董事或者厂长、经理，对该公司、企业的破产负有个人责任的，自该公司、企业破产清算完结之日起未逾三年，不得担任公司的董监高的规定是一脉相承的。

此外，债务人一旦被法院裁定受理破产申请的，债务人的董监高的收入也存在被法院认定为非正常收入的可能。根据《企业破产法》，债务人的董事、监事和高级管理人员利用职权获取的以下收入，法院应当认定为非正常收入：(1) 绩效奖金；(2) 普遍拖欠职工工资情况下获取的工资性收入；(3) 其他非正常收入。债务人的董监高应向管理人返还上述债务人财产。但债务人的董监高因返还第1、3项非正常收入形成的债权，可以作为普通破产债权清偿；因返还第2项非正常收入形成的债权，按照债务人职工平均工资计算的部分作为拖欠职工工资清偿；高出债务人职工平均工资计算的部分，可以作为普通破产债权清偿。

（六）出资人

债务人进入破产程序也将对出资人产生一定的影响，并且主要是和出资人的出资相关。

在注册资本认缴制下，出资人对于债务人的出资未必一次性实缴，将可能根据公司章程逐笔实缴。那么在债务人进入破产程序后，出资人是否应该加速出资就将对债权人的利益产生直接影响，尤其是注册资本比较大的情况下。对此，《最高人民法院关于适用〈中华人民共和国企业破产法〉若干问题的规定（二）》（以下简称《企业破产法司法解释二》）第二十条规定，管理人代表债务人提起诉讼，主张出资人向债务人依法缴付未履行的出资或者返还抽逃的出资本息，出资人以认缴出资尚未届至公司章程规定的缴纳期限或者违反出资义务已经超过诉讼时效为由抗辩的，法院不予支持。也就是说，管理人有权要求出资人不受公司章程规定的缴纳期限加速出资或者返还已抽逃的出资本息。同时，管理人有权依据公司法的相关规定代表债务人提起诉讼，主张公司的发起人和负有监督股东履行出资义务的董事、高级管理人员，或者协助抽逃出资的其他股东、董事、高级管理人员、实际控制人等，对股东违反出资义务或者抽逃出资承担相应责任，并将财产归入债务人财产。

此外，在重整程序中，原则上债务人的出资人不得请求投资收益分配。在重整期间，债务人的董监高不得向第三人转让其持有的债务人的股权。但是，经法院同意的除外。

可以说，债务人出资人注册资本的加速出资、返还抽逃出资、不得请求投资收益分配，都是为了增加可供向债权人进行分配的财产，最大限度地保障债权人的利益。

债务人的出资人代表可以列席讨论重整计划草案的债权人会议。重整计划草案涉及出资人权益调整事项的，应当设出资人组，对该事项进行表决。

（七）债权人

破产程序旨在保护债权人的利益。法院在裁定受理破产申请之日起25日内通知已知债权人并公告，通知公告的事项主要包括：申请人、被申请人的名称或者姓名；法院受理破产申请的时间；申报债权的期限、地点和注意事项；管理人的名称或者姓名及其处理事务的地址；债务人的债务人或者财产持有人应当向管理人清偿债务或者交付财产的要求；第一次债权人会议召开的时间和地点；法院认为应当通知和公告的其他事项。公告后，债权人即应当开始债权申报。债权申报的期限将严格按照公告执行，期限最短三十日，最长三个月。债权人申报债权时，应当书面说明债权的数额和有无财产担保，并提交有关证据。

债权人申报债权后，管理人将对申报的债权进行登记造册，记载申报人的姓名、单位、代理人、申报债权额、担保情况、证据、联系方式等事项，形成债权申报登记册。管理人将据此对债权的性质、数额、担保财产、是否超过诉讼时效期间、是否超过强制执行期间等情况进行审查，编制债权表并提交债权人会议核查。对于债权表、债权申报登记册及债权申报材料，管理人在破产期间负责保管，但债权人、债务人、债务人职工及其他利害关系人有权查阅。单个债权人有权查阅债务人财产状况报告、债权人会议决议、债权人委员会决议、管理人监督报告等参与破产程序所必需的债务人财务和经营信息资料。管理人无正当理由不予提供的，债权人可以请求法院作出决定。

1. 债权人分类

债权人根据债权所属类型不同，一般可以分为以下几类。

第一类是最为主要的债权人类型即普通债权人。普通债权人所享有的是普通债权，最终将普通债权额按比例清偿。

第二类是对债务人特定财产设定了担保措施的债权人。这一类的债权人由于在债务人特定财产上设定了担保，因此该类债权人享有别除权即优先受偿。如果特定财产在偿还了该类债权人以后仍有剩余，则向普通债权人进行分配；如果特定财产不足以偿还该类债权人的债权，则该类债权人转为普通债权人，不足偿还的部分作为普通债权继续按比例清偿。

第三类是职工债权人。职工债权人的债权针对的是债务人所欠职工的工资和医疗、伤残补助、抚恤费用，所欠的应当划入职工个人账户的基本养老保险、基本医疗保险费用，以及法律、行政法规规定应当支付给职工的补偿金。但职工债权无须申报，由管理人调查后列出清单并予以公示。职工对清单记载有异议的，可以要求管理人更正；管理人不予更正的，职工可以向法院提起诉讼。

2. 债权申报及审核关注事项

根据实践情况，有几个涉及债权申报的事项值得关注，在此给予简单介绍。

第一，已经生效法律文书确定的债权，管理人原则上应当予以确认。这一方面是对法律公信力的相信和尊重；另一方面也是为了减少不必要的时间投入或损耗。但如果管理人认为债权人据以申报债权的生效法律文书确定的债权存在错误，或者有证据证明债权人与债务人恶意通过诉讼、仲裁或者公证机关赋予强制执行力公证文书的形式虚构债权债务的，管理人应当依法通过审判监督程序申请撤销生效法律文书，或者向受理破产申请的法院申请撤销或者不予执行仲裁裁决、不予执行公证债权文书，重新确定债权。法律文书确定的债权存在错误比较容易理解，债权人和债务人通过虚假诉讼而虚构债权债务的，破产程序的相关方法院和管理人应予以足够重视。《最高人民法院关于深入开展虚假诉讼整治工作的意见》中明确将企业破产纠纷认定为虚假诉讼易发领域，要求各级法院重点关注、严格审查，加大政治虚假诉讼工作力度。

第二，滞纳金不能作为破产债权。一般情况下，债务人欠缴款项产生的滞纳金，包括债务人未履行生效法律文书应当加倍支付的迟延利息和劳动保险金的滞纳金，是一并计入债权中的。但在破产申请受理后，债务人已进入破产程序，此时滞纳金作为迟延支付欠缴款项的惩罚作用即应当停止，债权人再将滞纳金作为破产债权进行申报的，将不会得到支持。

第三，保证人有权申报其对保证人的保证债权。关于保证债权的申报分为两种情况。第一种是仅保证人进入破产程序的情形。此时，债权人有权申报其对保证人的保证债权。主债务未到期的，保证债权在保证人破产申请受理时也视为已到期。一般保证的保证人不得行使先诉抗辩权，债权人在保证人破产程序中的分配额应予提存，待一般保证人应承担的保证责任确定后再按照破产清偿比例分配。并且，保证人的管理人可以据此向主债务人或其他债务人行使求偿权。第二种是主债务人和保证人均进入破产程序的情形。此时，债权人有权分别向主债务人和保证人申报债权，且债权人从主债务人、保证人中一方的破产程序中获得清偿后，其在另一方的申报债权额不变，仍能够获得清偿，只是债权人一共取得的清偿额不得超过其债权总额。这种情况下，保证人履行了保证责任后不再享有求偿权。

第四，未到期的债权，在破产申请受理时视为到期。付利息的债权自破产申请受理时起停止计息。停止计息一方面有利于固化债权额；另一方面也有利于公平地对待全体债权人，而不是某些债权人因其债权的利息不断增加而不断扩大债权额。

第五，附条件、附期限的债权均可以申报，但最终条件是否能够达成、期限是否届满，不影响申报，但会影响的是债权能否得到认定。

第六，诉讼、仲裁未决的债权，债权人可以申报。所谓诉讼、仲裁未决的债权，是指法院未作出判决或者仲裁机构未作出裁决，债权额尚未通过判决或裁决予以确认。但诉讼和仲裁未决不影响债权人申报，只是申报后管理人在审核债权的时候无法确定债权，需要等诉讼判决或仲裁裁决。对债权人的影响主要是因为债权额未经管理人确认，所以债权人无法参加债权人会议（除非法院能够为该等债权人临时确定债权额）或者参与分配。在破产财产分配时，对于诉讼、仲裁未决的债权，管理人将提存相应分配额，但如果破产程序终结后两年内仍不能受领分配的，法院将提存额向其他债权人分配。

第七，债务人的保证人或者其他连带债务人已经代替债务人清偿债务的，以其对债务人的求偿权申报债权。债务人的保证人或者其他连带债务人尚未代替债务人清偿债务的，以其对债务人的将来求偿权申报债权。但是，债权人已经向管理人申报全部债权的除外。

第八，连带债务人数人被裁定适用本法规定的程序的，其债权人有权就全部债权分别在各破产案件中申报债权。所谓连带债务人，对于债权人而言均是债务人，因此，当连带承担债务的相关主体中数个主体或全部进入破产程序的，那么债权人当然有权分别向债务人申报债权。但这里有一个问题，就是如果每个债务人的清偿率都较高，可能最终债权人获得清偿的债权额高于自己的应得债权额，此时，高于的部分应属于不当得利，应予返还。

第九，管理人或者债务人依照本法规定解除合同的，对方当事人以因合同解除所产生的损害赔偿请求权申报债权。管理人在接管债务人财产后，有权根据具体情况决定是否解除债务人已签署未履行完毕的合同。若由此而给合同相对方造成损失的，合同相对方据此申报债权，属于保障全体债权人利益的应有之义。

第十，债务人是委托合同的委托人，被裁定适用本法规定的程序，受托人不知该事实，继续处理委托事务的，受托人可以由此产生请求权申报债权。

以上是管理人在审核债权时应关注的一些重要情形，但是经济生活是异常丰富多彩的，上述情形肯定无法穷尽债权审核的所有情形。具体还需要依据民法理论、合同法理论及破产法相关原则具体问题具体分析。

债务人、债权人对于管理人编制的债权表记载的债权有异议的，管理人应予解释或调整，但如果提出异议方仍然不服的，或者管理人不予解释或调整的，异议人应当在债权人会议核查结束后十五日内向法院提起债权确认之诉。当事人之间在破产申请受理前订立有仲裁条款或仲裁协议的，应当向选定的仲裁机构申请确认债权债务关系。

3. 债权申报期间未申报债权处理

原则上，债权人应当在债权申报期间进行债权申报。但是实践中，普遍存在的情况却是，有的债权人未能看到法院在受理申请之后的公告，或者即便看到了却未能在债权申报期间申报债权。这就产生了逾期申报债权应该如何处理的问题。

根据《企业破产法》，债权人未在债权申报期间内申报债权的，可以在破产财产最后分配前补充申报。但对于此前已经进行的分配，不再对补充申报的债权人进行补充分配。如果为审查和确认补充申报债权而产生费用，由补充申报人承担。因此，对待逾期申报债权，最晚的时间点是在破产财产最后分配前，且只能针对此时尚未分配的财产进行分配。

对于逾期申报债权，在重整程序中存在一定的特殊性，原因在于重整计划存在成功的可能性，即重整计划得到债权人会议的通过。根据《企业破产法》的规定，债权人未按规定申报债权的，在重整计划执行期间不得行使权利；在重整计划执行完毕后，可以按照重整计划规定的同类债权的清偿条件行使权利。

也就是说,虽然逾期申报的债权人在重整计划执行期间不能行使权利,但在重整计划执行完毕后,还是享有同类债权的清偿条件的权利。这一规定是对重整程序中逾期申报债权人的非常宽容的处理,当然也是结合了重整程序的特殊性。在实践当中,往往会预留一笔款项,如果出现逾期申报的债权,经过管理人审核确认,重整计划执行完毕后,将用预留或提存的这笔款项进行清偿。如果这笔预留款项还有剩余或根本就没有使用,则管理人将再次分配。

(八)债权人会议与债权人委员会

债权人会议与债权人委员会的关系可以类比于业主大会与业主委员会。债权人会议是全体债权人参与的最高权力机构,而债权人委员会是由于债权人会议召集和召开存在困难及非常设性质而设立的常设机构。

1. 债权人会议

针对债权人会议,可以从以下几个维度进行分析和理解。

(1)债权人会议的召集和召开

第一次债权人会议由法院召集,自债权申报期限届满之日起15日内召开。第一次债权人会议后,法院认为必要时可以召开,或者管理人、债权人委员会、占债权总额四分之一以上的债权人向债权人会议主席提议也可以召开。法院从有表决权的债权人中指定债权人会议主席,由债权人会议主席主持债权人会议。

(2)债权人会议的参加主体

债权人会议的参加主体可以分为几类,包括有表决权的债权人、无表决权的债权人及列席参加的主体等。

依法申报债权的债权人为债权人会议的成员,有权参加债权人会议,享有表决权。但是债权尚未确定的债权人,除法院能够为其确定临时债权额的外,不得行使表决权。对债务人的特定财产享有担保权的债权人,未放弃优先受偿权利的,对通过和解协议及通过破产财产的分配方案等,不得行使表决权。

债务人的职工和工会的代表应当参加债权人会议,对有关事项发表意见。

(3)债权人会议的职权

债权人会议作为债权人的最高权力机构,其职权包括:①核查债权;②申请法院更换管理人,审查管理人的费用和报酬;③监督管理人;④选任和更换债权人委员会成员;⑤决定继续或者停止债务人的营业;⑥通过重整计划;⑦通过和解协议;⑧通过债务人财产的管理方案;⑨通过破产财产的变价方案;⑩通过破产财产的分配方案;⑪法院认为应当由债权人会议行使的其他职权。

债权人会议应当对所议事项的决议作成会议记录。

(4) 债权人会议的表决机制

债权人会议的决议，由出席会议的有表决权的债权人过半数通过，并且其所代表的债权额占无财产担保债权总额的1/2以上。债权人会议的决议，对于全体债权人均有约束力。但对于通过债务人财产的管理方案和通过破产财产的变价方案，债权人会议表决未通过的，可以由法院裁定，也就是法院强裁，对此债权人不服的可以申请复议。对于通过破产财产的分配方案，债权人会议二次表决仍未通过的，可以由法院强裁，对此债权额占无财产担保债权总额1/2以上的债权人不服的可以申请复议。

在重整程序中，债权人会议的表决机制有一定的特殊性，目的是最大限度上对同类债权的债权人中形成共识，推动重整企业的起死回生。具体而言，参加讨论重整计划草案的债权人会议的各类债权的债权人，分类及表决如下：①对债务人的特定财产享有担保权的债权；②债务人所欠职工的工资和医疗、伤残补助、抚恤费用，所欠的应当划入职工个人账户的基本养老保险、基本医疗保险费用，以及法律、行政法规规定应当支付给职工的补偿金；③债务人所欠税款；④普通债权。法院在必要时可以决定在普通债权组中设小额债权组对重整计划草案进行表决。

(5) 债权人会议决议的相关诉讼

尽管债权人会议决议对于全体债权均有约束力，但是当债权人认为决议存在损害债权人利益的情形，债权人有权申请予以撤销。这些情形包括债权人会议的召开违反法定程序、债权人会议的表决违反法定程序、债权人会议决议内容违法及债权人会议的决议超出债权人会议的职权范围等。

(6) 法院强裁

在破产重整中，部分表决组未通过重整计划草案的，债务人或者管理人可以同未通过重整计划草案的表决组协商。该表决组可以在协商后再表决一次。双方协商的结果不得损害其他表决组的利益。未通过重整计划草案的表决组拒绝再次表决或者再次表决仍未通过重整计划草案，但重整计划草案符合特定条件的，债务人或者管理人可以申请法院批准重整计划草案。法院经审查认为重整计划草案符合前款规定的，应当自收到申请之日起30日内裁定批准，终止重整程序，并予以公告。

2. 债权人委员会

债权人会议可以决定设立债权人委员会。因此，债权人委员会并非必须设立，而是结合破产程序及债权人的具体情况决定是否设立。

债权人委员会由债权人会议选任的债权人代表和一名债务人的职工代表或者工会代表组成。债权人委员会成员不得超过九人。债权人委员会成员应当经法院书面决定认可。

尽管债权人委员会是债权人会议的常设机构，但其所能够行使的职权其实是相对受限的。根据《企业破产法》的规定，债权人委员会的职权包括：(1) 监督债务人财产的管理和处分；(2) 监督破产财产分配；(3) 提议召开债权人会议。同时，债权人会议可以授权债权人委员会代为行使的职权包括：(1) 申请法院更换管理人，审查管理人的费用和报酬；(2) 监督管理人；(3) 决定继续或停止债务人的营业。但债权人会议不得概括性授权，委托其行使债权人会议所有职权。

债权人委员会所决议的事项应取得全体成员过半数通过。

债权人委员会对管理人进行监督，这是债权人委员会的一项重要职权。为此，管理人代表债务人为或者不为某些行为，涉及债务人财产的，应当及时向债权人委员会报告。根据《企业破产法》的规定，这些行为包括：(1) 涉及土地、房屋等不动产权益的转让；(2) 探矿权、采矿权、知识产权等财产权的转让；(3) 全部库存或者营业的转让；(4) 借款；(5) 设定财产担保；(6) 债权和有价证券的转让；(7) 履行债务人和对方当事人均未履行完毕的合同；(8) 放弃权利；(9) 担保物的取回；(10) 对债权人利益有重大影响的其他财产处分行为。债权人委员会得到报告后有权要求管理人作出说明或者提供相关依据，如认为管理人的处分行为有违债权人会议通过的财产管理或变价方案的，有权要求管理人纠正；管理人拒绝纠正的，债权人委员会可以请求法院作出决定。

如果管理人处分的是债务人重大财产的，应当事先制作财产管理或者变价方案并提交债权人会议进行表决通过，否则，管理人不得处分。管理人拟通过清偿债务或者提供担保取回质物、留置物，或者与质权人、留置权人协议以质物、留置物折价清偿债务等方式，进行对债权人利益有重大影响的财产处分行为的，应当及时报告债权人委员会。未设立债权人委员会的，管理人应当及时报告法院。

四、债务人财产

(一) 债务人财产的范围

债务人财产是非常重要的概念。破产申请受理时属于债务人的财产，以及破产申请受理后至破产程序终结前债务人取得的财产，均是债务人财产。这是对债务人财产的一个概括性的描述，但明确了债务人财产可以分为两大组成部分，第一部分是破产申请受理时从所有权关系上属于债务人所有的财产；第二部分是在破产申请受理之后至破产程序终结前债务人取得的财产。从这两个维度能够更好地判断某一财产是否属于债务人财产的范围。举例而言，如果破产申请受理时债务人占有一台小汽车，但小汽车的所有权属于债务人的债权人，那么该小汽车不属于债务人财产；如果破产申请受理时债务人享有一台小汽车的所有权，但该小汽车已经被抵押给了债权人并办理了相应的登记手续，那么该小汽车属于债务人财产。

需要与债务人财产区别和辨析的另一个概念是破产财产，债务人财产和破产财产区分的时间点是债务人被宣告破产，在此前为债务人财产，在此后为破产财产。相应地，在宣告破产前，债务人仅被称为债务人；在宣告破产后，债务人则被称为破产人。

从某种意义上看，对债务人财产范围的界定，可以理解为一个加加减减的过程，加的过程就是把属于债务人的财产不断固化和明确的过程，如存在不在债务人掌控的但属于债务人所有的财产取回；减的过程就是把虽然在债务人处但不属于债务人所有的财产由所有权人取回的过程，如债务人占有的不属于债务人的财产，该财产的权利人可以通过管理人取回。通过这种加加减减，最终确定属于债务人财产的范围，这就是债务人所能够向债权人清偿债务和支付各种破产费用、共益债务的基础。因此，下面将对确定债务人财产范围的几个重点问题进行介绍。

1. 破产程序的域外效力

实践中，债务人财产不仅限于债务人在中华人民共和国领域内的财产，也可能在中华人民共和国领域外，根据《企业破产法》第五条的规定，破产程序也对债务人在中华人民共和国领域外的财产发生效力。

2. 外国法院破产案件判决、裁定的执行

根据《企业破产法》第五条的规定，对外国法院作出的发生法律效力的破产案件的判决、裁定，涉及债务人在中华人民共和国领域内的财产，申请或者请求法院承认和执行的，法院依照中华人民共和国缔结或者参加的国际条约，或者按照互惠原则进行审查，认为不违反中华人民共和国法律的基本原则，不损害国家主权、安全和社会公共利益，不损害中华人民共和国领域内债权人的合法权益的，裁定承认和执行。

也就是说，对于外国法院生效的破产案件判决和裁定，如果涉及债务人在我国境内的财产而申请法院承认和执行，那么我们有两条原则，一是根据国际条约审查；二是没有国际条约的根据互惠原则审查，但前提都是不能违反中国法的基本原则和不能损害国家主权、安全、社会公共利益，也不能损害境内债权人的合法权益，符合这些的可以裁定承认和执行。

3. 债务人财产的一般表现形式

一般而言，债务人所有的货币、实物肯定属于债务人财产。此外，债务人依法享有的可以用货币估价并可以依法转让的债权、股权、知识产权、用益物权等财产和财产权益，也属于债务人财产，但前提是这些财产或财产权益能够用货币估价并可以转让，否则无法变现，也就无法向债权人分配。此外，债务人已依法设定担保物权的特定财产，法院应当认定为债务人财产。

但根据《企业破产法司法解释二》，下列财产不应认定为债务人财产：

第一，债务人基于仓储、保管、承揽、代销、借用、寄存、租赁等合同或者其他法律关系占有、使用的他人财产。这些占有或使用的财产的所有权不归属于债务人，当然不属于债务人财产，而且相关法律关系的相对方可以行使取回权，将相关财产取回。

第二，债务人在所有权保留买卖中尚未取得所有权的财产。所有权保留买卖中，买卖合同中会约定出卖人保留标的物的所有权，直至买受方完成给付义务。在债务人作为买受人进入破产程序的情况下，债务人已经不具备继续向买受方继续支付价款的能力，且所有权仍属于出卖人。因此，也不能认定为债务人财产。买卖合同双方当事人在合同中约定标的物所有权保留，在标的物所有权未依法转移给买受人前，一方当事人破产的，该买卖合同属于双方均未履行完毕的合同，管理人有权决定解除或者继续履行合同。

第三，所有权专属于国家且不得转让的财产。这无须过多解释，从所有权上就排除了债务人财产的认定可能。

第四，其他依照法律、行政法规不属于债务人的财产。

4. 固化债务人财产相关途径

破产程序也是一个查明和固化债务人财产的过程，只有这样，才能谈得上进一步地依据债权人的债权情况进行分配的可能。那么从《企业破产法》角度为固化债务人财产提供了如下一些途径。

第一，个别清偿无效。法院受理破产申请后，为了保障债权人的整体利益及公平地对待债权人，不能容许债务人针对个别债权进行清偿，否则，清偿行为无效,这里的无效是自始无效,产生的法律效果是债权人必须返还债务人个别清偿的债权,债权人的债权只能和其他债权人一样公平地分配。

第二,保全措施中止。法院受理破产申请后,有关债务人财产的保全措施应当解除,执行程序应当中止。这是因为保全措施的申请人应当和其他债权人一样得到公平对待,故保全措施应当予以解除。而对于执行程序则应当中止,停止进行执行,若后续债务人被宣告破产,则执行程序应当予以终结,申请执行人与其他债权人公平受偿。

第三,出资人尚未完全履行出资义务的应加速出资。法院受理破产申请后,管理人有权要求尚未完全履行出资义务的债务人的出资人缴纳尚未实缴的出资,不受公司章程关于出资期限的限制。这也是出资人的义务之一,出资人本身就对公司即债务人有出资的义务,在债务人进入程序的情况下,这种出资义务不仅不能被免除,反而应当加速出资,目的就是增加债务人财产以更好地向债权人进行清偿。

第四,管理人有权追回债务人董监高利用职权从债务人获取的非正常收入和侵占的债务人财产。

第五,管理人有权要求债务人的债务人或债务人财产的持有人清偿债务或交付财产。对债务人负担债务的债务人,不论是在破产申请受理前产生的,还是破产申请受理后产生的,均应当负责清偿债务。对于债务人财产的持有人,不论是有权的持有,还是无权的持有,均应当向债务人返还,这也是管理人的一种要求取回的权利。这里需要注意的是,债务人对外享有债权的诉讼时效,自法院受理破产申请之日起中断。若债务人无正当理由未对其到期债权及时行使权利,导致其对外债权在破产申请受理前一年内超过诉讼时效期间的,法院受理破产申请之日起重新计算上述债权的诉讼时效期间。

第六,管理人有权决定解除或继续履行债务人已签署但尚未履行完毕的合同。破产申请受理后,管理人自破产申请受理之日起2个月内未通知对方当事人,或者自收到对方当事人催告之日起30日内未答复的,视为解除合同。管理人决定继续履行合同的,对方当事人应当履行;但是,对方当事人有权要求管理人提供担保。管理人不提供担保的,视为解除合同。从固化债务人财产的角度看,解除是为了不继续产生合同项下进一步的义务,但也可能因为解除而给相对方造成损失,相对方有权依据该损失进而申报债权;继续履行则是为了通过履行合同而进一步增加债务人财产,当然这种增加存在或然性。

第七,管理人可以通过清偿债务或提供担保的方式取回质物、留置物。取回质物、留置物的方式包括清偿债务和提供债权人接受的担保两种方式，但不论何种方式，取回的质物、留置物的价值均不得低于清偿债务或替代担保，否则就会减损债务人财产，进而影响债权人利益。

5. 涉及债务人财产的无效行为

实践当中债务人对债务人财产的处置行为给债权人利益带来不可挽回的损失的情形也存在。根据《企业破产法》第三十三条的规定，为逃避债务而隐匿、转移财产的行为，以及虚构债务或者承认不真实的债务的行为无效。

不论为逃避债务而隐匿、转移财产的行为，或者虚构债务或者承认不真实的债务，都将减少或者减损债务人财产，最终将实质性影响债权人所能够分配的财产，这种行为一经得到认定，就自始无效。而根据《企业破产法》和《民法典》对此的规定，该等行为被认定无效后，因该等行为而取得债务人的财产的应返还该等财产，若已经无法返还的，则应当对由此给债务人造成的损失进行赔偿。此外，债务人、债务人的相关人员或者相对方不排除因该等行为而触发刑罚的可能性。

需要指出的是，这些无效的行为与下文将提及的管理人撤销权针对的行为不同，不应受到时间方面的限制，只要发现存在该等行为，管理人就有权主张该等行为的无效。

（二）债务人财产在破产程序中涉及的几种重要权利

1. 撤销权

与认定某些与债务人财产有关的行为无效类似，在符合特定条件的情况下，管理人有权请求法院撤销涉及债务人财产的一些行为。

《企业破产法》第三十一条规定，法院受理破产申请前一年内，涉及债务人财产的下列行为，管理人有权请求法院予以撤销：（1）无偿转让财产的；（2）以明显不合理的价格进行交易的；（3）对没有财产担保的债务提供财产担保的；（4）对未到期的债务提前清偿的；（5）放弃债权的。

《企业破产法》第三十二条规定，法院受理破产申请前六个月内，债务人有本法第二条第一款规定的情形，仍对个别债权人进行清偿的，管理人有权请求法院予以撤销。但是，个别清偿使债务人财产受益的除外。

上述《企业破产法》关于撤销权的规定对于破产相关业务而言是非常重要的。对此，笔者可以从以下的维度理解：

第一，管理人针对涉及债务人财产的撤销权不能够由管理人直接行使，而需要通过法院予以撤销。

第二，管理人请求撤销的行为大致分为两类：一类是减损债务人财产、对债权人产生负面影响的行为，其中包括无偿转让债务人财产，以明显不合理的价格进行交易，对无财产担保的债务提供财产担保，对未到期的债务提前清偿，以及放弃债权。这一类行为的时间限制是法院受理破产申请前一年内，一方面是由于一年的时间与债务人陷入破产境遇才可能产生关联关系；另一方面太长的时间也可能给债务人财产和债务人经营构成不良的影响。另一类是债务人在具备破产情形的情况下的个别清偿行为，但由此使得债务人财产受益的行为除外，如债务人为维持生产需要而支付水电费，债务人支付劳动报酬、人身损害赔偿金等。这一类行为的时间限制是法院受理破产申请前6个月内。

第三，一旦管理人申请撤销得到法院的支持，那么这些行为的相对方就应当返还，管理人也有权予以追回，若已经无法返还的，则应当予以赔偿。这是撤销权的法律后果。

根据笔者的经验，管理人在从债务人处接管财产的过程中应当格外关注可能存在的撤销行为，并及时主动地履行管理人职责，向法院提请诉讼申请予以撤销。若管理人因过错未依法行使撤销权导致债务人财产不当减损，债权人提起诉讼主张管理人对其损失承担相应赔偿责任。因此，管理人应当对撤销权予以充分关注。

2. 取回权

取回权和我们前面提到的那些不构成债务人财产的形式有相关性。债务人基于仓储、保管、承揽、代销、借用、寄存、租赁等合同或者其他法律关系占有、使用的他人财产，不属于债务人财产，既然属于他人财产，他人自然享有取回的权利。

取回权是指在法院受理破产申请后，虽然财产在债务人或者管理人的掌控之中，但是并非债务人财产，真正的权利人有权要求取回的权利。

权利人行使取回权应当通过管理人取回，并且取回权的行使也存在时间的限制。权利人应当在破产财产变价方案或者和解协议、重整计划草案提交债权人会议表决前向管理人提出。如果权利人在上述期限后主张取回相关财产的，应当承担延迟行使取回权增加的相关费用。

取回权的行使对于破产程序中的管理人是需要面对的一项重要工作，因为取回权的对象可能价值较高，因此管理人在处理取回权申请的时候应当予以格外注意，要细致审核相关资料，分析权利人提出的取回申请及取回所涉及的法律关系，避免权利人并无真正的取回权，否则管理人武断地行使取回权很可能减损债务人财产，并进一步地可能受到来自债权人的诉讼，要求赔偿由此给债权人造成的损失。在这一过程中，管理人也应与法院、债权人委员会等保持沟通。

但权利人行使取回权在债务人处于重整程序中时会存在一定的特殊性，为此，《企业破产法》第七十六条规定，债务人合法占有的他人财产，该财产的权利人在重整期间要求取回的，应当符合事先约定的条件。这主要是因为重整程序和破产清算程序有所区别，重整程序中管理人或者债务人可能还需要取回权所对应的财产进行企业经营，并对重整计划最终能否实施落地有影响，所以赋予了债务人以事先约定的条件作为对抗权利人取回权的权力。但这并不会对权利人造成实质影响，即如果重整计划最终成功，那么在满足事先约定条件后即可取回；如果重整失败，则债务人就将进入破产清算程序，此时债务人即可向管理人主张取回权。

3. 别除权

别除权是指在法院受理破产申请的情况下，债权人如针对特定财产享有担保权，则可以在其他没有担保权的债权人之前对该特定财产享有优先受偿的权利。与取回权类似，别除权也必须通过管理人。债权人行使优先受偿权利未能完全受偿的，其未受偿的债权作为普通债权；放弃优先受偿权利的，其债权作为普通债权。

关于别除权的定义，有以下三个方面需要注意。

第一是担保权的范围，根据原《担保法》，担保权包括抵押权、质权和留置权，但目前原《担保法》已经被《民法典》所取代。根据《民法典》及《最高人民法院关于适用〈中华人民共和国民法典〉有关担保制度的解释》，担保制度不限于抵押、质押、留置、保证，还包括所有权买卖、融资租赁、保理等。目前《企业破产法》意义上的担保权是否还仅限于抵押权、质权和留置权，需要未来司法实践给出答案。

第二是别除权，只针对特定财产，如果特定财产灭失了，那债权人的别除权也就不存在了，债权人只能主张普通债权。

第三是别除权在破产程序中特定程序下的适用问题。

对于破产清算程序而言，别除权的行使不受影响，对债务人特定财产享有担保权的债权人可以随时向管理人要求对特定财产进行处置以优先受偿，管理人应予配合且不得以须债权人会议同意等为由拒绝，但前提是该特定财产的处置不会导致其他债务人财产造成减损而必须整体处置。

对于重整程序而言，《企业破产法》第七十五条明确规定，在重整期间，对债务人特定财产享有的担保权暂停行使。这是因为特定财产可能对于债务人通过重整起死回生发挥重要的作用。为此，《最高人民法院关于印发〈全国法院民商事审判工作会议纪要〉的通知》第一百一十二条第一款更加直白地规定，重整程序中，要依法平衡保护担保物权人的合法权益和企业重整价值。重整申请受理后，管理人或者自行管理的债务人应当及时确定设定有担保物权的债务人财产是否为重整所必需。如果认为担保物不是重整所必需，管理人或者自行管理的债务人应当及时对担保物进行拍卖或者变卖，拍卖或者变卖担保物所得价款在支付拍卖、变卖费用后优先清偿担保物权人的债权。在重整程序中，债权人分组上也表现出特殊性，即对债务人的特定财产享有担保权的债权应单独设组，出席该组的债权过半数同意重整计划草案，并且其所代表的债权额占该组债权总额的 2/3 以上即视为该组通过重整计划草案。

对于和解程序而言，别除权的行使也不受到限制，自法院裁定和解之日起可以行使别除权。但在和解程序中，主张别除权的债权人不得针对债权人会议职权中的通过和解协议和通过破产财产的分配方案行使表决权。

4. 抵销权

对于管理人而言，抵销权也是破产程序中经常遇到的，尤其是对于关联企业同时破产的情形，更要关注这些关联企业之间是否能够行使抵销权，否则，由于不当处理抵销权而导致应收债权无法收回、不应个别偿还的债权得到清偿，可能被相关债权人追责。

抵销权是指债权人在破产申请受理前对债务人负有债务的，可以用其债权抵销对债务人所负债务的权利。对债权人而言，相当于通过这种抵销权的行使而使得债权人的债权在其他债权人之前得到了全部的清偿。就其实际效果，存在个别清偿的嫌疑。但是法律规定的制定考量的一个重要因素是经济效益。抵销权的行使一方面有利于减少管理人的工作量；另一方面也有利于破产程序的快速推进，这间接也有利于避免破产程序久拖而对债权人的利益构成实质性损害。

破产法意义上抵销权和民法意义上抵销权有所不同。根据《民法典》的规定，当事人互负到期债务，且债务的标的物种类、品质相同，可以抵销。但破产抵销权则不论债务的标的物种类、品质是否相同，债务是否已经到期，都可以进行抵销。此外，破产抵销权应当向管理人提出抵销主张。管理人不得主动抵销债务人与债权人的互负债务，但抵销使债务人财产受益的除外。

为了防止破产抵销权被滥用，《企业破产法》也规定了禁止抵销的情形，主要包括：

第一，法院受理破产申请后，债务人的债务人取得他人对债务人的债权的，不得抵销。这是因为这种情况下债务人的债务人取得他人对债务人的债权是为了自己的债权能够得到个别的全额清偿，对于其他债权人不公平。

第二，债权人已知债务人有不能清偿到期债务或者破产申请的事实，对债务人负担债务的，不得抵销。这也是因为债务人对债务人负担债务是为了自己的债权得到个别的全额清偿。但债权人对债务人负担债务是由于法律规定或有破产申请一年前的原因的，不在禁止抵销之列。

第三，债务人的债务人已知债务人有不能清偿到期债务或者破产申请的事实，对债务人取得债权的，不得抵销。在破产程序中，债权是按比例清偿，因此正常情况下是不应该有主体在已知债务人存在不能清偿到期债务或破产申请时再对债务人取得债权的，故法律上推断其为恶意，也纳入禁止之列。但是债务人的债务人取得对债务人的债权是由于法律规定或有破产申请一年前的原因的，不在禁止抵销之列。

第四，破产申请受理前六个月内，债务人存在破产情形的，债务人与个别债权人以抵消方式对个别债权人清偿，且抵销的债权债务属于前述第二、第三点情形之一，管理人有权在破产申请受理之日起三个月内向法院提起诉讼，主张该抵销无效。这里的三个月是法定期间，不适用诉讼时效中止、中断或延长。这也对管理人提出了很高的要求，即必须在接管债务人财产的过程中就关注是否存在无效抵销的情形，并及时向法院提起诉讼，否则逾期将得不到支持。

五、破产费用和共益债务

（一）破产费用

破产费用是在法院受理破产申请后，为全体债权人的利益，为推进破产程序不可避免地必然要支出的费用。根据《企业破产法》第四十一条的规定，破产费用包括破产案件的诉讼费用，管理、变价和分配债务人财产的费用，以及管理人执行职务的费用、报酬和聘用工作人员的费用。

此外，法院裁定受理破产申请的，此前债务人尚未支付的公司强制清算费用、未终结的执行程序中产生的评估费、公告费、保管费等执行费用，可以参照企业破产法关于破产费用的规定，由债务人财产随时清偿。此前债务人尚未支付的案件受理费、执行申请费，可以作为破产债权清偿。

(二) 共益债务

共益债务是法院受理破产申请后，为全体债权人的利益，为推进破产程序可能要支出的非程序性费用。根据《企业破产法》第四十二条的规定，共益债务包括因管理人或者债务人请求对方当事人履行双方均未履行完毕的合同所产生的债务，债务人财产受无因管理所产生的债务，因债务人不当得利所产生的债务，为债务人继续营业而应支付的劳动报酬和社会保险费用以及由此产生的其他债务，管理人或者相关人员执行职务致人损害所产生的债务，以及债务人财产致人损害所产生的债务。

法院根据管理人的请求撤销涉及债务人财产的以明显不合理价格进行的交易的，买卖双方应当依法返还从对方获取的财产或者价款。因撤销该交易，对于债务人应返还受让人已支付价款所产生的债务也属于共益债务。

共益债务与破产债权有所不同，在于共益债务是产生于破产程序过程中，而破产债权是产生于破产申请受理前。

共益债务与破产费用也有所不同，在于共益债务并非必然会产生，属于非程序性费用，而破产费用则是必然要产生的费用。

(三) 破产费用和共益债务的清偿

由于破产费用和共益债务都是为确保破产程序顺利推进产生的，因此由债务人财产随时予以清偿，当然实践中也存在分配过程中先予偿还的情形。

但破产费用及/或共益债务无法足额偿还时应如何处理，这也是需要考量的现实问题。可以分几种情况分析，第一种是债务人财产不足以清偿所有破产费用和共益债务的，那么应当先清偿破产费用，这说明破产费用和共益债务相比也具有优先性，原因在于破产费用是破产程序中必然要发生的，而共益债务则并非破产程序中必然要发生的。第二种是债务人财产不足以支付所有破产费用的，应按照比例清偿破产费用。同时，管理人应当提前法院终结破产程序，此时说明破产程序已经无法进行下去。第三种是债务人财产不足以支付所有共益债务的，说明破产费用已经能够得到偿付，此时按照比例清偿共益债务。债务人财产不足以支付所有共益债务的，并不直接导致破产程序终结。

六、宣告破产后破产财产的处置

(一) 破产财产的变价

企业如被宣告破产，那么管理人应当及时拟订破产财产的变价方案，提交债权人会议讨论。管理人依据债权人会议通过的或者法院强裁的破产财产变价方案，适时出售破产财产。

变价出售破产财产一般应当通过拍卖进行。破产企业可以全部或者部分变价出售。企业变价出售时，可以将其中的无形资产和其他财产单独变价出售。按照国家规定不能拍卖或者限制转让的财产，应当按照国家规定的方式处理。

（二）分配顺序

企业被宣告破产后，针对其破产财产，将按照一定的顺序清偿债权人。根据《企业破产法》的规定，清偿顺序如下：

首先是破产人所欠职工的工资和医疗、伤残补助、抚恤费用，所欠的应当划入职工个人账户的基本养老保险、基本医疗保险费用，以及法律、行政法规规定应当支付给职工的补偿金。

其次是破产人欠缴的除前项规定外的社会保险费用和破产人所欠税款。

最后是普通破产债权。破产财产不足以清偿同一顺序的清偿要求的，按照比例分配。

以上是一般情况下企业破产财产的清偿顺序。但在特殊情况下，如房地产开发商在被宣告破产清算的情况下，可能会涉及购房人的债权、建设工程优先受偿权等问题，这些将在后文中单独进行介绍和讨论。

在破产财产变现后，管理人应当及时按照上述清偿顺序拟订破产财产分配方案，提交债权人会议讨论。破产财产分配方案一般包括参与分配的债权人名称、姓名、住所等具体信息，债权人参与分配的债权额，破产人可供分配的破产财产数额，破产财产分配顺序、比例及对应数额，以及实施破产财产分配的方法。债权人会议通过破产财产分配方案后，由管理人将该方案提请法院裁定认可。

破产财产的分配方案具体由管理人执行。实践中，管理人按照分配方案分配的，可能一次性就分配完毕，也可能需要多次才能分配完毕，对此应予相应公告。

实践中，往往破产财产的分配会受到一些特殊情形的制约，对此也简单给予说明。

（1）对于附生效条件或者解除条件的债权，管理人应当将其分配额提存。在最后分配公告日，生效条件未成就或者解除条件成就的，应当分配给其他债权人；在最后分配公告日，生效条件成就或者解除条件未成就的，应当交付给债权人。

（2）债权人未受领的破产财产分配额，管理人应当提存。债权人自最后分配公告之日起满二个月仍不领取的，视为放弃受领分配的权利，管理人或者法院应当将提存的分配额分配给其他债权人。

(3) 破产财产分配时,对于诉讼或者仲裁未决的债权,管理人应当将其分配额提存。自破产程序终结之日起满二年仍不能受领分配的,法院应当将提存的分配额分配给其他债权人。

(三) 企业注销

企业注销意味着企业作为市场主体和法律关系主体的彻底灭失,具体方式是通过工商注销登记。

对于破产人而言,如果破产人没有可供分配的财产时或者已经分配完结后,管理人将请求法院依法裁定终结破产程序,并予以公告。

管理人应当自破产程序终结之日起十日内,持法院终结破产程序的裁定,向破产人的原登记机关办理注销登记。破产人自原登记机关被注销登记也意味着管理人工作的终结,当然未决的诉讼或者仲裁除外。

尽管破产人已经被注销登记,但自破产程序终结之日起两年内,如果存在应当追回的财产或者发现破产人有其他可供分配的破产财产的,债权人还可以请求法院按照破产分配方案进行追加分配。

七、房地产公司破产债权清偿顺位

如果房地产公司破产,虽然应当适用前述破产的一般规定,但由于房地产公司从事业务的特殊性,其债权债务关系涉及被拆迁人、购房人、建设工程承包人等法律予以特殊权利保护的主体,且其核心资产——房地产项目涉及不动产物权担保、不动产登记等相关法律制度,因此房地产公司的破产债权清偿顺位相较一般公司尤其复杂。本部分重点阐述房地产公司在破产债权清偿顺位上的特殊性,主要从以下不同债权人的角度分别予以阐述:

(一) 被拆迁人

在 2011 年以前,根据《城市房屋拆迁管理条例》第四条的规定[1],房地产公司在取得拆迁许可证后可以进行城市房屋的拆迁、补偿和安置。2011 年 1 月 21 日,国务院发布了《国有土地上房屋征收与补偿条例》[2],明确规定市、县

---

[1] 《城市房屋拆迁管理条例》第四条规定,拆迁人应当依照本条例的规定,对被拆迁人给予补偿、安置;被拆迁人应当在搬迁期限内完成搬迁。本条例所称拆迁人,是指取得房屋拆迁许可证的单位。本条例所称被拆迁人,是指被拆迁房屋的所有人。

[2] 《国有土地上房屋征收与补偿条例》第四条规定,市、县级人民政府负责本行政区域的房屋征收与补偿工作。市、县级人民政府确定的房屋征收部门(以下称房屋征收部门)组织实施本行政区域的房屋征收与补偿工作。市、县级人民政府有关部门应当依照本条例的规定和本级人民政府规定的职责分工,互相配合,保障房屋征收与补偿工作的顺利进行。

级人民政府负责本行政区域的房屋征收与补偿工作,并由市、县级人民政府确定的房屋征收部门组织实施,《城市房屋拆迁管理条例》同时废止。在实践中,仍存在房地产公司实际从事房屋拆迁和补偿安置业务的情况。在此情形下,房地产公司在进入破产清算程序后,往往牵涉到尚未得到妥善安置的被拆迁人。

根据《商品房买卖合同司法解释》第七条的规定①,签订拆迁补偿安置协议的被拆迁人,如果拆迁人将安置房屋出卖给第三方购房人,被拆迁人就安置房屋享有优先于购房人的权利。而根据原《合同法》第二百八十六条②及《最高人民法院关于建设工程价款优先受偿权问题的批复》(已失效)的规定③,建筑工程承包人的优先受偿权优于抵押权和其他债权;消费者交付购买商品房的全部或者大部分款项后,承包人就该商品房享有的工程价款优先受偿权不得对抗买受人。因此,房地产公司进入破产清算程序后,签订了拆迁补偿安置协议的被拆迁人应就安置房屋优先于购房人、房屋所在建设工程的承包人和抵押权人受偿,被拆迁人可以要求管理人交付安置房屋并配合办理过户手续,或就房屋变价所得优先受偿。实践中,法院对于被拆迁人的前述诉请也往往给予支持,如江苏省高级人民法院于 2015 年裁判的"姜某勤与置业公司房屋拆迁安置补偿合同纠纷再审案"④《民事判决书》、江苏省南通市中级人民法院于 2017 年裁判的"唐某华与科技小额贷款公司、农业生态科技公司、房地产开发公司、张某新、张某清第三人撤销之诉纠纷案"⑤。

---

① 《最高人民法院关于审理商品房买卖合同纠纷案件适用法律若干问题的解释》第七条第一款规定,拆迁人与被拆迁人按照所有权调换形式订立拆迁补偿安置协议,明确约定拆迁人以位置、用途特定的房屋对被拆迁人予以补偿安置,如果拆迁人将该补偿安置房屋另行出卖给第三人,被拆迁人请求优先取得补偿安置房屋的,应予支持。

② 《合同法》第二百八十六条规定,发包人未按照约定支付价款的,承包人可以催告发包人在合理期限内支付价款。发包人逾期不支付的,除按照建设工程的性质不宜折价、拍卖的以外,承包人可以与发包人协议将该工程折价,也可以申请人民法院将该工程依法拍卖。建设工程的价款就该工程折价或者拍卖的价款优先受偿。

③ 《最高人民法院关于建设工程价款优先受偿权问题的批复》第一条规定,人民法院在审理房地产纠纷案件和办理执行案件中,应当依照《中华人民共和国合同法》第二百八十六条的规定,认定建筑工程的承包人的优先受偿权优于抵押权和其他债权。第二条规定,消费者交付购买商品房的全部或者大部分款项后,承包人就该商品房享有的工程价款优先受偿权不得对抗买受人。

④ 江苏省高级人民法院(2015)苏民再提字第 00154 号民事判决书,载中国裁判文书网,https://wenshu.court.gov.cn/website/wenshu/181107ANFZ0BXSK4/index.html?docId=SqbuVpE0uUTGQ3K8YzgdmYWQkmB5HXJw2Kx6oNSWKHQtb/DWQ8lx5ZO3qNaLMqsJLtMGU+Mc34789TnmiwgXuCN05NRB6QgWvb77MR4zDn5IOZK7UmiBDf/Nd4bb2nDb,2023 年 5 月 1 日访问。

⑤ 江苏省南通市中级人民法院(2017)苏 06 民终 867 号民事判决书,载中国裁判文书网,https://wenshu.court.gov.cn/website/wenshu/181107ANFZ0BXSK4/index.html?docId=qIJOWP4ZZeMJsmfRPWz9eCPKDlzphi9MzwYkWMG1A5ZBP1hXSx4waJO3qNaLMqsJLtMGU+Mc34789TnmiwgXuCN05NRB6QgWvb77MR4zDn7jQDob/D0NpMyExSYZbHPK,2023 年 5 月 1 日访问。

(二) 购房人

一般而言，房地产公司的主要业务是商品房的开发建设和销售。在房地产公司进入破产清算程序后，自然会涉及已经与公司签订商品房买卖合同，但房屋尚未交付或未办理过户登记的购房人。为厘清购房人基于商品房买卖合同约定对房地产公司享有的交付房屋请求权的清偿顺位，应先明确该房屋是否属于债务人财产以及商品房买卖合同应如何处置。

1. 购房人所购房屋是否属于债务财产的认定

如购房人所购房屋已经过户至购房人名下，则根据《企业破产法》和《物权法》的规定，无论该房屋是否已交付，该房屋所有权已由购房人取得，不属于债务人财产。在此情形下，基本不涉及购房人的债权清偿顺位问题。

如购房人所购房屋尚未办理过户手续，则该房屋仍归债务人所有，属于债务人财产。有观点认为，根据《最高人民法院关于审理企业破产案件若干问题的规定》（以下简称《审理破产案件规定》）第七十一条第五款、第六款的规定[1]，如果购房人所购房屋已经交付或者购房人已经支付全部购房价款，该房屋不属于破产财产，购房人可以行使取回权。但《审理破产案件规定》是在2002年为正确适用《企业破产法（试行）》而出台，《企业破产法（试行）》已被2007年出台的《企业破产法》取代，2013年出台的《企业破产法司法解释（二）》第二条也删除了前述两款规定[2]，故前述两款规定已不再适用，该观点应不成立。实践中，根据"房地产开发公司、杨某物权确认纠纷再审案"[3]、最高人民法院民一庭在《民事审判指导与参考（2018年第2辑，总第

---

[1] 《最高人民法院关于审理企业破产案件若干问题的规定》第七十一条规定，下列财产不属于破产财产：（1）债务人基于仓储、保管、加工承揽、委托交易、代销、借用、寄存、租赁等法律关系占有、使用的他人财产；（2）抵押物、留置物、出质物，但权利人放弃优先受偿权的或者优先偿付被担保债权剩余的部分除外；（3）担保物灭失后产生的保险金、补偿金、赔偿金等代位物；（4）依照法律规定存在优先权的财产，但权利人放弃优先受偿权或者优先偿付特定债权剩余的部分除外；（5）特定物买卖中，尚未转移占有但相对人已完全支付对价的特定物；（6）尚未办理产权证或者产权过户手续但已向买方交付的财产；（7）债务人在所有权保留买卖中尚未取得所有权的财产；（8）所有权专属于国家且不得转让的财产；（9）破产企业工会所有的财产。

[2] 《企业破产法司法解释（二）》第二条规定，下列财产不应认定为债务人财产：（1）债务人基于仓储、保管、承揽、代销、借用、寄存、租赁等合同或者其他法律关系占有、使用的他人财产；（2）债务人在所有权保留买卖中尚未取得所有权的财产；（3）所有权专属于国家且不得转让的财产；（4）其他依照法律、行政法规不属于债务人的财产。

[3] 最高人民法院（2015）民申字第1158号民事裁定书，载中国裁判文书网，https://wenshu.court.gov.cn/website/wenshu/181107ANFZ0BXSK4/index.html?docId=SLOmL5FWlp2rajR/ZZndkKzQriLyEIv2Op+h/xtyosqru3edhhw/OJO3qNaLMqsJLtMGU+Mc34789TnmiwgXuCN05NRB6QgWvb77MR4zDn70vwM9CDvNLo5cEGgWnPWT，2023年5月1日访问。

74辑）》中引用的指导性案例和倾向性意见，房地产公司进入破产程序后，买受人已支付了全部购房款或已实际占有但未完成所有权转移登记的房屋，法院均认定为债务人财产。

2. 商品房买卖合同的处置方式

在购房人所购房屋尚未过户的情形下，房屋仍属于债务人财产，则应进一步明确商品房买卖合同的处置方式，购房人享有的债权将视具体的处置方式而定。如合同继续履行的，则购房人享有要求管理人交付房屋并办理过户登记的权利，如该合同为双方均未履行完毕的合同，管理人决定继续履行的，则债务人应承担的交付房屋和办理过户登记的义务为共益债务，管理人应当优先履行①。如合同解除的，则购房人享有要求管理人返还已付购房款的权利。

根据《企业破产法》第十八条的规定②，房地产公司进入破产清算程序后，管理人有权决定解除或继续履行的是双方当事人均未履行完毕的合同。因此，如果人民法院受理破产清算申请时，购房人已经付清商品房买卖合同项下的全部购房款（包括按揭贷款方式），管理人无权解除该合同，必须继续履行；如果购房人尚未付清全部购房款，则管理人有权决定解除或继续履行。

3. 购房人债权的清偿顺位

在购房人所购房屋尚未办理过户登记的情形下，就购房人债权的清偿顺位，视商品房买卖合同的处置方式及购房人已付购房款比例而有所不同：

（1）购房人已付清全部购房款

购房人在人民法院受理破产清算申请前，已经付清商品房买卖合同项下全部购房款的，管理人应当继续履行合同。在此情形下，根据《最高人民法院关于建设工程价款优先受偿权问题的批复》及相关规定，支付了全部或大部分购房款的消费者即购房人就所购房屋对房地产公司享有的债权应优先于建设工程价款优先受偿权和抵押权，在破产程序中管理人应优先履行商品房买卖合同约定的交付已建成房屋并协助办理所有权转移登记的义务。

---

① 《企业破产法》第四十二条规定："人民法院受理破产申请后发生的下列债务，为共益债务：（一）因管理人或者债务人请求对方当事人履行双方均未履行完毕的合同所产生的债务……"第四十三条规定，"破产费用和共益债务由债务人财产随时清偿。"第一百一十三条规定："破产财产在优先清偿破产费用和共益债务后，依照下列顺序清偿：（一）破产人所欠职工的工资和医疗……"

② 《企业破产法》第十八条规定："人民法院受理破产申请后，管理人对破产申请受理前成立而债务人和对方当事人均未履行完毕的合同有权决定解除或者继续履行，并通知对方当事人。管理人自破产申请受理之日起二个月内未通知对方当事人，或者自收到对方当事人催告之日起三十日内未答复的，视为解除合同。管理人决定继续履行合同的，对方当事人应当履行；但是，对方当事人有权要求管理人提供担保。管理人不提供担保的，视为解除合同。"

就破产债权清偿中消费者购房人的认定标准，一般认为应参照《执行异议和复议规定》第二十九条第二款的规定[①]，即购房人购买商品房用于居住且名下无其他用于居住的房屋的，应当认定为消费者。但在实践中，也有法院结合实际情况进行灵活处理。例如，在安徽省高级人民法院于 2016 年裁判的"吕某与被上诉人投资公司、侯某华破产债权确认纠纷案"[②] 中，虽然购房人购买涉案房屋用于经营，但是法院认为购房人集其全部积蓄购买该房屋，该房屋价值及预期的经营收益承载了其家人的生存保障功能，根据《最高人民法院关于建设工程价款优先受偿权问题的批复》的相关规定及破产法优先保护生存利益的司法精神，最终认定购房人的债权为优先债权。

综上，房地产公司进入破产清算程序时，已经付清全部购房款的购房人就所购房屋对房地产企业享有的债权优先于建设工程价款优先受偿权和抵押权，管理人应优先履行商品房买卖合同约定的交付已建成房屋并协助办理所有权转移登记的义务。

（2）购房人未付清全部购房款

在此情形下，双方均未履行完毕商品房买卖合同，根据《企业破产法》第十八条规定，管理人有权决定继续履行或解除合同。

如管理人决定继续履行合同，则购房人应当支付剩余购房款，管理人应当向购房人交付房屋并配合办理过户登记。同时，房地产公司所负的交付房屋和办理过户登记的义务属于共益债务，管理人应当优先履行。

如管理人决定解除合同，购房人已经支付了部分购房款的，则对房地产公司享有已付购房款债权。就该债权的清偿顺位，如前文所述，支付了大部分购房款的消费者就所购房屋对房地产公司享有的债权优先于建设工程价款优先受偿权和抵押权。就支付大部分购房款的认定标准，一般认为也应参照《执行异议和复议规定》第二十九条的规定，即购房人已支付的价款超过合同约定总价款的 50%。实践中，湖北省利川市人民法院在 2017 年裁判的"王某与国际度

[①] 《执行异议和复议案件规定》第二十九条规定，金钱债权执行中，买受人对登记在被执行的房地产开发企业名下的商品房提出异议，符合下列情形且其权利能够排除执行的，人民法院应予支持：（1）在人民法院查封之前已签订合法有效的书面买卖合同；（2）所购商品房系用于居住且买受人名下无其他用于居住的房屋；（3）已支付的价款超过合同约定总价款的 50%。

[②] 安徽省高级人民法院（2016）皖民终 689 号民事判决书，载中国裁判文书网，https://wenshu.court.gov.cn/website/wenshu/181107ANFZ0BXSK4/index.html?docId=8uT/bLVGgtGarA73POJALjNOJOJNDGbusjF8s6IlgM6LFAriCwLab5O3qNaLMqsJLtMGU+Mc34789TnmiwgXuCN05NRB6QgWvb77MR4zDn6BUikXighDXQYbpRlSuQtI，2023 年 5 月 1 日访问。

假酒店旅游发展公司破产债权确认纠纷案"[①] 中，就以购房人支付款项不到总房款的一半为由，认定其不符合享有优先受偿权的法律规定，仅可作为普通破产债权进行申报。因此，如果购房人购买商品房用于居住且名下无其他用于居住的房屋，且已付购房款超过总价款的50%的，其已付购房款债权应当在建设工程价款优先受偿权和对所购房屋享有抵押权的债权之前优先受偿；除此情形外，购房人的购房款债权只能作为普通破产债权受偿。

（3）办理预告登记对购房人债权清偿顺位的影响

如购房人所购房屋已就房屋转让事宜依法办理了预告登记，因未办理过户登记，根据原《物权法》的规定，该房屋仍属于债务人财产。但根据原《物权法》第二十条的规定[②]，管理人如未经购房人同意，无法处分已办理预告登记的房屋，对房屋变价和分配造成障碍。因此，预告登记具有一定的破产保护效力，房地产公司在进入破产清算程序后，在过户登记条件具备时，管理人应当配合购房人办理过户登记，但有权同时要求购房人付清剩余价款（如购房人已付清全款，管理人本就无权解除合同，且应优先履行房屋交付和办理过户登记的义务）。如确实无法办理过户登记（如房屋所在房地产项目尚未开发建设，房地产公司进入破产清算程序后已无继续开发建设的可能），则因基础的房屋买卖交易关系无法实现，预告登记失效，管理人可以解除合同，购房人已付购房款按照付款比例是否超过总价款的50%确定其受偿顺序。

（三）房屋承租人

房地产公司从事房屋租赁业务的，在公司进入破产程序后，如果租赁合同约定的租赁期限尚未到期，则该合同属于双方均未履行完毕的合同。根据《企业破产法》第十八条的规定，管理人有权选择继续履行或解除租赁合同。

如管理人决定解除租赁合同，就承租人预付租金债权，管理人解除租赁合同的，承租人预付的租金构成不当得利，该不当得利债务应作为共益债务优先受偿。

---

① 湖北省恩施土家族苗族自治州中级人民法院（2018）鄂28民终634号民事判决书，载中国裁判文书网，https://wenshu.court.gov.cn/website/wenshu/181107ANFZ0BXSK4/index.html？docId=baWF8FM0EmOCRGsLyGbo/FERVllDcemJ9m0DvUKcGmhLMe5J8+5lkpO3qNaJLtMGU+Mc34789TnmiwgXuCN05NRB6QgWvb77MR4zDn7NE2DTfzssWaV0YPH9Kbu/，2023年5月1日访问。

② 《物权法》第二十条规定，当事人签订买卖房屋或者其他不动产物权的协议，为保障将来实现物权，按照约定可以向登记机构申请预告登记。预告登记后，未经预告登记的权利人同意，处分该不动产的，不发生物权效力。预告登记后，债权消灭或者自能够进行不动产登记之日起三个月内未申请登记的，预告登记失效。

如管理人决定继续履行租赁合同，根据原《合同法》的规定①，在后续管理人转让租赁房屋时，租赁合同效力不受影响，且承租人享有同等条件下的优先购买权。

（四）建设工程承包人

根据原《合同法》第二百八十六条及《最高人民法院关于建设工程价款优先受偿权问题的批复》的规定，建设工程承包人的工程款债权应在建设工程折价或者拍卖的价款中优先受偿，且该优先受偿权优于抵押权和其他债权。故在房地产公司进入破产清算程序后，承包人的建设工程价款债权应在工程变价款范围内优先于对工程享有抵押权的债权受偿。但需注意的是，承包人享有优先受偿权的前提是工程质量合格，且承包人应自建设工程竣工之日或者建设工程合同约定的竣工之日起（工程未竣工而管理人决定解除合同的，自合同解除之日起）六个月内行使优先受偿权②。在最高人民法院于2016年发布的第15批指导性案例的第73号案例中，法院即确认在合同解除之日起6个月内向管理人申报债权并主张优先受偿权的承包人就建设工程享有优先受偿权。这也符合《民法典》的最新规定。

（五）对项目享有抵押权的银行

房地产公司在房地产项目开发建设过程中，为获得开发建设资金，常常会将项目土地/在建工程抵押给银行，以获得银行发放的固定资产贷款。就银行享有的该等设定了抵押担保的借款债权，根据《企业破产法》第一百零九条的规定③，应当在作为抵押物的土地/建设工程的变价款范围内优先受偿，变价款不

---

① 《合同法》第二百二十九条规定，租赁物在租赁期间发生所有权变动的，不影响租赁合同的效力。第二百三十条规定，出租人出卖租赁房屋的，应当在出卖之前的合理期限内通知承租人，承租人享有以同等条件优先购买的权利。

② 《最高人民法院关于审理建设工程施工合同纠纷案件适用法律问题的解释（二）》第十九条规定，建设工程质量合格，承包人请求其承建工程的价款就工程折价或者拍卖的价款优先受偿的，人民法院应予支持。第二十条规定，未竣工的建设工程质量合格，承包人请求其承建工程的价款就其承建工程部分折价或者拍卖的价款优先受偿的，人民法院应予支持。《最高人民法院关于建设工程价款优先受偿权问题的批复》第四条规定，建设工程承包人行使优先权的期限为6个月，自建设工程竣工之日或者建设工程合同约定的竣工之日起计算。《全国民事审判工作会议纪要》第二十六条规定，非因承包人的原因，建设工程未能在约定期间内竣工，承包人依据合同法第二百八十六条规定享有的优先受偿权不受影响；承包人行使优先受偿权的期限为六个月，自建设工程合同约定的竣工之日起计算；建设工程合同未约定竣工日期，或者由于发包人的原因，合同解除或终止履行时已经超出合同约定的竣工日期的，承包人行使优先受偿权的期限自合同解除或终止履行之日起计算。

③ 《企业破产法》第一百零九条规定，对破产人的特定财产享有担保权的权利人，对该特定财产享有优先受偿的权利。

足以清偿的，剩余债权作为普通破产债权受偿。

综上，结合一般公司的破产债权清偿顺位，以及房地产公司破产债权清偿中的特殊性，房地产公司破产债权一般应按照以下顺序进行清偿：

（1）破产费用和共益债务；

（2）与房地产公司签订了拆迁补偿安置协议的被拆迁人，对公司享有的要求交付安置房屋和办理过户登记的权利；

（3）已付购房款超过总价款50%的消费者购房人，对公司享有的要求交付房屋和办理过户登记的权利，或者已付购房款返还请求权；

（4）建设工程承包人的建设工程价款优先受偿权；

（5）对房地产公司特定财产享有担保权的债权，包括对房地产公司持有的项目土地/在建工程享有抵押权的贷款银行；

（6）职工债权；

（7）其他社保费用和税款；

（8）普通破产债权，包括非消费者或已付购房款未超过总价款50%的购房人对公司享有的已付购房款返还请求权。

八、处理与破产有关合规及风险控制有关问题的原则

处理与破产有关问题是非常复杂的，因为涉及债务人（宣告破产后的破产人）、债权人（包括享有别除权的债权人、职工债权人、普通债权人等）、法院、取回权人等各种主体，牵扯的利益也是方方面面。因此，笔者认为，处理过程中可以把握以下几个基本原则：

第一，保障债权人利益。反过来说也就是不得侵害债权人的利益。处理破产有关事宜的首要原则就是不能减损债权人的利益，这也是相关破产程序制定和设置的基本出发点。并且对于涉及债权人重大利益的处置要取得债权人会议或者法院的同意。从债权人角度也应当有意识保障和维护自己的合法权益，避免相关方对于自身权益受到损害。

第二，公平原则。保障债权人利益的原则主要是从债权人和外部关系的角度出发。而对于债权人内部，处理的基本原则就是公平原则。根据《企业破产法》及相关规定，债权人是否能够得到清偿及清偿顺序是有明确规定的，但是对于同一顺位的债权人应当公平对待，按比例分配和受偿，不能厚此薄彼或者因为其他原因而区别对待。

第十章 房地产合作开发基础模式解析与风控要点

目前，在房地产开发领域，大量存在房地产开发商独立拿地并开发建设的情况。但不可忽视的是，由于土地价格的上涨，房企融资渠道受阻，单一房企很难独自承担高昂的土地出让金，房企之间的合作开发更有利于取得优质地块，降低风险敞口，并分享开发收益。此外，地域差异也是导致房企合作的一大原因，一些地方性房企的优势是了解当地土地情况和市场情况，而这却是某些全国性房企所缺乏的；同时，地方性房企也有和全国性房企合作以进一步提升在当地的市场认可度和知名度的需求，全国性房企也有进一步提升市场占有率和销售额的需求，这也推动了房企之间进行合作开发。

房企合作开发的模式可谓多种多样，本章重点针对联合成立项目公司、股权收购、联合竞买和委托代建这四种合作开发模式进行介绍。

一、联合成立项目公司

房地产项目的开发建设一般采用项目公司制。项目公司制有着特有且明显的好处。首先，就新项目成立新的项目公司，不存在既往的诉讼仲裁、债权债务等纠纷，项目公司在法律程序方面比较规范，基本不存在对后续开发建设存在影响的因素，且如果后续要出售项目（包括股权转让或者资产转让），影响的因素相对较小，易于出售。其次，项目公司采用有限责任公司制，股东仅承担有限责任，不论后续项目公司开发建设或运营管理情况如何，股东仅需在其出资范围内承担有限责任，能够更好地保护股东权益。最后，项目公司一般在项目所在地注册成立，有利于将相关税收留在项目所在地，一定程度上也是项目所在地政府的要求。

基于此，房地产合作开发的一个主要方式就是房企之间成立合资的项目公司。一般而言，两家房企成立合资公司的情况比较常见，尤其是在股东会职权及表决方式等方面更容易沟通和协调，如果超过两家房企，则沟通和协调的难度或者形成股东僵局的可能性会增加。以两家房企成立项目公司这种情形为例，具体可以分为两种合作方式，第一种是双方分别持股50%，即双方绝对平等地享有项目公司的权利义务；第二种是一方持大股、另一方持小股。但从持股比例的多少并无法反应双方股东实际的操盘和并表情况。这点我们在下面将着重介绍。

对于合资成立项目公司有以下几点需要着重关注：

一是股东对于项目公司及项目的操盘和并表情况。这是房企之间合资成立项目公司并合作开发首先要解决的问题。

操盘就是某股东意图在合资的项目公司后续的开发、建设、销售及/或经营过程中起主导作用，只要不是各股东之间必须一致同意的情形以外，该股东的意见就是最终的意见并将得到贯彻执行。一般而言，项目开发建设的主要条线包括研发、成本、财务、营销、设计等。在操盘的情况下，项目公司的经理及主要条线的负责人一般均由操盘方委派或者推荐的人选担任。操盘又可以进一步分为一方完全操盘、联合操盘等多种类型，一方完全操盘就是由某一方完全主导项目的开发建设等，而联合操盘则是两方或者多方（一般为两方）共同分享操盘的权利，如一方主导研发、设计、建设等条线；另一方则主导财务、成本、营销等条线。

所谓并表，即纳入合并财务报表。根据《企业会计准则第33号——合并财务报表》，合并财务报表的合并范围应当以控制为基础予以确定。控制，是指投资方拥有对被投资方的权力，通过参与被投资方的相关活动而享有可变回报，并且有能力运用对被投资方的权力影响其回报金额。某些房企是有并表需求的，因此就需要将项目公司纳入其合并财务报表范围内。而至于如何判断是否应纳入合并财务报表范围，主要依据就是上述控制的相关内容。一般而言，如果股东对于项目公司的持股比例超过50%，即表明相对控股；如果股东对于项目公司的持股比例超过67%，即表明绝对控股。这两种情况下的大股东一般会将项目公司纳入其财务报表范围内。

前面分析了何为操盘、何为并表，总结来看，实践中一般包括操盘且并表、操盘不并表、并表不操盘、不并表且不操盘等多种情形。操盘不并表和并表不操盘这两种情形比较常见，对于合作而言，都是各有所需，同时又互有妥协，所以往往是一方取得项目的操盘主导权，而另一方取得项目的并表权。操盘且并表的情形也存在，此种情形下，相对方就是不操盘不并表，也就将项目的主导权和并表权均交给对方，自己相当于财务投资人，只要对项目存相应的知情权和分红权即可。

二是公司组织架构的设置。公司的组织架构包括股东会、董事会、经理、监事（会）等。

首先是股东会由全体股东组成。对于合资成立项目公司主要是股东会的职权及其表决方式。关于职权，首先要解决的是将对公司的管理和决策权留在股东会，还是下降到董事会，因为股东也会分别委派相应的董事。如果保留在股东会层面，那么《公司法》第三十七条规定的股东会职权均应包括在其中，至于是否要加入其他事项，如对于开发建设、销售过程中的预算调整、费用支出等，就需要股东方之间决定是否加入，或者下沉给董事会决策。关于表决方式，如果各方股东持股比例接近，那么可能均具有一票否决权，但就某些事项，可能会设置过半数或者过三分之二同意即可，具体需要结合各股东方的具体持股比例以及各方诉求而定。

其次是董事会，各股东均会委派人选担任董事。主要的事项仍是董事会的职权及其表决方式。对于职权，《公司法》第四十六条有关于董事会职权的规定。由于董事会对股东会负责，所以如上所述，某些非股东会或者董事会的法定职权，既可以放在股东会也可以放在董事会，这就需要各股东方根据实际情况确定。对于表决方式，和股东会的表决方式相似，也需要结合股东的持股比例和董事会组成等具体而定。

再次是经理及财务负责人等。由于经理是主要的执行机构，在操盘的情况下，操盘方一般会推荐经理人选，并由董事会聘任。财务负责人可能由操盘方委派，也可能由非操盘方委派，同时操盘方委派财务副负责人等，彼此之间形成制衡。具体仍需要以实际的商务安排为准。

最后是监事或者监事会。有限责任公司并非必须设置监事会，也可以设置一名或者两名监事，这种情况下，如果双方股东合资时，一般会各委派一名监事。

三是董事会或者股东会层面的僵局解决。对此，后文将在房地产并购交易中对于董事会或股东会僵局相关内容进行介绍和分析。

综上，对于房企之间合资成立项目公司进行项目的开发建设，务必就双方的操盘、并表、股东会、董事会、经理、监事、主要条线负责人等方面做出明确的界定，划定好彼此的权限范围，避免在后续合作过程中发生不必要的纠纷，影响项目的开发建设。

二、股权收购

股权收购也是房企合作的一种方式。一些情况下，开发商单独就某宗地块进行拿地，并在符合法律法规及相应土地出让合同或协议要求的情况下，将项目公司的部分股权出售给其他方，进而形成双方或者多方共同持有项目公司股权的情形。

股权收购情形的房企合作与合资成立项目公司的主要不同是，后者是双方成立项目公司后拿地进行项目开发，前者则是发生在项目公司已经成立后。对于股权收购情形下的房企合作，主要的关注点其实都发生在并购交易的过程中，因此，可以参考本书第十一章房地产并购交易部分中关于股权交易的相关内容。

三、联合竞买

联合竞买针对的对象是土地使用权，即组成联合体方式竞买土地使用权。如果联合竞买成功，那么原则上应该由联合体各方一同与土地管理部门签署土地出让合同，但在实践中，这种情况基本不存在，最终往往仍是联合体各方合资成立项目公司，以项目公司作为最终与土地管理部门签署土地出让合同的主体。

关于联合竞买，需要关注如下事项：

首先，招标人是否接受联合体投标或者竞买。很多情况下，土地管理部门并不接受联合体竞买或投标，因为牵涉各方利益，很容易在竞买或投标过程中出现问题，影响土地出让。

其次，联合体竞买对于联合体各成员的要求较高。根据《招标投标法》的规定，联合体各方均应当具备承担招标项目的相应能力；国家有关规定或者招标文件对投标人资格条件有规定的，联合体各方均应当具备规定的相应资格条件。由同一专业的单位组成的联合体，按照资质等级较低的单位确定资质等级。

最后，联合体各方需要签署联合体协议或者共同投标协议，明确各方拟承担的工作和责任。联合体中标的，联合体各方应当共同与招标人签订合同，并就中标项目向招标人承担连带责任。

四、委托代建

委托代建近年来较为常见，是一种较为重要的房企合作方式。随着龙头房企发展成熟，形成了各具特色的房地产开发建设及销售模式，并在社会上建立了良好的品牌影响力，同时，地方小型房企拥有良好的土地资源，但囿于开发能力、资金实力的限制，导致房地产项目品质无法得到提升、土地价值无法得到充分利用。在这样的背景下，包括各类房企之间关于房地产项目的委托代建合作就能产生 1+1>2 的双赢效果。

（一）委托代建的概念

国务院发布的《国务院关于投资体制改革的决定》规定，对非经营性政府投资项目加快推行"代建制"，即通过招标等方式，选择专业化的项目管理单位负责建设实施，严格控制项目投资、质量和工期，竣工验收后移交给使用单位。《国务院关于投资体制改革的决定》已经确立了委托代建的实质性内容，而这也和目前市场上的委托代建项目的核心相吻合。

结合《国务院关于投资体制改革的决定》及市场实践，委托代建是指项目业主（通常是拥有土地资源的企业、政府等）自身不组织和实施建设工作，而通过协议形式将建设项目委托给代建单位，由代建单位对项目进行受托管理或受托建设，并按一定模式和比例收取代建服务费用的行为。

（二）委托代建的特征

委托代建的核心在于委托人即建设单位委托代建单位提供代建服务，委托人是项目的所有权人，而代建单位仅提供代建服务，并不享有项目的所有权及开发建设权益。

1. 委托代建协议并非委托合同

委托合同，是指委托人和受托人约定，由受托人处理委托人事务的合同。受托人在委托人的授权范围内执行委托事务，并由委托人承担责任。且根据《民法典》规定，委托人和受托人均享有随时解除合同的权利。

虽然委托代建协议也有"委托"二字，但委托代建协议并非委托合同，而是属于《民法典》中的无名合同。之所以如此定性，原因包括：

第一，如前文所述，委托代建这一模式产生的原因是避免政府投资项目中政府作为建设单位缺乏工程建设方面的专业经验，以及实现项目专业管理和风险隔离的要求，因此，作为委托人的建设单位和受托人的代建单位地位相对独立，作为委托人的建设单位不必然为作为受托人的代建单位承担责任。

第二，根据《民事案件案由规定》的规定，委托代建协议纠纷和委托合同纠纷属于不同的案由。委托代建协议纠纷隶属于房地产开发经营合同纠纷，为三级案由；委托合同纠纷则是和房地产开发经营合同纠纷并列的二级案由。

综上，委托代建协议并非属于委托合同，本质上属于房地产开发经营合同。

因此，在处理委托代建协议争议和纠纷的过程中，我们并不能将其按照委托合同进行处理，而应当将委托人和代建单位作为房地产开发经营过程中两个独立的、均各自承担责任的主体看待。

2. 委托人是建设单位，并作为项目开发建设手续及相关合同的签署主体

虽然目前委托代建项目的具体操作模式有多种，但委托人均为项目的建设单位，即享有土地使用权和项目开发建设权益的主体。基于此，项目开发建设过程中需要向政府相关主管部门办理的各类手续、证照，以及与施工、勘察、设计、监理、造价咨询等单位签订的项目相关合同也都应以委托人名义办理和签订。

代建单位提供代建服务，包括受委托人委托代为办理项目开发建设过程中的相关手续或签订相关合同，但代建单位并非项目主体，仅提供代办服务，各项手续及合同仍然要以委托人的名义办理后签署。也就是说，项目的立项审批备案、不动产权证书、建设用地规划许可证、建设工程规划许可证、建筑工程施工许可证中记载的建设单位、使用权人及所有权人为代建项目的委托人，项目总包合同、勘察合同、设计合同、监理合同的签署主体亦都是代建项目的委托人。整个代建服务过程中，受托人是以服务方的身份出现，利用自身经验进行整体统筹，代为办理各项具体事务。

3. 对于非政府投资类项目的委托代建，代建单位没有资格限制且选定无特殊的程序性要求

现有规范性文件对于政府投资项目的委托代建进行了规范，部分地区规定了代建单位的资质要求，部分地区设置了代建单位的名录库，且通常需通过招投标程序确定代建单位；但对于非政府投资项目的委托代建，目前并没有针对代建单位提出资质要求，委托人可以根据实际需要选择适合的代建单位进行合作。实践中，常见的情况是，代建单位多为具有丰富的房地产开发经验的房地产开发公司，但也有一些非政府投资的代建项目中，受托人不是具备房地产开发企业资质的房地产开发公司，而是与房地产开发建设领域无关的企业，如一般的咨询公司等。而对于代建单位的选择和确定，对于非政府投资项目也无特别要求。具体可视委托人的需求而定，既可以通过招投标程序选择，也可以自由选择，直接签署委托代建协议。

（三）委托代建与项目总承包及项目管理的区别

虽然前文已论述了委托代建的概念及特征，但实践中，委托代建还是经常被拿来和项目总承包、项目管理进行比较，甚至混为一谈。实际上，三者之间

在性质、资质要求、操作模式等方面都存在明显的区别。

第一，性质不同。从委托代建纠纷的案由可知，委托代建属于房地产开发经营行为；项目总承包属于工程建设行为，是建设单位委托总承包人提供总承包服务的行为；而项目管理则属于咨询服务行为，和造价咨询、监理等属于同一性质。

第二，资质要求不同。非政府投资项目对于代建单位没有资质要求。但是，无论在任何情形下，项目总承包人均应当具有和工程规模相适应的工程设计资质或施工资质，项目管理单位则应当具有工程勘察、设计、施工、监理、造价咨询、招标代理等一项或多项资质。

第三，操作模式不同。委托代建项目中，委托人委托代建单位提供代建服务，但仍由委托人与施工、勘察、设计等单位签订项目相关合同，代建单位仅受托以委托人名义办理相关事宜；项目总承包中，建设单位与总承包人签订总包合同，继而由总承包人以自身名义再进行分包并签订相关分包合同；项目管理中，建设单位与项目相关单位具体签订合同，项目管理单位仅与建设单位签订项目管理合同并提供管理咨询服务，对施工单位、勘察设计单位等进行管理。

（四）委托代建的项目类型

1. 纯工程代建

所谓纯工程代建，是指委托人委托代建单位提供的代建服务主要集中在工程建设阶段，或者仅为施工阶段的代建，又或者为勘察、设计、施工、采购等阶段的代建，其他的前期开发手续办理及后续的销售、运营管理等工作仍由委托人自行完成。

2. 全流程代建

所谓全流程代建，是指代建单位受委托人委托除负责工程阶段的代建外，代建工作还包括项目前期的手续办理。即委托人可以将前期手续办理的工作及工程阶段代建工作一并委托给代建单位，由代建单位以委托人的名义办理相关手续。

采用纯工程代建和全流程代建的模式的委托人多为不具备房地产开发经验的建设单位。例如，某生产型企业拟在获取的土地上建设工厂，由于不具备开发经验，大多会选择委托有开发经验的企业提供代建服务。从目前的情况看，选择全流程代建服务模式的要远多于选择纯工程代建服务模式的企业。

3. 代建+运营

代建+运营的类型，是指委托人不仅将前期项目手续办理、工程阶段代建委托给代建单位，同时还将后续项目销售、招商甚至运营管理等工作一并委托给代建单位负责。

上文提及的纯代建和全流程代建属于较为传统的代建类型，委托人依赖的更多是知名房企在开发建设阶段的专业经验和能力。而代建+运营的模式则是在传统代建类型基础上，结合房地产市场新变化、政府政策调整等进一步衍生出的新型的房地产经营模式。

代建+运营的类型也可以进一步细分为以下几种不同的情形。

情形一：全流程代建+销售管理服务

这种情形下，委托人实际上将整个项目的前期手续办理、工程开发建设及销售管理等全部委托给代建单位，代建单位提供的也不仅是代建服务，还包括销售管理服务。相应地，委托人应支付给代建单位的费用也包括代建服务费和销售管理服务费两部分。此种情形下，委托代建协议也进一步完善为委托代建及销售管理协议。

情形二：全流程代建+垫资+销售管理服务

相较于情形一，在某些项目上，由于当地政府要求建设单位必须全资而不能合资，或者委托人和代建单位之间有其他特殊合作安排，委托人一方面将项目全流程及销售管理服务委托给代建单位，同时，除委托人要负责提供部分建设资金外，代建单位也应提供部分建设资金，甚至全部由代建单位提供建设资金。这种情形下，代建单位不仅提供了代建服务、销售管理服务，同时还承担了部分或全部建设资金即垫资。因此，代建单位一方面受托提供代建服务并取得相应的代建服务费、销售管理服务费，同时还基于提供了部分或全部建设资金而收取利息并享受部分项目利润分配。

甚至在有的项目中，代建单位在垫资的同时还承诺通过自身的专业代建服务及销售服务，将确保项目的销售业绩及委托人股东的保底利润。若在实际执行过程中，代建单位兑现承诺事项，则在固定的代建服务费之外享受提成佣金和奖励（实质上参与了利润分配），若未能兑现承诺，则不仅没有额外的佣金和奖励，还需对委托人股东实际所获分配的利润与预期利润之间的差额进行补足。可以说，此种情形下，代建单位承担了准股东的角色。

情形三：代建+租赁运营/委托运营管理

该种情形是对代建+运营模式的一种细化。具体而言，如果项目为商业物业或者其他非用于销售的自持物业，且委托人将不对项目物业进行自行运营管理，那么代建单位同时对项目进行运营管理的方式可以分为租赁运营管理和委托运营管理两种模式。租赁运营，是指委托人和代建单位签订租赁合同，在项目竣工验收后将项目物业出租给代建单位，由代建单位作为承租人承租项目，对项目进行运营管理，并向委托人即出租人支付租金。委托运营，是指委托人通过向代建单位出具授权委托书的方式，在项目竣工验收后继续委托代建单位对项目进行受托管理，并由委托人和受托人对运营管理的收益进行分配。

从法律角度而言，租赁运营相较于委托运营而言，对于代建单位更为有利、保护力度更强，因为租赁运营的基础是租赁合同，而委托运营的基础则是授权委托，但委托人是可以随时取消授权的，届时代建单位仅能主张违约责任，而无法要求继续履行合同。

实践中，代建+租赁运营/委托运营的情形比较常见，随着集体土地政策的变化，社会资本具有资金优势，而集体则具有土地资源，二者之间在政策允许的情况下具有天然的合作动机。于是，集体企业作为委托人委托社会资本作为代建单位垫资提供专业的代建服务，并在项目建成后提供运营管理，就成为集体企业和社会资本合作释放集体土地优势的一种有效模式。

(五) 委托代建项目的合作要点

1. 代建目标

代建目标是任何委托代建协议均应包括和重视的条款，是委托人委托代建单位提供代建服务所要实现的目标。具体而言，代建目标包括项目质量目标、工期目标、成本目标等。其中，质量目标最基本的要求就是代建单位应确保项目工程质量为合格，符合国家和地方关于项目开发建设的基本要求；工期目标则是要求代建单位应在约定的日期前完成项目竣工验收，以满足委托人关于项目后续运营或者其他商业安排的需要；成本目标在纯工程和全流程代建项目中较为普遍，该类项目中，委托人主要是依托于代建单位提供的专业的代建服务，但项目开发建设的资金仍由委托人承担，故一般委托人会对于项目的成本控制作出要求，或者明确约定成本限额，避免代建单位突破成本目标，影响委托人的项目预期收益。

2. 代建服务范围

代建服务范围主要与代建项目的类型相关，如果是纯代建项目，代建服务范围一般包括招投标管理、规划设计、施工管理、竣工验收等内容；如果是全流程代建项目，代建服务一般包括代办项目开发前期建设手续办理、招投标管理、规划设计、施工管理、竣工验收等内容。

需要指出的是，尽管代建单位的代建服务范围包括招投标管理、规划设计和施工管理等，但是代建单位并不能以自己的名义与勘察、设计、施工等单位签订合同，仍应以委托人名义签订合同。

3. 代建管理团队

代建管理团队是委托代建项目合作管理的主要内容，也是代建单位对外输出代建服务的主要载体。代建单位可以委派全部人员组成代建管理团队，并由委托人的有关机构（董事会或者执行董事）聘任代建单位指定的人士担任项目总经理，管理项目开发建设相关事宜，但项目总经理不能干涉委托人除项目开发建设外的其他工作。但是，一般而言，委托人出于对项目合理管控的目的，往往会委派一定人员到代建管理团队中，如担任财务经理或者成本经理等，实现对代建单位提供代建服务过程的有效管理，避免代建单位的权力过大而导致委托人权益受损。对于代建单位委派的代建管理团队成员，其劳动关系一般仍保留在原单位，且仍由原单位发放工资和缴纳社保。

4. 代建服务费的计价及支付

代建服务费是代建单位提供委托代建服务而取得的收益。

如果是纯代建项目或者全流程代建项目，代建服务费一般按照工程概算或者经审计的工程造价的一定百分比计取，目前市场上较为普遍的计取比例为2%~4%。

如果是代建+代销售的项目，则对于工程开发建设阶段，代建单位一般按照工程概算或者工程造价的一定百分比计取代建费用，同时在提供销售管理服务时也将收取一定的销售管理服务费。对于销售管理服务费，委托人和代建单位可设定预期的销售指标，如果最终实际销售收入低于该销售指标，则代建单位没有实现预期销售指标，不能收取销售管理服务费；如果最终实际销售收入高于该销售指标，则作为对于代建单位完成预期销售指标的奖励，就高出销售指标的部分收取一定百分比的销售管理服务费。

以上是实践当中较为普遍采用的收取代建服务费及销售管理服务费的方式，但由于委托代建具有房地产经营的意义，随着房地产合作开发模式的日益发展，相应地收取代建服务费及销售管理服务费的方式也多种多样，甚至在很多社会资本和村集体合作的委托代建项目中，社会资本提供的代建服务并不收取任何代建服务费用。

5. 建设资金的支付方式

建设资金的支付也是委托代建协议的重要内容。一般而言，委托人作为建设单位，项目建设完成后的所有权属于委托人，因而委托人将提供项目开发建设所需的建设资金。虽然代建单位实际负责项目开发建设，但因为项目相关合同仍以委托人作为合同签署方，所以仍要通过委托人名义开立的账户向相关合同相对方支付合同款项。此外，工程款项通过委托人对外支付而不能通过代建单位对外支付的另一个原因在于委托人需要取得工程款项对应的增值税发票，以作为委托人开发建设项目的成本，而在"营改增"以后，税务机关实行严格的合同流、现金流和发票流"三流合一"的管理，任何一个环节的不匹配均会导致委托人无法获取发票，进而导致相关支出无法计入项目开发成本。这也使得以前实践中由代建单位或其他单位代为委托人向项目相关单位支付合同款项的做法变得不可行。

房地产合作开发随着整体经济形势及法律法规的变化也会不断演进，但是总的原则仍是在满足合作各方利益的基础上，对各方权利义务的分配和明确。本章的内容可以和本书第十一章房地产并购交易中股权交易的相关内容结合理解，相信对于房地产合作开发的认识会更加深入。

第十一章　房地产相关资产与股权并购交易辨析与风控要点

并购是商业领域非常普遍的现象，包括兼并和收购。就本书及本章的目的而言，我们将集中介绍与房地产相关的并购交易。

简单地理解房地产并购交易，实际上是一种买卖交易，是双方各取所需的过程，与普通的货物买卖不同的是，房地产并购交易所涉及要买卖的标的物可能直接是在建工程或者建成物业这种大宗商品，标的物也可能是持有房地产项目的公司股权。此外，房地产并购交易实质涉及房地产项目，房地产项目有行业的特殊规定和要求，且房地产并购交易标的额往往较大。房地产并购交易涉及的法律问题繁多，其间可能涉及的风控点位也相应复杂，需要在实操过程中给予充分的重视。

一、房地产并购交易的分类

如上所述，房地产并购交易主要是以标的物的不同而分为两大类：一类是资产交易，即并购交易的标的物是资产；另一类是股权交易，即并购交易的标的物是公司股权。

（一）资产交易和股权交易

1. 资产交易的主要分类

如果对资产交易进一步分类，依据资产交易标的的不同，可以分为在建工程转让和已建成物业转让两大类。

以出让方式取得的土地使用权，只有满足一定条件才具备转让的条件，不符合条件的土地使用权不能作为转让的标的，否则就可视为允许倒卖土地使用权。此外，划拨的土地使用权也不能作为转让标的。因此，对于未建成的物业，只有已经取得立项批准、拥有合法的用地手续、已经取得不动产权证、建筑工程施工许可证的在建物业才可以转让,即在建工程转让。

已建成物业是指已经取得了产权证的房地产项目。对于已建成物业,由于其已经完成了与建设工程有关的各类手续,已经具备运营条件或已经在运营状态,因此,对于已建成物业的资产转让交易的关注点也和在建工程转让有所区别。例如,如果已建成物业已经进入运营阶段,那么资产是否存在抵押、查封,以及资产的物业管理等就是应当重点关注的;而对于在建物业,物业管理并非重点关注事项。

2. 股权交易的主要分类

如果一定要对股权交易进一步细分,那么就可以初步分为收购目标公司全部股权和收购目标公司部分股权两大类。收购目标公司全部股权容易理解,即受让方从转让方处受让转让方所持有的目标公司100%股权,在交易完成后,除非双方有特别约定,目标公司的一切权利义务都由受让方间接通过目标公司承担,转让方完全从目标公司中退出。收购目标公司部分股权是指受让方从转让方处仅受让目标公司的部分股权,但收购目标公司部分股权可能涉及比较多的情形,如(1)转让方持有目标公司100%股权的情况下,①受让方收购目标公司的小股(少于50%),并不操盘;②受让方收购目标公司的小股(少于50%),并操盘;③受让方收购目标公司的大股(超过50%),并不操盘;④受让方收购目标公司的大股(超过50%),并操盘等;(2)转让方在仅持有目标公司的部分股权情况下,①受让方全部受让转让方所持目标公司的股权;②受让方仅受让转让所持目标公司的部分股权等。因此,股权交易的情形可能是非常复杂的,以上列举的是常见情形。

(二)资产交易和股权交易的区别

1. 交易标的不同

资产交易和股权交易最突出的区别,就是二者的交易标的不同,即资产交易标的为资产,股权交易标的为股权。所有的资产交易和股权交易的不同均是源自二者的交易标的不同。

2. 交易主体不同

由于资产交易的标的是资产,那么资产交易的主体就是买方和持有标的资产的卖方,持有资产的卖方通常是项目公司。

由于股权交易的标的是股权,那么股权交易的主体就是买方和持有标的股权的卖方,持有股权的卖方是目标公司的股东。

3. 交易所关注的主要风险点不同

对于资产交易，由于交易标的是资产本身，因此，交易所重点关注的就是资产是否存在阻碍交易或贬损资产价值的问题。直白地讲，就是买方向卖方买东西，需确保买的东西与价钱对等，并且这个东西可以交易。以在建工程而言，《城市房地产管理法》第三十九条规定，以出让方式取得土地使用权的，转让房产时，应当符合一定条件，包括按照出让合同约定已经支付全部土地使用权出让金，并取得土地使用权证书；按照出让合同约定进行投资开发，属于房屋建设工程的，完成开发投资总额的25%以上，属于成片开发土地的，形成工业用地或者其他建设用地条件。如果未满足该条件，就将构成对资产交易本身的限制。此外，资产交易需要关注资产是否存在抵押、查封，是否需要转让方的融资方同意，是否存在土地闲置等对资产转让构成影响的风险点。

对于股权转让，由于交易标的是目标公司的股权，且受让股权意味着概括地承受了公司的一切权利和义务。因此，股权交易需要重点关注标的股权是否存在质押、冻结，是否需要相关方的同意，员工情况，诉讼仲裁情况，以及目标公司所持项目是否存在不利情况等。如果转让方仅转让部分股权，那么可能还需要关注其他股东的优先购买权问题。

对于资产交易和股权交易的主要风险点，主要是借助来自中介机构的尽职调查，尽职调查不仅需要法律尽调、财务尽调，有时也需要工程尽调等对拟收购的标的资产和标的股权进行全方位的了解，以识别对于交易可能构成的风险点。

4. 税负方面不同

相较于交易标的不同和交易主体不同，税负不同是选择资产交易和股权交易更为关键的原因。因此，对于税负方面不同需要多花费些笔墨进行介绍。

一般而言，对于资产交易，转让方需要承担的税负主要是企业所得税、土增税、增值税及附加、印花税；受让方需要承担的税负主要是契税、印花税。对于股权交易，一般情况下，转让方需要承担的税负主要是企业所得税、印花税；受让方需要承担的税负主要是印花税。实际上可能存在一些特殊情形。

一是企业所得税。企业所得税是对企业生产经营所得和其他所得征收的一种税种。因此，一般而言，不论对于资产交易或股权交易，只有转让方需要承担企业所得税，且必须在转让方取得收入时承担企业所得税。企业所得税税率一般为25%。

根据《关于企业重组业务企业所得税处理若干问题的通知》，股权收购和资产收购是企业重组的六种形式（还有企业法律形式改变、债务重组、合并和分立）之二。企业重组的企业所得税处理分为一般性税务处理和特殊性税务处理两种情况：

对于一般性税务处理，股权收购、资产收购重组交易，相关交易应按以下规定进行一般性税务处理：（1）被收购方应确认股权、资产转让所得或损失。（2）收购方取得股权或资产的计税基础应以公允价值为基础确定。（3）被收购企业的相关所得税事项原则上保持不变。

对于特殊性税务处理，企业重组同时符合下列条件的，适用特殊性税务处理规定：（1）具有合理的商业目的，且不以减少、免除或者推迟缴纳税款为主要目的。（2）被收购、合并或分立部分的资产或股权比例符合规定比例。（3）企业重组后的连续12个月内不改变重组资产原来的实质性经营活动。（4）重组交易对价中涉及股权支付金额符合规定比例。（5）企业重组中取得股权支付的原主要股东，在重组后连续12个月内，不得转让所取得的股权。

当企业重组符合上述适用特殊性税务处理规定的情形，交易各方对其交易中的股权支付部分，可以进行特殊性税务处理。对于股权收购，收购企业购买的股权不低于被收购企业全部股权的75%，且收购企业在该股权收购发生时的股权支付金额不低于其交易支付总额的85%，可以选择按以下规定处理：（1）被收购企业的股东取得收购企业股权的计税基础，以被收购股权的原有计税基础确定。（2）收购企业取得被收购企业股权的计税基础，以被收购股权的原有计税基础确定。（3）收购企业、被收购企业的原有各项资产和负债的计税基础和其他相关所得税事项保持不变。低于资产收购，受让企业收购的资产不低于转让企业全部资产的75%，且受让企业在该资产收购发生时的股权支付金额不低于其交易支付总额的85%，可以选择按以下规定处理：（1）转让企业取得受让企业股权的计税基础，以被转让资产的原有计税基础确定。（2）受让企业取得转让企业资产的计税基础，以被转让资产的原有计税基础确定。

二是印花税，由于在境内书立应税凭证、进行证券交易的单位和个人均为印花税的纳税人，因此，不论对于资产交易或股权交易，订立合同的转让方和受让方均应当承担印花税。根据《印花税法》，印花税的税率针对不同的税目，适用不同的税率。例如，土地使用权、房屋等建筑物和构筑物所有权转让书据的税率是价款的5‰；股权转让书据的税率是价款的5‰；商标专用权、著作权、专利权、专有技术使用权转让书据的税率是价款的3‰。

三是土增税，根据《土地增值税暂行条例》，转让国有土地使用权、地上的建筑物及其附着物并取得收入的单位和个人,为土地增值税的纳税义务人,应当缴纳土地增值税。根据该条例,缴纳土增税的前提是纳税义务人转让国有土地使用权、地上的建筑物及其附着物并取得收入时应当缴纳的,即纳税义务人转让的标的应该是国有土地使用权、地上的建筑物及其附着物等资产。从这个角度看,似乎只有在资产交易的情况下才涉及土增税。但实际上,关于形式为股权交易,但实质是为了转让土地使用权或地上建筑物等资产,这种情况下是否需要缴纳土增税也存在一定的不确定性。以《国家税务总局关于以转让股权名义转让房地产行为征收土地增值税问题的批复》为例,该批复指出,鉴于能源集团公司和能源投资股份公司一次性共同转让能源实业公司100%的股权,且这些以股权形式表现的资产主要是土地使用权、地上建筑物及附着物,经研究,对此应按土地增值税的规定征税。该批复的内容遵从的是实质重于形式原则,穿透看如果最终实质是为了转让资产,那么仍然要缴纳土增税。但也有相反观点坚持认为,土增税针对的就是资产交易,且实践中也大量存在对于股权交易并不需要缴纳土增税的案例。因此,在一般情况下,股权交易可能无须缴纳土增税。但税收作为国家的一种强制手段,且各地操作千差万别,在进行相关交易前还是需要征求专业的税务方面的意见。

四是契税。根据《契税法》,在我国境内转移土地、房屋权属,承受的单位和个人为契税的纳税人,应当依法缴纳契税。因此,只有受让方承担契税。契税的税率为3%到5%。

五是增值税。根据《关于全面推开营业税改征增值税试点的通知》,在中华人民共和国境内销售服务、无形资产或者不动产的单位和个人,为增值税纳税人,应当按照本通知缴纳增值税,不缴纳营业税。该通知所附《销售服务、无形资产、不动产注释》,销售不动产,是指转让不动产所有权的业务活动。不动产,是指不能移动或者移动后会引起性质、形状改变的财产,包括建筑物、构筑物等。因此,股权转让应不属于缴纳增值税的情形。

但对于资产交易,根据《纳税人转让不动产增值税征收管理暂行办法》,将纳税人转让取得的不动产分为两种情形,一种是一般纳税人,另一种是小规模纳税人。

针对一般纳税人转让其取得的不动产,进一步区分为不同情形缴纳增值税:(1)一般纳税人转让其2016年4月30日前取得(不含自建)的不动产,可以选择适用简易计税方法计税,以取得的全部价款和价外费用扣除不动产购置原价或者取得不动产时的作价后的余额为销售额,按照5%的征收率计算应纳税额。(2) 一般纳税人转让其2016年4月30日前自建的不动产,可以选择适用简易计税方法计税,以取得的全部价款和价外费用为销售额,按照5%的征收率计算应纳税额。(3) 一般纳税人转让其2016年4月30日前取得(不含自建)的不动产,选择适用一般计税方法计税的,以取得的全部价款和价外费用扣除不动产购置原价或者取得不动产的作价后的余额计算应纳税额。(4) 一般纳税人转让其2016年4月30日前自建的不动产,选择适用一般计税方法计税的,以取得的全部价款和价外费用为销售额计算应纳税额。(5) 一般纳税人转让其2016年5月1日后取得(不含自建)的不动产,适用一般计税方法,以取得的全部价款和价外费用为销售额计算应纳税额。(6) 一般纳税人转让其2016年5月1日后自建的不动产,适用一般计税方法,以取得的全部价款和价外费用为销售额计算应纳税额。

针对小规模纳税人转让其取得的不动产,进一步区分为不同情形缴纳增值税:(1) 小规模纳税人转让其取得(不含自建)的不动产,以取得的全部价款和价外费用扣除不动产购置原价或者取得不动产时的作价后的余额为销售额,按照5%的征收率计算应纳税额。(2) 小规模纳税人转让其自建的不动产,以取得的全部价款和价外费用为销售额,按照5%的征收率计算应纳税额。

二、尽职调查对房地产并购交易的重要性及影响

作为法律从业人员,我们都知道,在拟进行一项房地产并购交易之前,作为受让方,会委托律师、会计师等对拟受让方的标的(包括标的资产和标的股权)进行尽职调查。如前所述,法律尽调和财务尽调是最为基础的尽调,此外还可能包括工程尽调等。

尽职调查和交易是相辅相成的,面对陌生的标的资产或股权,贸然交易既无法发现标的资产或股权中存在的问题,也无法避免可能引发的交易后风险,因此,尽职调查就是借助律师或会计师等专业人士对标的资产或股权有针对性地了解,并通过尽职调查的发现,将可能给交易造成障碍或者对交易造成风险的因素通过交易文件或者其他形式予以规避。尽职调查是任何房地产并购交易都不能缺少的基础环节。需要指出的是,尽职调查尽管是专业的,但是尽职调查也无法做到识别标的资产或股权及交易的所有风险,或者预防交易完成后受让的标的的资产或者股权不会出现争议或纠纷,再完美的交易文件也无法保障交易中或交易后不出现问题。但缺少尽职调查环节,或者由于受让方或中介机构的原因导致没有充分地进行尽职调查则是绝对不行的。

关于尽职调查所应当关注的相关事项，我们将在后文法律尽职调查进行专章的介绍，在此不再赘述。

三、意向阶段文件

一般而言，房地产并购交易在正式推进尽职调查和交易谈判之前，在买卖双方初期接触的意向阶段，重点涉及的文件包括意向书、核心条款和保密协议。

（一）意向书

意向书（memorandum of understanding，简称 MOU），也可以叫作备忘录，是指买卖双方在正式尽职调查和交易谈判之前，初步地对于交易的重要和基础事项进行约定，条款上主要包括标的资产或股权情况、交易价款、先决条件、交易步骤、排他期、尽职调查、争议解决、有效性等。对于这些主要条款，笔者简要地介绍一下。

标的资产或股权情况，尽管是意向书，但是转让方也应对标的资产或股权的情况进行明确介绍。对于资产交易，重点是介绍标的资产的面积、产权等基础信息，以及是否存在抵押、查封等权利限制情况。对于收购股权，重点是介绍目标公司的成立日期、负债情况、员工情况，尤其是标的股权是否存在质押、冻结。标的资产或股权情况是交易推进的基础，应予必要的披露。

交易价款，如果买卖双方根据前期沟通，已经就交易价款的金额或者计算方式达成了初步意向，那么在意向书中就可以对此进行约定。但对于受让方而言，一般倾向于约定为最终以正式签署的交易文件为准。

先决条件，并购交易都可能涉及一些先决条件的达成，尽管是意向阶段，但还是可能已经可以明确部分先决条件，最终在正式交易文件中会根据尽职调查的情况进一步补充和明确。

交易步骤，在意向阶段双方一般就可以对大致的交易步骤有初步的计划。以股权交易为例，如果转让方拟转让100%目标公司的标的股权，那么可以一次性转让，也可能根据具体情况分批次转让；对于交易价款，可能一次性支付，也可能根据具体情况分笔支付或者预留尾款等。

排他期是意向书通用的条款。排他期的目的是确保转让方在一定期间内只能跟受让方就标的资产或标的股权的转让进行沟通和联系，排除在此期间转让方和除了受让方之外的其他方沟通的可能。上述的期限可以是固定的，也可以约定到期后经双方同意后顺延。

尽职调查条款也是意向书通用的条款之一，而且是意向书主要明确的事项之一。因为在意向书签署之后，为推进交易，尽快安排尽职调查是必然的，那么意向书就有必要明确约定意向书签署一定时间内，转让方配合受让方委托的尽职调查中介机构进行尽职调查，并确保提供与标的资产或股权相关的资料。

有效性主要是为了明确意向书哪些条款是有法律约束力的，哪些条款是没有法律约束力的。究竟哪些条款应有法律约束力或者没有法律约束力，站在转让方和受让方的不同角度是有不同选择的，对于转让方而言，如果更倾向于完成这笔交易，那么当然希望将包括交易条款、交易步骤等自己能够接受的商务条款尽快确定，将其约定为有法律约束力，有利于在意向阶段就敲定核心商务条款。对于受让方而言，一般情况下，在没有充分完成尽职调查之前，受让方不敢断然对意向书中的商务条款进行确认，因此一般情形下将商务条款都约定为没有法律约束力，最终以正式签署的交易文件为准，只有像排他期、尽职调查、争议解决这些条款才具有法律约束力。

争议解决，方式一般就是先协商，协商不成的通过诉讼或者仲裁方式解决。但诉讼或仲裁只能择一约定，否则根据《最高人民法院关于适用〈中华人民共和国仲裁法〉若干问题的解释》"当事人约定争议可以向仲裁机构申请仲裁也可以向人民法院起诉的，仲裁协议无效"的规定无效。

（二）核心条款

核心条款（Term Sheet，简称 TS），TS 和 MOU，笔者理解并没有本质的区别，只是 TS 比 MOU 更进一步，会对交易价款如何确定、交易步骤如何推进、先决条件如何实现等进行更详细的约定。但对于 TS 相关商务条款是否具有法律约束力，即便受让方此时已经进行过充分的法律尽调，仍然会选择以最终正式签署的交易文件为准。

核心条款其实更像是正式交易文件的精编版，短小精悍。但是"麻雀虽小五脏俱全"，只要核心条款能够确定，那么以此为基础进行扩展和增加协议必要的条款，就可以形成正式的交易文件。因此，如果交易进展允许，不妨将核心条款作为正式交易文件之前的一个阶段，以求买卖双方在核心条款上达成一致。

（三）保密协议

保密协议解决的是在意向阶段转让方向受让方提供的与标的资产或股权有关资料的保密性问题。保密协议是否重要？当然重要。但保密协议应该如何约定，就取决于转让方和受让方哪一方更加强势。

如果转让方更加强势，那么转让方肯定更倾向于达到如下目的：（1）保密期限尽量延长，部分保密期限直至相关资料向社会公开成为公开信息为止；（2）保密信息的范围更广，这个范围在形式上可以体现为任何口头的或书面提供给受让方的资料和信息；（3）承担保密责任的主体更广，除保密信息的接收方外，还可以扩展到接收方有必要知悉保密信息的员工、接收方聘请的中介机构，并且接收方将和员工、中介机构因违反保密义务承担连带责任；（4）缩小保密信息披露的例外情形，一般而言对于进入公开领域的保密信息、接收方自己开发的保密信息、接收方从对保密信息不承担保密义务的主体获取的保密信息等不承担保密义务，并且在监管机构要求披露时也可予以披露，但此时转让方通常要求受让方在可能的情况下提前通知转让方并且要将披露给转让方造成的影响降低到最小范围；（5）保密信息的载体应根据转让方的要求予以返还及销毁。

相反，如果受让方更加强势，那么受让方肯定更倾向于达到如下目的：（1）保密期限尽量缩短，如1年或者2年；（2）保密信息的范围不宜过大，应可明确框定。例如，如果转让方以口头方式披露保密信息，那么接收方最好要求转让方在口头披露保密信息之前予以说明，并且将口头披露的保密信息落实到纸面上，接收方将按照书面的保密信息范围承担保密义务；（3）对于保密信息的返还及销毁，这属于转让方的合理要求，但是根据监管要求或者公司内部管理制度要求予以保留的除外。

以上对于保密协议仅是一般的关注事项。对于大部分的房地产公司，都有其固有的保密协议模板，并进一步区分为转让方的版本和受让方的版本。对于这些模板，笔者还是建议应当予以关注，不要因为保密协议仅处于意向阶段或篇幅不长而轻视保密协议。

四、房地产资产交易的核心关注点

（一）在建工程

1. 完成开发投资总额25%

对于在建工程资产转让，首要的问题即是否满足《城市房地产管理法》第三十九条规定的完成开发投资总额25%的规定。《城市房地产管理法》第三十九条规定，以出让方式取得土地使用权的，转让房地产时，应当符合下列条件：（1）按照出让合同约定已经支付全部土地使用权出让金，并取得土地使用权证书；（2）按照出让合同约定进行投资开发，属于房屋建设工程的，完成开发投资总额的25%以上，属于成片开发土地的，形成工业用地或者其他建设用地条件。转让房地产时房屋已经建成的，还应当持有房屋所有权证书。

根据上述规定，对于在建工程转让，必须满足两个条件：第一，已按出让合同约定交纳全部土地出让金并取得土地使用证，即现在的不动产权证，当然这里的不动产权证仅指土地使用权的权证；第二，已完成开发投资总额的25%以上。

(1) 怎么界定完成开发投资总额的25%

虽然《城市房地产管理法》对于在建工程转让有如上的限制约定，但是对于何为"完成开发投资总额的25%"却并没有明确界定。但《国土资源部关于进一步做好闲置土地处置工作的意见》（以下简称《做好闲置土地处置工作意见》）有相关约定，"总投资额"是指土地使用者直接投入用于土地开发的资金总额，不包括取得土地使用权的费用和向国家缴纳的相关税费。"已投资额"是指土地使用者已经投入用于土地开发建设的资金总额。尽管《做好闲置土地处置工作意见》目前已经被废止，且"总投资额"的用词与《城市房地产管理法》中"投资总额"的用词略有不同，但是实践中认为很大程度上是可以用《做好闲置土地处置工作意见》对"完成开发投资总额的25%"进行解释的，即土地使用权人直接投入用于开发土地的资金总额，且该等资金不能包括土地出让价款及相关税费。从《城市房地产管理法》的立法本意来看，也应该是这样的意图，即所谓开发投资总额应该是用于土地开发的资金，如果要将土地出让价款及税费也算作开发投资总额，设置25%的这个标准也就没有意义了，并导致众多通过招拍挂方式取得土地使用权的主体得以轻松地通过倒卖土地使用权而获利，这显然不是立法者的本意。

(2) 未满足转让条件下转让合同是否有效

在未满足上述条件下的在建工程转让合同是否有效是关于在建工程转让的另一个重要问题。结合"桂馨源公司诉全威公司等土地使用权转让合同纠纷案"，[①] 尽管在未满足《城市房地产管理法》第三十九条规定情况下转让土地使用权，但是转让合同因违反的是管理性强制性规定而非效力性强制性规定而有效。在实践中，在建工程转让还涉及权利变更的问题，如果在建工程转让未能满足《城市房地产管理法》第三十九条规定，相关主管部门将可能不会对土地使用权及在建工程的权利人由转让方变更为受让方予以配合，到头来还会导致在建工程的受让方无法得到权利登记，相应地也还需要转让方继续配合办理工

---

① 《桂馨源公司诉全威公司等土地使用权转让合同纠纷案》，载《最高人民法院公报》2005年第7期。

程竣工验收等一系列手续，对交易的安全性也带来极大隐患，这是受让方需要给予极大关注的。

2. 权利人变更

上面其实已经提到了在建工程转让应关注的第二个问题，即权利人变更的问题。国家对于建设工程的监管是很严格的，尤其是我们常说的五证，即建设用地规划许可证、建设工程规划许可证、不动产权证、建筑工程施工许可证及预售许可证。包括但不限于这五证都会载明建设单位或者权利人的名称。

在建工程在符合《城市房地产管理法》第三十九条规定的情况下，转让方理所应当要配合受让方办理完毕已取得各项证照的变更工作，这也是在转让合同中转让方一般应履行的义务之一，否则，受让方将处于尴尬的境地，一是如何办理后续的建设手续，如果不变更，那么就会出现前后建设手续权利人不一致的问题；二是如果后续受让方在建设完毕建设工程后要另行转让，这种前后不一致的问题也会影响后续出售。

在建工程若未符合《城市房地产管理法》第三十九条的规定，那么问题就是前面所提到的，很可能相关主管部门将不配合变更权利人，那么转让方就要一直扮演在建工程权利人的角色，这对转让方和受让方都是很不利的。对于转让方，只要作为建设手续的权利人，就势必要承担可能发生的与建设工程有关的风险，这显然和转让方转让即脱身的一般要求是不相符的。对于受让方，只要不能作为建设手续的权利人，就势必要继续有求于转让方，也就是并未真正成为建设工程的权利人，未能完全实现受让即所有的交易目的。

因此，无论是对于转让方还是受让方，在进行在建工程转让的时候都应当将能否完成权利人变更作为一个核心问题对待。

3. 进场交易

无论是资产转让还是股权转让，一个首要应该考虑的就是是否涉及国有资产交易的问题。根据《企业国有资产交易监督管理办法》，国有资产交易包括国有产权转让、增资和国有重要资产转让。一旦在建工程的转让构成国有重要资产转让，那么原则上就应当进场交易。对此，笔者将专门在本书第十二章国有资产交易一章中介绍和分析。

4. 合同履行情况

对于在建工程转让，合同履行情况是应当予以重视并在尽职调查中重点关注的。由于项目还处于在建工程的状态，大量的合同，尤其是建设工程方面的合同都处于已签署正在履行阶段，在建工程转让意味着在建工程的权利主体发生变化，也将对正在履行的合同构成影响。

对于已签署正在履行的合同，受让方应重点查清：第一，已签署正在履行的合同有哪些；第二，已签署正在履行的合同的履行进展情况，尤其是项目公司已经支付了多少价款，还有多少价款待支付；第三，合同履行过程中是否存在违约情形；第四，已签署正在履行的合同交接工作应如何处理，尤其是工作界面如何交接。只有查清这些情况，受让方才能了解为了在建工程，转让方已经支付的资金额，以及为了继续履行合同，受让方在受让在建工程后还将继续承担的资金额。

5. 在建工程抵押查封

为了取得开发贷款，在建工程及其土地使用权通常由项目公司作为抵押物抵押给银行。如果在建工程拟转让，那么在建工程的抵押就应当予以关注。对此，通常的操作是，受让方和转让方通过开设共管账户的方式，将转让价款存放于共管账户中，并直接将特定金额的转让价款定向支付给开发贷银行，由开发贷银行予以解除抵押。当然，对于受让方更有利的方式可以是给在建工程设定一个第二顺位抵押，在开发贷银行第一顺位抵押解除后，受让方自动成为第一顺位抵押权人，避免了可能存在的查封等情况给受让方造成的风险。当然这一系列的操作都有赖于开发贷银行的配合，对此，一般均由转让方负责协调处理。

（二）已建成物业

国有资产、合同履行情况、物业抵押查封，这些是在建工程转让和已建成物业转让的共同关注点，以下是已建成物业特有的一些问题。

1. 物业管理

根据笔者的观察，在尽职调查中，对于物业管理呈现出越来越重视的趋势。这主要是有一些因对物业管理情况调查不清而给受让方日后运营管理带来麻烦的案例。

关于物业管理的相关概念，已在物业管理一章中专门介绍，在此不再赘述。但笔者在此想强调的是，物业管理对于已建成物业交易的重要性。由于是资产交易，受让方拟购买的可能是整个项目，也可能是整个项目的一部分。

对于受让方购买整个项目，在购买完成后，受让方控制整个项目，有权自行委任物业管理公司，或者干脆就继续委托转让方聘请的物业管理公司。但绝大多数情况下，受让方会选择自行委任物业管理公司，毕竟物业管理公司实际负责项目的物业管理服务，受让方的意志都是通过物业管理公司实现的，还是找一个能够为受让方控制的物业管理公司或者干脆自行管理更为妥当。

对于受让方购买部分项目，由于受让方在购买项目后只是交易标的物业的业主，不论其面积大小，也只能算作一个业主，对于受让方的影响可能就比较大。根据《物业管理条例》的规定，物业管理区域内全体业主组成业主大会，且一个物业管理区域成立一个业主大会。基于此，如果受让方仅受让部分项目的话，需要受让方对于交易标的物业的物业管理区域及其他业主的数量进行了解，避免出现在同一物业管理区域的其他业主较多，导致受让方仅是业主之一而对物业管理事项缺乏独立的决策能力，并进而影响到项目的物业管理。

关于拟收购物业的物业管理公司，受让方在尽职调查的过程中可以根据当地的实际情况去相关主管部门进行现场调查。

2. 销售、租赁情况

对于已建成物业的转让，尤其应当关注其租赁和销售情况。

对于商业物业或者办公物业，如果已经存在租赁，那么对于租赁的具体情况，包括但不限于租期、租金等都要给予关注。因为一旦物业存在租赁，就会对物业转让产生两个影响，一是看已签署租约的租期和租金水平能够满足受让方的要求，如果租期特别长、租金水平又相对较低，就意味着受让方在受让物业后还要承继这个租约，能否符合受让方的财务测算就是一大问题；二是租约的变更问题，转让方需要和承租人沟通在交易完成后出租人由转让方变更为受让方。此外，还有一个问题要予以关注，就是对于较大的租户，尤其是整租的承租人，往往会在租赁合同中增加其在出租人资产或者股权方式转让物业时享有优先购买权，那么受让方一般需要转让方配合取得承租人放弃优先购买权的声明，否则将对交易构成极大的不确定性。

对于商业物业或者住宅物业等可销售物业，还需要关注其销售情况。物业如果存在已销售的情况，那么就意味着存在其他的小业主，这些小业主不排除可能对受让方在交易完成以后的物业装修改造等构成影响；此外就是小业主可能给物业管理带来不确定性。

五、房地产股权交易的核心关注点

（一）股东僵局

股东僵局是公司股东之间由于互相持有不同的观点，而根据公司章程规定的表决机制，在董事会或者股东会层面又都无法就特定事项作出有效力的表决的一种状态。该状态下，就该特定事项，董事会或者股东会都无法形成有效决议，导致公司实际上无法进一步行动，可能影响到公司后续发展。

根据股东僵局的概念可知，股东僵局一般只发生在一个公司存在两个或者两个以上股东的情况下。同时，股东僵局可能发生在董事会和股东会两个层面，股东会是不同股东的直接交锋，董事会则是不同股东委派的董事的交锋。对于房地产股权交易，尤其是合作开发情况下如何解决股东僵局就显得尤为重要。在此，笔者将分享解决股东僵局的一般思路，但具体到个案中还是应当具体问题具体分析。

首先，如果董事会或者股东会未能达到一定的出席人数，导致董事会或者股东会无法正常召开。通常会在协议中约定，董事会或者股东会将在多少个工作日之后在同一时间和地点再次召开。如果董事会或者股东会仍未能达到有效召开的人数，则未能出席的董事或者股东就视为已经出席，董事会或者股东会已经达到了有效召开的人数要求，且作出的决议是有效的、对各方都具有约束力。已出席的董事或者股东可以就相关决议事项作出表决，未出席的董事或者股东均视为对该等决议事项作出了同意的表决。

其次，如果董事会或者股东会能够达到约定的出席人数，但就决议事项董事之间或者股东之间无法达到通过该决议的表决权比例要求，此时，通常的操作可以有：

第一，董事会或者股东会将在多少个工作日之后在同一时间和地点再次召开。若第二次召开的董事会或者股东会仍然无法就决议事项作出表决，那么就认定公司已经处于僵局的状态。

第二，在已经认定公司处于僵局状态的情况下，要求各股东（如果是董事会僵局，就是相应委派相应董事的股东）推选出相应的代表，在第二次召开的董事会或者股东会后多少个工作日内就僵局事项进行沟通和协商。如此操作的目的就是避免由于公司僵局的出现及持续而给公司的发展造成不利影响，需要各个股东为了公司的一致利益考虑，能够互相妥协以求促进决议事项的通过。经过沟通和协商，决议事项可能得以通过，也可能各方代表仍无法达成一致。

第三，在各方代表经过沟通和协商仍无法就决议事项达成一致后，通常的操作就是"俄式轮盘僵局条款"（Russian Roulette Deadlock Clause），即迫使一些股东退出。具体的过程大致是，任何一方（无论是拟同意决议事项的相关方还是拟不同意决议事项的相关方，可称之为发动方）均可以向另一方（接收方）发出收购接收方所持公司全部股权的通知，并且给出发动方对公司的估值。接收方必须在收到发动方通知后一定时间对发动方予以反馈，同意接受发动方的收购要求，按公司估值及接收方的股权比例将接收方所持股权转让给发动方或者其关联方；或者拒绝发动方的收购要求，接收方收购发动方所持公司的股权。如果接收方未能在该约定时间反馈，即视为发动方有权按公司估值收购接收方所持股权。进一步地，如果双方就该等股权收购达成了一致，并约定有转让价款的支付节奏安排，那么假如受让方未能按约定支付，转让方有权反向要求受让方向其转让受让方所持股权，并且价款在前述估值基础上打折（八折或者九折等），以此督促受让方按照双方达成一致的约定按时履约，以尽快解决僵局状态。

此外，《最高人民法院关于适用〈中华人民共和国公司法〉若干问题的规定（二）》第一条第一款规定："单独或者合计持有公司全部股东表决权百分之十以上的股东，以下列事由之一提起解散公司诉讼，并符合公司法第一百八十二条规定的，人民法院应予受理：（一）公司持续两年以上无法召开股东会或者股东大会，公司经营管理发生严重困难的；（二）股东表决时无法达到法定或者公司章程规定的比例，持续两年以上不能做出有效的股东会或者股东大会决议，公司经营管理发生严重困难的；（三）公司董事长期冲突，且无法通过股东会或者股东大会解决，公司经营管理发生严重困难的；（四）经营管理发生其他严重困难，公司继续存续会使股东利益受到重大损失的情形。"如果公司僵局符合该条规定的情形，解散公司诉讼也是一种可行性。

关于公司僵局解决机制，以上仅是从笔者角度出发提供的一些经验之谈，在实践中，由于公司股东持股情况有所不同，且各股东之间在股东协议或者股东章程中有特别的约定，应当具体问题具体分析。但公司僵局确实是在合作过程中或者受让方拟受让公司部分股权时应当予以重点关注的，否则，一旦公司进入僵局状态，将会给所投入的资金带来极大的不利影响。

（二）交割日审计及价款调整

对于股权收购，如何确定转让价款是一个核心问题，而交割日审计并根据交割日审计结果对价款进行调整则是关于转让价款的惯常操作。

如果转受让双方对于转让价款均能够接受一个固定价格，该价格不因任何原因而调整，那么这就是一个很简单的操作，只要双方对转让价款的支付节奏取得一致就可以。但是转让价款为股东价格的情形是不常见的，常见的是双方会在协议中先约定一个暂定的转让价款金额，该暂定的转让价款金额的依据是双方会计准则和企业会计制度共同编制的截至基准日的目标公司的资产负债表而确定。而后在双方交割完毕的当日，双方会通过与基准日资产负债表一致的会计方法对目标公司进行交割审计，编制交割日资产负债表，并根据交割日资产负债表调整标的股权的最终对价，多退少补。

通过交割审计进而对转让价款进行调整是转受让双方均能够易于接受的，也是股权交易中的惯常操作。

(三) 股东会、董事会职权设置

股东会和董事会的职权设置问题也出现在合作开发或者收购目标公司部分股权的情形下。如果受让方收购目标公司的全部股权，目标公司在收购完成后只有一个股东，那么受让方就完全控制目标公司，都是受让方操控，作为唯一股东，如何设置董事会（或执行董事）都是受让方自行决定的。

但在合作开发或收购目标公司部分股权的情形下，由于目标公司存在两个或两个以上的股东，那么如何设置股东会和董事会的职权，对股东对于目标公司的把控就会产生实质的影响。

以有限责任公司为例，《公司法》第四十三条规定："股东会的议事方式和表决程序，除本法有规定的外，由公司章程规定。股东会会议作出修改公司章程、增加或者减少注册资本的决议，以及公司合并、分立、解散或者变更公司形式的决议，必须经代表三分之二以上表决权的股东通过。"《公司法》第四十八条规定："董事会的议事方式和表决程序，除本法有规定的外，由公司章程规定。董事会应当对所议事项的决定作成会议记录，出席会议的董事应当在会议记录上签名。"从《公司法》的角度，对于有限责任公司的股东会，表决机制由公司章程规定，但是对于特别事项（修改章程、增资、减资、合并、分立、解散或变更公司形式等）必须经代表2/3以上表决权的股东通过；对于有限责任公司的董事会，表决机制由公司章程约定。

但是实践中合作开发或者收购部分目标公司部分股权时，存在大股操盘或者小股操盘等不同情形，这就将股东会、董事会的职权设置变得很复杂。以大股操盘为例，持有小股的股东基本是坐等收益分红的位置，因此，无论是股东会还是董事会，从大股东角度当然最好能够单方决定，次之的选择也是对于一般事项能够单方决定，对于特别事项才需要小股东的同意；从小股东角度，即便仅是小股东或者财务投资，但是最优的选择也能享有一票否决权，次之的选择是对于一般事项能够参与，再次之的选择是对特别事项需要小股东的同意。

(四) 员工

员工是股权收购时应予考虑的一个问题，资产收购并不涉及，资产收购是买资产，员工并不依附于资产而仅仅依附于公司。

是否保留目标公司原来的员工是受让方首先要考虑的，如果保留，那么要看目标公司是否按照规定给员工缴纳社保和公积金。如果目标公司未按规定缴纳社保和公积金，由于这是违反规定的，相关责任很可能被受让方所间接承继。如果不保留，则受让方应要求转让方负责依法解除目标公司与员工之间的劳动关系，并承担相应的费用。

对于保留的情况，也可以进一步区分保留管理层还是保留普通员工，因为有些情况下，管理层在项目所在地有一定的资源，保留其劳动关系能够为受让方后的经营管理带来便利。

（五）负债、诉讼仲裁

目标公司的负债和诉讼仲裁，都是尽职调查过程中应当重点关注的。负债是目标公司对外应付的款项，这是截至某一时点相对确定的。而诉讼仲裁，可能是目标公司主动起诉其他方的，也可能目标公司被起诉，且诉讼仲裁的标的额未必就是最终判决或裁决的金额，因而和负债相比，诉讼仲裁存在一定的不确定性。但不论是负债还是诉讼仲裁，一旦受让方完成标的股权受让，均由受让方间接承继，对于受让方是应予提示的风险。

（六）过渡期

所谓过渡期，就是转让协议签署之日到交割完成之日的期间。针对过渡期，一般而言，转让方和目标公司是不得为一些特定行为，如除维持现有目标公司业务外，目标公司不得开展其他投资及业务；不得对外举债或提供任何担保；目标公司不在目标物业上设置任何新的权利限制或任何处分措施；转让方不得向其他方转让标的股权；目标公司不得以增资等方式引入其他投资人；保管好目标公司财务账册和记录。但需要指出的是，如果目标公司为了维持正常的公司运转和业务要求而进行的行为不受影响，如日常的租赁行为，但是要将租赁的变更情况及时告知受让方，同时不得恶意对新的承租人设置低租金或长租期等。

过渡期对转让方和目标公司的要求主要是基于诚实信用原则，因为既然转受让双方已经就标的股权的转让签署转让协议，那么转让方和目标公司不得再做任何可能给受让方本次交易带来损失的行为，否则就将构成违约。

（七）合同履行情况、抵押查封、质押、冻结

与前面在资产交易中介绍的情况一致，目标公司合同履行情况、标的股权是否存在质押和冻结、目标物业是否存在抵押查封，都是在股权交易中应予关

注的。

对于合同履行情况，与资产交易不同的是，由于受让方是直接受让目标公司的股权，就意味着目标公司所有已签署未履行完毕的合同都将在交易完成后由受让方间接承继。尤其是租赁合同，受让方需要判断其现有租赁情况是否满足其财务测算。

对于目标物业的抵押查封，惯常的操作也是利用转让价款定向支付给抵押权人或申请执行人，解除抵押查封，以确保受让方能够拿到干净的物业。

对于标的股权的质押冻结，与目标物业的抵押查封不同，标的股权的质押冻结直接影响标的股权的转让。尽管根据《民法典》的规定，质押人可以不经质权人同意而转让被质押的股权，但是在实践操作中，仍是建议提前取得质权人的同意。对于冻结的股权，则完全不存在转让的可能，因此也必须提前和冻结的申请人及相关法院取得沟通，确保在提供相关资金后即能够解除冻结，避免影响标的股权的转让。

六、交易文件重点条款

（一）送达条款

送达条款的要求虽然比较简单，但是却非常重要，原因在于不论是资产交易还是股权交易，交易的流程都很复杂，牵涉的交易步骤都很多，难免会出现双方始料未及的变化或者因任何一方原因导致的合同义务无法履行，那么就很可能产生争议或其他需要沟通协调的情况，因此有必要将各方的送达信息填写详细和完整，包括但不限于联系人姓名、联系人邮箱、电话、邮寄地址等。同时，任何一方如果在协议履行过程中送达信息发生变化的，也应当及时告知其他各方，否则应承担由于未及时告知而给其他方造成的损失。

（二）争议解决条款

对于争议解决条款，有两点需要强调：一是争议解决方式只能选择诉讼或者仲裁这两种方式之一，不能同时选择，否则将导致争议解决条款无效。二是在提交诉讼或者仲裁前，往往约定各方应协商，但注意没有必要加上"多少天之内协商未成的，再提交诉讼或者仲裁"这里如果加上多少天这样的限制，往往对受到损失但是急于通过争议解决方式挽回损失的一方不利，因为必须等到多少天届满后才能提交诉讼或仲裁。

七、并购交易的反垄断问题

根据《反垄断法》的规定，垄断行为包括经营者达成垄断协议、经营者滥用市场支配地位，以及具有或者可能具有排除、限制竞争效果的经营者集中等。根据一般理解，反垄断往往发生在一些大型企业中，如国内某些大型数据平台等，在一般的收并购交易里并不关注，似乎认为与垄断行为并不相关。

垄断协议是指排除、限制竞争的协议、决定或者其他协同行为。垄断意味着一家或者少数家独大，排除或者限制了竞争，没有竞争就不利于技术创新和进步。因此，反垄断就是要禁止具有竞争关系的经营者达成固定或者变更商品价格，限制商品的生产数量或者销售数量，分割销售市场或者原材料采购市场，限制购买新技术、新设备或者限制开发新技术、新产品，联合抵制交易，或者其他形式的垄断协议；同时也禁止经营者与交易相对人达成固定向第三人转售商品的价格，限定向第三人转售商品的最低价格，或者其他形式的垄断协议。对于房地产股权收购交易，并不符合上述构成垄断协议的相关情形，故一般不涉及垄断协议。

市场支配地位，是指经营者在相关市场内具有能够控制商品价格、数量或者其他交易条件，或者能够阻碍、影响其他经营者进入相关市场能力的市场地位。而滥用市场支配地位主要是指具有市场支配地位的经营者的如下滥用市场支配地位行为，包括以不公平的高价销售商品或者以不公平的低价购买商品；没有正当理由，以低于成本的价格销售商品；没有正当理由，拒绝与交易相对人进行交易；没有正当理由，限定交易相对人只能与其进行交易或者只能与其指定的经营者进行交易；没有正当理由搭售商品，或者在交易时附加其他不合理的交易条件；没有正当理由，对条件相同的交易相对人在交易价格等交易条件上实行差别待遇；国务院反垄断执法机构认定的其他滥用市场支配地位的行为。在房地产股权收购交易中，一般也并不涉及一方滥用市场支配地位的情形，故不涉及判断是否构成滥用市场支配地位。

但经营者集中不同。根据《反垄断法》的规定，经营者集中是指经营者合并、经营者通过取得股权或者资产的方式取得对其他经营者的控制权、经营者通过合同等方式取得对其他经营者的控制权或者能够对其他经营者施加决定性影响。简言之，经营者集中可能发生于合并、股权或资产方式收购以及合营或者合资等情形中。因此，房地产的资产收购或者股权收购都可能涉及经营者集中，本部分重点对股权收购中的经营者集中进行介绍。

为何在房地产股权收购中对经营者集中要进行判断是一件重要的事情呢？因为，经营者集中达到国务院规定申报标准的，应当事先向国务院反垄断执法机构申报，未申报的不得实施集中，即不得进行收购行为。

根据《国务院关于经营者集中申报标准的规定》，经营者集中达到下列标准之一的，就应当事先向国务院反垄断执法机构申报：(1) 参与集中的所有经营者上一会计年度在全球范围内的营业额合计超过 100 亿元人民币，并且其中至少两个经营者上一会计年度在中国境内的营业额均超过 4 亿元人民币；(2) 参与集中的所有经营者上一会计年度在中国境内的营业额合计超过 20 亿元人民币，并且其中至少两个经营者上一会计年度在中国境内的营业额均超过 4 亿元人民币。此外，该《国务院关于经营者集中申报标准的规定》还有一个兜底性的规定，即便经营者集中未达到上述申报标准，但按照规定程序收集的事实和证据表明该经营者集中具有或者可能具有排除、限制竞争效果的，国务院反垄断执法机构应当依法进行调查。也就是说，通过实质性判断也能够启动经营者集中的调查。

对于上面经营者集中情形的可以简单概括为，第一种，参与集中的所有经营者上一会计年度全球营业额超过 100 亿元，其中至少两个经营者中国境内营业额超过 4 亿元，即应当申报经营者集中；第二种，参与集中的所有经营者上一会计年度中国境内营业额超过 20 亿元，其中至少两个经营者中国境内营业额超过 4 亿元，即应当申报经营者集中。这两种情形适用于经营者之间合并、收购、合营或合资等各种情形。

通过合并方式实施的经营者集中，合并各方均为申报义务人；其他情形的经营者集中，取得控制权或者能够施加决定性影响的经营者为申报义务人，其他经营者予以配合。

经营者违反《反垄断法》的规定实施集中，且具有或者可能具有排除、限制竞争效果的，由国务院反垄断执法机构责令停止实施集中、限期处分股份或者资产、限期转让营业以及采取其他必要措施恢复到集中前的状态，处上一年度销售额 10% 以下的罚款；不具有排除、限制竞争效果的，处 500 万元以下的罚款。

综上，对于房地产并购交易而言，不论是资产还是股权收购，还是应当与时俱进，将反垄断尤其是构成经营者集中与否作为一个重要的问题考量。

八、并购交易的方法论

关于并购交易所涉及的相关实务问题及风控要点，有以下方法论上的经验愿与读者们分享。

一是明确商务逻辑。作为法律从业人员，首先要从业务人员那里清晰地了解其想要实现的商务目标以及为此设定的商务逻辑。只有如此，才能发现商务逻辑是否存在问题，是否忽略了法律方面的某些特定要求。在此基础上，才是法律从业人员将这些商务逻辑落实在纸面、以法律语言体现的过程。如果连商务逻辑都没有理解，再严谨的文字也是徒劳。

二是明确己方和对方的权利和义务。明确权利义务也是理解商务逻辑的一个方面，但笔者想着重强调的是，只有明确权利义务才能真正明确己方关注的核心。例如，作为卖方，主要的义务是出售资产或者股权，但最关心的就是如何能够确保收到价款，这是卖方的核心关注点；作为买方，主要的义务是支付价款，但最关心的是如何能够确保取得的资产或者股权没有瑕疵。在了解了关注核心之后，就要在协议中将关注的核心问题逐一落实，包括其实现的步骤，如果对方不配合，对方应当承担何种的违约责任。这就是一个抓住重点的过程。否则，协议条款面面俱到，但是却在己方真正关注的核心问题上欲言又止或者表述不清楚，最终的结果往往就是这些条款出现问题。

三是谨慎套用协议文本。协议文本往往有较为固定的模板，尤其是对于一些大型公司更是如此。但是对于模板需要谨慎使用，首先是模板要选择最适用的，这主要就是基于前面说的对商务逻辑的掌握；其次是要知道如何对模板的条款进行增补或者删减处理，没有绝对万能的模板，一味地相信模板不如没有模板，只有正确地使用模板才能真正凸显模板的价值和作用。

四是反复看，不断发现问题和补充缺陷。起草协议和制作一件精美的手工艺品是一样的，当完成初稿后，一定还有很多问题存在，不论是文字语句方面，还是条款方面。因此，需要不断地结合商务逻辑、抓住己方重点诉求来看协议条款。只要仍有不完美的预感，就一定还有问题。此时，可以先把协议放下来，做做其他工作，沉淀一下再回头看，也许就能找到不完美的地方，进而去纠正。

五是不耻下问和仔细雕琢。这里的不耻下问主要是对于不确定的地方，尤其是商务上的不明确之处，一定要及时和业务人员沟通确认，切记不要猜，因为一旦猜错就会往错误的方向上越走越远，到头来不仅花了大量时间，还会影响协议文本的进展。当然，身为法律工作人员，一定会遇到不可理喻的业务人员，但只要是为了项目着想，本着推进项目的目的，需要沟通，相信也一定能够通过自己仔细雕琢协议文本赢得业务人员的尊重。

六是勇于担当。项目不断推进，也可能会导致交易出现变化，进而体现为协议文本的调整。为此，要有一颗勇于担当的心，既然承担着起草和修改协议的责任，就要把这份工作做完美，某种程度上，这也是工作对于个人身心的一种锤炼，最终打造的是匠心。

第十二章　国有资产交易基础解析

读者可能困惑为什么这里要增加国有资产交易这一章，似乎和房地产领域并不相关。这主要是因为，在介绍了房地产并购交易后，有一个非常重要的问题其实并未介绍，就是房地产并购交易中经常触发的国有资产进场交易。国有资产交易既是一个非常敏感的领域，同时也是一个经常接触、容易造成困惑的重要领域。本章内容旨在对国有资产交易的一般流程进行介绍，并对中央金融企业资产交易和中央企业境外资产交易等相关文件规定进行梳理和分析。虽然房地产行业有其特殊性，但是在进场交易中所遵循的仍是这些国有资产交易的基本法律法规规定及原则。这是本章的特别之处，也是本章的重要之处。

一、国有资产交易法规体系

根据笔者的检索和经验，国有资产交易所涉及的法律法规按照时间顺序排列大致包括如下相关文件。

表 12.1　国有资产交易涉及的法律法规

序号	文件名称	颁布主体	文号
1	企业国有资产产权登记管理办法	国务院	中华人民共和国国务院令第 192 号
2	企业国有资产评估管理暂行办法	国资委	国务院国有资产监督管理委员会第 12 号令
3	中华人民共和国企业国有资产法	全国人大常委会	中华人民共和国主席令第 5 号
4	金融企业国有资产转让管理办法	财政部	中华人民共和国财政部令第 54 号
5	关于印发《企业国有产权交易操作规则》的通知	国资委	国资发产权〔2009〕120 号

续表

序号	文件名称	颁布主体	文号
6	关于金融企业国有资产评估监督管理有关问题的通知	财政部	财金〔2011〕59号
7	中央企业境外国有资产监督管理暂行办法	国资委	国务院国有资产监督管理委员会令第26号
8	中央企业境外国有产权管理暂行办法	国资委	国务院国有资产监督管理委员会令第27号
9	关于印发《金融企业非上市国有产权交易规则》的通知	财政部	财金〔2011〕118号
10	关于加强中央企业境外国有产权管理有关工作的通知	国资委	国资发产权〔2011〕144号
11	财政部关于进一步明确国有金融企业直接股权投资有关资产管理问题的通知	财政部	财金〔2014〕31号
12	企业国有资产交易监督管理办法	国资委 财政部	国务院国有资产监督管理委员会、财政部令第32号
13	关于进一步加强国有金融企业股权管理工作有关问题的通知	财政部	财金〔2016〕122号
14	关于进一步规范中央文化企业国有资产交易管理的通知	财政部	财文〔2017〕140号
15	上市公司国有股权监督管理办法	国资委 财政部 证监会	国务院国有资产监督管理委员会、财政部、中国证券监督管理委员会令第36号
16	中央企业违规经营投资责任追究实施办法（试行）	国资委	国务院国有资产监督管理委员会令第37号
17	企业国有资产监督管理暂行条例	国务院	中华人民共和国国务院令第378号，根据2019年3月2日《国务院关于修改部分行政法规的决定》第二次修订

续表

序号	文件名称	颁布主体	文号
18	关于印发《有限合伙企业国有权益登记暂行规定》的通知	国资委	国资发产权规〔2020〕2号
19	关于印发《中央金融企业名录管理暂行规定》的通知	财政部	财金〔2020〕69号
20	关于印发《规范产权交易机构开展金融企业国有产权交易管理暂行规定》的通知	财政部	财金〔2020〕92号
21	关于进一步加强中央企业境外国有产权管理有关事项的通知	国资委	国资发产权规〔2020〕70号
22	关于规范国有金融机构资产转让有关事项的通知	财政部	财金〔2021〕102号
23	国有资产评估管理办法	国务院	中华人民共和国国务院令第91号，根据2020年11月29日《国务院关于修改和废止部分行政法规的决定》修订
24	关于加强国有资产管理情况监督的决定	全国人大常委会	
25	关于调整从事中央企业国有资产交易业务产权交易机构的通知	国资委	国资厅产权〔2020〕333号

二、国有资产交易类型

根据《企业国有资产法》的规定，国有资产是指国家对企业各种形式的出资所形成的权益。国家制定如此之多的规制国有资产交易相关的法律法规，根本目的在于防止国有资产损失，保障国家作为出资人权益。

一般而言，国资委和财政部是履行国资出资人职责的主要机构，截至2022年8月1日，国资委官网的中央企业有98家，财政部官网的中央金融企业有26家，这些中央企业和中央金融企业是国有经济的中坚力量。因此，对于国有资产交易，国资委和财政部联合颁布的《企业国有资产交易监督管理办法》（国资委、财政部令第32号）（以下简称32号文）不只适用于中央企业，也适用于中央金融企业，具有更强的适用性。下面关于国有资产交易类型、主体、一般流程等，也将重点依据32号文。

（一）国有资产交易类型

国有资产交易，就是针对国有资产的交易活动。根据32号文，国有资产交易包括三种类型，分别是企业产权转让、企业增资和企业资产转让。

企业产权转让是指履行出资人职责的机构、国有及国有控股企业、国有实际控制企业转让其对企业各种形式出资所形成权益的行为。

企业增资是指国有及国有控股企业、国有实际控制企业增加资本的行为，政府以增加资本金方式对国家出资企业的投入除外。

企业资产转让是指国有及国有控股企业、国有实际控制企业的重大资产转让行为。

（二）国有资产交易规制的主体

国有产权交易规制的主体是履行出资人责任的机构、国有独资企业、国有控股企业和国有实际控制企业，也就是说这些主体在涉及转让其对企业出资所形成的权益、增加资本或转让重大资产时，才受到国有产权交易相关要求的规制。

产权转让或资产转让行为需要受到规制较为容易理解，即低价或者不合理的价格转让产权或者资产均会直接导致国家作为出资人权益的减损，进而可能导致国有资产流失。而增资在实践中虽然不如产权转让或资产转让普遍，但国有独资、国有控股或国有实际控制企业在增资时，如果不履行相关手续，在非国资背景的出资人增资入股时，很可能导致企业的性质发生变化，或者稀释国有持股比例，也存在减损国家作为出资人权益的可能。

需要注意的是，企业中的非国有产权转让并不需要进场交易，仅针对其中的国有产权部分转让需要进场交易。

（三）国有企业的分类

根据32号文，国有企业可以分为以下四类：

第一类是国有独资企业，即政府部门、机构、事业单位直接或间接合计持股100%的国有全资企业。国有独资企业相对容易理解，从股东背景上看应该是100%国资背景，没有任何非国资的成分。

第二类是国有控股企业,即政府部门、机构、事业单位单独或共同出资,合计持有产权或股权比例超过50%,且其中之一为最大股东的企业。对于国有控股企业的理解需要关注持股比例超过50%和最大股东两个点。如果企业只有一个国资股东,那么要构成国有控股企业,该股东必须是政府部门、机构、事业单位或国有独资企业,并且其持股比例超过50%,则该企业是国有控股企业;如果企业有超过一个国资股东,那么必须所有国资股东的持股比例之和超过50%,并且其中之一须为最大股东,该企业才是国有控股企业。举个例子,某企业有三个股东,股东A是国资股东,持股30%;股东B是国资股东,持股25%;股东C是非国资股东,持股45%,那么该企业就不是国有控股企业,尽管其国资持股之和达到55%,但没有一个国资股东是最大股东,因此不符合国有控股企业的定义。

第三类是国有独资和国有控股企业拥有比例超过50%的各级子企业,对于这一类国有企业具体该如何界定是存在一定模糊和解释空间的。这一类国有企业一般应理解为国有独资或者国有控股企业直接或间接持有股权比例超过50%的子企业。

第四类是国有实际控制企业,即政府部门、机构、事业单位、单一国有及国有控股企业直接或间接持股比例未超过50%,但为第一大股东,并且通过股东协议、公司章程、董事会决议或者其他协议安排能够对其实际支配的企业。对国有实际控制企业的理解,也需要同时具备几个条件,一是政府部门、机构、事业单位或单一国有及国有控股企业直接或间接未超过50%;二是应为第一大股东;三是通过协议或章程能够进行实际控制。这三个条件缺一不可。

三、国有资产交易一般流程

根据32号文,产权转让、增资和资产转让均有相应的必要流程。

(一)产权转让

1. 产权转让的一般流程

产权转让一般包括如下流程:

转让方首先应按照企业章程和内部管理制度履行内部决策程序,并形成书面决议。此处的转让方即拟进行国有产权转让的、持有国有资产的主体,即政府部门、机构、事业单位、国有独资企业、国有控股企业或国有实际控制企业。

在内部决策程序完成后,转让方应提报到国资监管机构对产权转让事项进行审批。对于不同情形的产权转让,具体的审批流程也将有所区别,如果不涉及失去所出资企业控股权的，可由国资监管机构直接审批；如涉及国家不再拥有所出资企业控股权的，须由国资监管机构报本级人民政府批准；对主业处于关系国家安全、国民经济命脉的重要行业和关键领域，主要承担重大专项任务子企业的产权转让，须国家出资企业报同级国资监管机构批准。

若产权转让涉及职工安置的，安置方案应当经过职工代表大会或职工大会审议通过。

产权转让事项经批准后，转让方要委托会计师事务所对转让标的进行审计，并委托具备资质的评估机构对转让标的进行资产评估。资产评估是确定产权转让价格的基础，产权转让价格应以经核准或备案的评估结果为基础确定。

在完成上述内部决策和外部审批、审计、评估工作后，产权转让就将进入到进场交易环节，即通过产权市场公开进行交易。

2. 进场交易的一般流程

尽管进场交易的"场"即产权交易机构众多，如北京的北京产权交易所、北京金融资产交易所，上海的上海联合产权交易所，深圳的深圳联合产权交易所等，但不同的产权交易所的交易规则也基本上是对32号文相关内容的细化和延伸，且仍遵循32号文相关规定的原则。一般而言，进场交易需要如下相关流程：

首先，信息披露，俗称挂牌。通过在产权市场公开进行信息披露，使得社会公众都有机会获知国有产权转让的信息，也就能够使最大多数的主体即意向方参与到交易中，通过这种方式最大程度地保障国有资产交易的公开，使转让方能够取得最优的转让条件。信息披露的时间不得少于20个工作日。值得关注的是，对于因产权转让导致转让标的企业的实际控制权发生转移的，转让方应当在转让行为获批后10个工作日内，通过产权交易机构进行信息预披露（俗称预挂牌），时间不得少于20个工作日。信息披露的内容一般包括转让标的的基本情况，标的企业的股东结构，产权转让行为的决策及批准情况，标的企业最近一个年度审计报告和最近一期财务报表中的主要财务指标数据（资产总额、负债总额、所有者权益、营业收入、净利润等），受让方资格条件（一般不得对受让方资格设置条件，目的是不能人为地赋予转让方通过设置受让方资格条件来排除受让方，而将场内交易又变为了针对特定的潜在受让方的交易，规避场内交易，但对于有特殊要求的情形可以设置受让方条件），交易条件，转让底价，企业管理层是否参与受让，有限责任公司的原股东是否放弃优先受让权，竞价方式等。

其次，在信息披露期届满后征集到了意向方，如果只有一个意向方，那么转让方可以与该意向方进行协议转让。如果征集到两个或两个以上的意向方，那么应按照信息披露中的竞价方式进行竞价。竞价有拍卖、招投标、网络竞价等方式。其中，拍卖是最高价者得；招投标是综合得分高者得；网络竞价则有特定的竞价机制等。如果没有征集到意向方，可以延期或在降低转让底价、变更受让条件后重新进行信息披露。需要注意的是，当新的转让底价低于评估结果的90%时，应当经过转让行为批准单位书面同意。

再次，受让方确定后，转让方和受让方应当签订产权交易合同。原则上，交易价款应当在合同生效之日起5个工作日内一次性付清，但如果金额较大而一次性支付完毕确实存在困难的，可以分期付款，但首付比例不得低于30%，其余待付款需要提供转让方认可的有效担保，按同期银行贷款利率支付延期利息，且付款周期不得超过1年。

最后，产权交易所出具交易凭证。

以上是国有产权转让及场内交易的一般操作流程，并不复杂，而且从各大产权交易所的相关规则指引看，也基本遵循了32号文的相关规定，的确给国有产权转让带来了公开、公平和公正的效果，很大程度上避免了国有资产流失，对国有资产的保值增值有所裨益。

当然，实践当中也存在着在法律法规规定的界限内，通过一些实操来推动或者促进国有产权转让的方式、方法。最为常见的就是，很多国资转让方在拟转让国有产权的时候，会提前和某些意向方签订相应的备忘录或者协议，约定转让底价、转让的时间及其他一系列条件，一定程度上锁定转让要在特定的时间启动转让，转让应符合一定的条件，同时对于受让方而言，在转让方取得审批拟转让的时候，受让方也必须参加，否则应承担相应的违约责任。从实践效果看，这对于转受让双方其实都有好处，对于受让方有了可期待性，对于转让方也能征集到自己比较心仪的受让方，并且尽量避免流拍即无法征集到受让方，否则对于转让也会产生各种难以预料的问题。

(二) 增资

企业增资的流程和产权转让的流程大同小异，也需要增资企业按照企业章程和内部管理制度决策形成书面决议，国资监管机构对产权转让事项的审批、审计、评估，以及进场交易。但增资和产权转让二者也有一些明显区别：

第一，增资和产权转让履行相关手续的主体不同，增资是增资企业，而产权转让是转让方。对于增资，增资企业需要是国有独资企业、国有控股企业或者国有实际控制企业,履行相关手续的目的在于避免因为增资导致原本国有独资、国有控股或者国有实际控制的企业性质发生变化而对国有权益造成不利影响。

第二,增资在信息披露环节上不区分预披露和正式披露,增资的信息披露时间不得少于40个工作日;产权转让区分预披露和正式披露,均不得少于20个工作日。相比而言,增资的信息披露时间更长,而产权转让只有在实际控制权发生转移的情况下才需要预披露。

第三,增资可能涉及投资方以非货币资产出资,应当经增资企业董事会或股东会审议同意,并进行相应评估,确认投资额。

第四,增资进行非公开协议增资的情形不同,具体分为经同级国资监管机构批准的情形,包括因国有资本布局结构调整需要,由特定的国有及国有控股企业或国有实际控制企业参与增资;因国家出资企业与特定投资方建立战略合作伙伴或利益共同体需要,由该投资方参与国家出资企业或其子企业增资,以及经国家出资企业审议决策的情形,如国家出资企业直接或指定其控股、实际控制的其他子企业参与增资;企业债权转为股权;企业原股东增资。

与增资有关的进场交易并不多,从各交易所信息披露的情况看也是如此,但是增资仍是国有资产交易的一种重要类型,应当给予重视。

(三)资产转让

资产转让一般指的就是企业一定金额以上的生产设备、房产、在建工程以及土地使用权、债权、知识产权等资产对外转让。在完成企业内部管理制度履行相应的决策程序后,可以在产权交易机构公开进行。但如果确实需要涉及国家出资企业内部或特定行业的资产转让,确需在国有及国有控股、国有实际控制企业之间非公开转让的,由转让方逐级报国家出资企业审核批准。

国家出资企业有权制定本企业不同类型资产转让的内部管理制度,包括对在产权交易机构公开转让的资产种类、金额标准等进行具体规定,并报同级国资监管机构备案。

资产转让也有相应的信息披露期限,转让底价高于100万元、低于1000万元的资产转让项目,信息公告期应不少于10个工作日;转让底价高于1000万元的资产转让项目,信息公告期应不少于20个工作日。

因此,对于资产转让的限制相较于产权转让和增资而言,政策是有所放宽的。这种放宽主要体现在国有出资企业可以制定本企业不同类型资产转让的内部管理制度,并对需要进场交易的资产种类、金额标准等进行具体规定。当然,该内部管理制度需要在同级国资监管机构备案。此外，由于资产转让的金额一般不如产权转让或增资大，因此，资产转让价款原则上应一次性付清。

（四）国有资产交易进场交易的例外

国有资产交易原则是进场交易，但也有一定的例外情形。根据32号文，在以下两种情形下产权转让可以采取非公开协议转让方式。第一种是涉及主业处于关系国家安全、国民经济命脉的重要行业和关键领域企业的重组整合，对受让方有特殊要求，企业产权需要在国有及国有控股企业之间转让的，经国资监管机构批准，可以采取非公开协议转让方式。第二种是同一国家出资企业及其各级控股企业或实际控制企业之间因实施内部重组整合进行产权转让的，经该国家出资企业审议决策，可以采取非公开协议转让方式。

第一种方式豁免进场交易的原因可以归结为行业和领域特殊，即涉及国家安全、国民经济命脉，此时的重整组合对于受让方有特殊要求而必须在国有及国有控股企业之间转让的，经批准可采用非公开协议转让。

第二种方式豁免进场交易的原因则相对容易理解，即产权转让是在同一国家出资企业及其各级控股企业或实际控制企业之间转让，属于企业内部的重组整合，并不涉及国有资产流失问题，也可以非公开协议转让。

在封闭式基础设施证券投资基金（基础设施公募REITs）中，不论是交易架构中涉及的专项计划受让项目公司股权，还是在交易前的底层资产重组过程中，往往都涉及国有产权转让是否需要进场交易的问题，除个别的项目确实进行了场内交易外，绝大部分项目都取得了国资监管机构的同意，豁免了进场交易，理由也是基于基础设施公募REITs的公开募集，能够通过公开募集实现价值发现，进而避免国有资产流失。

四、中央金融企业资产交易

针对中央企业和中央金融企业，首先有必要做一个区分，因为二者是否存在区别的确在实践当中产生了一些困惑。根据笔者的理解和检索，截至目前，中央企业主要是指国资委体系下的企业，偏向于制造业或实体经济，都是重点行业和关键领域；而中央金融企业则主要是财政部体系下的金融企业。虽然没有规定或者文件对于中央企业和中央金融企业做明确的区分，但从上面的介绍中还是能够看出二者分属于国资委和财政部管理。那么，相应地，一般可以理解为，国资委发文主要是规范中央企业及下属企业，而财政部发文则主要是规范中央金融企业及下属企业。32号文是国务院国有资产监督管理委员会和财政部联合发布的,并非国资委或财政部单一部门发布的,因此普遍适用于中央企业、中央金融企业及下属企业,具有更强的普适性。

根据32号文,金融、文化类国家出资企业的国有资产交易和上市公司国有股权转让等行为,国家另有规定的,依照其规定。下面重点来介绍和分析中央金融企业资产交易。

(一) 金融企业产权转让

根据《金融企业国有资产转让管理办法》(以下简称54号文),金融企业是指所有获得金融业务许可证的企业和金融控股(集团)公司。金融企业国有资产是指各级人民政府及其授权投资主体对金融企业各种形式的出资所形成的权益。笔者理解,54号文聚焦在金融企业国有资产转让,这里的资产转让是指产权(包括非上市公司股权和上市公司国有股份)转让。对此,如果54号文和32号文规定有不一致的,应该以54号文为准,而对于54号文没有规定的增资和资产转让,则应当适用32号文的规定。

根据《规范产权交易机构开展金融企业国有产权交易管理暂行规定》的规定,金融企业,包括依法设立的获得金融业务许可证的各类金融企业,主权财富基金、金融控股公司、金融投资运营公司以及金融基础设施等实质性开展金融业务的其他企业或机构。国有产权交易包括国有金融企业转让其各种形式出资所形成权益的行为,以及增加资本金的行为。

1. 非上市金融企业的产权转让

对于金融企业产权转让,也应当履行基本的产权转让流程,包括转让方制定转让方案并按照内部决策程序取得有权部门的书面决议,监管机构批准,评估,以及进场交易等。但从54号文的规定来看,对于非上市金融企业的产权转让和32号文规定的产权转让流程相比还有一定特殊性。

在监管机构上,国有及国有控股金融企业转让一级子公司的产权,应报财政部门审批。除国家明确规定需要报国务院批准外,中央管理的国有及国有控股金融企业转让一级子公司的产权报财政部审批;地方管理的金融企业国有资产转让的审批权限,由省级财政部门确定。国有及国有控股金融企业一级子公司(省级分公司或者分行、金融资产管理公司办事处)转让所持子公司产权,由控股(集团)公司审批。其中,涉及重要行业、重点子公司的重大国有产权转让,或者导致转让标的企业所持金融企业或者其他重点子公司控股权转移的,应当报财政部门审批。

在信息披露上,转让方在确定进场交易的产权交易机构后,应当委托该产权交易机构在省级以上公开发行的经济或者金融类报刊和产权交易机构的网站上刊登产权转让公告，公开披露有关非上市企业产权转让信息，征集意向受让方。产权转让公告期不得少于 20 个工作日。

在意向方受让条件上，32 号文在产权转让方面明确除非特殊情况不能对受让方设置资格条件，但是 54 号文规定意向受让方应当具备一般条件，包括具有良好的财务状况和支付能力，具有良好的商业信用，受让方是自然人的应具有完全民事行为能力。转让方在不违反相关监督管理要求和公平竞争原则下可以对意向受让方的资质、商业信誉、行业准入、资产规模、经营情况、财务状况、管理能力等提出具体要求。

2. 上市公司国有股份转让

对于上市公司国有股份转让，分为两种情况，一种是转让上市金融企业国有股份，另一种是金融企业转让上市公司国有股份。

转让方为上市公司控股股东，应当将股份转让方案报财政部门审批后实施。转让方为上市公司参股股东，在 1 个完整会计年度内累计净转让股份（累计减持股份扣除累计增持股份后的余额）比例未达到上市公司总股本 5% 的，由转让方按照内部决策程序决定，并在每年 1 月 10 日前将上一年度转让上市公司股份的情况报财政部门；达到或者超过上市公司总股本 5% 的，应当事先将转让方案报财政部门批准后实施。

转让方采取大宗交易方式转让上市公司股份的，股份转让价格不得低于该上市公司股票当天交易的加权平均价格；当日无成交的，不得低于前 1 个交易日的加权平均价格。

具有下列情形之一的，经财政部门批准后，转让方可以不披露上市公司股份协议转让信息：（1）国民经济关键行业、领域中对受让方有特殊要求的；（2）转让方作为国有控股股东，为实施国有资源整合或者资产重组，在控股公司或者集团企业内部进行协议转让的；（3）上市公司连续 2 年亏损并存在退市风险或者严重财务危机，受让方提出重大资产重组计划及具体时间表的；（4）上市公司回购股份涉及转让方所持股份的。

3. 金融企业非公开协议转让

金融企业国有资产转让也存在直接协议转让的例外即非公开协议转让。经国务院批准或者财政部门批准，转让方可以采取直接协议转让方式转让非上市企业国有产权和上市公司国有股份。

（二）54号文和102号文的比较

54号文是2009年开始实施的，而《关于规范国有金融机构资产转让有关事项的通知》（以下简称102号文）则是2021年11月底开始实施的，由于二者都是财政部发文，又存在发文的时间差，因此有必要进行比较。通过比较，也能够发现财政部对于相关问题的态度变迁。总体而言，102号文并没有突破54号文关于金融企业国有资产转让所划定的红线，但是结合了近年来金融企业国有资产转让的新特点、新情况，有进一步的约定。对此，可以简单地总结为以下五点：

第一，主体上，102号文明确了国有金融机构的概念，包括国有独资、国有全资、国有控股及实际控制金融机构（含其分支机构及拥有实际控制权的各级子企业）。对于适用主体，54号文和102号文有区别或者适用上争议的点在于，54号文的主体是金融企业，即获得金融业务许可证的企业和金融控股（集团）公司。而102号文的主体是国有金融机构，具体包括国有独资、国有全资、国有控股及实际控制金融机构（含其分支机构及拥有实际控制权的各级子企业）。

第二，适用范围上，印证了上面分析的54号文主要是适用于金融企业的产权转让的判断，102号文规定，国有金融机构转让股权类资产，按照54号文等相关规定执行；转让不动产、机器设备、知识产权、有关金融资产等非股权类资产，按照102号文有关规定执行，行业监管部门另有规定的从其规定。而对于资产转让等非股权类资产，则按102号文或者行业监管部门的其他规定执行。同时，102号文突出强调了一种特殊资产的转让，即涉及底层资产全部是股权类资产且享有浮动收益的信托计划、资管产品、基金份额等金融资产转让，也需要比照股权类转让即产权转让执行。这也反映了近年来金融企业投资于资管产品的实际情况。

第三，强调了统一政策、分级管理，国有金融机构资产转让内部要履行内部决策程序，涉重大资产转让，要落实三重一大决策制度，需经董事会或股东（大）会审议，履行相应内部公司治理程序；对外则需报财政部门履行相关审批程序。

第四，规范转让方式，限制直接转让范围。54号文即明确约定了直接转让的适用情形，而102号文则进一步指出，属于集团内部资产转让、按照投资协议或合同约定条款履约退出、根据合同约定第三人行使优先购买权、将特定行业资产转让给国有及国有控股企业，以及经同级财政部门认可的其他情形，经国有金融机构按照授权机制审议决策后，可以采取直接协议转让方式进行交易。

第五，严格信息披露时间。转让底价高于100万元低于1000万元（含）的资产转让项目，信息公告期应当不少于10个工作日；转让底价高于1000万元的资产转让项目，信息公告期应当不少于20个工作日。

五、中央企业境外资产交易

32号文规定，境外国有及国有控股企业、国有实际控制企业在境内投资企业的资产交易，比照32号文规定执行。

根据笔者总结，与中央企业境外资产交易相关的规定较为重要的有四个，分别是《中央企业境外国有资产监督管理暂行办法》（以下简称26号文）《中央企业境外国有产权管理暂行办法》（以下简称27号文）《关于加强中央企业境外国有产权管理有关工作的通知》（以下简称114号文）及《关于进一步加强中央企业境外国有产权管理有关事项的通知》（以下简称70号文）。其中26号文、27号文和114号文都是在2011年出台的，说明2011年是中央企业境外国有资产监管的一个非常重要年份；而114号文和70号文均明确提及是为了进一步贯彻落实27号文而作出的，说明27号文是关于中央企业境外国有资产监管的非常重要的规定。此外，需要注意的是，以上这四个规定，都是国务院国有资产监督管理委员会制定的，且规定中的中央企业也明确为国资委履行出资人职责的企业，因此，这四个规定应当重点适用于中央企业及其各级独资、控股子公司，并不能直接适用于财政部的中央金融企业及其独资、控股子公司。

境外国有产权是指中央企业及其各级子公司以各种形式对境外企业出资所形成的权益。也就是说，不论中央企业是否对其各级子公司是否控股或者实际控制，只要是国有资金形成的权益，都属于境外国有产权。经笔者总结，重点包括如下一些措施和要求：

第一，严格规范个人代持境外国有产权和设立离岸公司，清理历史遗留问题。确实需要个人代持的应当经中央企业批准并报国资委备案，对于离岸公司也应论证其存续的必要性，依法依规清理注销无存续必要的公司。

第二，建立境外国有产权管理状况报告制度，中央企业要通过国资委产权管理综合信息系统逐级申报产权登记。

第三，规范评估机构选聘，完善境外国有资产评估管理工作。中央企业及其各级子企业独资或者控股的境外企业在境外发生转让或者受让产权、以非货币资产出资、非上市公司国有股东股权比例变动、合并分立、解散清算等经济行为时，应当聘请具有相应资质、专业经验和良好信誉的专业机构对标的物进行评估或者估值，评估项目或者估值情况应当由中央企业备案；涉及中央企业重要子企业由国有独资转为绝对控股、绝对控股转为相对控股或者失去控股地位等经济行为的，评估项目或者估值情况应当报国资委备案或者核准。

第四，境外国有产权（资产）对外转让、企业引入外部投资者增加资本要尽可能多方比选意向方。对于具备条件的，应当公开征集意向方并竞价交易。如果按照32号文的规定，其实可以分为境外国有产权转让、境外国有资产转让、境外企业增资三种形式，尽管境外没有国内防止国有资产流失而设置的特定交易场所，但是也必须通过多方比选的方式，符合条件的，公开征集并引入竞价机制，最大程度上保障国有资产不流失，并且对于这三种形式，也要完成必要的内部有权机构决议、国资部门审批、评估、报备等必要流程。所有这些操作都是为了境外国有产权能够得到最大限度的保障，并且让国资委更好的掌握境外资产家底。

六、基金份额转让是否适用进场交易

关于基金份额是否应当适用进场交易，各种分析和解读众说纷纭，进场交易本就是一个复杂的问题，在与基金份额挂钩后就使得问题更加复杂。

32号文第六十六条规定，政府设立的各类股权投资基金投资形成企业产（股）权对外转让，按照有关法律法规规定执行。2018年12月29日，国资委网站针对32号文的适用问题回复：[1]"《企业国有资产交易监督管理办法》（国资委 财政部令第32号）第4条是针对公司制企业中的国有及国有控股、国有实际控制等情形进行分类，合伙企业中合伙人的权益和义务应以合伙协议中的约定为依据。"2019年5月27日，国资委网站再次针对32号文的适用问题进行了回复：[2]"《企业国有资产交易监督管理办法》（国资委 财政部令第32号）适用范围是依据《中华人民共和国公司法》设立的公司制企业。国有企业转让有限合伙份额的监督管理另行规定。"以上是从国资委的角度对于32号文是否适用于合伙企业的答复，并非对32号文的权威解读，只能起到参考的作用。并且，这只能代表国资委的意见，尚不能理解为代表财政部也有类似的答复意见。

102号文最新规定，除国家另有规定外，涉及底层资产全部是股权类资产

---

[1] 参见国务院国有资产监督管理委员会网站，http：//www.sasac.gov.cn/n2588040/n2590387/n9854167/c10126551/content.html，2023年5月1日访问。

[2] 参见国务院国有资产监督管理委员会网站，http：//www.sasac.gov.cn/n2588040/n2590387/n9854167/c11349294/content.html，2023年5月1日访问。

且享有浮动收益的信托计划、资管产品、基金份额等金融资产转让，应当比照股权类资产转让规定执行。根据该规定，从财政部的角度出发，涉及底层资产全部是股权类资产且享有浮动收益的基金份额也是要参照股权类资产进行资产转让。

基金的形式可以具体分为有限合伙型基金、契约型基金及公司型基金，其中以有限合伙型基金为最多，契约型基金次之，公司型基金很少。因此，基金份额（有限合伙份额或者契约基金份额）是否适用于32号文或者102号文，还需要结合具体情况进行分析和判断。

七、上市公司国有股份转让

上市公司国有股份转让也是国有资产转让的一种特殊情形，对此，《上市公司国有股权监督管理办法》（以下简称36号文）有专门的规定。

36号文针对的是上市公司国有股权持股主体、数量或比例等发生变化的行为，具体包括：国有股东所持上市公司股份通过证券交易系统转让、公开征集转让、非公开协议转让、无偿划转、间接转让、国有股东发行可交换公司债券；国有股东通过证券交易系统增持、协议受让、间接受让、要约收购上市公司股份和认购上市公司发行股票；国有股东所控股上市公司吸收合并、发行证券；国有股东与上市公司进行资产重组等行为。

对于上市公司国有股份转让，较容易把握和判断的是，36号文所称的国有股东具有明确的判断标准。根据36号文，国有股东是指符合以下情形之一的企业和单位，其证券账户标注"SS"：（1）政府部门、机构、事业单位、境内国有独资或全资企业；（2）第一种情形中所述单位或企业独家持股比例超过50%，或合计持股比例超过50%，且其中之一为第一大股东的境内企业；（3）第二种情形中所述企业直接或间接持股的各级境内独资或全资企业。

对于不符合上述国有股东标准，但政府部门、机构、事业单位和国有独资或全资企业通过投资关系、协议或者其他安排，能够实际支配其行为的境内外企业，证券账户标注为"CS"，所持上市公司股权变动行为参照36号文管理。

上市公司国有股权变动的监督管理由省级以上国有资产监督管理机构负责。对于国有股东所持上市公司股份通过证券交易系统转让、公开征集转让、非公开协议转让、无偿划转、间接转让、国有股东发行可交换公司债券，36号文已有具体规定，对此不再赘述。

八、对于相关主体的要求

32号文规定，企业国有资产交易应当严格执行"三重一大"决策机制。国资监管机构、国有及国有控股企业、国有实际控制企业的有关人员违反规定越权决策、批准相关交易事项，或者玩忽职守、以权谋私致使国有权益受到侵害的，由有关单位按照人事和干部管理权限给予相关责任人员相应处分；造成国有资产损失的，相关责任人员应当承担赔偿责任；构成犯罪的，依法追究其刑事责任。

因此，对于国有资产交易，由于法律法规日益完善，国有资产交易所必需的各项标准动作是有关人员在进行决策时所必须要遵守和执行的，尤其是"三重一大"决策机制，否则，可能会因为标准动作、必要流程的缺失，直接导致有关人员受到处分，甚至被追究刑事责任。

综上，对于国有资产交易进场的一般流程进行了介绍，并对中央金融企业资产交易、中央企业境外资产交易、基金份额转让及上市公司国有股份转让等特殊情形的要求也进行了介绍，这些一般情形和特殊情形都可能涉及房地产资产或者房地产公司股权交易等。由于国家对于防止国有资产流失的一贯重视，对于上述问题的分析和判断应当格外严谨。

第十三章　私募股权投资基金投资房地产相关合规风险把控

根据《私募投资基金监督管理条例》，在中华人民共和国境内，以非公开方式募集资金，设立投资基金或者以进行投资活动为目的依法设立公司、合伙企业，由私募基金管理人或者普通合伙人管理，为投资者的利益进行投资活动，适用本条例。可以理解为，私募投资基金是指以非公开方式向投资者募集资金设立的投资基金，简称"私募基金"。对此，《私募投资基金监督管理暂行办法》也是几乎相同的定义。

私募基金财产的投资包括买卖股票、股权、债券、期货、期权、基金份额及投资合同约定的其他投资标的。从分类角度，私募基金主要分为私募股权投资基金、私募证券投资基金和其他私募投资基金。私募股权投资基金主要投向未上市企业股权，非上市公众公司股票，上市公司向特定对象发行的股票，大宗交易、协议转让等方式交易的上市公司股票，非公开发行或者交易的可转换债券、可交换债券，市场化和法治化债转股，股权投资基金份额，以及中国证监会认可的其他资产；私募证券投资基金主要投资于股票、债券、存托凭证、资产支持证券、期货合约、期权合约、互换合约、远期合约、证券投资基金份额，以及中国证监会认可的其他资产；其他私募投资基金主要投资除证券及其衍生品和股权以外的其他领域的基金。因此，严格讲，本章内容所介绍的是私募股权投资基金（以下简称"私募股权基金"）针对房地产进行投资的业务，为了简便，我们就简称"房地产私募基金业务"。本章的内容也着重从私募股权基金角度进行论述和介绍。

房地产私募基金业务虽然偏向于金融，但基金业务仍然是根植于基础的法学理论和法律关系。当然，私募基金业务的确涉及到较多特殊的实践操作。因此，笔者认为，要想掌握房地产私募基金业务的基础，可以首先从两个方面着手，第一是房地产私募基金业务的几大块，即管理人登记、基金备案、基金的"募、投、建、管、退"，这几大块就能够涵盖房地产私募基金业务的全生命周期；第二是基金的合规要点，也就是借助私募股权基金相关的规定，对于基金架构设计是否存在合规问题进行分析判断，实际解决问题。掌握了这些，也就从基本上对房地产私募基金业务有了整体的了解，进一步的精耕细作也就有了基础。

一、私募基金业务的法律规范体系

私募基金的法律规范体系大致包含法律、行政法规、部门规章和自律规则四个层面：

表格 13.1 私募基金法律法规、规范性文件及指引列示

序号	文件名称	生效时间	颁布主体
法律			
1	证券投资基金法	2015.04.24	全国人大常委会
行政法规			
2	私募投资基金监督管理条例	2023.09.01	国务院
部门规章			
3	私募投资基金监督管理暂行办法	2014.08.21	证监会
4	证券期货经营机构私募资产管理业务运作管理暂行规定	2016.07.18	证监会
5	关于加强私募投资基金监管的若干规定	2020.12.30	证监会
6	证券期货投资者适当性管理办法	2022.08.12	证监会
自律规则			
7	私募投资基金信息披露管理办法	2016.02.04	基金业协会
8	关于进一步规范私募基金管理人登记若干事项的公告	2016.02.05	基金业协会
9	关于发布私募投资基金合同指引的通知	2016.04.18	基金业协会
10	私募投资基金募集行为管理办法	2016.07.15	基金业协会
11	证券期货经营机构私募资产管理计划备案管理规范1-3号	2016.10.21	基金业协会
12	证券期货经营机构私募资产管理计划备案管理规范第4号	2017.02.13	基金业协会
13	私募投资基金命名指引	2019.01.01	基金业协会
14	私募基金登记备案相关问题解答（一）至（十五）	—	基金业协会

续表

序号	文件名称	生效时间	颁布主体
15	关于加强经营异常机构自律管理相关事项的通知	2022.01.30	基金业协会
16	关于私募基金管理人登记备案工作相关事宜的通知	2022.06.02	基金业协会
17	不动产私募投资基金试点备案指引（试行）	2023.03.01	基金业协会
18	私募投资基金登记备案办法	2023.05.01	基金业协会
19	私募投资基金备案指引第1号——私募证券投资基金	2023.09.28	基金业协会
20	私募投资基金备案指引第2号——私募股权、创业投资基金	2023.09.28	基金业协会

需要指出的是，2023年7月9日，《私募投资基金监督管理条例》正式发布，并于2023年9月1日起施行。这是私募投资基金领域具有里程碑意义的事件，从此，私募投资基金在监管方面有了行政法规层级的规定。《私募投资基金监督管理条例》的颁布及实施补齐了私募投资基金监管法律框架中行政法规的一环，私募投资基金的监管法律框架形成了法律、行政法规、部门规章及中国证券投资基金业协会（以下简称"基金业协会"）自律规则的完整架构。

此外，私募基金在规范体系方面的一大特点就是有大量的自律性规则，也就是基金业协会对于基金管理人和私募基金在实际运作方面的具体规则，且这些自律性规则随着实践的推移，监管尺度的变化也会有所不同，这也更突出了对于基金业协会相关政策熟稔掌握的重要性。

二、私募股权基金的形式

目前私募股权基金主要分为三种形式，即契约型基金、公司型基金和合伙型基金。从法律规定及实践操作中，三者存在一些比较明显的区别：

首先，主体资格上，契约型基金不具有主体资格，因此从工商登记上无法对契约型基金进行登记，而是由契约型基金的基金管理人代表其进行登记。公司型基金可能是有限责任公司，也可能是股份有限公司，均是法人主体，进行工商登记不存在障碍，但实践中很少采用公司型基金。合伙型基金表现为有限合伙，属于非法人主体，但进行工商登记也不存在障碍。

其次，投资者数量上，契约型基金的投资者数量不能超过200人；有限责任公司型基金的投资者数量受制于《公司法》对于有限责任公司的规定，不能超过50人；股份有限公司型基金的投资者数量受制于《公司法》对于股份有限公司的规定，不能超过200人；有限合伙型基金的投资者数量受制于《合伙企业法》的规定,不能超过50人。

最后,管理人聘任上,契约型基金和公司型基金只能聘任第三方机构作为基金管理人,而有限合伙型基金可以聘任第三方机构作为基金管理人,也可以由普通合伙人作为执行事务合伙人兼任基金管理人,但注意为防止基金管理人沦为通道,此时要求普通合伙人和基金管理人应具有关联关系。对管理人聘任的另一个维度理解是,契约型基金中由于基金管理人是没有投资额的,所以一定程度上缺乏对于基金管理人的利益约束;公司型基金也是同理;而有限合伙型基金由于普通合伙人兼任基金管理人或者普通合伙人和基金管理人分离但应具有关联关系,基金管理人或其关联方应当对基金承担连带责任,这也将基金管理人与基金进行了利益捆绑,有利于基金管理人勤勉尽责。

三、管理人登记及从业人员管理

《私募投资基金监督管理条例》《私募投资基金监督管理暂行办法》及《私募投资基金登记备案办法》均要求,设立在中国境内的各类私募基金管理人(包括中国境内的外商投资私募基金管理机构)应当通过基金业协会的资产管理业务综合报送平台(AMBERS系统)向基金业协会申请登记并将其管理的私募基金备案在其名下。也就是说,基金管理人完成在基金业协会的登记是其管理基金的前提。本部分中将主要围绕着基金管理人登记的一般要求以及与基金管理人相关的相关问题展开。

(一)基金管理人登记的重点关注事项

1. 从业人员、营业场所、资本金等运营基本设施和条件

申请成为基金管理人的机构应当具备开展私募基金管理业务所需要的从业人员、营业场所、资本金等运营管理设施和条件,并建立基本管理制度。这也是申请机构成为基金管理人所需的必要硬件条件。

申请机构应当建立健全内部控制机制,明确内部控制职责,完善内部控制措施,强化内部控制保障,持续开展内部控制评价和监督。申请机构的工作人员应当具备与岗位要求相适应的职业操守和专业胜任能力。

申请机构应根据自身运营情况和业务发展方向,确保有足够的实缴资本金保证机构有效运转。相关资本金应覆盖一段时间内机构的合理人工薪酬、房屋租金等日常运营开支。如果私募基金管理人的实收资本/实缴资本未达到注册资本/认缴资本的25%,基金业协会将在私募基金管理人公示信息中予以特别提示,并在私募基金管理人分类公示中予以公示。

申请机构的办公场所应当具备独立性。申请机构工商注册地和实际经营场所不在同一个行政区域的，应充分说明分离的合理性。这也要求了基金管理人不能够与其关联方存在共用或者混同适用办公场所。

申请机构提交私募登记申请时，不应存在到期未清偿债务、资产负债比例较高、大额或有负债等可能影响机构正常运作情形。申请机构与关联方存在资金往来的，应保证资金往来真实合理。

申请机构提交私募基金管理人登记申请前已实际展业的，应当说明展业的具体情况，并对此事项可能存在影响今后展业的风险进行特别说明。若已存在使用自有资金投资的，应确保私募基金财产与私募基金管理人自有财产之间独立运作，分别核算。新登记的私募基金管理人在办结登记手续之日起 6 个月内仍未备案首只私募基金产品的，基金业协会将注销该私募基金管理人登记。

2. 机构名称和经营范围

私募基金管理人的名称和经营范围中应当包含"基金管理""投资管理""资产管理""股权投资""创业投资"等相关字样，以显示私募基金管理人的专业化管理能力。

为了防范基金管理人存在利益冲突等情形，对于兼营民间借贷、民间融资、融资租赁、配资业务、小额理财、小额借贷、P2P/P2B、众筹、保理、担保、房地产开发、交易平台等业务的申请机构，因上述业务与私募基金属性相冲突，为防范风险，基金业协会对从事冲突业务的机构将不予登记。

3. 股东、合伙人及实际控制人要求

严禁股权代持。申请机构出资人应当以货币财产出资。出资人应当保证资金来源真实合法且不受制于任何第三方。申请机构应保证股权结构清晰，不应当存在股权代持情形。

股权架构要求。申请机构应确保股权架构简明清晰，不应出现股权结构层级过多、循环出资、交叉持股等情形。无合理理由不得通过特殊目的载体设立两层以上的嵌套架构，不得通过设立特殊目的载体等方式规避对股东、合伙人、实际控制人的财务、诚信和专业能力等相关要求。

股权稳定性要求。申请机构应当专注主营业务，确保股权的稳定性。对于申请登记前一年内发生股权变更的，申请机构应详细说明变更原因。如申请机构存在为规避出资人相关规定而进行特殊股权设计的情形，协会根据实质重于形式原则，审慎核查。

根据《私募投资基金登记备案办法》第九条，存在如下情形之一的，不得担任私募基金管理人的股东、合伙人、实际控制人：

（1）未以合法自有资金出资，以委托资金、债务资金等非自有资金出资，违规通过委托他人或者接受他人委托方式持有股权、财产份额，存在循环出资、交叉持股、结构复杂等情形，隐瞒关联关系；

（2）治理结构不健全，运作不规范、不稳定，不具备良好的财务状况，资产负债和杠杆比例不适当，不具有与私募基金管理人经营状况相匹配的持续资本补充能力；

（3）控股股东、实际控制人、普通合伙人没有经营、管理或者从事资产管理、投资、相关产业等相关经验，或者相关经验不足5年；

（4）控股股东、实际控制人、普通合伙人、主要出资人在非关联私募基金管理人任职，或者最近5年从事过冲突业务。

私募基金管理人的实际控制人为自然人的，除另有规定外应当担任私募基金管理人的董事、监事、高级管理人员，或者执行事务合伙人或其委派代表。

根据《私募投资基金登记备案办法》第十五条，有下列情形之一的，不得担任私募基金管理人，不得成为私募基金管理人的控股股东、实际控制人、普通合伙人或者主要出资人：

（1）因犯有贪污贿赂、渎职、侵犯财产罪或者破坏社会主义市场经济秩序罪，被判处刑罚；

（2）最近3年因重大违法违规行为被金融管理部门处以行政处罚；

（3）被中国证监会采取市场禁入措施，执行期尚未届满；

（4）最近3年被中国证监会采取行政监管措施或者被协会采取纪律处分措施，情节严重；

（5）对所任职的公司、企业因经营不善破产清算或者因违法被吊销营业执照负有个人责任的董事、监事、高级管理人员、执行事务合伙人或其委派代表，自该公司、企业破产清算终结或者被吊销营业执照之日起未逾5年；

（6）因违法行为或者违纪行为被开除的基金管理人、基金托管人、证券期货交易场所、证券公司、证券登记结算机构、期货公司等机构的从业人员和国家机关工作人员，自被开除之日起未逾5年；

（7）因违法行为被吊销执业证书或者被取消资格的律师、注册会计师和资产评估等机构的从业人员、投资咨询从业人员，自被吊销执业证书或者被取消资格之日起未逾5年；

（8）因违反诚实信用、公序良俗等职业道德或者存在重大违法违规行为，引发社会重大质疑或者产生严重社会负面影响且尚未消除；对所任职企业的重大违规行为或者重大风险负有主要责任未逾 3 年；

（9）因提供有虚假记载、误导性陈述或者重大遗漏的信息、材料，通过欺骗、贿赂或者以规避监管、自律管理为目的与中介机构违规合作等不正当手段办理相关业务，或者未经登记开展基金募集、投资管理等私募基金业务活动，被终止私募基金管理人登记的机构的控股股东、实际控制人、普通合伙人、法定代表人、执行事务合伙人或其委派代表、负有责任的高级管理人员和直接责任人员，自该机构被终止私募基金管理人登记之日起未逾 3 年；

（10）被注销登记的私募基金管理人的控股股东、实际控制人、普通合伙人、法定代表人、执行事务合伙人或其委派代表、负有责任的高级管理人员和直接责任人员，自该私募基金管理人被注销登记之日起未逾 3 年；

（11）所负债务数额较大且到期未清偿，或者被列为严重失信人或者被纳入失信被执行人名单；

（12）被协会采取撤销私募基金管理人登记的纪律处分措施，自被撤销之日起未逾 3 年；

（13）因提供有虚假记载、误导性陈述或者重大遗漏的信息、材料，通过欺骗、贿赂或者以规避监管、自律管理为目的与中介机构违规合作等不正当手段办理相关业务，或者未经登记开展基金募集、投资管理等私募基金业务活动，被终止办理私募基金管理人登记的机构及其控股股东、实际控制人、普通合伙人，自被终止登记之日起未逾 3 年；

（14）被注销登记的私募基金管理人及其控股股东、实际控制人、普通合伙人，自被注销登记之日起未逾 3 年；

（15）存在重大经营风险或者出现重大风险事件；

（16）从事的业务与私募基金管理存在利益冲突；

（17）有重大不良信用记录尚未修复等；

（18）私募基金管理人的实际控制人不得为资产管理产品。

根据《私募投资基金登记备案办法》第二十条，私募基金管理人的控股股东、实际控制人、普通合伙人所持有的股权、财产份额或者实际控制权，自登记或者变更登记之日起 3 年内不得转让，但有下列情形之一的除外：

（1）股权、财产份额按照规定进行行政划转或者变更；

（2）股权、财产份额在同一实际控制人控制的不同主体之间进行转让；

（3）私募基金管理人实施员工股权激励，但未改变实际控制人地位；

（4）因继承等法定原因取得股权或者财产份额等。

4. 法定代表人、高管人员、执行事务合伙人或其委派代表要求

对于私募股权基金管理人，至少 2 名高管人员应取得基金从业资格，并且其法定代表人/执行事务合伙人（委派代表）、合规/风控负责人应取得基金从业资格。合规/风控负责人也不得从事投资业务。

此外，基金管理人的法定代表人、高管人员、执行事务合伙人或其委派代表还应当符合如下要求：

（1）私募基金管理人的法定代表人、高级管理人员、执行事务合伙人或其委派代表应当保证有足够的时间和精力履行职责，对外兼职的应当具有合理性。私募基金管理人的法定代表人、高级管理人员、执行事务合伙人或其委派代表不得在非关联私募基金管理人、冲突业务机构等与所在机构存在利益冲突的机构兼职，或者成为其控股股东、实际控制人、普通合伙人。

（2）不得在与私募业务相冲突业务的机构兼职。

（3）除法定代表人外，私募基金管理人的其他高管人员原则上不应兼职；若有兼职情形，应当提供兼职合理性相关证明材料（包括但不限于兼职的合理性、胜任能力、如何公平对待服务对象、是否违反竞业禁止规定等材料），同时兼职高管人员数量应不高于申请机构全部高管人员数量的 1/2。

（4）私募基金管理人的兼职高管人员应当合理分配工作精力，协会将重点关注在多家机构兼职的高管人员任职情况。

（5）对于在一年内变更 2 次以上任职机构的私募高管人员，协会将重点关注其变更原因及诚信情况。

（6）私募基金管理人的高管人员应当与任职机构签署劳动合同。在私募基金管理人登记、提交高管人员重大事项变更申请时，应上传所涉高管的劳动合同及社保证明。

（7）最近 5 年从事过冲突业务。

（8）不符合证监会和基金业协会规定的基金从业资格、执业条件。

（9）没有与拟任职务相适应的经营管理能力，或者没有符合要求的相关工作经验等。私募股权基金管理人法定代表人、执行事务合伙人或其委派代表、经营管理主要负责人以及负责投资管理的高级管理人员应当具有 5 年以上股权投资管理或者相关产业管理等工作经验。

根据《私募投资基金登记备案办法》第十六条，有下列情形之一的，不得担任私募基金管理人的董事、监事、高级管理人员、执行事务合伙人或其委派

代表：

（1）因犯有贪污贿赂、渎职、侵犯财产罪或者破坏社会主义市场经济秩序罪，被判处刑罚；

（2）最近3年因重大违法违规行为被金融管理部门处以行政处罚；

（3）被中国证监会采取市场禁入措施，执行期尚未届满；

（4）最近3年被中国证监会采取行政监管措施或者被协会采取纪律处分措施，情节严重；

（5）对所任职的公司、企业因经营不善破产清算或者因违法被吊销营业执照负有个人责任的董事、监事、高级管理人员、执行事务合伙人或其委派代表，自该公司、企业破产清算终结或者被吊销营业执照之日起未逾5年；

（6）因违法行为或者违纪行为被开除的基金管理人、基金托管人、证券期货交易场所、证券公司、证券登记结算机构、期货公司等机构的从业人员和国家机关工作人员，自被开除之日起未逾5年；

（7）因违法行为被吊销执业证书或者被取消资格的律师、注册会计师和资产评估等机构的从业人员、投资咨询从业人员，自被吊销执业证书或者被取消资格之日起未逾5年；

（8）因违反诚实信用、公序良俗等职业道德或者存在重大违法违规行为，引发社会重大质疑或者产生严重社会负面影响且尚未消除；对所任职企业的重大违规行为或者重大风险负有主要责任未逾3年；

（9）因提供有虚假记载、误导性陈述或者重大遗漏的信息、材料，通过欺骗、贿赂或者以规避监管、自律管理为目的与中介机构违规合作等不正当手段办理相关业务，或者未经登记开展基金募集、投资管理等私募基金业务活动，被终止私募基金管理人登记的机构的控股股东、实际控制人、普通合伙人、法定代表人、执行事务合伙人或其委派代表、负有责任的高级管理人员和直接责任人员，自该机构被终止私募基金管理人登记之日起未逾3年；

（10）被注销登记的私募基金管理人的控股股东、实际控制人、普通合伙人、法定代表人、执行事务合伙人或其委派代表、负有责任的高级管理人员和直接责任人员，自该私募基金管理人被注销登记之日起未逾3年；

（11）所负债务数额较大且到期未清偿，或者被列为严重失信人或者被纳入失信被执行人名单等。

私募基金管理人在首支私募基金完成备案手续之前，不得更换法定代表人、执行事务合伙人或其委派代表、经营管理主要负责人、负责投资管理的高级管理人员和合规风控负责人。

申请机构员工总人数不应低于 5 人，申请机构的一般员工不得兼职。从事私募基金管理业务相关工作人员应具备与岗位要求相适应的职业操守和专业胜任能力。负责私募合规/风控的高管人员，应当独立地履行对内部控制监督、检查、评价、报告和建议的职能，对因失职渎职导致内部控制失效造成重大损失的，应当承担相关责任。申请机构负责投资的高管人员，应当具备相应的投资能力。

根据《纪律处分决定书》（中基协处分〔2023〕1 号）[1]，基金业协会认为某投资管理公司高管人员及员工人数不符合协会要求，在职员工共计 4 人，其中高管人员只有施某 1 人，违反了《内控指引》第十一条关于私募基金管理人应具备至少 2 名高管人员，《私募基金管理人登记须知（2018）》关于私募机构员工总人数不应低于 5 人的规定。此外，该公司还存在合规风控负责人违规兼职，未按要求履行信息报送义务，公司基金经理发表不当言论且未积极有效整改并消除不良影响，未积极配合协会自律检查等问题。综上，基金业协会决定取消该公司会员资格，对其进行公开谴责，要求其限期改正，并暂停受理其私募基金产品备案 6 个月。

5. 机构关联方要求

关联方是指与私募基金管理人受同一控股股东/实际控制人控制的金融机构、私募基金管理人、投资类企业、冲突业务企业、投资咨询及金融服务企业等。申请机构若存在子公司（持股 5% 以上的金融机构、上市公司及持股 20% 以上的其他企业）、分支机构、关联方，法律意见书应明确说明相关子公司、分支机构和关联方工商登记信息等基本资料、相关机构业务开展情况、相关机构是否已登记为私募基金管理人、与申请机构是否存在业务往来等。

申请机构的子公司、分支机构或关联方中有私募基金管理人的，申请机构应在子公司、分支机构或关联方中的私募基金管理人实际展业并完成首只私募基金备案后，再提交申请机构私募基金管理人登记申请。

申请机构的子公司、分支机构或关联方存在已从事私募基金业务但未登记为私募基金管理人的情形，申请机构应先办理其子公司、分支机构或关联方私募基金管理人登记。

同一实际控制人下再有新申请机构的，应当说明设置多个私募基金管理人

---

[1] 参见中国证券投资基金业协会，https://www.amac.org.cn/selfdisciplinemeasures/cyry/hyjg/202301/P020230120504564197177.pdf，2023 年 5 月 30 日访问。

的目的与合理性、业务方向区别、如何避免同业化竞争等问题。该实际控制人及其控制的已登记关联私募基金管理人需书面承诺，在新申请机构展业中出现违法违规情形时，应当承担相应的合规连带责任和自律处分后果。同一实际控制人项下再有新申请机构的，申请机构的第一大股东及实际控制人应当书面承诺在完成私募基金管理人登记后，继续持有申请机构股权或实际控制不少于3年。

私募基金管理人应当按照以下情形，如实向协会披露关联方工商登记信息、业务开展情况等基本信息：

（1）私募基金管理人的分支机构；

（2）私募基金管理人持股5%以上的金融机构、上市公司及持股30%以上或者担任普通合伙人的其他企业，已在协会备案的私募基金除外；

（3）受同一控股股东、实际控制人、普通合伙人直接控制的金融机构、私募基金管理人、上市公司、全国中小企业股份转让系统挂牌公司、投资类企业、冲突业务机构、投资咨询企业及金融服务企业等；

（4）其他与私募基金管理人有特殊关系，可能影响私募基金管理人利益的法人或者其他组织。

因人员、股权、协议安排、业务合作等实际可能存在关联关系的相关方，应当按照实质重于形式原则进行披露。

6. 中止办理及不予办理情形

（1）中止办理基金管理人登记情形

有下列情形之一的，协会中止办理私募基金管理人登记，并说明理由：

（a）拟登记机构及其控股股东、实际控制人、普通合伙人、主要出资人因涉嫌违法违规被公安、检察、监察机关立案调查，或者正在接受金融管理部门、自律组织的调查、检查，尚未结案；

（b）拟登记机构及其控股股东、实际控制人、普通合伙人、主要出资人出现可能影响正常经营的重大诉讼、仲裁等法律风险，或者可能影响办理私募基金管理人登记的重大内部纠纷，尚未消除或者解决；

（c）拟登记机构及其控股股东、实际控制人、普通合伙人、主要出资人、关联私募基金管理人出现重大负面舆情，尚未消除；

（d）中国证监会及其派出机构要求协会中止办理；

（e）涉嫌提供有虚假记载、误导性陈述或者重大遗漏的信息、材料，通过欺骗、贿赂或者以规避监管、自律管理为目的与中介机构违规合作等不正当手段办理相关业务，相关情况尚在核实等。

上述情形消失后，拟登记机构可以提请恢复办理。

基金业协会于 2022 年 4 月 15 日公示了"私募基金管理人登记案例公示（2022 年第 1 期 总第 1 期）"。其中中止办理案例主要针对申请机构为按材料清单要求提供私募登记材料，团队专业胜任能力不足，申请机构股权代持或股权机构不清晰，实际控制人不任职且投资经验不足，通过架构安排涉嫌规避关联方或实际控制人要求，实际控制关系不稳定等中止办理情形。

以中止办理案例中的案例四为例，申请机构 A 公司由第一大股东 B 公司及两个有限合伙企业（员工持股平台）共同出资设立，其中 B 公司系 C 上市公司的全资子公司，两个有限合伙企业合计持股比例超过 50%，且执行事务合伙人均为自然人甲某。申请机构 A 公司原填报 B 公司为实际控制人，未按实际控制人认定要求穿透填报至最终实际控制人 C 上市公司。在申请过程中，A 公司提交两个员工持股平台签署的一致行动协议，将实际控制人变更认定为甲某。甲某曾任 B 公司股权投资部门负责人。对此，基金业协会认为，申请机构在首次填报时，未根据《私募基金管理人登记须知》第五章第（四）条相关要求，实际控制人应一直追溯到最后自然人、国资控股企业或集体企业、上市公司、受国外金融监管部门监管的境外机构，未按实际控制人认定要求穿透填报至最终实际控制人 C 上市公司。申请机构在第二次申报时，为规避协会相关要求，通过一致行动协议安排规避关联方或实际控制人认定要求，属于《私募基金管理人登记须知》第八章中止办理情形第（八）条情形，申请机构通过架构安排规避关联方或实际控制人要求；同时，在股权结构未做调整情况下，通过一致行动协议变更实际控制人，治理结构不稳定，实际控制关系不清晰，属于《私募基金管理人登记须知》第八章中止办理情形第（七）条情形，申请机构实际控制关系不稳定。

根据上面案例，申请机构应当如实准确披露基金业协会所要求的各项资料及情况，通过诸如通过进行特殊股权涉及而规避实际控制人及关联方相关规定等，基金业协会将根据实质重于形式的审查原则，审慎核查。一旦被发现，将给申请机构后续的登记申请造成不利影响。

(2) 终止办理基金管理人登记申请

有下列情形之一的，协会终止办理私募基金管理人登记，退回登记材料并说明理由：

(a) 主动申请撤回登记；

（b）依法解散、注销，依法被撤销、吊销营业执照、责令关闭或者被依法宣告破产；

（c）自协会退回之日起超过 6 个月未对登记材料进行补正，或者未根据协会的反馈意见作出解释说明或者补充、修改；

（d）被中止办理超过 12 个月仍未恢复；

（e）中国证监会及其派出机构要求协会终止办理；

（f）提供有虚假记载、误导性陈述或者重大遗漏的信息、材料，通过欺骗、贿赂或者以规避监管、自律管理为目的与中介机构违规合作等不正当手段办理相关业务；

（g）拟登记机构及其控股股东、实际控制人、普通合伙人、主要出资人、关联私募基金管理人出现重大经营风险；

（h）未经登记开展基金募集、投资管理等私募基金业务活动，法律、行政法规另有规定的除外；

（i）不符合《私募投资基金登记备案办法》规定的登记要求；

（j）法律、行政法规、中国证监会和协会规定的其他情形。

拟登记机构因不符合《私募投资基金登记备案办法》规定的登记要求的情形被终止办理私募基金管理人登记，再次提请办理登记又因不符合《私募投资基金登记备案办法》规定的登记要求的情形被终止办理的，自被再次终止办理之日起 6 个月内不得再提请办理私募基金管理人登记。

基金业协会于 2022 年 4 月 15 日公示了"私募基金管理人登记案例公示（2022 年第 1 期 总第 1 期）"。其中不予办理案例重点针对申请机构提供或申请机构与律师事务所、会计师事务所及其他第三方中介机构等串谋提供虚假登记信息或材料，申请机构通过设计股权架构将关联关系非关联化、刻意隐瞒曾受处罚等不予办理登记情形。

以不予办理案例的案例二为例，申请机构 A1 公司全部员工及实际控制人均曾任职于 A2 公司或 A3 公司，A2 公司与 A3 公司互为关联方。A1 公司与 A2 公司、A3 公司在股权结构上不存在关联关系，但三者均使用同一工商字号且同署办公。经查，A1 公司与 A2 公司、A3 公司实质上受同一实际控制人甲某控制，2018 年 A2 公司与其关联方及其实际控制人甲某曾被中国证监会行政处罚。但申请机构所报送信息及律所出具的法律意见书均未对上述处罚情况如实披露，构成重大遗漏。基金业协会认为，申请机构通过设计股权架构将关联关系非关联化，刻意隐瞒曾受处罚情况，属于《私募基金管理人登记须知》第九章不予登记情形第（二）条情形：申请机构提供，或申请机构与律师事务所、会计师事务所及其他第三方中介机构等申谋提供虚假登记信息或材料；提供的登记信息或材料存在误导性陈述、重大遗漏，因此协会对该机构不予办理登记。

根据以上不予办理案例，申请机构在申请私募基金管理人登记时，务必要避免虚假陈述、重大遗漏等情形，确保登记备案信息真实性，否则，在基金业协会对提供虚假材料行为"零容忍"的背景下，一旦被发现，将导致无法办理登记。

（二）法律意见书

新申请私募基金管理人登记、已登记的私募基金管理人发生部分重大事项变更，需通过 AMBERS 系统提交律师事务所出具的法律意见书。法律意见书应按照《私募基金管理人登记法律意见书指引》对申请机构的登记申请材料、工商登记情况、专业化经营情况、股权结构、实际控制人、关联方及分支机构情况、运营基本设施和条件、风险管理制度和内部控制制度、外包情况、合法合规情况、高管人员资质情况等逐项发表结论性意见。

已登记的私募基金管理人申请变更控股股东、变更实际控制人、变更法定代表人/执行事务合伙人（委派代表）等重大事项或基金业协会审慎认定的其他重大事项的，应提交《私募基金管理人重大事项变更专项法律意见书》，对私募基金管理人重大事项变更的相关事项逐项明确发表结论性意见，还应当提供相关证明材料，充分说明变更事项缘由及合理性；已按基金合同、基金公司章程或者合伙协议的相关约定，履行基金份额持有人大会、股东大会或合伙人会议的相关表决程序；已按照《私募投资基金信息披露管理办法》相关规定和基金合同、基金公司章程或者合伙协议的相关约定，向私募基金投资者及时、准确、完整地进行了信息披露。

（三）基金管理人从业人员管理

1. 从业人员管理的一般要求

私募基金从业人员的范围并不限于基金管理人的从业人员，与私募基金相关的托管、销售、外包服务单位等人员也属于从业人员的范畴。本部分重点针对基金管理人的从业人员，对从业人员的管理也是对基金管理人合规要求的应有之义。

按照 2014 年 12 月 15 日基金业协会发布的《基金从业人员执业行为自律准则》，总结起来，可以包括如下几点。

（1）公平对待投资人，不得侵占或挪用投资人资金，不得在不同基金资产之间、基金资产和其他受托资产之间进行利益输送。

（2）从业人员应具备必需的专业知识和技能，审慎开展业务，不得作出任何与职业声誉或专业胜任能力相背离的行为。

（3）公平、合法、有序开展业务，不得以排挤竞争对手为目的，压低基金的收费水平，低于基金销售成本销售基金；不得采取抽奖、回扣或者赠送实物、保险、基金份额等方式销售基金。

（4）不得泄露投资人资料和交易信息，不得泄露商业秘密，谋取不当利益。

（5）不得从事或协同他人从事内幕交易或利用未公开信息交易。

（6）不得利用资金优势、持股优势和信息优势，单独或者合谋串通影响证券交易价格或交易量，误导和干扰市场。需要指出的是，由于私募股权基金的投资标的不包括上市公司股份，因此本条主要针对的是私募证券投资基金。

（7）廉洁自律，不得接受利益相关方的贿赂或者对其进行贿赂，或从事可能导致与投资者或所在机构之间产生利益冲突的活动。

（8）不得进行不适当地宣传，误导欺诈投资者，不得片面夸大过往业绩，不得预测所推介基金的未来业绩，不得违规承诺保本保收益。

根据《关于加强私募投资基金监管的若干规定》（下称《监管若干规定》）第九条，基金管理人的从业人员从事私募基金业务，和私募管理人同样不得从事相关行为，在此不再赘述。

此外，从业人员也应当具有基金从业资格。

2. 高管人员的特殊要求

私募基金管理人的高级管理人员是指私募基金管理人的董事长、总经理、副总经理、执行事务合伙人（委派代表）、合规风控负责人以及实际履行上述职务的其他人员。

四、募集资金

募集资金是私募基金"募、投、建、管、退"的第一项内容，私募基金要想对外投资，首先要解决资金来源的问题。根据《私募投资基金募集行为管理办法》的规定，募集行为包括推介私募基金、发售基金份额、办理基金份额认/申购（认缴）或赎回（退出）等活动。作为私募基金，只能通过非公开的途径募集资金，不得通过报刊、电台、电视、互联网等公众传播媒体或者讲座、报告会、分析会和布告、传单、手机短信、微信、博客和电子邮件等方式向不特定的对象宣传推介。

(一) 自行募集和委托募集

私募基金募集从募集的主体看,可以分为自行募集和委托募集两种。自行募集即由基金管理人自行销售私募基金;基金管理人应当自行采取问卷调查等方式,对投资者的风险识别能力和风险承担能力进行评估,由投资者书面承诺符合合格投资者条件,并由投资者签字确认。委托募集即基金管理人委托销售机构销售私募基金,由销售机构采取前述的适当性评估、确认等。

(二) 募集推介材料

根据《私募投资基金备案指引第2号——私募股权、创业投资基金》(以下简称《私募股权、创业投资基金备案指引》)的要求,私募基金管理人提请办理私募股权基金备案的,所提交的募集推介材料应当为私募基金管理人、基金销售机构在募集过程中真实使用的募集推介材料。募集推介材料中应包括关键人士(如有)或者投资决策委员会成员(如有)、单一拟投项目或者首个拟投项目组合(如有)的主营业务、交易对手方(如有)、基金投资款用途、退出方式,以及证监会、基金业协会规定的其他内容。

私募基金管理人、基金销售机构应当确保募集推介材料中的信息真实、准确、完整。

(三) 风险揭示书

投资有风险,而作为私募基金管理人,有责任向投资者充分揭示基金所面临的风险,这也是风险揭示书产生的根源。管理人应当向投资者披露私募投资基金的资金流动性、基金架构、投资架构、底层标的、纠纷解决机制等情况,充分揭示各类投资风险。基金业协会有关于私募基金风险揭示书的内容和格式指引。在风险揭示书中,一方面基金管理人要作出相关的承诺,另一方面基金管理人要充分揭示基金所存在的一般风险和特殊风险。

基金管理人的承诺主要包括:(1) 基金管理人在募集资金前已在基金业协会登记为私募基金管理人并取得管理人登记编码。(2) 基金管理人已向投资者声明,基金业协会为基金管理人和基金登记备案不构成对基金管理人投资能力、持续合规情况的认可,不作为对基金财产安全的保证。(3) 基金管理人保证在投资者签署基金合同前已(或已委托基金销售机构)向投资者揭示了相关风险;已经了解私募基金投资者的风险偏好、风险认知能力和承受能力;已向私募基金投资者说明有关法律法规,说明投资冷静期、回访确认的制度安排以及投资者的权利。(4) 私募基金管理人承诺按照恪尽职守、诚实信用、谨慎勤勉的原则管理运用基金财产，不保证基金财产一定盈利，也不保证最低收益。

风险揭示分为特殊风险揭示和一般风险揭示。特殊风险包括，私募投资基金若涉及募集机构与管理人存在关联关系、关联交易、单一投资标的、通过特殊目的载体投向标的、契约型私募投资基金管理人股权代持、私募投资基金未能通过基金业协会备案、主要投向境外投资标的等特殊风险或业务安排，管理人应当在风险揭示书的"特殊风险揭示"部分向投资者进行详细、明确、充分披露。一般风险揭示包括资金损失风险、基金运营风险、流动性风险、募集失败风险、投资标的风险、税收风险、其他风险等七大类。

此外，投资者应当按照《私募投资基金募集行为管理办法》的相关规定，对风险揭示书中"投资者声明"部分所列的13项声明签字签章确认。管理人在AMBERS系统进行私募投资基金季度更新时，应当及时更新上传所有投资者签署的风险揭示书。

（四）适当性管理

适当性管理是要对投资人是否符合合格投资者进行判断。适当性管理的相关内容将在下文关于合格投资者的部分详细论述。

（五）募集监督

对于募集行为的监督，基金业协会重点关注募集账户监督协议是否由募集机构与监督机构签署，是否具备《私募投资基金募集行为管理办法》要求的必备内容，包括私募基金募集结算资金专用账户用于统一归集私募基金募集结算资金、向投资者分配收益、给付赎回款项以及分配基金清算后的剩余基金财产等，确保资金原路返还，以及对私募基金募集结算资金专用账户的控制权、责任划分及保障资金划转安全的条款。

基金业务外包服务机构同时担任募集监督机构的，如未单独签署募集账户监督协议，业务外包服务协议应当约定募集监督内容。

（六）募集完毕备案

管理人原则上应当在募集完毕后的20个工作日内通过AMBERS系统申请私募投资基金备案，并签署备案承诺函承诺已完成募集，承诺已知晓以私募投资基金名义从事非法集资所应承担的刑事、行政和自律后果。如果管理人在基金募集完毕20个工作日后提交备案申请的，私募股权基金应当符合下列条件：(1) 实缴规模不低于1,000万元；(2) 由私募基金托管人进行托管；(3) 投资范围符合《私募投资基金登记备案办法》和《私募股权、创业投资基金备案指引》的要求等。

所谓"募集完毕",是指私募基金的已认缴投资者已签署基金合同,且首期实缴募集资金已进入托管账户等基金财产账户。单个投资者首期实缴出资除另有规定外,不得低于合格投资者的最低出资要求。私募股权基金募集完成后3个月内,私募基金管理人未提请办理备案手续,或者自退回补正之日起3个月内未重新报送备案材料的,协会不予办理私募基金备案。所管理的私募股权基金被协会不予办理备案的,私募基金管理人应当及时告知投资者,解除或者终止基金合同和委托管理协议,妥善处置基金财产,及时清算并向投资者分配。

如果合伙型或公司型基金的工商登记成立日早于基金成立日6个月以上的,管理人一般需要上传合伙企业或公司自设立以来的历史沿革说明,历史沿革说明需包含历次合伙人/股东变更情况,对外投资情况等。

(七) 募集中的红线

根据《监管若干规定》第六条,私募基金管理人、私募基金销售机构及其从业人员在私募基金募集过程中不得直接或者间接存在十条"踩红线"的行为:

(1) 向合格投资者之外的单位、个人募集资金或者为投资者提供多人拼凑、资金借贷等满足合格投资者要求的便利;

(2) 公开向不特定主体宣传推介,包括通过报刊、电台、电视、互联网等公众传播媒体,讲座、报告会、分析会等方式,布告、传单、短信、即时通讯工具、博客和电子邮件等载体,向不特定对象宣传推介,但是通过设置特定对象确定程序的官网、客户端等互联网媒介向合格投资者进行宣传推介的情形除外;

(3) 口头、书面或者通过短信、即时通讯工具等方式直接或者间接向投资者承诺保本保收益,包括投资本金不受损失、固定比例损失或者承诺最低收益等情形;

(4) 夸大、片面宣传私募基金,包括使用安全、保本、零风险、收益有保障、高收益、本金无忧等可能导致投资者不能准确认识私募基金风险的表述,或者向投资者宣传预期收益率、目标收益率、基准收益率等类似表述;

(5) 向投资者宣传的私募基金投向与私募基金合同约定投向不符;

(6) 宣传推介材料有虚假记载、误导性陈述或者重大遗漏,包括未真实、准确、完整披露私募基金交易结构、各方主要权利义务、收益分配、费用安排、关联交易、委托第三方机构以及私募基金管理人的出资人、实际控制人等情况；

（7）以登记备案、金融机构托管、政府出资等名义为增信手段进行误导性宣传推介；

（8）委托不具有基金销售业务资格的单位或者个人从事资金募集活动；

（9）以从事资金募集活动为目的设立或者变相设立分支机构；

（10）法律、行政法规和中国证监会禁止的其他情形。

不仅基金管理人、基金销售机构及其从业人员应当遵守上述规定，而且，私募基金管理人的出资人、实际控制人、关联方也不得从事私募基金募集宣传推介，不得从事或者变相从事前述所列行为。

五、基金备案

所谓基金备案，是指私募基金管理人应当在私募基金募集完毕后20个工作日内，通过私募基金登记备案系统进行备案，并根据私募基金的主要投资方向注明基金类别，如实填报基金名称、资本规模、投资者、基金合同等基本信息。

关于基金备案，证监会和基金业协会陆续出台了相关规定，包括《私募投资基金备案须知（2019版）》（已废止）《私募投资基金登记备案办法》《私募投资基金备案指引第1号——私募证券投资基金》《私募股权、创业投资基金备案指引》等，目的自然是为了不断强化对基金的监管，防范金融风险，同时也是为了不断规范和细化基金备案的要求，以增强管理人和投资人对于基金备案的操作可行性。

针对基金备案，根据实践经验，如下相关事项需要给予关注：

（一）基金名称

关于基金名称，主要的规范文件是《私募投资基金命名指引》（以下简称《命名指引》）和《私募股权、创业投资基金备案指引》，前者重点明确了私募基金在命名上的红线或禁止性要求，后者则重点明确了基金业协会在基金备案时的关注点。

根据《命名指引》的规定，禁止性要求主要包括：

（1）私募投资基金名称不得明示、暗示基金投资活动不受损失或者承诺最低收益，不得含有"安全""保险""避险""保本""稳赢"等可能误导或者混淆投资人判断的字样，不得违规使用"高收益""无风险"等与私募投资基金风险收益特征不匹配的表述。

（2）私募投资基金名称不得含有虚假记载和误导性陈述，不得对投资业绩进行预测，不得在未提供客观证据的情况下使用"最佳业绩""最大规模""名列前茅""最强""500倍"等夸大或误导基金业绩的字样。

（3）未经合法授权，私募投资基金名称中不得非法使用知名人士姓名、知名机构的名称或者商号。

（4）私募投资基金名称不得使用"资管计划""信托计划""专户""理财产品"等容易与金融机构发行的资产管理产品混淆的相同或相似字样。

同时，《命名指引》还针对要求，契约型私募投资基金名称中应当包含"私募"及"基金"字样，避免与公开募集投资基金混淆；契约型私募投资基金名称应当简单明了，列明私募投资基金管理人全称或能清晰代表私募投资基金管理人名称的简称；契约型私募投资基金有分级安排的，私募投资基金名称中应当含有"分级"或"结构化"字样。

《私募股权、创业投资基金备案指引》则进一步对私募股权基金命名给予了明确。私募股权基金的名称应当标明"股权基金""股权投资"等字样，私募股权基金组织形式为契约型的，名称应当标明"私募股权基金"字样。私募股权基金的名称中不得包含"理财""资管产品""资管计划"等字样。未经批准或者授权，不得在基金名称中使用与国家重大发展战略、金融机构、知名私募基金管理人相同或近似等可能误导投资者的字样。不得在基金名称中使用违背公序良俗或者造成不良社会影响的字样。

除此以外，基金业协会曾于2021年1月27日发布《关于严格规范私募基金命名要求的通知》，将"人力资源""企业服务""商务管理""企业管理"等无法体现基金投资属性的字样纳入基金名称的"负面清单"。

（二）存续期限

对于私募股权基金，其本质就是股权投资，而股权投资要想取得效益，就需要足够长的投资时间。为了回归本源，《私募投资基金登记备案办法》要求私募股权基金的存续期限不得少于5年，鼓励7年以上。当然，这里的存续期限包括投资期和退出期，也符合目前基金合同的普遍实践。假设基金存续期为5年，其中投资可以为3年，退出期可以为2年，即"3+2模式"。

需要注意的是，对于公司型基金或者合伙型基金，存续期限和营业期限是有所不同的，存续期限是以基金形式存续的期限，即在基金业协会备案并进行投资的期限，不得少于5年；但公司或者有限合伙的营业期限可以更长，甚至是长期存续。

（三）备案范围

私募基金本质是投资行为，而不应是借（存）贷活动。对此，《证券期货经营机构私募资产管理计划备案管理规范》《监管若干规定》也都有明确规定。总结而言，私募基金不能用于以下的投资活动，否则存在无法完成备案的可能：

（1）从事或变相从事借（存）贷、担保、明股实债等非私募基金投资活动，或直接投向金融机构信贷资产，但是私募基金以股权投资为目的，按照合同约定为被投企业提供1年期限以内借款、担保除外[①]；

（2）从事经常性、经营性民间借贷活动，包括但不限于通过委托贷款、信托贷款等方式从事上述活动；

（3）私募投资基金通过设置无条件刚性回购安排变相从事借（存）贷活动，基金收益不与投资标的的经营业绩或收益挂钩；

（3）投向保理资产、融资租赁资产、典当资产等类信贷资产、股权或其收（受）益权；

（4）从事承担无限责任的投资。

《私募股权、创业投资基金备案指引》第十三条进一步指出，私募股权基金投资《私募投资基金登记备案办法》第三十一条第二款规定的资产的[②]，应当符合下列要求：

（1）投资未上市企业股权的，应当符合《私募投资基金登记备案办法》第四十一条的规定，不得变相从事信贷业务、经营性民间借贷活动，不得投向从事保理、融资租赁、典当等与私募基金相冲突业务的企业股权，不得投向国家禁止或者限制投资以及不符合国家产业政策、环境保护政策、土地管理政策的企业股权；

（2）投资首发企业股票、存托凭证的，应当通过战略配售、基石投资（港股等境外市场）等方式，不得参与网下申购和网上申购；

（3）投资上市公司股票的，应当通过定向增发、大宗交易和协议转让等方式，不得参与公开发行或者公开交易，但所投资公司上市后基金所持股份的未转让及其配售部分和所投资公司在北京证券交易所上市后基金增持部分除外；

[①] 借款或者担保到期日不得晚于股权投资退出日，且借款或者担保余额不得超过该私募基金实缴金额的20%；中国证监会另有规定的除外。

[②] 私募股权基金的投资范围包括未上市企业股权，非上市公众公司股票，上市公司向特定对象发行的股票、大宗交易、协议转让等方式交易的上市公司股票，非公开发行或者交易的可转换债券、可交换债券，市场化和法治化债转股，股权投资基金份额，以及中国证监会认可的其他资产。

（4）投资上市公司可转换债券和可交换债券的，应当通过非公开发行或者非公开交易的方式；

（5）投资公开募集基础设施证券投资基金份额的，应当通过战略配售、网下认购和非公开交易等方式，不得参与面向公众投资者的发售和竞价交易；

（6）投资资产支持证券的，限于不动产持有型资产支持证券；

（7）投资区域性股权市场可转债的，投资金额应当不超过基金实缴金额的20%。

此外，《证券期货经营机构私募资产管理计划备案管理规范第4号》（以下简称《4号规范》）规定，证券期货经营机构设立私募资产管理计划，投资于房地产价格上涨过快热点城市普通住宅地产项目的[①]，暂不予备案。所涉及的方式包括委托贷款、嵌套投资信托计划及其他金融产品、受让信托收益权及其他资产收（受）益权、以明股实债的方式受让房地产开发企业股权[②]、基金业协会根据审慎监管原则认定的其他债权投资方式。此外，根据该《4号规范》，私募资产管理计划不得通过银行委托贷款、信托计划、受让资产收（受）益权等方式向房地产开发企业提供融资，用于支付土地出让价款或补充流动资金；不得直接或间接为各类机构发放首付贷等违法违规行为提供便利。

（四）管理人职责

对于管理人而言，在基金管理方面，基本的职责是诚实信用、勤勉尽责，同时应当遵循专业化运营原则，不得从事与私募投资基金有利益冲突的业务，也不得将应当履行的受托人责任转委托。

此外，每只备案基金的管理人只能有一家，否则，无法通过备案。如果超过一家管理人同时对于基金进行管理，将直接导致基金管理的混乱和责任划分不清，最终也将影响投资人并造成其利益受损。

（五）封闭运作

封闭运作与开放运作相对应，根据《证券投资基金法》第四十五条的规定，采用封闭式运作方式的基金，是指基金份额总额在基金合同期限内固定不

[①] 包括北京、上海、广州、深圳、厦门、合肥、南京、苏州、无锡、杭州、天津、福州、武汉、郑州、济南、成都等16个城市，将根据住房和城乡建设部相关规定适时调整范围。

[②] 这里所称名股实债，是指投资回报不与被投资企业的经营业绩挂钩，不是根据企业的投资收益或亏损进行分配，而是向投资者提供保本保收益承诺，根据约定定期向投资者支付固定收益，并在满足特定条件后由被投资企业赎回股权或者偿还本息的投资方式，常见形式包括回购、第三方收购、对赌、定期分红等。

变，基金份额持有人不得申请赎回的基金；采用开放式运作方式的基金，是指基金份额总额不固定，基金份额可以在基金合同约定的时间和场所申购或者赎回的基金。

封闭运作的直接效果是私募基金在封闭期间不能进行扩募。根据《私募股权、创业投资基金备案指引》，私募股权基金开放申购或者认购的，应符合下列条件：（1）由私募基金托管人进行托管；（2）在基金合同约定的投资期内；（3）开放申购或认缴按照基金合同约定经全体投资者一致同意或者经全体投资者认可的决策机制决策通过；（4）证监会、基金业协会规定的其他条件。私募股权基金开放申购或者认缴，增加的基金认缴总规模不得超过备案时基金认缴总规模的3倍，但符合下列情形之一的除外：（1）既存投资者或者新增投资者中存在社会保障基金、企业年金等养老基金；（2）既存投资者或者新增投资者中存在慈善基金等社会公益基金、保险资金或者地市级以上政府出资产业投资基金，并且前述投资者之一的实缴出资不低于1,000万元；（3）既存投资者和新增投资者均为首期实缴出资不低于1,000万元的投资者，私募基金管理人、私募基金管理人员工直接或者间接通过合伙企业等非法人形式间接投资于本公司管理的私募股权基金，且实缴出资不低于100万元的除外；（4）在协会备案为创业投资基金，且开放申购或者认缴时，基金已完成不少于2个对早期企业、中小企业或者高新技术企业的投资；（5）证监会、基金业协会规定的其他情形。增加基金认缴规模的，管理人应当依法履行信息披露义务，向投资者披露扩募资金的来源、规模、用途等信息。

根据《私募投资基金登记备案办法》，基金封闭运作期间的分红、基金份额转让，投资者减少尚未实缴的认缴出资，对有违约或法定情形的投资者除名、替换或退出，退出投资项目减资等均不属于禁止的赎回或退出。

鉴于私募股权基金的封闭运作，在备案时即应当将认缴出资额尽量设高，后续在运作过程中由于不必一定全部实缴到位，但是可以提前预留出空间，避免备案时出资额过低，后续又无法扩募的不利局面。

（六）结构化安排及杠杆比

所谓结构化安排，就是将投资人划分为不同等级，并给不同等级匹配不同的风险和收益。一般而言，投资人可以分为优先、夹层和劣后等不同等级，不同的基金对于结构化投资人的称呼也不尽相同，但本质上都是对投资人进行不同等级的划分。公募基金和开放式基金不允许结构化安排，必须是平层结构，只有封闭式基金能够使用结构化安排。

以基金投资人分为优先级和劣后级为例,优先级相较于劣后级优先分配基础收益、门槛收益及本金,劣后级则在优先级分配完毕后获得分配相应的基础收益、门槛收益及本金,也就是说,劣后级为优先级提供了安全垫,只有在基金投资失败导致亏损完毕劣后级本金之后才会侵蚀到优先级本金,劣后级份额越高,优先级的安全垫也越厚。但同时,劣后级也可能享有比优先级更大的收益机会,如果基金投资成功,那么在分完优先级的收益及本金后,劣后级也能收回相应的收益及本金,此时如果仍有剩余,那么劣后级将取得比优先级更大比例的超额收益。正所谓风险越大收益也越大。

《关于规范金融机构资产管理业务的指导意见》(以下简称《资管新规》)规定,分级私募产品应当根据所投资资产的风险程度设定分级比例(优先级份额/劣后级份额,中间级份额计入优先级份额)。固定收益类产品的分级比例不得超过3:1,权益类产品的分级比例不得超过1:1,商品及金融衍生品类产品、混合类产品的分级比例不得超过2:1。私募股权基金属于权益类产品,按照该规定,分级比例不得超过1:1,也就是说基金的优先级和中间级(夹层级)份额比例之和不能高于劣后级(权益级)份额比例。

尽管不同等级的投资人的风险和收益不同,基金管理人不得在分级私募证券投资基金内设置极端化收益分配比例,不得利用分级安排进行利益输送、变相开展"配资"等违法违规业务,不得违背利益共享、风险共担、风险与收益相匹配的原则。

(七)管理费

私募基金的投资需要专业化的运作和管理,因此,不论是合伙型、公司型还是契约型基金,投资人均需要聘请在基金业协会登记的基金管理人负责基金的投资和运作。据此,基金管理人也会从基金收取管理费,计算基数往往就是投资人未偿出资额,管理费比例不等,1.5%/年或2%/年均比较常见。

如前所述,基金的管理人只能有一家,超过一家将导致权责不明和管理混乱。同时,其他投资人也不能变相从基金收取管理费,否则,其他投资人也将对基金形成管理,进而导致管理人无法有效地管理和运营基金,可能给其他投资人带来风险,且某些投资人变相收取基金管理费对于其他投资人也不公平。

但在较为典型的如"双GP"架构下,若未担任管理人的普通合伙人为基金也提供相关服务,则其在基金中收取一定的费用,如以"执行合伙事务费用""执行事务合伙人报酬"等名义,也存在一定的合理性和解释空间。

(八) 普通合伙人和管理人分离

对于有限合伙型基金,一般情况下,普通合伙人将作为执行事务合伙人并兼任基金管理人,但特殊情况下,普通合伙人并不同时是基金管理人,而是另外由基金聘请管理人。对此,基金业协会要求,当普通合伙人和管理人分离,并非同一主体的情况下,普通合伙人和管理人之间必须具备关联关系。

要求合伙型私募基金普通合伙人与私募基金管理人分离的应存在关联关系,主要目的是为防止私募基金管理人通道化且出于保证私募基金治理一致性及运行稳定性的考虑。此处关联关系指根据《企业会计准则第 36 号—关联方披露》一方控制、共同控制另一方或对另一方施加重大影响,以及两方或两方以上同受一方控制、共同控制或重大影响的,构成关联方。如普通合伙人系由私募基金管理人高管团队及实际控制人、法定代表人出资情形,同样认定存在关联关系。

(九) 托管要求

基金托管人是基金投资和运作过程中的重要参与人。根据《私募股权、创业投资基金备案指引》,私募股权基金存在下列情形之一的,应当有私募基金托管人进行托管:(1) 私募股权基金的组织形式是契约型,但按照基金合同约定设置能够切实履行安全保管基金财产职责的基金份额持有人大会日常机构等制度安排的除外;(2) 通过特殊目的载体开展投资的;(3) 法律、行政法规、证监会和基金业协会规定的其他情形。

因此,原则上,契约型私募基金是应当由托管人托管的,但存在例外情形;而合伙型或公司型私募基金可以由托管人托管,也可以不托管,但通过特殊目的载体开展投资的应当由托管人托管。

根据《证券投资基金法》,托管人的法定职责主要是:(1) 安全保管基金财产;(2) 按照规定开设基金财产的资金账户和证券账户;(3) 对所托管的不同基金财产分别设置账户,确保基金财产的完整与独立;(4) 保存基金托管业务活动的记录、账册、报表和其他相关资料;(5) 按照基金合同的约定,根据基金管理人的投资指令,及时办理清算、交割事宜;(6) 办理与基金托管业务活动有关的信息披露事项;(7) 对基金财务会计报告、中期和年度基金报告出具意见;(8) 复核、审查基金管理人计算的基金资产净值和基金份额申购、赎回价格;(9) 按照规定召集基金份额持有人大会;(10) 按照规定监督基金管理人的投资运作;(11) 国务院证券监督管理机构规定的其他职责。总体而言,托管人的主要作用就是对基金投资和运作过程中的基金财产进行监管,同时对管理人的投资运作中违反法律法规和自律规则及基金合同约定的行为进行监督，甚至向证监会和基金业协会报告。

对于基金备案而言，除了要求托管人应严格履行其法定职责且不得通过合同约定免除其法定职责外，还对托管人有进一步的要求，即在管理人发生异常且无法履行管理职责时，托管人应当按照法律规定及合同约定履行托管职责，维护投资人合法权益。

（十）合格投资者

对于私募基金，应当面向合格投资者通过非公开方式募集。关于是否为合格投资者，《证券期货投资者适当性管理办法》《私募投资基金监督管理暂行办法》《资管新规》等都有相应的规定，但又有所区别。

根据《私募投资基金监督管理暂行办法》第十二条的规定，私募基金的合格投资者是指具备相应风险识别能力和风险承担能力，投资于单只私募基金的金额不低于100万元且符合下列相关标准的单位和个人：（1）净资产不低于1,000万元的单位；（2）金融资产不低于300万元或者最近三年个人年均收入不低于50万元的个人。金融资产包括银行存款、股票、债券、基金份额、资产管理计划、银行理财产品、信托计划、保险产品、期货权益等。此外，《私募股权、创业投资基金备案指引》第四条规定，社会保障基金、企业年金等养老基金，慈善基金等社会公益基金；国务院金融监督管理机构监管的机构依法发行的资产管理产品、私募基金；合格境外机构投资者、人民币合格境外机构投资者；投资于所管理私募基金的私募基金管理人及其从业人员等视为合格投资者，且不再穿透核查和合并计算投资者人数。

对于合格投资者的界定，主要目的是确保投资者具备相应的风险识别能力和风险承担能力，正所谓"投资有风险，入市需谨慎"，私募基金不能保本保收益及刚性兑付，所以投资者的投资就可能取得不了收益甚至亏本，从这点出发，就要求投资者具备对于风险的识别和承担能力，上述相应标准也是基于此而制定。当净资产和金融资产或年收入达到一定标准后，即一定程度上表明该单位或个人具有相应的对于风险的识别和承担能力。当然，诸如社保基金、企业年金、投资计划或者投资于所管理私募基金的管理人及其从业人员，由于有专业的管理人运作或者本身就对于私募基金的投资和运作有所掌握，也应当视为是合格投资者。

实践中也普遍存在员工跟投的情形，管理人的从业人员是视为合格投资者的，但当员工跟投金额低于100万元的，应当上传该员工的劳动合同及社保缴纳证明；如果员工由第三方机构代缴，代缴方应当具有人力资源服务资质；如果员工为 AMBERS 系统登记的兼职高管，还应当上传其与管理人签署的劳动合同及由管理人发放的 6 个月工资流水。若以员工持股平台跟投的，该员工持股平台的实缴应不少于 100 万元。

在基金备案时还会关注到合格投资者的实际出资能力问题。如果投资者的认缴金额和实缴金额差异较大，可能会要求其出具出资能力证明文件。出资能力证明为投资者的金融资产证明或未来收入证明等文件，且满足金融资产的预计变现价值与预计未来收入的总和可覆盖投资者对基金的累计实缴出资。其中，自然人投资者的出资能力证明文件包括但不限于银行存款、股票、债券、基金份额、资产管理计划、银行理财产品、信托计划、保险产品、期货权益等金融资产、投资类不动产/特殊动产等非金融资产和一定时期内的薪资收入流水、分红流水、投资收益流水及其完税证明等文件。机构投资者的出资能力证明文件包括但不限于验资报告、最近年度审计报告等文件。

此外，值得关注的就是穿透核查投资者问题，对于以合伙企业等非法人形式投资私募基金的，募集机构应当穿透核查最终投资者是否为合格投资者，并合并计算投资者人数。但若投资者为依法备案的资管产品，不再穿透核查最终投资者是否为合格投资者及合并计算人数。

（十一）投资者数量

有限合伙型基金根据《合伙企业法》的规定合伙人人数不得超过 50 人，有限责任公司型基金根据《公司法》的规定股东人数不得超 50 人，股份有限公司型基金根据《公司法》的规定股东人数不得超过 200 人，契约型基金的投资者也不得超过 200 人。并且若后续发生投资者所持份额的转让，转让后的投资者数量也应满足该等要求。此外，关于投资者数量，还应当适用上述关于穿透核查投资者的有关要求。

（十二）关联交易

不仅在私募基金领域，在上市公司等领域，关联交易都是敏感问题。对于私募基金，关联交易是指私募投资基金与管理人、投资者、管理人管理的私募投资基金、同一实际控制人下的其他管理人管理的私募投资基金，或者与上述主体有其他重大利害关系的关联方发生的交易行为。即关联交易以私募基金为中心，关联交易的一方是私募基金，而另一方是基金管理人、投资者、基金管理人管理的其他私募基金、同一实控人下的基金管理人管理的其他私募基金或者与上述主体有重大利害关系的关联方。

私募基金进行关联交易的,应当在基金合同中明确约定涉及关联交易的事前、事中信息披露安排以及针对关联交易的特殊决策机制和回避安排等。私募基金管理人应当建立健全关联交易管理制度,对关联交易定价方法、交易审批程序等进行规范。《私募投资基金登记备案办法》第三十八条进一步规定,私募基金管理人应当建立健全关联交易管理制度,在基金合同中明确约定关联交易的识别认定、交易决策、对价确定、信息披露和回避等机制。关联交易应当遵循投资者利益优先、平等自愿、等价有偿的原则,不得隐瞒关联关系,不得利用关联关系从事不正当交易和利益输送等违法违规活动。

但现实中的确存在关联交易的情形,此时则需要基金管理人在私募基金备案时如实提交证明底层资产估值公允的材料、有效实施的关联交易风险控制机制以及不损害投资者合法权益的承诺函等相关文件。

(十三) 工商登记一致性

公司型和合伙型私募基金作为主体能够进行工商登记,因此,公司型或合伙型私募投资基金设立或发生登记事项变更的,应当按照《公司法》或《合伙企业法》规定的程序和期限要求,向工商登记机关申请办理登记或变更登记。但契约型基金无法作为主体进行工商登记,目前只能登记为契约型基金的管理人。

由于AMBERS系统和工商登记系统是两套不同的系统,原则上二者应当保持一致,对此,基金业协会也会给予相应关注。但实践中二者也存在记录不一致的情况,比如工商方面已经提交了变更申请,但还未完成变更,即已提交AMBERS系统,此时可能需要通过提交工商变更承诺函等方式予以解决。

(十四) 禁止刚性兑付

基金管理人及其实际控制人、股东、关联方及募集机构不得向投资者承诺最低收益、承诺本金不受损失,或限定损失金额和比例,或者其他方式变相保本保收益。刚性兑付相当于对投资者进行了保底承诺,这与任何投资均可能有收益也可能有损失的实际情况是相悖的,因此,整个资管行业都禁止刚性兑付。

同时,需要指出的是,要培育一个健康的金融市场,不仅需要合格的机构,也需要合格的投资者,刚性兑付注定培育不出合格的投资者,也就不会创造一个健康的金融市场。

(十五) 禁止资金池

基金管理人应当做到每只私募基金的资金单独管理、单独建账、单独核算,不得开展任何形式的资金池业务，不得存在短募长投、分离定价、滚动发行、集合运作等违规操作。

资金池并没有明确的定义，但具有滚动发行、集合运作和分离定价等特征。

所谓滚动发行是指资金并非一次性募集到位，而是分期募集或者以开放申购的方式在不同时点募集到位。滚动发行具体又可以分为两种模式，一种是借新还旧，即通过募集新的资金去偿还到期的旧的资金；另一种是滚动投资，即后续滚动募集的资金专项用于继续投资。其中借新还旧的方式下，如果无法募集到新的资金，就可能导致偿还旧资金上出现问题，进而导致资金风险。

所谓集合运作是指将所募集的不同资金混合使用，无法对不同的资金进行有效的单独管理、单独建账、单独核算。集合运作造成的风险是可能导致不同资金无法单独管理，进而无法单独核算，并可能导致资金被违规使用。

所谓分离定价是指基金申购或赎回时没有按照规定进行合理估值，未按照所投资项目的实际收益水平确定申购或赎回的价格。例如，该基金初始发行价格为1元/份额，但基金投资后发生亏损，则后续引入的投资者如果仍按照1元/份额就对后续投资者不公平；相反，如果基金投资后发生收益，则后续引入的投资者如果仍按照1元/份额就对原投资者不利。

滚动发行、集合运作和分离定价是判断是否构成资金池业务的核心要素，但其中最根本的是分离定价。私募基金目前仅能封闭式运作，且在能否扩募上存在比较严格的限制，因此滚动发行是被严格限制的。但集合运作和分离定价仍然需要严格监管，避免由此导致不公平对待不同投资者。

（十六）禁止投资单元

基金管理人不得在私募基金内部设立由不同投资者参与并投向不同资产的投资单元/子份额，规避备案义务，不公平对待投资者。

具体而言，对于同期募集的资金，将该等资金划分为不同单元，分别投资于不同项目，属于投资单元操作；对于不同期募集的资金（在符合扩募的前提下），不同期资金分别投向于不同的项目，也属于投资单元操作。之所以禁止投资单元，一方面是投资单元可能规避备案义务，因为被划分的不同单元本质上应该单独作为基金在基金协会进行备案，并相应监管；另一方面是可能导致不公平对待投资者，即对于同一基金的不同投资者，区分其拟投向的不同项目而划分不同投资单元，将导致投资者的不公平对待，同时也有违基金管理人的职责。

（十七）组合投资

组合投资，顾名思义，其实就是将基金财产投资于多个不同的项目，也就是不把鸡蛋放到一个篮子里，这样更能分散风险。基金业协会鼓励私募投资基金进行组合投资。建议基金合同中明确约定私募投资基金投资于单一资产管理产品或项目所占基金认缴出资总额的比例。私募资产配置基金投资于单一资产管理产品或项目的比例不得超过该基金认缴出资总额的 20%。

（十八）信息披露

基金管理人对私募基金的管理本质上是受托管理。为了确保基金业协会对私募基金的有效监管，并确保投资者对于基金相关情况的知情权，基金管理人一般应进行季度、半年度和年度的信息披露，并在发生重大变更情形时进行临时的信息披露。基金业协会专门有"私募基金信息披露备份系统"，基金管理人在线编制并备份私募基金定期报告及重大事项临时报告系统；投资者也可通过基金管理人开立的账号登录查询所购买私募基金的信息披露报告。

（十九）重大事项报送

私募投资基金发生以下重大事项的，管理人应当在 5 个工作日内向基金业协会报送相关事项并向投资者披露：（1）管理人、托管人发生变更的；（2）基金合同发生重大变化的；（3）基金触发巨额赎回的；（4）涉及基金管理业务、基金财产、基金托管业务的重大诉讼、仲裁、财产纠纷的；（5）投资金额占基金净资产 50% 及以上的项目不能正常退出的；（6）对基金持续运行、投资者利益、资产净值产生重大影响的其他事件。

笔者认为，虽然上述审核要点无法涵盖所有私募基金合规性的审查角度，但是只要能够从这些基本点去适用，还是能够从基本和重大两个层面发现私募基金所存在的合规性问题，并着手采取解决措施。

六、不动产私募投资基金

2022 年 11 月 28 日，在"证监会新闻发言人就资本市场支持房地产市场平稳健康发展答记者问"的证监会要闻中，提及到"积极发挥私募股权投资基金作用。开展不动产私募投资基金试点，允许符合条件的私募股权投资基金管理人设立不动产私募股权投资基金，引入机构资金，投资存量住宅地产、商业地产、在建未完成项目、基础设施，促进房地产企业盘活经营性不动产并探索新的发展模式"①。

时隔近三个月，2023年2月20日，基金业协会发布了《不动产私募投资基金试点备案指引（试行）》（以下简称"4号指引"），针对不动产私募投资基金试点备案进行了规定。该指引是根据《私募投资基金监督管理暂行办法》《监管若干规定》等法律、行政法规、证监会规定和基金业协会自律规则制定，故该指引未约定的事项，仍需遵照上述法律、法规、规定及自律规则。对于该指引，重点涉及如下几方面内容：

第一，不动产私募投资基金仍是私募股权基金，其管理人仍是私募股权基金管理人。如4号指引未有规定的，不动产私募投资基金仍遵照原私募股权基金的规定。

第二，不动产私募投资基金的投资范围限于特定居住用房（包括存量商品住宅、保障性住房、市场化租赁住房）、商业经营用房、基础设施项目等。

具体而言，存量商品住宅是指已取得国有土地使用证、建设用地规划许可证、建设工程规划许可证、建筑工程施工许可证、预售许可证即"五证"俱全，已经实现销售或者主体建设工程已开工的存量商品住宅项目，包括普通住宅、公寓等。保障性住房是指已取得国有土地使用证，为解决住房困难问题而搭建的限定标准、限定价格或租金的政策性住房，包括公租房、保障性租赁住房、共有产权住房等。市场化租赁住房是指已取得国有土地使用证、建设用地规划许可证，不以分拆产权销售为目的、长期对外进行市场化租赁运营，但未纳入保障性租赁住房体系的租赁住房。商业经营用房是指开发建设或者运营目的供商业活动使用的不动产项目，包括写字楼、商场、酒店等。基础设施项目是指开发建设或者运营目的供市政工程、公共生活服务、商业运营使用的不动产项目，包括高速铁路、公路、机场、港口、仓储物流工程、城市轨道交通、市政道路、水电气热市政设施、产业园区等传统基础设施，5G基站、工业互联网、数据中心、新能源风电光伏设施等新型基础设施。

第三，设立不动产私募投资基金的基金管理人应满足如下情形：

（1）在协会依法登记为私募股权基金管理人；

（2）出资结构稳定，主要出资人及实际控制人最近两年未发生变更；

（3）主要出资人及实际控制人不得为房地产开发企业及其关联方，因私募基金投资需要向房地产开发项目企业派驻管理人员的情形除外；

---

① 参见《证监会新闻发言人就资本市场支持房地产市场平稳健康发展答记者问》，载中国证券监督管理委员会，http://www.csrc.gov.cn/csrc/c100028/c6763083/content.shtml，2023年9月27日访问。

（4）具有完善的治理结构、管理制度、决策流程和内控机制；

（5）实缴资本不低于 2000 万元人民币；

（6）具有不动产投资管理经验，在管不动产投资本金不低于 50 亿元人民币，或自管理人登记以来累计管理不动产投资本金不低于 100 亿元人民币；

（7）具有 3 个以上的不动产私募投资项目成功退出经验；

（8）具有不动产投资经验的专业人员，投资部门拥有不少于 8 名具有 3 年以上不动产投资经验的专业人员，其中具有 5 年以上经验的不少于 3 名；

（9）最近三年未发生重大违法违规行为；

（10）中国证监会、协会要求的其他情形。

试点不动产私募投资基金投资者均为机构投资者的，上述第（6）项要求可为在管不动产投资本金不低于 30 亿元人民币，或自管理人登记以来累计管理不动产投资本金不低于 60 亿元人民币。

值得注意的是上述第（3）点，事实上禁止了"开发商系管理人"设立不动产私募投资基金，防止其通过不动产私募投资基金违规为地产项目提供融资。

第四，不动产私募投资基金重点的募集对象主要为机构资金，非自然人资金。

不动产私募投资基金投资者应当为首轮实缴出资不低于 1,000 万元的投资者。其中，有自然人投资者的不动产私募投资基金，自然人投资者合计出资金额不得超过基金实缴金额的 20%。以合伙企业、契约等非法人形式，通过汇集多数投资者的资金直接或者间接投资于不动产私募投资基金的，应当穿透核查，但基本养老金、社会保障基金、年金基金等养老基金，慈善基金等社会公益基金，保险资金，金融机构发行的资产管理产品，在境内设立的面向境外投资者募资的 QFLP 试点私募基金除外。

本质上讲，对于自然人资金的限制是因为自然人在风险识别能力和风险承担能力等方面与机构资金存在差别，对于不动产私募投资基金这一新的基金类型，所投项目在目前经济形势下也存在一定的风险，故也是对自然人的一种保护。

第五，不动产私募投资基金为被投企业提供借款或担保的适度放宽。

不动产私募投资基金为被投企业提供借款或者担保的，应当符合下列条件：

（1）基金合同有明确约定，并履行基金合同约定的决策程序；

（2）借款或者担保到期日不得晚于基金清算完成日；

（3）有自然人投资者的，不动产私募投资基金应当持有被投企业 75% 以上股权；

（4）全部为机构投资者的，不动产私募投资基金应当持有被投企业75%以上股权，或者持有被投企业51%以上股权且被投企业提供担保，可实现资产控制。

不动产私募投资基金向被投企业的股权出资金额，属于上述第（3）项的，不得低于对该被投企业总出资金额的三分之一；属于上述第（4）项的，可由基金合同约定。

根据基金合同约定或者履行基金合同约定的决策程序后，不动产私募投资基金可以基于商业合理性，将基金财产对外提供抵质押，通过申请经营性物业贷款、并购贷款等方式，扩充投资资金来源。

据此，相较于《监管若干规定》对股债比为8：2的限制，不动产私募投资基金在股债比方面有所放宽。若存在自然人投资者，且不动产私募投资基金持有被投企业75%以上股权，则股债比可以达1：2；若全部为机构投资者，且不动产私募投资基金持有被投企业75%以上股权或持有被投企业51%以上股权且被投企业提供担保的，可由基金合同另行约定。

第六，不动产私募投资基金的扩募要求适度放宽。

不动产私募投资基金在备案完成后扩募的要求更加宽松，应符合如下要求：

（1）不动产私募投资基金处在基金合同约定的投资期内；

（2）开放认购、申购（认缴）经全体投资者一致同意或者经合同约定的决策机制通过；

（3）投资者符合《不动产私募投资基金试点备案指引（试行）》第七条的规定；

（4）中国证监会、协会规定的其他要求。

第七，不动产私募投资基金的杠杆比要求。

根据《资管新规》，权益类产品的分级比例不得超过1：1。但4号指引未明确规定不动产私募投资基金的杠杆比，"管理人可以结合实际业务情况，对不动产私募投资金设置合理杠杆比例"，存在进一步释明的空间。

第八，不动产私募投资基金的披露要求。

不动产私募投资基金设立后，管理人应当按季度制作不动产基金财产管理报告并向投资者披露。根据《私募投资基金信息披露内容与格式指引2号-适用于私募股权（含创业）投资基金》，季度信息披露并非私募股权基金的强制性要求。说明对于不动产私募投资基金的披露提出了更高的要求，并进一步增加和细化了披露事项。

七、基金投资

对于基金投资，主要关注的是投向。针对私募股权基金，目前倡导基金投资要回归本源，应当进行权益类投资，而不能以债权投资为主。

根据《监管若干规定》，私募基金管理人不得直接或者间接将私募基金财产用于下列投资活动：（1）借（存）贷、担保、明股实债等非私募基金投资活动，但是私募基金以股权投资为目的，按照合同约定为被投企业提供1年期限以内借款、担保除外；（2）投向保理资产、融资租赁资产、典当资产等类信贷资产、股权或其收（受）益权；（3）从事承担无限责任的投资；（4）法律、行政法规和中国证监会禁止的其他投资活动。私募基金有上述第（1）项规定行为的，借款或者担保到期日不得晚于股权投资退出日，且借款或者担保余额不得超过该私募基金实缴金额的20%。

实践中对于究竟是股权投资还是债权投资，判断的标准一般是看股债比，根据目前的监管口径，股债比为8∶2或者以上的，一般应当认定为是股权投资；而如果股债比低于8∶2，那么就有可能被认定为债权投资，有违私募股权基金的本质。

八、项目开发建设

实践中，真正掌握"募、投、管、退"全面能力的基金管理人并不多，而且私募基金在投资完成后，往往并非一定进入到项目管理阶段，而是需要对项目进行改造，甚至需要将在建工程继续开发建设完毕。这就要求基金管理人不仅要具备"募、投、管、退"的能力，还需要具有操盘进行开发建设的能力，这是对基金管理人更高的要求，需要基金管理人具有开发建设的团队。由于开发建设项目是个很复杂的体系和工程，开发建设团队包括相应的负责人、设计人员、成本人员、财务人员、营销人员等。这一方面给基金管理人提出了很高的要求，增加了相应的人员成本，但好处则在于也为基金管理人培养自己的开发建设团队提供了可能。

关于"募、投、建、管、退"中的"建"，主要在房地产开发建设部分详细论述，在此部分不再赘述。

九、项目管理

关于"募、投、建、管、退"中的"管"，也就是项目管理，即基金管理人在进行基金投资后，对所投资项目进行运营管理，并通过自己的运营管理使项目品质和价值得到进一步提升，从而为基金带来收益。

由于私募股权基金在投资房地产项目时，投资住宅项目受到限制，一般投向商业和办公物业。这时基金管理人的项目管理能力更多地就体现为对商业和办公物业的招商、租赁及物业管理能力。招商即招揽商户或者租户入驻，一般而言，招商不太涉及法律方面的问题，重要的还是招商团队如何通过自身的推介能力实现项目的出租。但租赁则不同，涉及大量的与租赁有关的法律问题。此时基金管理人的角色就相当于某个房地产项目的业主，也就是出租人，与承租人商谈、签署与租赁有关的协议均决定了项目的运营管理的成败。关于租赁相关的问题，请参考本书房地产租赁部分。此外，基金管理人的关联方也可能为项目提供物业管理，当然也可以选择聘请第三方物业管理单位。众所周知，物业管理是决定项目品质和价值的重要因素。关于物业管理相关的问题，请参考本书物业管理部分的内容。

以笔者的经验来看，虽然项目管理中涉及的租赁业务和物业管理业务看似不如私募基金募集、设立等业务高大上，但实际上租赁业务和物业管理业务涉及了大量的法律关系和法律问题，并且是实实在在、千奇百怪的生动案例，处理起来远没有看起来那么容易。对此，我们应该予以重视，并根据实践不断总结经验，以更好地指引和处理实际问题的解决。

十、私募基金退出

由于私募基金都有相应的存续期，存续期包括投资期和退出期，私募基金一直投资和运营固然可以产生收益，但又有某些专业投资者也是从其他合格投资者处募集的资金，只有选择在合适的时机退出，才能收回全部投资和收益。私募股权基金投资于房地产则更是如此，尤其房地产行业正处在重塑和转型阶段，加之经济存在下行的风险，如何能够适时从所投资的房地产项目中退出对于基金管理人是一个考验。

一般而言，私募股权基金的退出方式包括境内外上市、转让和清算等方式。其中，境内外上市受到多重因素的影响，不确定性很大；而清算退出一般是项目投资失败时才采用的方式；转让，包括股权转让和资产转让，是私募股权基金普遍采用的方式。股权转让就是转让项目公司的股权，实现投资资金的回笼，进而向投资者进行分配；资产转让就是转让项目资产，目的同样是资金的回笼及向投资者进行分配。基金对外进行股权转让或资产转让与一般的房地产项目股权或资产交易并没有不同,故同样在此不再赘述。

在本部分重要介绍如下几个与基金退出相关的特殊问题。

第一是资产证券或者公募REITs。就资产证券化而言,本质上是一种融资行为,但是由于资产证券化交易也是项目公司的股权转让给资产支持专项计划,故从转让的角度看,也属于是一种基金退出方式。而公募REITs与资产证券化不同,公募REITs是一种真正意义上的权益转让,当然属于基金的退出方式。但是在国内,由于目前的公募REITs所针对的领域和行业都存在限制,因此,对于私募基金的退出还无法普遍意义适用。

第二是基金清算。管理人在私募投资基金到期日起的3个月内仍未通过AMBERS系统完成私募投资基金的展期变更或提交清算申请的,在完成变更或提交清算申请之前,基金业协会将暂停办理该管理人新的私募投资基金备案申请。在实践中,私募基金到期经投资者一致同意可以展期,毕竟投资者愿意展期从基金业协会的角度没有理由不予同意。但一般仅限于私募股权基金和创业投资基金,对于基金业协会登记的其他类基金,基金业协会一般不予同意展期,此时基金就不得不进入清算的程序。综上所述,3个月的时间仅是针对提交清算申请的时间限制,在此期间提交清算申请即可,至于后续是否能够尽快完成清算,还要取决于具体的安排和时机,而且也并不影响基金的正常运作。

本章重点介绍了私募股权基金投资房地产的相关问题,其中每一个问题都可以深挖并形成一个大的专题,近年来对于私募股权基金投资房地产方面的规定、案例也非常丰富,且和本书后文所涉及的资产证券化和公募REITs在实践中多有交集,值得读者关注、思考。同时,本章的内容也可以视为是私募基金投资房地产的合格及风控要点指南,依据这些要点逐一排查,相信能够排查出重要的风险点。

第十四章　房地产常见融资方式及相关实务问题解析

进入 21 世纪之后，房地产的黄金时代与房地产企业融资是息息相关的，没有相关融资的支持，房地产企业从拿地到开发建设、运营管理都会受到资金的掣肘。房企融资的方式也多种多样，包括银行贷款、信托贷款等。近年来随着国家对于房地产行业的调控，融资渠道和途径都受到了限制，尤其是信托贷款。本章主要集中对目前仍然普遍适用的银行贷款进行介绍，同时，也使用相当的篇幅对于近年来十分活跃的资产证券化进行介绍。

第一节　银行贷款

房地产企业在开发运营过程中对于融资具有很高的需求度。作为传统的融资方式，银行贷款一方面较为可靠，另一方面利率水平相对不高，所以，银行贷款在房企融资中占有重要的地位。对于接触过房企融资的同仁而言，经常听到开发贷、并购贷、经营性物业贷等，但这些不同的贷款类型有何区别，申请又需要哪些条件，本节将重点介绍。

一、银行贷款的法律关系

银行贷款作为企业融资的主流且传统途径，无论是何种类型的银行贷款，其本质都是银行作为出借人将资金提供给借款人在一定期限内使用并由借款人到期返还借款并支付利息的借贷行为，因此其法律关系也较为简单，属于典型的借款合同法律关系。

主体上，单纯看银行贷款，涉及的主体包括出借人和借款人，出借人是银行，借款人是企业。但由于银行为了保障出借资金的安全性，均会要求借款人提供担保措施，担保措施一般包括项目资产抵押、股权质押和保证等。如果将提供担保的主体也考虑进来，那么一个标准的银行贷款就包括至少三方，即出借人（债权人）、借款人（债务人）和担保人。在项目资产抵押的情况下，担保人可能是借款人自身以其所持资产提供抵押担保，也可能是第三方以其所持资产为借款人提供抵押担保。在股权质押的情况下，担保人可能是借款人以其所持其他主体的股权提供质押担保，也可能是第三方尤其是借款人的股东方将所持借款人的股权提供质押担保。在保证担保的情况下，只有第三方为借款人在借款合同项下的义务提供保证担保，但是第三方可以要求借款人提供反担保。

形式上，虽然自然人之间的借款未必一定要采用书面形式，但对于银行贷款则应当采用书面形式，这从银行和企业合规的角度来讲也是一种必然。

内容上，借款合同本身一般包括借款种类、币种、用途、金额、利率、期限、还款方式等。如果考虑到某些借款合同可能将担保人也作为一方主体，那么合同中还将包括涉及担保的相关内容。

如上所述，总体而言，银行贷款属于借款合同法律关系，所以无论其冠以何种名称，这一法律关系不变，很多问题都可以在借款合同的法律关系框架内得到解决。

二、房地产开发贷款

1. 定义

从法律和行政法规角度出发，房地产开发贷款并没有明确的定义。一般而言，房地产开发贷款是指银行对房地产开发企业发放的用于住房、商业用房和其他房地产开发建设的中长期项目贷款。

2. 申请条件

房地产开发贷款需要作为借款人的房企满足必要的基本条件，如借款人应为合法设立、取得营业执照的企业，资信良好、具备按期还本付息能力等。除这些基本条件外，一般而言，常见的就是"四三二"。

"四"是指四证齐备，包括国有土地使用证（现在的不动产权证书）、建设用地规划许可证、建设工程规划许可证、建筑工程施工许可证；

"三"是指30%自有资金，即房企必须拥有项目总投资额30%的资金，开发商要对项目有实际投入能力而不能空手套白狼；

"二"是指二级及以上房地产开发企业资质，但由于目前项目普遍采取项目公司制，项目公司往往是新成立的公司，不满足取得二级房地产开发企业资质的要求，所以作为借款人的项目公司的控股股东具备该等资质要求也可以。

当然，以上只是申请房地产开发贷款的基础条款，且这些条件也并非一成不变的，随着国家对于房地产调控政策的变化而变化，且不同的银行在具体操作上的把控也可能有所区别。

三、并购贷款

1. 定义

根据《商业银行并购贷款风险管理指引》的规定，并购贷款是指商业银行向并购方或其子公司发放的用于支付并购价款和费用的贷款。简言之，并购贷款就是银行向借款人提供资金用于并购。这里的并购，是指境内并购方企业通过受让现有股权、认购新增股权，或收购资产、承接债务等方式以实现合并或实际控制已设立并持续经营的目标企业或资产的交易行为。

并购贷款由于借款用途是并购，如同上述房地产开发贷款中借款人必须有一定的自有资金，并购交易价款中并购贷款所占的比例也有限制，不能高于60%。且并购贷款的期限一般不能超过7年。

2. 申请条件

从银行业监管角度出发，对于提供并购贷款的银行是有众多的限制条件的，即并不是任何银行都可以对外提供并购贷款。由于本章是介绍房地产融资，所以主要还是从借款人即企业的角度分析并购贷款的申请条件。

根据《商业银行并购贷款风险管理指引》的规定，申请并购贷款的基本条件包括：

第一，企业经营方面，并购方应依法合规经营，信用状况良好，没有信贷违约、逃废银行债务等不良记录。

第二，并购交易方面，并购交易应合法合规，涉及国家产业政策、行业准入、反垄断、国有资产转让等事项的，应按相关法律法规和政策要求，取得有关方面的批准和履行相关手续。

第三，并购方与目标企业的关系方面，并购方与目标企业之间具有较高的产业相关度或战略相关性，并购方通过并购能够获得目标企业的研发能力、关键技术与工艺、商标、特许权、供应或分销网络等战略性资源以提高其核心竞争能力。

对于房地产企业而言，申请并购贷款就是为了并购房地产项目，具体方式可以是资产收购，也可以是股权收购，因此所并购的项目情况才是银行重点关注的对象。

四、经营性物业贷款

1. 定义

经营性物业贷款全称为经营性物业抵押贷款，是指银行向借款人发放的、以借款人所持经营性物业作为贷款抵押物，并以抵押物业的经营收入作为还本付息主要来源的抵押贷款。经营性物业贷款在用途上限于归还抵押物业建造相关借款或者升级改造经营性物业。

由于经营性物业贷款的实际使用对象是经营性物业，而经营性物业已经建成并投入使用，所以将经营性物业抵押给银行是经营性物业贷款的必然要求。相应地，经营性物业抵押贷款的额度也受到抵押物业评估价值的影响，一般情况下，贷款额度最高不超过抵押物评估价值的70%。且经营性物业抵押贷款期限最长不超过10年。

2. 申请条件

由于经营性物业抵押贷款的特殊性，其对申请条件也有相应的特殊性：

首先是借款人层面，一般要求借款人产权清晰、治理结构健全、经营管理规范、财务资信状况良好。

其次是经营性物业层面，一般要求经营性物业应当竣工验收合格并取得不动产权证书，已投入运营，这也是由经营性物业抵押的性质所决定的；地理位置优越，经营条件良好，这样才能保证一定的经营性收入作为还本付息来源；根据经营性物业的具体用途，如酒店、办公、商业等，也要求满足一定的具体条件，以确保经营情况稳定或者具有较强的变现能力。

五、流动性资金贷款

流动性资金贷款是银行向企事业法人或其他组织发放的用于借款人日常生产经营周转的贷款。与前几种银行贷款不同的是，流动性资金贷款有其特殊性。

第一，流动性资金贷款一般金额较小。不像房地产开发贷款、并购贷款和经营性物业抵押贷款往往数以亿计。这取决于流动性资金贷款的用途，不是用于开发、建设、改造、并购或者经营，而只是为了弥补日常流动性资金的不足。

第二，流动性资金贷款主要看借款人资信情况。流动性资金贷款作为银行的一种主要贷款品种，一般不要求借款人提供抵押、质押或者保证等担保措施，而是审查企业的资信和经营状况。如果企业的流动性出现暂时的周转问题，但资信良好，银行是乐于提供支持的。

第三，流动性资金贷款的用途更为多样。流动性资金贷款的目的可以是日常经营周转，也可以是用于发放工资、采购原料、缴纳税款等。由于流动性资金贷款用途的这种多样性，也极大地吸引了企业申请流动性资金贷款。

作为房企而言，流动性资金贷款只能解决暂时的流动性问题，对于房企核心的拿地、开发建设、运营管理杯水车薪，所以并不属于房企的主要融资手段。

六、银行贷款文件的重点关注事项

虽然不同类型的银行贷款因其针对对象有区别，关注事项也应有所侧重，但还是有其共通之处的。从房企角度出发，可以归结为以下几个方面：

第一，财报信息等的报送义务。从财报信息或者审计报告等财务性文件中能够对房企的经营发展情况有一定程度的了解，有助于银行对于企业进行跟踪观察，所以贷款合同中一般都会有类似的要求。对于房企而言，这种报送义务也是应尽义务之一。

第二，提供足够的担保措施并配合办理。前面已提及，担保措施一般就是指资产抵押、股权质押和保证，除此之外，部分银行还会要求借款人的控股股东或实际控制人等出具流动性支持函，要求控股股东或实际控制人在借款人无法按期还本付息时提供流动性方面的支持。流动性支持未必一定构成担保，主要取决于流动性支持函的内容，即便文件名称不体现流动性支持字样，只要内容有提供担保之意，一样有可能被认定为是担保；相反，尽管文件名是流动性支持函，但函件内容完全不涉及担保或者明确为非担保性质，也不能仅以文件名而认定文件的法律性质。

第三，账户监管。账户监管的目的主要是确保房企按贷款合同约定使用资金。尤其是房地产开发贷款，主要是用于开发建设，如支付总包工程款等，那么就需要通过账户监管的方式进行必要监管。

第四，特殊情形下的通知和征求同意。银行贷款合同中对于一些特殊情形，如借款人重要股东变化，重大资产出售、担保人的担保能力或抵质押物发生重要变化，借款人要举借新的债务或者对外提供担保等，均会要求借款人在该等情形发生一定时间内通知银行，或者必须事先取得银行的同意，否则将构成借款人的违约，银行届时将有权单方宣布借款到期并追究借款人的其他违约责任。

银行贷款的宽松和紧缩既是房地产市场行情的晴雨表，也是对房地产市场宏观调控的手段。2020年12月28日，中国人民银行和银保监会联合作出了

《关于建立银行业金融机构房地产贷款集中度管理制度的通知》。房地产贷款集中度管理是指银行业金融机构（不含境外分行）房地产贷款余额占该机构人民币各项贷款余额的比例和个人住房贷款余额占该机构人民币各项贷款余额的比例应满足人民银行、银保监会确定的管理要求，即不得高于人民银行、银保监会确定的房地产贷款占比上限和个人住房贷款占比上限。其中就对银行业金融机构的房地产贷款余额占其人民币各项贷款余额的比例作出了限制。该通知一定程度上对房企融资进行了限制。这仅是国家的宏观调控政策对于房企融资影响的一个缩影。未来随着国家整体经济走势及房地产行业的发展，国家对于银行贷款为房企提供融资也一定不断会有新的变化。对于这些政策性的变化，从事法律行业的同仁也应给予足够的重视和了解；同时，笔者也想强调，不论政策性方面存在哪些变化，但涉及房企融资银行贷款所涉及的法律关系不会发生变化，就是借款合同法律关系及其附随的担保法律关系，从法律角度讲，我们仍可以不变应万变。

第二节　资产证券化

一、资产证券化概述

（一）资产证券化的定义

根据《证券公司及基金管理公司子公司资产证券化业务管理规定》（以下简称《资产证券化业务管理规定》）的规定，所谓资产证券化，是指以基础资产所产生的现金流为偿付支持，通过结构化等方式进行信用增级，在此基础上发行资产支持证券的业务活动。

资产证券化对应的英文是 Asset Backed Securities，通俗而言是指将缺乏流动性、但具有可预期收入的资产，通过在资本市场上发行证券的方式予以出售，以获取融资，最大化提高资产的流动性。

（二）资产证券化的优势

资产证券化具有如下优势：

（1）与银行贷款、信托贷款等间接融资方式相比，资产证券化是一种面向投资人的直接融资方式，融资资金均来自投资人的资金，而非金融机构资金，融资成本可以有效降低。

（2）资产证券化产品更看重的是底层基础资产的质量与稳定性，而非发行人本身的信用与能力，这有助于本身实力不强或现金流情况不是特别好的企业以较低的成本融得资金。

（3）对于原始权益人而言，资产证券化能够将基础资产自原始权益人转让给特殊目的载体，实现出售和风险转移的目的。

（4）对于投资人而言，资产证券化产品经过对投资人的结构化安排能够在投资人之间进一步地实现风险和收益的分配。

（三）资产证券化产品的性质

资产证券化从字面意义上可以理解为将"资产"进行"证券化"的过程，作为一个过程或者行为，当然不能界定其性质。但经过了"证券化"过程而形成的资产证券化产品则可以进行性质界定。

市场上较为常见的资产证券化产品有类REITs、商业抵押支持证券（CMBS）、资产支持票据（ABN）、商业地产抵押贷款支持票据（CMBN）、信贷资产证券化产品等，但不论何种资产证券化产品，其本质上仍然是债券，即资产证券化产品的持有人作为债权人提供的融资，原始权益人或者发行人需要向其进行偿付并给付收益。因此，资产证券化产品都会约定有预期收益率。虽然并非固定收益率，但通过结构化增信及其他增信措施，实际上还是会保证资产证券化产品的持有人有一定的收益。

以《非金融企业资产支持票据指引》（以下简称《资产支持票据指引》）对资产支持票据的定义为例。资产支持票据是指非金融企业为实现融资目的，采用结构化方式，通过发行载体发行，由基础资产所产生的现金流作为收益支持的，按约定以还本付息等方式支付收益的证券化融资工具。根据这一定义，资产支持票据即一种证券化融资工具。

此外，从资产证券化产品相关机构的视角看待资产证券化产品，也是将其视为一种债券。比如，深圳证券交易所就将资产支持证券作为一种债券，置于固定收益信息平台公示其项目进度信息；上海证券交易所也同理处理，在其官网将企业资产支持证券置于其债券平台下；中国银行间市场交易商协会官网中将资产支持票据与债务融资工具、短期融资券、中期票据、项目收益票据等债性产品并列。

因此，尽管不同资产证券化产品的交易结构有所不同，但究其本质，均是一种债券产品，非权益型产品。这一性质也直接决定了资产证券化产品的交易结构和交易文件中会存在较多保障投资人收益或利益的条款，后文中将会进一步涉及。

(四) 资产证券化产品的分类

针对资产证券化有不同的分类。在此，笔者着重根据监管部门这一维度进行分类。资产证券化主要可以分为央行和银监会主管的信贷资产证券化（信贷ABS）、证监会主管的企业资产证券化（企业ABS）与交易商协会主管的资产支持票据（Asset-Backed Notes，ABN）三类。当然市场上也有一些创新型资产证券化产品，但由于并非市场主流，所以在此不作为重点分析对象。

信贷资产证券化是银行业金融机构作为发起机构，将信贷资产信托给受托机构，由受托机构以资产支持证券的形式向投资机构发行收益证券，以该财产所产生的现金支付资产支持证券收益的融资活动。

企业资产证券化是证券公司和基金管理子公司以资产支持专项计划为特殊目的载体，担任管理人并以基础资产所产生的现金流作为偿付支持，通过结构化等方式进行信用增级，在此基础上发行资产支持证券的融资活动。

资产支持票据是非金融企业为实现融资目的，采用结构化方式，通过发行载体发行的由基础资产所产生的现金流作为收益支持的，按照约定以还本付息方式支付收益的证券化融资工具。

对于信贷资产证券化，后文在论述各类资产证券化产品的部分会有所涉及。由于本书主要针对房地产相关领域，故下面主要集中讨论企业资产证券化和资产支持票据这两种模式。

企业资产证券化与资产支持票据的主要区别如下：

第一，主管部门不同。企业资产证券化的主管部门包括中国证监会和基金业协会，其中，证监会具体由交易所在审核企业资产证券化产品相关交易文件后出具无异议函，并提供挂牌转让；基金业协会则负责资产支持专项计划备案。资产支持票据的主管部门是中国银行间市场交易商协会[①]，负责对资产支持票据产品进行注册，并提供转让交易。

第二，规定依据不同。企业资产证券化主要依据《资产证券化业务管理规定》。资产支持票据主要依据《资产支持票据指引》。

第三，审核方式不同。企业资产证券化采用备案制，即在基金业协会备案。资产支持票据采用注册制，即在交易商协会注册。

第四，发起人不同。企业资产证券化对发起人没有限制要求。资产支持票

[①] 中国银行间市场交易商协会是由市场参与者自愿组成的，包括银行间债券市场、同业拆借市场、外汇市场、票据市场、黄金市场和衍生品市场在内的银行间市场的自律组织，会址设在北京。业务主管部门为中国人民银行。

据的发起人只能是非金融企业。

第五，发行方式不同。企业资产证券化是非公开发行。资产支持票据可以公开发行，也可以非公开定向发行。

第六，信用评级要求不同。企业资产证券化要求取得中国证监会核准的证券市场资信评级业务资格的资信评级机构，对资产支持证券进行初始评级和跟踪评级。对于资产支持票据，公开发行的需要双评级，即进行初始评级和跟踪评级；定向发行的则由发行人与定向投资人协商确定，并在《定向发行协议》中进行约定。

第七，特殊目的载体不同。企业资产证券化的特殊目的载体一般是资产支持专项计划。资产支持票据不强制要求设立特殊目的载体，可以引入特殊目的信托。

第八，特殊目的载体的管理机构不同。企业资产证券化中资产支持专项计划的管理人是证券公司或基金管理公司子公司。资产支持票据中特殊目的信托的受托人是信托公司。

第九，投资人要求不同。企业资产证券化的投资人是合格投资者，且合计不超过200人，单笔认购不少于100万元人民币。资产支持票据中，公开发行面向银行间市场所有投资人；定向发行面向特定机构投资人。

第十，交易场所不同。企业资产证券化的交易场所包括证券交易所、全国中小企业股份转让系统、机构间私募产品报价与服务系统、证券公司柜台市场。资产支持票据的交易场所是全国银行间债券市场。

第十一，登记托管机构不同。企业资产证券化的登记托管机构是中国证券登记结算有限责任公司。资产支持票据的则是上海清算所。

在企业资产证券化基础上进一步分类的话，实践中在地产和基金领域较为常见有类REITs产品和CMBS产品；在资产支持票据基础上进一步分类的话，实践中较为常见的是ABN产品和CMBN产品。

后文中为了配合约定俗成的表述，将ABN和CMBN相关产品均称为资产支持票据产品，而将其他企业资产证券化和信贷资产证券化的产品均称为资产证券化产品。

（五）资产证券化产品与公募REITs的联系和区别

房地产投资信托基金（Real Estate Investment Trusts，REITs）这一概念已经在国内出现很久了，不过直到基础设施公募证券投资基金问世以来，国内并没有公开募集的REITs产品，国内的REITs产品叫作类REITs，本质属于企业资产证券化产品的一种。随着 2021 年 6 月首批公募 REITs 产品在上交所和深交所分别上市，国内才真正意义上发行了公募 REITs 产品。

注意这里我们比较的是资产证券化产品与公募 REITs 之间的区别，而非资产证券化与公募 REITs 之间的区别。原因在于，如前文所说，资产证券化是一个将"资产"进行"证券化"的过程，伴随的是资产转移和风险隔离的效果；而公募 REITs 则是一种基金，准确说是一种证券投资基金。因此，资产证券化是个动词，公募 REITs 是个名词，二者当然不宜进行比较。但资产证券化产品作为一个名词，和公募 REITs 一样均为产品，就可以进行比较了。

资产证券化产品和公募 REITs 都属于直接融资手段，都更看重底层资产的品质和价值，能够达到"出表"的目的，资产证券化产品经过资产证券化，将基础资产进行出售，相对于原始权益人而言达到了出售的目的。而公募 REITs 的交易结构中，由于原始权益人也要将特殊目的载体（SPV）或者项目公司的股权出售给专项计划，因此，也同样达到了出售的目的。此外，根据目前的相关规则，不论是资产证券化产品还是公募 REITs，均可以进行交易或者转让。

在此，笔者重点盘点一下资产证券化产品和公募 REITs 之间的如下区别：

第一，本质上，资产证券化产品是一种债券，对于投资人而言是债权投资；而公募 REITs 是一种权益型基金，对于投资人而言是权益型投资。前文已有所述及，尽管资产证券化产品的交易结构中会涉及基础资产的出售及与原始权益人进行隔离，但是交易结构中一般会要求原始权益人信用增级，并且会约定预期收益率，投资人的权益在很大程度上可以有所保障。但是投资人投资公募 REITs，则属于间接投资到公募 REITs 的所投资的专项计划及项目公司，相当于间接持有项目公司的股权，那么投资人最终能否获得收益完全取决于项目公司的运营管理情况，可赚可赔。这是资产证券化产品和公募 REITs 之间最基本的区别。

第二，发行方式上，部分资产证券化产品（如企业资产证券化产品）只能非公开发行即私募发行，部分资产证券化产品（如资产支持票据）可以公开发行也可以非公开定向发行；而公募 REITs 则应当公开发行，这是由公募 REITs 性质所决定的。

第三，分配上，资产证券化产品一般约定有预期收益率，虽非保本保收益，但是通过增信措施可以一定程度保障资产证券化产品投资人的收益；而公募 REITs 则没有预期收益率，也没有相应的增信措施，并强制要求在存在可分配收益的情况下，每年分配不低于可分配收益的 90%。

第四，结构化问题上，资产证券化产品往往通过结构化的安排，保障投资人的优先分配权，并相应增信；而公募 REITs 根据《关于规范金融机构资产管理业务的指导意见》要求，作为公开募集产品不能分级，也就是不能进行结构化。

第五，投资人机构上，资产证券化产品往往通过结构化可以区分为优先级、次级、权益级等，因投资人属于不同级别，相应的收益及分配顺序也便有所不同；而公募 REITs 根据相关规定及指引，在投资人层面无法进行结构化分级，但是因为要公开募集发行，因此将投资人也进行了区分，分为战略配售投资人、网下认购的专业投资人及公众投资人，具体我们将在基础设施公募 REITs 相关章节进行介绍。

第六，交易场所上，资产证券化产品根据具体产品类型而在不同的平台进行转让交易，企业资产证券化产品在证券交易所、机构间报价与服务系统、证券公司柜台市场交易，资产支持票据产品在银行间债券市场交易，且这种转让是非公开转让，即并非面向社会公开转让；而公募 REITs 则统一在交易所进行二级市场转让交易，这种交易是公开的面向社会公开转让。

第七，交易结构上，资产证券化产品中一般都有私募基金参与，基本结构是投资人—专项计划（或信托计划）—私募基金—项目公司；而公募 REITs 中则明确排除了私募基金的参与，基本结构是投资人—公募 REITs—专项计划—项目公司。

二、资产证券化和资产支持票据所适用的规范文件

资产证券化和资产支持票据所适用的规则指引有所不同，主要原因还在于二者的主管机构存在不同。

对于资产证券化，目前重点适用的规则指引包括如下：

表 14.1 资产证券化规范性文件及指引列示

序号	文件名称	文号	颁布主体	施行时间
1	私募投资基金监督管理暂行办法	证券业监督管理委员会令第 105 号	中国证券监督管理委员会	2014.08.21
2	证券公司及基金管理公司子公司资产证券化业务管理规定	证券业监督管理委员会公告 2014 年第 49 号	中国证券监督管理委员会	2014.11.19

续表

序号	文件名称	文号	颁布主体	施行时间
3	上海证券交易所资产证券化业务指引	上证发〔2014〕80号	上海证券交易所	2014.11.26
4	深圳证券交易所资产证券化业务指引	深证会〔2014〕130号	深圳证券交易所	2014
5	证券投资基金法	中华人民共和国主席令第23号	全国人大常委会	2015.04.24
6	上交所资产证券化业务指南	-	上海证券交易所	2016.10
7	证券法	中华人民共和国主席令第37号	全国人大常委会	2020.03.01
8	深圳证券交易所资产证券化业务问答	-	深圳证券交易所固定收益部	2020.05
9	深圳证券交易所资产证券化业务指南第1号——挂牌条件确认业务办理	深证上〔2020〕1279号	深圳证券交易所	2020.12.31

由于资产证券化涉及较多的具体操作问题，因此，在遵守《证券法》《证券投资基金法》的基础上，主要还是适用证监会和交易所的相关指引。对于相关规则指引中未涉及的实操问题，交易所的问答或指南也给予了官方口径的指导，并且这些问题或指南是不定期结合实操情况更新的。

对于资产支持票据，目前重点适用的规则指引包括如下：

表14.2　资产支持票据规范性文件及指引列示

序号	文件名称	文号	颁布主体	施行时间
1	银行间债券市场非金融企业债务融资工具管理办法	中国人民银行令（2008）第1号	中国人民银行	2008.04.15
2	非金融企业资产支持票据指引	〔2017〕27号	中国银行间市场交易商协会	2017.10.09
3	非金融企业债务融资工具公开发行注册工作规程	〔2020〕5号	中国银行间市场交易商协会	2020.04.16

续表

序号	文件名称	文号	颁布主体	施行时间
4	非金融企业债务融资工具定向发行注册工作规程（2020版）	中市协发〔2020〕77号	中国银行间市场交易商协会	2020.07.01
5	银行间债券市场非金融企业债务融资工具存续期风险管理工作指南	中市协发〔2021〕49号	中国银行间市场交易商协会	2021.04.06
6	非金融企业债务融资工具注册发行业务问答		中国银行间市场交易商协会	2023.04.28

关于资产证券化的相关规则指引，除《资产支持票据指引》是针对资产支持票据专门制定的指引外，其他的文件都是针对银行间债券市场或者非金融企业债务融资工具制定的，资产支持票据属于非金融企业债务融资工具的一种，也当然适用。

本文中关于资产证券化和资产支持票据的相关内容也主要是依据上面的规则指引。

三、资产证券化相关主体及重要概念

（一）资产证券化相关主体

1. 管理人

根据《证券公司及基金管理公司子公司资产证券化业务管理规定》的规定，管理人是指为资产支持证券持有人之利益，对专项计划进行管理及履行其他法定及约定职责的证券公司、基金管理公司子公司。在资产证券化业务中，管理人的主要职责是设立和管理专项计划，并建立相对封闭、独立的基础资产现金流归集机制，按约定向投资者分配收益等。

实践中，如果资产证券化结构需要设立专项计划，那么其管理人一般为证券公司或基金管理公司子公司；如果需要设立信托计划，那么信托计划的受托人则为信托公司。

2. 托管人

根据《证券公司及基金管理公司子公司资产证券化业务管理规定》的规定，托管人是指为资产支持证券持有人之利益，按照规定或约定对专项计划相

关资产进行保管，并监督专项计划运作的商业银行或其他机构。

托管人在资产证券化业务中，不仅负责保管专项计划相关资产、出具资产托管报告，还负责监督管理人专项计划的运作。当托管人发现管理人的管理指令违反专项计划说明书或托管协议约定的，应当要求管理人改正，否则，托管人应拒绝执行并向基金业协会报告。

3. 原始权益人

根据《证券公司及基金管理公司子公司资产证券化业务管理规定》的规定，原始权益人是指向专项计划转移其合法拥有的基础资产以获得资金的主体。原始权益人的主要责任是移交基础资产，以及配合、支持管理人、托管人或其他相关机构履行职责。

在实践中，为了获得融资，原始权益人都需要向专项计划转让基础资产，通过出售基础资产，实现基础资产的出表。但如前所述，原始权益人往往也会认购专项计划的次级或者权益级份额，相当于反投一部分资金，为真正的投资人提供一定的安全垫。

4. 资产服务机构

资产服务机构是为基础资产提供管理服务的机构。通常的交易安排中，原始权益人会承担资产服务机构的角色，这种安排的益处往往体现在两个方面，一是由于原始权益人本身对基础资产非常熟悉，由其为基础资产提供管理服务能够避免因新机构加入造成的不必要周折，确保基础资产持续稳定地产生现金流；二是也可以为原始权益人增加一定的资产服务收益。

5. 信用增级机构

信用增级机构是为提升资产证券化产品的信用等级的机构。信用增级机构既可以是外部机构，也可以是内部机构，为此，信用增级机构可能会收取相应费用。

6. 信用评级机构

资产证券化产品发行及后续运营期间，需要聘请信用评级机构通过收集资料、尽职调查、信用分析及后续跟踪，对原始权益人和增信主体的信用水平、基础资产的信用质量、产品的交易结构进行分析，并开展现金流分析与压力测试，出具初始评级报告和跟踪评级报告。

初始评级和跟踪评级一般称为"双评级"。对于企业资产证券化而言，需要双评级。对于资产支持票据，如果公开发行，也需要"双评级"；如果非公开定向发行，则发行人与定向投资人协商确定，并在《定向发行协议》中进行约定。

7. 律师事务所

律师事务所在资产证券化中参与得较为深入，包括对原始权益人和基础资产的法律状况进行法律方面的尽职调查，并出具法律意见书；拟定资产证券化交易过程中的相关协议和法律文件，提示相关法律风险和建议。

6. 会计师事务所

与律师事务所重点关注法律方面事宜相对应，会计师事务所的工作包括对基础资产财务状况进行尽职调查和现金流分析，提供会计和税务咨询，在专项计划成立时进行募集资金验资，并在产品存续期间对专项计划进行专项审计，对清算报告进行审计等。

9. 承销商

承销商是指为资产证券化业务提供承销服务的机构，依据承销协议提供承销服务。

10. 资金监管机构

资金监管机构是指为根据资产证券化产品交易结构而提供开立资金监管账户，并对基础资产现金流归集与使用情况进行监督的机构。

11. 特殊目的载体

特殊目的载体，是指证券公司、基金管理公司子公司为开展资产证券化业务专门设立的资产支持专项计划或者中国证监会认可的其他特殊目的载体。

实践中，特殊目的载体一般是专项计划或者信托计划。如为专项计划，需在基金业协会备案，即可以在基金业协会官网中查询到；但由于专项计划并非法人主体，因此在工商系统上登记的是专项计划的管理人，无法体现专项计划名称。同理，如为信托计划，在中国信托登记有限责任公司官网的投资者综合服务栏目中也能够查询到信托产品成立公示情况，但信托计划在工商系统上能够显示的也仅是信托计划受托人。

(二) 资产支持票据相关主体

尽管资产支持票据的结构与企业资产证券化类似，但由于主管机构不同，因此，资产支持票据在参与主体方面还是有其一定特殊性。这种特殊性主要体现在资产支持票据产品中没有管理人、托管人，相应的职责由承销商和资金保管人承担。除此之外，其他参与主体方面基本一致。

1. 承销商

在资产支持票据产品中，承销商为资产支持票据提供承销服务，其职责包括：(1) 对基础资产、发行载体或其管理机构、相关交易主体等开展尽职调查；(2) 向交易商协会提交资产支持票据注册发行文件；(3) 组织资产支持票据的承销和发行；(4) 开展后续管理工作；(5) 根据自律性规则和承销协议应当履行的其他职责。

总体而言，承销商在资产支持票据业务中的作用与企业资产支持证券业务中计划管理人的作用较为一致，尤其是向交易商协会提交注册发行文件方面；区别主要是在资产支持票据业务中，承销商还要兼备票据的承销和发行。

2. 特殊目的载体管理机构

特殊目的载体管理机构是指对特定目的载体进行管理及履行其他法定及约定职责的机构。特殊目的载体机构的职责包括：(1) 对基础资产、相关交易主体及对资产支持票据业务有重大影响的相关方进行尽职调查；(2) 管理受让的基础资产；(3) 履行信息披露职责；(4) 按约定及时支付相应资金；(5) 根据自律性规则和承销协议应当履行的其他职责。

3. 资金保管机构

资金保管机构是指接受发行载体委托，负责开立资金保管账户并管理账户资金的机构。资金保管机构的职责类似于企业资产证券化业务中的托管人，其职责包括：(1) 以发行载体或其管理机构名义开设基础资产的资金保管账户，并对资金进行安全保管；(2) 依照资金保管合同约定和发行载体指令，划付相关资金；(3) 依照资金保管合同约定，定期向发行载体提供资金保管报告，报告资金管理情况；(4) 根据相关自律规则规定以及资金保管合同约定的其他职责。

其他资金监管机构、资产服务机构、评级机构、评估机构、律师事务所、会计师事务所等的定位和作用与企业资产证券化业务基本一致，在此不再赘述。

(三) 资产证券化相关概念

对于资产证券化和资产支持票据，有一些共同的重要概念。

1. 基础资产

基础资产是指符合法律法规规定，权属明确，可以产生独立、可预测的现金流且可特定化的财产权利或者财产。

对于资产证券化而言，基础资产是一个核心概念，整个资产证券化结构都是建立在基础资产之上。基础资产不同，所采用的具体交易结构就会不同，涉及的交易文件也相应不同。

基础资产可以是企业应收款、租赁债权、信贷资产、信托受益权等财产权利、基础设施、商业物业等不动产财产或不动产收益权，以及中国证监会认可的其他财产或财产权利。

对于何种权利可以作为基础资产，判断标准可能不一致，要结合商业上的考量。但是要成为基础资产至少满足两个要求：一是能够产生独立的、可预测的现金流，只有满足该要求的现金流才有价值进行资产证券化，并吸引投资人，否则也将失去进行资产证券化的必要。二是该等财产权利或者财产应当可以特定化，基础资产需要由原始权益人进行转让，如果基础财产非特定化，也就不具有可转让性，无法满足资产证券化关于出售的基本要求。

此外，需要注意的是，原则上，基础资产不得附带抵押、质押等担保负担或者其他权利限制，但是，通过相关安排在原始权益人或发起人向特殊目的载体转移基础资产时能够解除这些负担或者限制的除外。因此，在实践中，基础资产存在第一顺位的抵押较为常见，并不影响资产证券化或资产支持票据的发行；但如果基础资产存在两个或以上顺位的抵押时就较为麻烦，未必能够通过资产证券化或资产支持票据的发行而募集的资金将所有顺位的抵押都解除，若果真如此，则无法满足上面基础资产不得附带抵押、质押等担保负担或权利限制的要求，影响发行。

由于资产证券化产品需要在基金业协会备案，根据基金业协会《资产支持专项计划备案管理办法》及配套规则，备案的资产证券化产品基础资产也不能属于《资产证券化业务基础资产负面清单指引》的范畴。

2. 底层资产

底层资产和基础资产有所不同。底层资产是现金流的直接/终极来源，基础资产或者直接就是底层资产，或者是底层资产基础上构造出来。底层资产主要包括：（1）不动产，以类 REITs 为例，其基础资产是项目公司股权，但真正产生现金流的还是项目公司持有的不动产；（2）债权，以 CMBS 为例，其基础资产是转让给专项计划的债权，底层资产可能直接就是转让给专项计划的债权即基础资产，也可能是通过其他债权债务关系构造出来的其他债权，层层传导最终将现金流归集到专项计划，向投资人分配收益。

四、各类资产证券化产品

前文主要介绍了资产证券化的概念、性质、分类、相关主体和重点概念，但并未介绍资产证券化的交易结构，主要原因在于不同种类的资产证券化产品的交易结构均有所不同。下面笔者将选取几种较为常见的资产证券化产品，逐一做简要的分析和介绍。

（一）类REITs

1. 类REITs概要介绍

在国内，从业者往往将ABS说成类REITs。这里面其实存在两个区别。一是ABS泛指资产证券化，它所包括的范围很宽泛，前面提到过，包括信贷资产证券化、企业资产证券化和资产支持票据等，而类REITs仅是企业资产证券化产品中的一种，即类REITs是ABS的一种产品。二是类REITs并非REITs，二者之间所存在的区别前面也有论述。国内目前只有基础设施领域的公募REITs，还没有商业、办公等领域的REITs产品。针对商业、办公等项目，国内商业项目仅有类REITs。

结合资产证券化的性质，类REITs产品的本质仍然是一种债券，尽管从资产证券化的角度出发属于真实出售，但是相关交易文件仍然会涉及到期回购、预期收益率、原始权益人或其他增信机构增信，而且类REITs产品的份额无法上市自由交易。因此，类REITs可以定性为债券类、非权益型的非标产品。

2. 类REITs交易结构

类REITs产品与一般证券化产品最大的区别即专项计划项下的基础资产/底层资产并非某一公司持有的某项普通资产，类REITs产品的基础资产是项目公司的股权，项目公司再进一步持有项目。

实践中，类REITs主要发展出了如下几种不同的交易结构：

（1）专项计划+私募基金

第一单类REITs项目"中信启航专项资产管理计划"采用了该交易结构，此后多数项目均采用该结构。总体而言，"专项计划+私募基金"这种结构在目前的市场上已经非常普遍，尤其对于优质物业的持有人而言更是融资的惯常手段。

"专项计划+私募基金"的结构是实践中最常见的类REITs项目结构。在该结构下，由基金管理人设立契约式私募基金，通过底层资产重组实现契约式私募基金持有项目公司100%股权，同时对项目公司持有一定金额的债权。专项计划管理人则设立专项计划，受让契约式私募基金的全部份额，间接持有项目公司的股权。项目公司通过对目标物业的运营管理，以目标物业的运营收入向契约型私募基金还本付息以及分配股东红利（如有），契约型私募基金定期向专项计划分配利益。专项计划以获取的基金利益向资产支持证券持有人兑付本金及预期收益。

这一交易结构中需要注意的是，受限于《商业银行委托贷款管理办法》、《备案须知（2019版）》等规定，目前"专项计划+私募基金"结构在向项目公司发放借款层面存在一定限制，私募基金不能再向项目公司发放委托贷款。如以私募基金直接向项目公司发放股东借款，则因为多数地区尚未放开以非金融机构作为抵押权人办理抵押登记，则可能难以办理底层物业向私募基金的抵押登记，一定程度上影响了专项计划的增信措施。

市场上有传闻监管机构意图取消"专项计划+私募基金"这种结构中的私募基金，而由专项计划直接持有项目公司的股权。但目前尚未出台相关规定或有监管机构的明确意见，所以该种结构仍然存在继续操作的空间。

（2）专项计划直接持有项目公司股权

计划管理人设立资产支持专项计划并代表专项计划直接从原始权益人处受让项目公司100%股权，并间接持有标的物业。该结构相较于"专项计划+私募基金"，省略了契约型私募基金。

（3）专项计划+信托

采用"专项计划+信托"结构的类REITs较少，"专项计划+信托"模式主要搭建了专项计划与财产权信托两个SPV。就具体操作而言，第一，原始权益人通过资管计划间接持有项目公司100%股权及一定金额的债权；第二，原始权益人以持有的项目公司股权和债权作为信托财产，委托信托受托人成立财产权信托；第三，计划管理人设立专项计划，并受让原始权益人持有的财产权信托的信托受益权，专项计划以募集资金向原始权益人支付转让对价。

（二）CMBS

1. CMBS概要介绍

CMBS（Commercial Mortgage Backed Securities，商业房地产抵押贷款支持证券）也是一种市场常见的资产证券化产品，是指以商场、写字楼等商业物业抵押贷款构建底层资产，通过结构化设计以该商业地产未来租金等运营收入作为未来收益来源的资产证券化产品。

CMBS项目的主要特点在于：第一，底层物业为商场、写字楼等处于较好城市的繁华区域的优质商业物业，物业价值较高、租赁情况较好；第二，融资人为物业的所有权人，可以物业对信托提供抵押担保。

尽管CMBS与类REITs相比，CMBS的底层资产主要是租金收入，与类REITs的底层资产是项目物业不同。但是和类REITs一样，CMBS仍然是一种债券。而且鉴于目前固定收益投资人普遍无法接受3年期以上的证券品种，故

CMBS 一般期限设置为 3×N 年，由增信主体每三年年末提供流动性支持。因此，就市场上的一般操作，CMBS 的本质可以视为是 3 年期的主体担保+物业抵押的债性融资产品。

2. CMBS 交易结构

CMBS 产品的交易结构实操中主要采用"专项计划+信托"的结构，如市场上第一单 CMBS 产品"高和招商-金茂凯晨资产支持专项计划"。这种"专项计划+信托"相当于构建了两个 SPV。在 CMBS 结构中，原始权益人将一定金额的资金委托给信托公司，设立单一资金信托计划，享有相应信托收益权。随后，信托计划向融资方提供信托贷款。同时，计划管理人设立专项计划，募集资金受让原始权益人所享有的信托收益权。最终形成，融资方向信托计划按约定还本付息，信托计划则向其专项计划进行收益分配，专项计划进一步向投资人分配收益。底层资产是信托贷款，基础资产是原始权益人委托提供给信托公司的资金。

"专项计划+信托计划"的结构在目前较为普遍，但也存在单一信托计划 SPV 的结构，不过这种结构目前案例较少，也存在需要结合交易所的审核意见而进一步调整结构的可能。

(三) ABN

1. ABN 概要介绍

资产支持票据（ABN，Asset-Backed Medium-term Notes），是指非金融企业（发起机构）为实现融资目的，采用结构化方式，通过发行载体发行的，由基础资产所产生的现金流作为收益支持的，按约定以还本付息等方式支付收益的证券化融资工具。

作为资产证券化的一种产品，资产支持票据的本质也是债。尽管与企业资产证券化相比，存在前文所述的不同点，但是实质为债的性质没有变；此外，由基础资产所产生的现金流作为收益支持的特点没有变。

2. ABN 交易结构

典型的 ABN 交易结构中，发起机构即原始权益人将相关租赁债权作为基础资产委托给信托公司设立的信托计划，并以该信托计划作为发行载体。信托公司作为发行载体的管理机构向投资人发行以信托财产产生的现金流为偿付支持的资产支持票据，所得的资产支持票据募集资金扣除相关发行费用后支付给发起机构。受托机构向投资者发放资产支持票据，并以信托财产所产生的现金为限支付相应费用、报酬及资产支持票据的本金和预期收益。

3. CMBN 交易结构

CMBN 实际是 ABN 的一种具体形式，从交易商协会官网公示的注册通知书来看，资产证券化的名称统一都是 ABN，如"上海世茂国际广场有限公司 2017 年第一期资产支持票据"的《接受注册通知书》编号就是"中市协注〔2017〕ABN7 号"。CMBN 发行依据的法律法规、自律规则与 ABN 是相同的。

CMBN 只是一种行业说法，英文全称应该是 Commercial Mortgage-backed Medium-term Notes，中文全称应该是商业抵押贷款支持票据，它与其他 ABN 的不同之处就在于基础资产不同，其他 ABN 基础资产可能是应收账款、租赁债权等，但是，CMBN 的基础资产是商业抵押贷款，它的交易结构与其他 ABN 不同之处在于，融资方应该先通过其他 SPV 构建一个商业抵押贷款，将商业抵押贷款信托给受托人，从而完成资产支持票据发行。

（四）信贷资产证券化产品

信贷资产证券化是银行业金融机构作为发起机构，将信贷资产信托给受托机构，由受托机构以资产支持证券的形式向投资机构发行收益证券，以该财产所产生的现金支付资产支持证券收益的融资活动。

发起机构以其所持信贷资产作为信托资产委托给受托机构兴业信托，由信托公司设立资产支持证券信托。受托机构将以信托财产作为支持发行资产支持证券，并将资产支持证券募集资金支付给发起机构。

（五）购房尾款资产证券化

购房尾款资产证券化是开发商作为原始权益人，以持有的购房尾款作为基础资产，通过专项计划发行资产支持证券募集资金，并以基础资产产生的现金流作为偿付支持的融资活动。

原始权益人并不直接持有项目公司的购房尾款，因此首先需要由原始权益人和项目公司签订应收账款的转让协议，将收取应收账款的权利转让给原始权益人。原始权益人以收取应收账款的权利转让给计划管理人设立的资产支持专项计划。专项计划则向原始权益人支付转让价款购买初始基础资产。在循环期，计划管理人在每个循环购买执行日，向托管银行发出新增基础资产购买价款划款指令，指示托管银行将相关转让价款划付至原始权益人指定账户，用于购买新增基础资产。

对于购房尾款资产证券化，有一个区别于其他资产证券化产品的特点，就是基础资产的循环购买。由于购房尾款的支付时间都相对较短，如 3 个月，专门针对 3 个月存续期设定的资产证券化产品是没有市场吸引力的。所以，一般针对哪些购房尾款可以进入基础资产的资产池是有相应入池标准的。在循环期内，从前一批基础资产收回的款项将重新被用于购买新一批的基础资产。

但需要注意的是，在当前房住不炒的大背景下，证券公司、基金管理子公司的设立购房尾款资产证券化产品存在为房企提供融资通道的可能，在基金业协会的备案可能存在障碍，这也给购房尾款资产证券化业务的继续开展增加了不确定性。

五、资产证券化税筹问题

资产证券化结构上的税筹问题，主要表现为通过"股+债"模式，构建债务来抽现金流，达到节税目的，也就是常说的股债比问题。所谓股债比，就是资产支持专项计划对于项目公司并不仅进行股权投资，还会创设一定比例的债权投资，通过这种"股+债"的方式实现一定的税筹等目的。

2018年1月23日，基金业协会在北京召开的"类REITs业务专题研讨会"，在基金业协会官方网站发布的《会议通讯稿①》中指出，"在私募基金投资端，私募基金可以综合运用股权、夹层、可转债、符合资本弱化限制的股东借款等工具投资到被投企业，形成权益资本。符合上述要求和《备案须知》的私募基金产品均可以正常备案。"（以下简称备案指导意见）

同时，备案指导意见提出"符合资本弱化限制的股东借款"。参考《财政部、国家税务总局关于企业关联方利息支出税前扣除标准有关税收政策问题的通知》的规定，"一、在计算应纳税所得额时，企业实际支付给关联方的利息支出，不超过以下规定比例和税法及其实施条例有关规定计算的部分，准予扣除，超过的部分不得在发生当期和以后年度扣除。企业实际支付给关联方的利息支出，除符合本通知第二条规定外，其接受关联方债权性投资与其权益性投资比例为：（一）金融企业，为5∶1；（二）其他企业，为2∶1"，对于私募股权基金来说，在投资到被投企业并成为股东后，如需同时向被投企业发放股东借款的，债权投资的金额与股权投资的金额比例不得高于2∶1。也就是说，债权投资最高能够达到股权投资的2倍。

因此，对于REITs基金来说，为了搭建符合实际商业安排的基金结构，在基金投资成为底层被投企业股东的同时，基金对被投资企业提供的借款，理论

---

① 《促进回归本源 助力业务发展——中国证券投资基金业协会资产证券化专业委员会类REITs业务专题研讨会在京召开》，载中国证券投资基金业协会网站，https://www.amac.org.cn/aboutassociation/gyxh_xhdt/xhdt_xhgg/201801/t20180124_2333.html，2023年5月22日访问。

上最高能够达到股权投资额的 2 倍。

"股+债"模式，除通过借款实现分红调整为利息，形成税盾，减少所得税缴纳额外，还可以将现金流变更为稳定的债权，也符合资产证券化所要求的稳定现金流的要求。

六、资产证券化增信措施问题

一般将资产证券化的增信措施区分为内部增信措施和外部增信措施，内部增信措施是指通过基础资产现金流或证券化产品自身交易结构而进行的增信措施，外部增信措施是指来自外部第三方信用而提供的增信措施。

（一）内部增信措施

1. 结构化分层

专项计划或者信托计划为载体发行的资产支持证券或者票据可以进行结构化，这种结构化本身就带来了增信的效果。以专项计划为例，专项计划资产支持证券份额可以进一步分为优先级、中间级、权益级等结构。同一种类的资产支持证券持有人享有同等权益，承担同等风险。

一般而言，针对不同层级的资产支持证券持有人重点在于本息偿还方式存在不同。优先级按年还本付息，中间级按年付息、到期一次性还本，而权益级无须付息。从风险角度而言，这种结构化将保证优先级在本息层面率先得到保障，中间级和权益级均是优先级的安全垫；进一步地，权益级又是中间级的安全垫。但从收益角度而言，优先级、中间级的预期收益率是逐渐提高的，这和承担的可能存在的风险是成正比的。

此外，原始权益人或者关联方一般会认购权益级或次级资产支持证券，目的就在于一定程度上为其他投资人提供安全垫。如果产品收益率很高，则原始权益人或关联方也能够从收取剩余收益上取得可观的收益。

结构化分层作为一种内部增信措施，是资产证券化业务中普遍采取的，能够较好地匹配不同风险喜好的投资人。

2. 风险准备金

设置和提取风险准备金也是一种内部增信措施。在现金流收入无法覆盖利息本金支出及相关费用的情况下，差额部分由风险准备金补足。

关于风险准备金，更多是从商务安排角度设置的，因为风险准备金实际是从投资人募集的资金中提取的，羊毛出在羊身上，且提取的风险准备金如果在募集之后又一直挂在账上，则可能造成不必要的资金沉淀和额外的资本成本，投资人及原始权益人能否同意这种安排,或者对这种安排要做何种变通处置,还需要从商务上进一步考量。

3. 现金流超额覆盖

对净现金流进行估算,并基于对净现金流的估值确定对应证券的预期收益,保证任一期间内,净现金流能够超额覆盖当期证券的收益支出以及相关税费。

但对基础资产能够产生的现金流的估算只能基于既往的经营状况,但能否在未来实际得到兑现是存在不确定性的。

(二) 外部增信措施

1. 流动性支持

流动性支持是一种普遍被采用的外部增信措施。由于资产证券化产品的存续期可能很长,如3×N年,因此在交易结构中多设置投资者转让/回售安排以确保投资者可在约定登记日选择退出投资。为保障投资者权益实现,通常会约定由原始权益人或其关联方作为流动性支持机构,在约定登记日买入无法成交的申请转让的证券,从而为投资者退出提供必要的流动性。

流动性支持通常和计划管理人对优先级资产支持证券票面利率调整权、优先级资产支持证券持有人开放退出权相挂钩,流动性支持机构可以在受让份额后到转出相应份额之间期间取得相应的资金占用费。

2. 权利维持费

原始权益人通常作为优先收购权人享有在行权先决条件成就的前提下,在同等条件下优先收购基础资产或底层资产的权利,作为其享有和维持前述优先收购权的对价,优先收购权人应向专项计划支付约定金额的权利维持费。权利维持费将作为现金流不足时偿还资产支持证券的有效手段之一。

3. 差额补足

在专项计划处分分配和清算分配中,若截至托管人报告日专项计划账户内可供分配的资金不足以在相应的兑付日支付专项计划费用、使全部优先级资产支持证券持有人应获分配的未分配本金(当期如有)及预期收益获得足额分配,差额支付承诺人应于约定的期限内将处置收入差额资金划付至专项计划账户,且差额补足的上限金额以评级机构要求为准。承诺对基础资产收益与投资者预期收益的差额承担不可撤销、无条件的补足义务。

差额补足的提供者也会相应取得一定的差额补足承诺费。差额补足承诺费以差额补足金上限金额的一定费率计算。

七、资产证券化产品的挂牌/注册流程

（一）企业资产证券化产品的挂牌和发行流程

在资产证券化产品实行备案制后，资产证券化产品从提出符合挂牌条件的申请到完成挂牌的整个流程包括：挂牌条件确认、专项计划发行、基金业协会备案和挂牌申请核对等环节。需要说明的是，资产证券化产品能够在证券交易所挂牌转让，由于在证券交易所挂牌转让为主流，故以下仅以交易所的挂牌和发行为例进行分析。如果要拆分成细化的流程，大致可以总结为以下的流程。

1. 计划管理人提交项目材料，申请确认是否符合交易所的挂牌条件。交易所会结合挂牌条件判断是否属于重大无先例基础资产类型；同时，交易所会和基金业协会确认是否符合负面清单要求。

2. 如果资产证券化产品既不属于重大无先例基础资产类型，也符合负面清单要求，且材料齐备，那么就会进入交易所的挂牌小组工作会议审议阶段；否则，资产证券化产品或者属于重大无先例基础资产类型，或者不符合负面清单要求，交易所均不予出具无异议函。

3. 挂牌小组工作会议经审议通过的，交易所向计划管理人出具无异议函。需要指出的是，挂牌工作小组会议的决议分为通过、有条件通过和不通过三种。通过和不通过容易理解，对于有条件通过的，交易所核对人员应将会议确定需要补充披露或进一步反馈落实的重大事项形成《补充材料通知书》并要求计划管理人修改或者补充完善。计划管理人的修改、补充完善符合要求的，按通过流程处理；不符合要求或者逾期提交的，挂牌条件确认阶段自动终止。

以上 1-3 属于挂牌条件确认阶段。

4. 计划管理人取得交易所出具的无异议函后，资产证券化产品进行到发行设立阶段，管理人应当自专项计划成立日起 5 个工作日内将设立情况报中国基金业协会备案，同时抄送对管理人有辖区监管权的中国证监会派出机构。

资产支持证券应面向合格投资者发行，发行对象不得超过 200 人，单笔认购不得少于 100 万元人民币发行面值或等值份额。

计划管理人在取得无异议函后，应当在 6 个月内完成发行并提交挂牌申请。对于分期发行的资产证券化产品，第一期应当在 6 个月内完成发行并提交挂牌申请，最后一期在无异议函的有效期内申请。无异议函的最长有效期是 24 个月。若未能在无异议函有效期内申请，则自动失效。

上述为专项计划发行和基金业协会备案阶段。

5. 计划管理人完成基金业协会备案后，可直接向交易所提出资产支持证券挂牌申请。即基金业协会备案是交易所挂牌的前置条件之一。

6. 交易所对管理人提交的挂牌申请文件进行完备性核对。核对通过的，交易所向计划管理人出具接受挂牌通知书，启动挂牌业务操作流程；核对资产证券化产品存在重大变化等不予通过的，重新进行评审。

以上5-6属于挂牌申请核对阶段。

（二）资产支持票据产品的注册和发行流程

目前，资产支持票据产品统一实行注册制。注册的有效期为两年，首期发行应在注册后6个月内完成，后续发行的应向交易商协会备案。资产支持票据的发行则是通过集中簿记建档或招标方式。

由于资产支持票据可以公开发行，也可以定向发行，所以这两种发行方式对应的注册和发行流程有所区别。结合《非金融企业债务融资工具定向发行注册工作规程》和《非金融企业债务融资工具公开发行注册工作规程》，定向发行和公开发行的注册、发行流程分别如下。

1. 资产支持票据定向发行的注册、发行流程

所谓定向发行，即资产支持票据的对象仅针对定向投资人。对于资产支持票据，定向投资人包括两类，一类是专项机构投资人，是指除具有丰富的债券市场投资经验和风险识别能力外，还熟悉定向债务融资工具风险特征和投资流程，具有承担风险的意愿和能力，自愿接受交易商协会自律管理的合格机构投资人。专项机构投资人是由交易商协会按照市场化原则，根据常务理事会确定的程序遴选确定并在交易商协会认可的网站公告。另一类是特定机构投资人，是指了解并能够识别某发行人定向发行的特定债务融资工具风险特征和投资流程，具有承担该债务融资工具投资风险的意愿和能力，自愿接受交易商协会自律管理的合格机构投资人。特定机构投资人是由发起人和主承销商遴选确定的。根据交易商协会2021年公布的定向债务融资工具专项机构投资人名单，一共有478家企业入选名单。因此专项机构投资人相当于交易商协会经特定程序遴选的投资人，对于任何一个发起人，都具有丰富债券市场经验和风险识别、承担能力；而特定机构投资人则是发起人和主承销商基于资产支持票据具体情况而寻找的特定投资人。二者在范围上可能有交集，也可能完全没有交集。

在定向发行基础上，资产支持票据定向发行的注册和发行流程，一般分为以下几个阶段：

（1）主承销商首先要向注册发行部门提交发行注册文件。秘书处注册部门

是负责接收包括定向发行的资产支持票据的定向债务融资工具的部门,并针对注册文件及拟披露信息的齐备性进行核对把关。为此,注册发行部门将安排两名核对人,其中一人为主办核对人,负责进行后续沟通反馈工作。

(2) 如果主承销商提交的注册文件符合相关要求,注册秘书处会给予通过,并向发起人发出《接受注册通知书》,接受发起人定向资产支持票据注册,并将有关需明确事项进行说明,包括资产支持票据额度、注册有效期等。

(3) 在定向发行资产支持票据注册后,发起人确定发行的,应至少提前一个工作日通过交易商协会的综合服务平台向投资人定向披露当期发行文件。在资产支持票据定向发行完成后,发起人通过综合服务平台向银行间债券市场合格机构投资人定向披露本期债务融资工具的发行结果。

(4) 定向发行的资产支持票据在定向募集说明书或定向发行协议约定的定向投资人之间可以流通转让。

2. 资产支持票据公开发行的注册、发行流程

一般而言,就公开发行的资产支持票据,对于基础资产首次发行的,主承销商至少应在发行公告前5个工作日,向交易商协会秘书处发行注册部门提交资产证券化注册文件,由发行注册部门对注册文件及拟披露信息的完备性进行评议。若评议完成,则可启动发行程序。

对于基础资产后续发行的,条件有所不同,主承销商至少应于发行公告日前3个工作日,提交《项目信息变更承诺函》,明确相比于前次发行,是否存在入池基础资产筛选标准、交易结构等项目信息的变更,并承诺相关变更不会对本期资产支持票据发行新增实质性风险,不降低本期资产支持票据信息披露标准。同时提交资产支持票据本期发行文件作为备查。注册发行部门对上述文件的齐备性进行核对,核对完成后可按照相关规定启动发行程序。

从"孔雀开屏——非金融企业债务融资工具注册信息系统"可以容易地查询到交易商协会各资产证券化产品的注册进度及相关注册文件、信息披露文件,相比较定向发行而言,公开发行数量较少。

八、资产证券化产品的存续期管理

资产证券化产品的存续期管理主要是计划管理人的工作责任,其中主要是做好相关信息披露工作。

根据相关规定,管理人、托管人应当在每年4月30日之前向资产支持证券合格投资者披露上年度资产管理报告、年度托管报告。每次收益分配前,管理

人应当及时向资产支持证券合格投资者披露专项计划收益分配报告。这是定期的信息披露。年度资产管理报告、年度托管报告应当由管理人向中国基金业协会报告，同时抄送对管理人有辖区监管权的中国证监会派出机构。

对于发生可能对资产支持证券投资价值或价格有实质性影响的重大事件，管理人应当及时将有关该重大事件的情况向资产支持证券合格投资者披露，说明事件的起因、目前的状态和可能产生的法律后果，并向证券交易场所、基金业协会报告，同时抄送对管理人有辖区监管权的中国证监会派出机构。这是不定期的信息披露。

第十五章　公开募集基础设施证券投资基金及项目全程实务解析

随着 2021 年 6 月 21 日五只公开募集基础设施证券投资基金（以下简称"基础设施基金"）在上海证券交易所（以下简称"上交所"）、四只基础设施基金在深圳证券交易所（以下简称"深交所"）分别上市，我国首次发行了基础设施领域不动产投资信托基金（REITs）。其所带来的广泛影响已经突破了资本市场范畴，开启了一个价值数万亿元的新市场，并且对于有效盘活存量资产，拓宽企业融资渠道，形成存量资产和新增投资的良性循环具有重要意义。

由于基础设施基金正在如火如荼地开展，基础设施基金及相关项目的具体数据也在不断变化。截至 2023 年 9 月 27 日，上交所和深交所已注册生效的首次发售 REITs 项目已二十余个，且各种储备项目也在推荐及审核过程中。尽管基础设施基金及项目所涉不动产类型不同，但背后的基本逻辑并没有本质区别，故本章仅以首批基础设施基金及相应项目作为介绍和分析对象。

一、基础设施基金的政策法规体系

从法律角度，首先有必要明确基础设施基金所应当依据和遵循的相关法律、法规和指引。

鉴于基础设施基金目前的交易架构一般分为三层，最上层是基础设施基金，中间层为基础设施基金持有全部份额的资产支持专项计划（以下简称"专项计划"），最下层为专项计划全资持有的项目公司（由于各具体项目有所不同，在专项计划和项目公司之间也可能存在一层 SPV 公司）。监管机构最终确定这样的基础设施基金交易架构，无疑是经过反复权衡的最优秀方案，即目前这种交易架构在现行法律法规框架下对既往实践操作的突破最小，即参照了此前已经较为成熟的资产证券化业务模式，将该模式中的"专项计划——私募基金

(或信托计划）——项目公司"的结构精简为"专项计划——项目公司"，并在专项计划上面增设一层基础设施基金。这种架构设计不论对于监管机构还是券商而言都有一定实操基础，同时有利于基础设施基金业务的开展和后续监管。

在这一大前提下，基础设施基金相关法律法规规定就可进一步分为两大类，一大类是原已制定并施行的证券投资基金、资产证券化业务相关规定，另一大类是为了推动基础设施基金而由发改委、证监会、交易所等主体制定的新的相关规定、指引等。

（一）证券投资基金及资产证券化业务方面法律、法规、规定及指引

证券投资基金、资产证券化业务方面的法律、法规、规定及指引大致包括《证券投资基金法》《公开募集证券投资基金运作管理办法》《公开募集证券投资基金销售机构监督管理办法》《公开募集证券投资基金信息披露管理办法》《证券公司及基金管理公司子公司资产证券化业务管理规定》《上海证券交易所资产证券化业务指引》和《深圳证券交易所资产证券化业务指引》等。这些法律法规、规定及指引业已经施行，并已具有较为成熟的业务操作模式，交易所在具体审核方面也具有丰富实操经验。

（二）基础设施基金方面规定及指引

为有效推进基础设施基金试点项目的落地，提高基础设施基金发行相关工作的效率，发改委、证监会和交易所均制定了相应的新的规定和指引。经笔者初步统计和整理，按照时间顺序排列，主要包括如下：

表 15.1 基础设施基金相关规范性文件及指引列示

序号	文件名称	文号	时间	发布主体
1	中国证监会 国家发展改革委关于推进基础设施领域不动产投资信托基金（REITs）试点相关工作的通知	证监发〔2020〕40号	2020年4月24日	证券业监督管理委员会、国家发展和改革委员会
2	国家发展改革委办公厅关于做好基础设施领域不动产投资信托基金（REITs）试点项目申报工作的通知	发改办投资〔2020〕586号	2020年7月31日	国家发展和改革委员会
3	公开募集基础设施证券投资基金指引（试行）	证券业监督管理委员会公告〔2020〕54号	2020年8月6日	证券业监督管理委员会

续表

序号	文件名称	文号	时间	发布主体
4	国家发展改革委办公厅关于建立全国基础设施领域不动产投资信托基金（REITs）试点项目库的通知	发改办投资〔2021〕35号	2021年1月13日	国家发展和改革委员会
5	上海证券交易所公开募集基础设施证券投资基金业务办法（试行）	上证发〔2021〕9号	2021年1月29日	上海证券交易所
6	上海证券交易所公开募集基础设施证券投资基金（REITs）规则适用指引第1号——审核关注事项（试行）（2023年修订）	上证发〔2021〕81号	2023年5月12日	上海证券交易所
7	上海证券交易所公开募集基础设施证券投资基金（REITs）规则适用指引第2号——发售业务（试行）	上证发〔2021〕11号	2021年1月29日	上海证券交易所
8	深圳证券交易所公开募集基础设施证券投资基金业务办法（试行）	－	2021年1月29日	深圳证券交易所
9	深圳证券交易所公开募集基础设施证券投资基金（REITs）规则适用指引第1号——审核关注事项（试行）	－	2021年1月29日	深圳证券交易所
10	深圳证券交易所公开募集基础设施证券投资基金（REITs）规则适用指引第2号——发售业务（试行）	－	2021年1月29日	深圳证券交易所
11	公开募集基础设施证券投资基金网下投资者管理细则	中证协发〔2021〕15号	2021年1月29日	中国证券业协会

续表

序号	文件名称	文号	时间	发布主体
12	中国证券登记结算有限责任公司公开募集基础设施证券投资基金登记结算业务实施细则（试行）	中国结算发字〔2021〕15号	2021年2月5日	中国证券登记结算有限责任公司
13	中国证券登记结算有限责任公司上海证券交易所公开募集基础设施证券投资基金登记结算业务指引（试行）	中国结算发字〔2021〕20号	2021年2月5日	中国证券登记结算有限责任公司
14	中国证券登记结算有限责任公司深圳证券交易所公开募集基础设施证券投资基金登记结算业务指引（试行）	中国结算发字〔2021〕21号	2021年2月5日	中国证券登记结算有限责任公司
15	公开募集基础设施证券投资基金尽职调查工作指引（试行）	-	2021年2月8日	中国证券基金业协会
16	公开募集基础设施证券投资基金运营操作指引（试行）	-	2021年2月8日	中国证券基金业协会
17	国家发展改革委关于进一步做好基础设施领域不动产投资信托基金（REITs）试点工作的通知	发改投资〔2021〕958号	2021年6月29日	国家发展和改革委员会
18	国家发展改革委办公厅关于加快推进基础设施领域不动产投资信托基金（REITs）有关工作的通知	发改办投资〔2021〕1048号	2021年12月29日	国家发展和改革委员会
19	关于基础设施领域不动产投资信托基金（REITs）试点税收政策的公告	财政部 税务总局公告2022年第3号	2022年1月26日	财政部、国家税务总局
20	国务院办公厅关于进一步盘活存量资产扩大有效投资的意见	国办发〔2022〕19号	2022年5月19日	国务院办公厅

续表

序号	文件名称	文号	时间	发布主体
21	中国证监会办公厅 国家发展改革委办公厅关于规范做好保障性租赁住房试点发行基础设施领域不动产投资信托基金（REITs）有关工作的通知	证监办发〔2022〕53号	2022年5月24日	中国证券基金业协会、国家发展和改革委员会
22	上海证券交易所公开募集基础设施证券投资基金（REITs）规则适用指引第3号——新购入基础设施项目（试行）	上证发〔2022〕83号	2022年5月31日	上海证券交易所
23	深圳证券交易所公开募集基础设施证券投资基金业务指引第3号—新购入基础设施项目（试行）	深证上〔2022〕530号	2022年5月31日	深圳证券交易所
24	国家发展改革委办公厅关于做好基础设施领域不动产投资信托基金（REITs）新购入项目申报推荐有关工作的通知	发改办投资〔2022〕617号	2022年7月7日	国家发展和改革委员会
25	上海证券交易所公开募集基础设施证券投资基金（REITs）规则适用指引第4号——保障性租赁住房（试行）	上证发〔2022〕109号	2022年7月15日	上海证券交易所
26	深圳证券交易所公开募集基础设施证券投资基金业务指引第4号——保障性租赁住房（试行）	深证上〔2022〕675号	2022年7月15日	深圳证券交易所
27	国家发展改革委关于规范高效做好基础设施领域不动产投资信托基金（REITs）项目申报推荐工作的通知	发改投资〔2023〕236号	2023年3月1日	国家发展和改革委员会

续表

序号	文件名称	文号	时间	发布主体
28	关于进一步推进基础设施领域不动产投资信托基金（REITs）常态化发行相关工作的通知	-	2023年3月7日	中国证券监督管理委员会

基础设施基金的相关规定、指引从更微观层面指导试点项目的落地，但是这些规定、指引中并未涉及的，还是要参照适用证券投资基金的相关法律、法规。这些规定和指引中，较为重要也援引较多的主要是：《中国证监会、国家发展改革委关于推进基础设施领域不动产投资信托基金（REITs）试点相关工作的通知》（以下简称"40号文"）《公开募集基础设施证券投资基金指引（试行）》（以下简称"54号文"）《国家发展改革委关于进一步做好基础设施领域不动产投资信托基金（REITs）试点工作的通知》（以下简称"958号文"），以及上交所和深交所分别制定的"一办法四指引"（"一办法"指《公开募集基础设施证券投资基金业务办法（试行）》，"四指引"指《公开募集基础设施证券投资基金（REITs）规则适用指引第1号——审核关注事项（试行）》《公开募集基础设施证券投资基金（REITs）规则适用指引第2号——发售业务（试行）》《公开募集基础设施证券投资基金业务指引第3号—新购入基础设施项目（试行）》及《公开募集基础设施证券投资基金业务指引第4号——保障性租赁住房（试行）》。

二、基础设施基金的性质

从"公开募集基础设施证券投资基金"这一名称入手，可以对其性质有一个基本的、清晰的了解。

首先，"公开募集"说的是基础设施基金的募集方式，即公募，与私募相对应，所以基础设施基金的募集方式是公开募集的。根据《证券投资基金法》第五十条的规定，公开募集基金包括向不特定对象募集资金、向特定对象募集资金累计超过200人，以及法律、行政法规规定的其他情形。根据54号文第二十四条的规定，投资人少于1000人属于基础设施基金募集失败的情形之一，因此，基础设施基金应当公开募集，且最终的募集对象人数不应低于1000人。

其次，"基础设施"主要界定的是基础设施基金的行业属性。根据40号文，基础设施基金聚焦重点行业，优先支持基础设施补短板行业，包括仓储物流、收费公路等交通设施，水电气热等市政工程，城镇污水垃圾处理、固废危废处理等污染治理项目。鼓励信息网络等新型基础设施，以及国家战略性新兴产业集群、高科技产业园区、特色产业园区等开展试点。

最后，"证券投资基金"主要界定的是基金的类型，并明确了基础设施基金的主要目的是进行证券投资。证券投资基金是指通过发售基金份额的方式募集资金形成独立的基金财产，由基金管理人管理、基金托管人托管，并进行证券投资的基金。基于此，根据54号文第二十五条的规定，基础设施基金成立后，基金管理人应当将80%以上基金资产投资于与其存在实际控制关系或受同一控制人控制的管理人设立发行的基础设施资产支持证券全部份额。

因此，"公开募集基础设施证券投资基金"从性质上应当被理解为，通过公开募集方式募集资金、投向基础设施领域的一种证券投资基金。

三、基础设施基金的特征

根据基础设施基金有关的法律、法规、规定及指引，并结合基础设施基金试点项目的相关实践，对基础设施基金的特征可以归结为以下几点。

第一，权益导向为原则。基础设施基金通过持有基础设施资产支持证券（以下简称"资产支持证券"）间接持有项目公司全部股权，这与此前市场上已经较为成熟的 ABS 模式具有明显的区别。ABS 模式仍然偏向于债券性质，并且可以分级设置优先级、次级等投资人类别（原始权益人可能还要认购次级证券），对于不同类别的投资人设置不同的投资预期。但基础设施基金则要求底层资产实现完全剥离，强调基础设施基金真正间接持有项目公司的全部股权，并通过运营管理实现项目公司权益的保值增值。

第二，80%以上基础设施基金应投资于资产支持证券。这一特征其实是基础设施基金设立目的的必然要求，即基础设施基金要通过持有资产支持证券进而持有项目公司股权，因此设定了80%这一标准，绝大部分的基础设施基金都要用于认购资产支持证券。当然，也允许少部分基础设施基金资产用于符合规定的其他用途，比如可以依法投资于利率债，AAA 级信用债，或货币市场工具，这些比较稳妥的投资产品。同时，我们也要注意到，由于并不限制基础设施基金只能投资于一个资产支持证券，理论上存在投资于多个资产支持证券的可能。

第三，不得份额分级。《资管新规》明确规定公募产品不得进行份额分级。

第四，契约型封闭式运作。根据基础设施基金试点项目的情况，基础设施基金的运作方式均为契约型封闭式。此外，基础设施基金为封闭式基金，要求在基金存续期内基金要封闭运作，基金份额持有人不可办理申购、赎回业务，但在基础设施基金上市交易后，除按照基金合同约定进行限售安排的基金份额（一般指参与战略配售的份额）外，场内份额可以上市交易，投资者也可将其持有的场外基金份额通过办理跨系统转托管业务转至场内，并在基金上市后交易。

第五，分配比例不低于基金年度内可分配金额90%。基础设施基金应当将90%以上合并后基金年度可供分配金额以现金形式分配给投资者。基础设施基金的收益分配在符合分配条件的情况下每年不得少于1次。这一要求将有利于刺激投资者对基础设施基金的投资。

第六，基础设施基金财产具有独立性。因基础设施基金的管理、运用或其他情形而取得的财产和收益，归入基础设施基金财产。基础设施基金财产独立于原始权益人、基金管理人、基金托管人和其他参与中介机构的固有财产，并不纳入该等主体因依法解散、被依法撤销或被依法宣告破产等原因而进行清算的清算财产。相应地，基础设施基金财产的债务也由基础设施基金财产承担。

四、基础设施基金的名称

从基础设施基金的名称看，基础设施基金的名称构成是有特定安排的。以"浙商证券沪杭甬高速封闭式基础设施证券投资基金"为例，"浙商证券"是基础设施基金的基金管理人简称，"沪杭甬高速"是基础设施简称，"封闭式"是运作方式，"基础设施证券投资基金"是基金性质；其他基础设施基金的名称同样是符合这一标准。

五、基础设施基金的申报流程及支持政策

（一）整体申报流程

根据基础设施基金的相关规定，以及基础设施基金的实践，在基础设施基金发行的整个过程中，涉及到发改部门和证监部门各司其职及互相配合。其中，发改部门主要负责项目端，也就是把控是否符合试点项目的区域要求、行业要求及是否符合基础设施项目的有关条件；证监部门则主要负责基础设施基金的审核、注册、发行等工作。

具体而言，基础设施基金的发行一般需要经过如下流程：

第一，各地发改委组织原始权益人等有关方面选择优质项目，纳入到全国基础设施基金试点项目库。

第二，从入库项目中选择符合条件的项目，向项目所在地省级发改委报送试点项目申报材料。对于原始权益人需要整合跨地区的多个项目打包发行基础设施基金的，应分别向项目所在地的省级发改委报送申报材料，并由相应的省级发改委负责审核。如发起人为中央企业，拟申报跨地区的打包项目，可直接报送国家发改委，并同时附项目所在地省级发改委意见。

第三，各省级发改委主要从项目是否符合国家重大战略、宏观调控政策、产业政策、固定资产投资管理法规制度，以及鼓励回收资金用于基础设施补短板领域等方面出具专项意见。也就是说，各省级发改委重点出具专项意见，推荐试点项目。根据958号文，国家发改委对于各省级发改委也提出了严把试点项目关的要求，如申报了明显不符合试点项目要求的项目，将在一定时间内不再受理该省发改委项目申报。这也给各省级发改委在推荐项目的过程中提出了更高的要求。

第四，在省级发改委出具专项意见基础上，国家发改委将符合条件的项目推荐至中国证监会。根据基础设施基金的经验，省级发改委对于本地的项目具有比较好的了解程度，在省发改委申报的基础上，国家发改委可能会要求发行人即原始权益人就项目出具一些具体承诺。这一方面是对于发行人的要求，同时也在一定程度上把控项目可能存在的风险，并且对于基础设施基金的投资人是一种保护。

第五，在国家发改委将符合条件的项目推荐至证监会后，将由具体负责的交易所（上交所和深交所）审查。根据实践经验，交易所会就基金管理人草拟的基础设施基金有关的《基金合同》《基金托管协议》《招募说明书》《法律意见书》等进行审核，并与基金管理人沟通其中存在的问题，要求基金管理人调整相关内容。在经过交易所审核后，交易所将出具同意基础设施基金上市的无异议函。

第六，基金管理人向证监会提交交易所同意基础设施基金上市的无异议函后，证监会审核是否对基础设施基金准予注册。准予注册后，基金管理人便可以公开发售基金份额募集资金。

（二）北上广深等地支持政策

从基础设施基金发行的情况看，基础设施基金的发行与所在地政府的支持密不可分。无论基础设施项目开发建设的全流程过程中可能存在手续、文件等方面的缺失，还是可能存在转让限制、进场交易或反向吸收合并，均需要相关主管部门补办手续、出具意见或是其他形式的配合。

同时，基础设施基金的发行对于项目所在地的金融工作及响应国家政策方面也是一种认可，相关部门也有充分的配合动力。试想，北上广深这些城市怎能缺席基础设施基金发行这样的重要契机？加之，基础设施基金确实对于盘活项目所在地的基础设施资产有很大的支持作用，为此，截至目前，已有北京、上海、广州、深圳等多地出台了支持基础设施基金产业发展的若干措施。

2020年9月28日，北京市发展和改革委员会、中国证券监督管理委员会北京监管局、北京市财政局、北京市人民政府国有资产监督管理委员会、北京市地方金融监督管理局、国家税务总局北京市税务局等部门就联合出台了《关于支持北京市基础设施领域不动产投资信托基金（REITs）产业发展的若干措施》（以下简称"北京十二条"）。2021年6月18日，上海市发展和改革委员会、上海市地方金融监督管理局、中国证券监督管理委员会上海监管局、上海市财政局、上海市人民政府国有资产监督管理委员会、国家税务总局上海市税务局、上海市人力资源和社会保障局、上海市规划和自然资源局等部门联合作出了《关于印发上海加快打造具有国际竞争力的不动产投资信托基金（REITs）发展新高地实施意见的通知》（以下简称"上海二十条"）。2021年9月，广州市出台了《广州市支持基础设施领域不动产投资信托基金（REITs）发展措施》。2022年5月6日，深圳市出台了《深圳市发展和改革委员会关于加快推进基础设施领域不动产投资信托基金（REITs）试点项目入库工作的通知》。综上，各地对于支持本地区基础设施基金发展的相关措施主要包括以下几个方面：

第一，通过补贴和税务优惠支持基础设施基金发展。在基础设施基金发行后，给予一定金额的补贴，以及运营期内给予一定的企业所得税优惠。上海更是设立专项基金用于当地原始权益人、专业服务机构和运营管理机构、上交所等发展基础设施基金业务。

第二，提供落户政策，吸引基础设施基金人才。为此，以上海二十条为例，对发行的基础设施基金的原始权益人高管团队成员，符合条件的可给予办理直接落户支持。以北京十二条为例，健全高端人才引进机制，在房屋购租、子女入学、家属就业等方面加大政策倾斜力度，引进一批具有丰富从业经验的基金管理和运营管理领军人才，对符合条件的优秀人才及优秀团队成员可按规定办理人才引进。

第三，加强财税、土地、国资等领域配套政策支持及主管部门配合。以上海二十条为例，分别强调对税收、土地、国资等方面配合和支持力度，包括

"对基础设施 REITs 项目相关税收问题开辟税务咨询绿色通道，由市区两级税务部门安排专人提供税务咨询服务。对依法合规取得土地使用权的申报项目，在满足出让合同约定的前提下，对项目股权转让相关手续办理等事宜给予便利支持。探索为项目股权转让涉及国有资产交易提供简单便捷的交易流程"。其实，这一政策也恰恰反映了基础设施项目要想推进，必然需要相关政府部门的支持和配合，而且因为基础设施基金的原始权益人以国资为主，格外突出了包括税务、国资、土地等部门的重要性；某种程度上讲，这也是指出了基础设施项目从合规方面的几个重要关注点。

第四，强调基础设施专业运营管理企业发展。以基础设施基金试点为契机，加快培育一批行业领先的基础设施专业运营管理机构，提升基础设施运营管理水平。

第五，建立基础设施项目储备库，落实"滚动实施机制"。建立本地区基础设施项目储备库，加强对于符合条件的项目的谋划、遴选、申报、发行、运营等全过程服务，形成"试点一批、储备一批、谋划一批"的滚动实施机制。

第六，支持本地法律、会计、税务、评估等参与中介机构的发展。

除以上外，笔者也注意到，北京、上海、广州、深圳分别是京津冀、长三角和珠三角的中心城市，可以明显地起到辐射周边地区的作用，对于周边地区的基础设施基金项目推进和发行也将起到积极的示范作用。

六、基础设施基金试点项目的重点考核因素

以首批发行成功并上市的基础设施基金为例，一共有九只基金，其中，在上交所的有五只，分别是华安张江光大园封闭式基础设施证券投资基金（华安张江光大园 REIT）、中金普洛斯仓储物流封闭式基础设施证券投资基金（中金普洛斯 REIT）、富国首创水务封闭式基础设施证券投资基金（富国首创水务 REIT）、东吴-苏州工业园区产业园封闭式基础设施证券投资基金（东吴苏州工业园 REIT）和浙商证券沪杭甬高速封闭式基础设施证券投资基金（浙商沪杭甬 REIT）；在深交所的有四只，分别是平安广州交投广河高速公路封闭式基础设施证券投资基金（平安广州交投广河 REIT）、红土创新盐田港封闭式基础设施证券投资基金（红土创新盐田港 REIT）、博时招商蛇口产业园封闭式基础设施证券投资基金（博时招商蛇口产业园 REIT）和中航首钢生物质封闭式基础设施证券投资基金（中航首钢生物质 REIT）。

首批试点项目因为是试点，因此严格执行了 40 号文的相关规定，尤其是聚

焦重点区域、重点行业和优质项目等方面。而在首批项目之后，发改委在总结了首批项目经验的基础上，又发布了958号文，这一通知对于后续基础设施基金项目有更进一步的、明确的指引意义。

（一）聚焦重点区域

根据40号文，基础设施基金聚焦在重点区域，优先支持京津冀、长江经济带、雄安新区、粤港澳大湾区、海南、长江三角洲等6个重点区域，支持国家级新区、有条件的国家级经济技术开发区开展试点。以首批试点项目为例，9个首批发行的基础设施基金的底层项目资产均位于上述6个重点区域。

表15.2　9个首批发行基础设施基金的底层项目所属区域列示

序号	项目名称	所属区域
1	华安张江光大园项目	长江三角洲
2	中金普洛斯项目	京津冀 粤港澳大湾区 长江三角洲
3	富国首创水务项目	粤港澳大湾区 长江三角洲
4	东吴苏州工业园项目	长江三角洲
5	浙商沪杭甬高速项目	长江三角洲
5	平安广州交投广河高速项目	粤港澳大湾区
6	红土创新盐田港项目	粤港澳大湾区
7	博时招商蛇口产业园项目	粤港澳大湾区
8	中航首钢生物质项目	京津冀

在九只首批基础设施基金于2021年6月底上市后，发改委又发布了958号文，根据该通知附件《基础设施领域不动产投资信托基金（REITs）试点项目申报要求》（以下简称《基础设施基金试点项目申报要求》），全国各地区符合条件的项目均可申报试点，重点支持位于京津冀协同发展、长江经济带发展、粤港澳大湾区建设、长三角一体化发展、海南全面深化改革开放、黄河流域生态保护和高质量发展等国家重大战略区域，符合"十四五"有关战略规划和实施方案要求的基础设施项目。由此可见，重点支持的区域又新增了黄河流域生态保护和高质量发展重大战略区域，以及符合"十四五"战略规划和实施方案要求的其他基础设施项目。

对于这些重点支持区域的基础设施项目，由于有特定的优惠政策和支持，不论对于改善这些区域的基础设施项目水平，还是提升投资者信心，都具有非常大的意义。后续的基础设施基金投资的底层项目，也应聚焦上述重点支持区域。

(二) 聚焦重点行业

根据40号文，优先支持基础设施补短板行业，包括仓储物流、收费公路等交通设施，水电气热等市政工程，城镇污水垃圾处理、固废危废处理等污染治理项目；鼓励信息网络等新型基础设施，以及国家战略性新兴产业集群、高科技产业园区、特色产业园区开展试点；不含住宅和商业地产。经统计，九只首批发行的基础设施基金的底层项目资产也均符合上述优先支持和鼓励的行业范围。

根据958号文附件《基础设施基金试点项目申报要求》，试点主要包括下列行业：交通基础设施、能源基础设施、市政基础设施、生态环保基础设施、仓储物流基础设施、园区基础设施、新型基础设施、保障性租赁住房及其他基础设施领域（具有供水、发电等功能的水利设施，及自然文化遗产、国家5A级旅游景区等具有较好收益的旅游基础设施）。以上如"交通基础设施"等还包括相关具体细项，此处不再赘述。在首批九只基础设施基金试点后，目前国家拟进一步扩大试点的行业范围，包括保障性租赁住房、旅游资产、消费基础设施（如百货商场、农贸市场等城乡商业网点项目，保障基本民生的社区商业项目）纳入到试点行业范围内。

表15.3　9个首批发行基础设施基金的底层项目所属行业列示

序号	项目名称	所属行业
1	张江光大园项目	产业园区
2	普洛斯项目	仓储物流
3	首创水务项目	城镇污水垃圾处理
4	苏州工业园项目	产业园区
5	沪杭甬高速项目	收费公路
6	广州交投广河高速项目	收费公路
7	盐田港项目	固废危废处理
8	招商蛇口产业园项目	产业园区
9	首钢生物质项目	城镇污水垃圾处理

以上是对首批试点项目所属行业的梳理，可见，所有项目均属于优先支持及鼓励的行业范围。

（三）聚焦优质项目

1. 优质项目基本条件

根据40号文及958号文附件《基础设施基金试点项目申报要求》，基础设施基金试点项目应符合以下基本条件：

（1）基础设施项目权属清晰、资产范围明确，发起人（原始权益人）依法合规直接或间接拥有项目所有权、特许经营权或经营收益权。项目公司依法持有拟发行基础设施基金的底层资产。由于基础设施基金是权益型产品，因此必然要求项目权属清晰、资产范围明确，但发起人所享有的并不限于所有权，还包括特许经营权或经营收益权。

从试点项目看，基础设施项目权属是否清晰、资产范围是否明确是项目层面的首要关注事项。其中，大部分项目均是原始权益人直接或间接持有项目的所有权，但也有涉及特许经营权的项目，例如首创水务项目和广州交投广河高速项目。

（2）土地使用依法合规。基础设施项目必要依托于土地使用权及地上建筑物。对于土地使用权，大致可以区分为三大类。

第一类是项目公司拥有土地使用权的非政府和社会资本合作模式（PPP）（含特许经营）类项目。对于这类项目，要成为试点项目需要根据土地使用权的取得方式而取得相应政府、政府主管部门或其他相关方的无异议函或审批。例如，如项目以划拨方式取得土地使用权，土地所在地的市（县）人民政府或自然资源行政主管部门应对项目以100%股权转让方式发行基础设施基金无异议；如项目以协议出让方式取得土地使用权，原土地出让合同签署机构（或按现行规定承担相应职责的机构）应对项目以100%股权转让方式发行基础设施基金无异议；如项目以招拍挂出让或二级市场交易方式取得土地使用权，应说明取得土地使用权的具体方式、出让（转让）方、取得时间及相关前置审批事项。

第二类是对项目公司拥有土地使用权的PPP（含特许经营）类项目。对于这类项目，要成为试点项目需要原始权益人和基金管理人就土地使用权作出包含以下内容的承诺：项目估值中不含项目使用土地的土地使用权市场价值，基金存续期间不转移项目涉及土地的使用权（政府相关部门另有要求的除外），基金清算时或特许经营权等相关权利到期时将按照特许经营权等协议约定以及政府相关部门的要求处理相关土地使用权。

第三类是项目公司不拥有土地使用权的项目。对于这类项目，要成为试点项目应说明土地使用权拥有人取得土地使用权的具体方式、出让（转让）方和取得时间等相关情况，土地使用权拥有人与项目公司之间的关系，以及说明项目公司使用土地的具体方式、使用成本、使用期限和剩余使用年限，分析使用成本的合理性，并提供相关证明材料。从以上要求可以看出，如果项目公司不拥有土地使用权，其需要解释或说明的事项很多，也需要相关部门对于项目公司提供的证明材料进行审核及发表意见。

（3）基础设施项目具有可转让性。基础设施基金的交易架构要求原始权益人将项目的权益转让予资产支持专项计划，以此实现项目的完全出表，纳入到基础设施基金报表范围，因此，基础设施项目务必要具有可转让性。

具体而言，第一，原始权益人及项目公司各股东应履行内部决策程序，同意转让。第二，如果相关规定或协议项下对于项目公司名下的土地使用权、资产的转让或处置存在任何限制或特殊约定，应当由相关有权部门或协议签署机构对项目以100%股权转让方式发行基础设施基金无异议。第三，对于PPP（含特许经营）类项目，PPP协议各签署方、行业主管部门应对项目以100%股权转让方式发行基础设施基金无异议。

（4）基础设施项目成熟稳定。基础设施基金的发行有赖于项目运营能够产生稳定的现金流，因此，判断基础设施项目是否成熟稳定，就需要从几个维度去考量。第一，时间维度。项目运营时间原则上不低于3年。对已能够实现长期稳定收益的项目，可适当降低运营年限要求。第二，现金流维度。项目现金流投资回报良好，近3年内总体保持盈利或经营性净现金流为正。第三，收益来源维度。项目收益持续稳定且来源合理分散，直接或穿透后来源于多个现金流提供方。因商业模式或者经营业态等原因，现金流提供方较少的，重要现金流提供方应当资质优良，财务情况稳健。第四，净现金流分派率维度。预计未来3年净现金流分派率（预计年度可分配现金流/目标不动产评估净值）原则上不低于4%。

与基础设施项目成熟稳定有关的另一问题是关联交易问题，这也是监管机构在审核过程中会关注的要点之一，包括是否符合法律法规规定及公司内部管理控制要求，定价是否公允，依据是否充分，基础设施项目现金流源于关联方的比例是否合理，是否会影响到后续基础设施项目的市场化运营等。如果基础设施项目涉及关联交易，则在基础设施基金发行及上市后可能对投资人的权益造成影响，并且关联交易是否合法合规及在基础设施项目运营中所占权重都将对项目运营稳定性构成影响。因此，关联交易也应纳入到前期尽调的范围，并对存在关联交易情形的，由基金管理人、资产支持证券管理人分析其合理性、必要性、潜在风险及风险防控措施。

（5）资产规模符合要求。这是958号文在40号文基础上的一个新要求。根据该通知，此后发行的基础设施基金，首批发行基础设施基金的项目，当期目标不动产评估净值原则上不低于10亿元。同时，要求原始权益人具有较强扩募能力，以控股或相对控股方式持有、按有关规定可发行基础设施基金的各类资产规模（如高速公路通车里程、园区建筑面积、污水处理规模等）原则上不低于拟首次发行基础设施及基金资产规模的2倍。根据这一资产规模要求，后续试点的基础设施项目的资产规模至少要达到30亿元，不仅要具有较高的评估净值，而且还要求原始权益人具有较强的扩募能力，可以在符合条件的情况下不断地将新的资产放入到基础设施基金中，不断提升基础设施基金规模。

（6）原始权益人等参与方符合要求。优先支持有一定知名度和影响力的行业龙头企业的项目。此外，原始权益人、项目公司、基金管理人、资产支持证券管理人、基础设施运营管理机构近3年在投资建设、生产运营、金融监管、市场监管、税务等方面无重大违法违规记录。项目运营期间未出现安全、质量、环保等方面的重大问题或重大合同纠纷。

综合以上六点内容可见，基础设施项目试点随着实践的推进也在不断地细化和完善，而随着这种细化和完善，后续的试点项目的标准也将越来越明确。958号文还特别强调，各地发改委要在严格防范风险前提下，切实承担责任，优化工作流程，及时向国家发改委申报项目，不符合试点条件和要求的项目不得申报。如相关省级发改委向国家发改委申报明显不符合要求且情况比较严重的项目，国家发改委一定时间内将不再受理该省级发改委项目申报。

2. 试点项目重点关注的项目合规问题

根据958号文，依法依规取得固定资产投资管理的相关手续主要包括：项目审批、核准或备案手续；规划、用地、环评、施工许可手续；竣工验收报告（或建设、勘察、设计、施工、监理"五方验收单"，或政府批复的项目转入商运文件）；外商投资项目应取得国家利用外资有关手续等。同时，958号文也强调，项目投资管理手续的合法合规性，应当以办理时的法律法规、规章制度、国家政策等为判定依据。如果项目办理相关手续的，应说明有关情况，并提供证明材料。项目投资管理手续缺失的，应依法依规补办相关手续，或以适当方式取得相关部门的认可；如现行法律法规、规章制度、政策文件等明确无须办理的，应对有关情况作出详细说明，并提供项目所在地相关部门或机构出具的证明材料。

此外需要额外关注的是，如果拟申报试点项目在拟向省级发改委报送申报材料之日起一年内有改扩建计划的，应当说明具体计划、进展情况及保障项目持续运营的相关措施。这主要是考虑到如果项目近期存在改扩建计划，那么势必将影响到其运营管理，进一步影响现金流的稳定性，从对投资者保护的角度出发，只有对其改扩建计划、进展情况和保障措施等有充分评估后才能通过。以下仅以首批试点项目为例进行分析。

（1）土地实际用途与规划用途及/或权证所载用途不一致

①招商蛇口产业园项目

以下内容系根据《关于博时招商蛇口产业园封闭式基础设施证券投资基金发售募集的法律意见书》归纳和总结[①]。

该项目包括子项目一和子项目二（为避免名称过多造成混乱，此处不表述全称）。根据项目规划文件及《不动产权证书》，子项目一的土地用途为一类工业用地，房屋规划用途为工业、商业、食堂；子项目二的土地用途为一类工业用地，房屋规划用途为工业用房及配套。

项目实际用途为研发办公及商业等配套用途，并出租予信息技术产业、文化创意产业等企业。

为此，根据该项目的律师意见，从两个方面对上述规划用途、权证所载用途与实际用途不一致问题作出了解释。第一，市规土委第二管理局于2011年核发了《宝耀片区专项规划批复》，同意通过拆除重建将项目在内的宝耀片区更新单元升级改造为"蛇口网谷"互联网基地，宝耀片区内产业定位为互联网、电子商务基础及应用、物联网技术及应用示范三大核心主体园区及公共技术平台；且律师已对深圳市规划和自然资源局南山管理局进行的访谈中，该局口头答复，"互联网产业等新型产业用途属于工业用途的一种，基础设施项目实际可以用于互联网等新型产业的研发办公及商业等配套用途"。第二，就规划用途、权证所载用途与实际用途不一致的风险，已由原始权益人承诺赔偿因此所遭受的全部损失，承诺有效期截至项目土地使用期到期（包括土地使用权续期期间）之日。

②张江光大园项目

以下内容系根据《关于申请募集注册华安张江光大园封闭式基础设施证券

[①] 参见 http://reportdocs.static.szse.cn/UpFiles/reitsinfodisc/REITS_000178FA1A5DDF3FDF483A91F339FC3F.pdf，2023年5月30日访问。

投资基金的法律意见书》归纳和总结①。

该项目用地性质为工业－M1。根据该项目《建设工程规划许可证》，项目规划用途为厂房。项目存在未将承租房屋用作厂房的情形。

就该房屋实际用途，张江科建办作为张江光大园项目规划用途事项的主管部门作出了《关于张江光大园项目情况的确认函》，认可"中京电子投资建设了张江光大园，并完成了相应的规划验收手续，项目投资、报建及验收等固定资产投资建设手续合法合规。目前，张江光大园的运营和管理符合上海市张江高科技园区集成电路产业区的产业导向和整体规划要求，中京电子可以在宗地使用年限内继续按照现状用途使用张江光大园。"

③普洛斯项目

以下内容系根据《关于申请募集注册中金普洛斯仓储物流封闭式基础设施证券投资基金的法律意见》归纳和总结②。

《国有土地使用证》记载普洛斯项目的子项目之一普洛斯通州光机电物流园项目土地用途为工业用地，《建设用地规划许可证》记载的项目名称为工业厂房及配套，《建设工程规划许可证》记载的规划用途包括铭林国际企业中心定制用房1至3，《房屋所有权证》记载的用途为定制用房。根据北京市通州区环境保护局出具的批复，该项目的用途为"办公，仓储，严禁进行生产加工项目"。

普洛斯通州光机电物流园项目的实际用途为物流仓储及配套设施。

就普洛斯通州光机电物流园的规划用途事宜，北京市规自委通州分局出具了《关于对"关于确认普洛斯通州光机电物流园项目用途情况申请函"的回复意见》，确认：根据相关《国有土地使用证》《建设用地规划许可证》《规划意见书》及有关历史审批文件，普洛斯通州光机电物流园项目建设用地性质为工业用地，建筑使用性质包括厂房、综合楼、分拣用房及附属设施用房等；经向中关村科技园区通州园管理委员会核实，普洛斯通州光机电物流园项目在建设时系铭林置业根据北京世纪卓越信息技术有限公司提供的使用功能需求而建设，双方于2007年1月18日签署了《物业建设租赁合同》，该合同约定本物业可用于通常办公用途、接收、储存、装运及销售产品、数据设备、客户服务以及

---

① 参见 http://static.sse.com.cn/bond/bridge/information/c/202105/a0a800e4aa9c4624b1851a9f979ffbfb.pdf，2023年5月30日访问。

② 参见 http://static.sse.com.cn/bond/bridge/information/c/202105/a56a9636bcf8412288119d54deab6e00.pdf，2023年5月30日访问。

其他合法用途，亚马逊实际租赁该项目用于仓储，目前也在实际用于承租方的物资存放和仓储；鉴于项目已取得北京市规自委通州分局核发的相关规划手续，且完成竣工验收备案并已取得房屋所有权证等相关产权证书，项目建设单位在建设前期已考虑相关业态要求，符合促进城市功能合理复合化发展、推进存量空间的精细化提升等要求，北京市规自委通州分局同意普洛斯通州光机电物流园项目参与申报基础设施 REITs 试点。

综上，严格按照《土地管理法》第八十一条规定："……不按照批准的用途使用国有土地的，由县级以上人民政府自然资源主管部门责令交还土地，处以罚款"，规划用途与实际用途不一致的，处罚措施包括交还土地及处以罚款等。但实践中，基础设施项目规划用途和实际用途不一致的问题的确现实性存在，尤其是在产业园区、仓储物流行业。从首批试点项目看，解决这种不一致的方案就是由主管部门出具文件确认实际用途符合规划要求。某种程度上，相关主管部门出具确认文件也代表着项目所在地政府对于项目参与基础设施基金试点的支持态度。

（2）节能评估审查

①招商蛇口产业园项目

以下内容系根据《关于博时招商蛇口产业园封闭式基础设施证券投资基金发售募集的法律意见书》归纳和总结[①]。

该项目缺失节能评估和审查文件。根据原始权益人委托编制的节能评估报告，项目符合建筑节能标准要求，符合《固定资产投资项目节能审查办法》《广东省发展和改革委员会 广东省经济和信息化委员会关于印发<深圳市发展和改革委员会关于进一步做好节能审查工作的通知>》等相关规定，该项目不需要进行节能审查工作，由原始权益人自行或委托编制节能报告即可。

根据该项目的律师意见，原始权益人已按规定就该项目的子项目之一万海项目的开发建设履行了项目核准、规划、节能验收、环评、施工许可和竣工验收手续，节能评估和审查文件缺失不会对项目权属及使用造成实质性不利影响。

②广州交投广河高速项目

以下内容系根据《关于申请募集注册平安广州交投广河高速公路封闭式基

---

① 参见 http://reportdocs.static.szse.cn/UpFiles/reitsinfodisc/REITS_000178FA1A5DDF3FDF483A91F339FC3F.pdf，2023 年 5 月 30 日访问。

础设施证券投资基金的法律意见书（申报稿）》归纳和总结①。

《广州至河源高速公路（广州段）工程可行性研究报告》已编制独立的"第9章 项目节能分析"。广东省发改委已作出了同意建设广河高速的项目核准批复。

根据该项目的律师意见，该项目已按照当时所适用的法律法规在项目申请中编制了节能章节，且项目已取得广东省发改委的核准批复，未取得独立的节能审查文件不影响该项目核准批复的有效性，不影响项目收费公路权益的有效性。该项目律师的该意见，一方面是比较干净的，即"不影响该项目核准批复的有效性，不影响项目收费公路权益的有效性"；另一方面也是符合958号文精神的，958号文要求项目投资管理手续的合法合规性，应当以办理时的法律法规、规章制度、国家政策等为判定依据。

③苏州工业园项目

以下内容系根据《关于申请募集东吴-苏州工业园区产业园封闭式基础设施证券投资基金的法律意见书》归纳和总结②。

该项目包括子项目一和子项目二，均缺失节能评估和审查文件。

关于子项目一，苏州工业园区经济贸易发展局已同意项目立项，立项时间早于2006年8月6日下发的《国务院关于加强节能工作的决定》，根据当时适用的法律无须办理节能审查。同时，原始权益人已填写《固定资产投资项目节能承诺表》，承诺其年电力消费量和年能源消费总量。

关于子项目二，苏州工业园区管委会出具文号为"苏园管核字〔2010〕10号"《关于核准苏州工业园区建屋产业园开发有限公司建设DK20100023号地块（苏州2.5产业园）项目的通知》，核准原始权益人建设项目，未出现因未能提供节能分析文件而影响项目投资立项和后续建设的情况。同时，原始权益人已填写《固定资产投资项目节能承诺表》，承诺其年电力消费量和年能源消费总量。此外，根据《国家发展改革委关于<不单独进行节能审查的行业目录>的通知》，年综合能源消费量（增量）1000吨标准煤以下且年电力消费量（增量）500万千瓦时以下的固定资产投资项目应按照相关节能标准、规范建设，不再单独进行节能审查，不需报请节能审查。

---

① 参见 http://reportdocs.static.szse.cn/UpFiles/reitsinfodisc/REITS_00017940466EA13FD6AABF7608265C3F.pdf，2023年5月30日访问。

② 参见 http://static.sse.com.cn/bond/bridge/information/c/202105/cc795bb6d35240cab9264d9bbefa210a.pdf，2023年5月30日。

④张江光大园项目

以下内容系根据《关于申请募集注册华安张江光大园封闭式基础设施证券投资基金的法律意见书》归纳和总结①。

该项目中的 7 号项目缺失节能评估和审查文件。

中京电子已取得上海市浦东新区规划和土地管理局出具的《关于核发盛夏中京科技园<建设工程规划设计要求通知单>的决定》，未出现因缺少节能登记备案文件而不予受理的情形。

此外，根据《国家发展改革委关于<不单独进行节能审查的行业目录>的通知》，年综合能源消费量（增量）1000 吨标准煤以下且年电力消费量（增量）500 万千瓦时以下的固定资产投资项目应按照相关节能标准、规范建设，不再单独进行节能审查，无须报请节能审查。并且，张江科建办已于 2020 年 8 月 31 日作出了《关于张江光大园项目情况的确认函》，确认张江光大园项目的投资、报建及验收等固定资产投资建设手续合法合规。

综上，节能评估和审查文件也是基础设施项目合规层面重点关注的事项之一。与一些常见的项目开发建设手续（如投资立项、五证）相比，节能评估和审查文件在一般的融资并购类交易中并不是十分重要或者需要特别关注的事项，甚至在一些尽职调查中常被忽略。但在基础设施项目的尽调过程中，应对节能评估和审查文件格外关注。如果存在节能评估和审查文件缺失情形，则只能解释为，或者在项目开发建设时尚未有节能评估和审查制度，或者基于项目已取得核准批复已证明项目并未因节能评估和审查而对开发建设构成影响。

（3）其他文件缺失

①首创水务项目

以下内容系根据《关于富国首创水务封闭式基础设施证券投资基金募集之法律意见书》归纳和总结②。

该项目的深圳资产中公明水厂开发建设过程中缺乏《建设用地规划许可证》《建设工程规划许可证》《建筑工程施工许可证》，提标改造阶段缺乏《建设用地规划许可证》《建设工程规划许可证》《建筑工程施工许可证》；深圳资产中三个水厂工程及三个水厂的提标改造阶段工程缺乏竣工验收备案。以上文

---

① 参见 http://static.sse.com.cn/bond/bridge/information/c/202105/a0a800e4aa9c4624b1851a9f979ffbfb.pdf，2023 年 5 月 30 日访问。

② 参见 http://static.sse.com.cn/bond/bridge/information/c/202105/2a4de0afb227451797ff24231febc885.pdf，2023 年 5 月 30 日访问。

件缺失系历史遗留问题造成政府审批程序延误。

为此，深圳市水务局特于 2020 年 8 月 14 日出具《深圳市水务局关于福永、燕川、公明水质净化厂有关报建手续办理情况的说明函》，说明缺失的文件及手续正在办理中。

②广州交投广河高速项目

以下内容系根据《关于申请募集注册平安广州交投广河高速公路封闭式基础设施证券投资基金的法律意见书（申报稿）》归纳和总结①。

该项目尚未办理土地使用证，所涉土地由国土资源部及当地政府依据相关批复提供。

2020 年 12 月 21 日，广州市规自局作出了《广州市规划和自然资源局关于商请出具广河高速土地使用说明意见的复函》，对新设广河项目公司在特许经营期内合法使用广河高速划拨土地无异议。同时，原始权益人也出具承诺函，承诺未取得单独的用地批准书、划拨决定书等用地文件不影响原始权益人就广河高速项目享有的特许经营权及项目占用范围内土地的使用权，原始权益人尚未就上述事宜受到相关行政处罚或监管措施。

③招商蛇口产业园项目

以下内容系根据《关于博时招商蛇口产业园封闭式基础设施证券投资基金发售募集的法律意见书》归纳和总结②。

该项目的子项目之一万海大厦项目缺失原有合法建筑面积地价款缴纳凭证。

深圳市南山区城市更新局于 2017 年 8 月 29 日核发了编号为"第 NG20170020 号"的《付清地价款证明》，载明市规土委南山管理局与项目公司签订的《深地合字（2012）8023 号<深圳市土地使用权出让合同书>第一补充协议书》项下地价款 84709 元已全部付清，且项目公司已于 2017 年 10 月 31 日就万海大厦项目取得编号为"粤（2017）深圳市不动产权第 0174135 号"的《不动产权证书》。该项目的律师认为，万海大厦项目仍存在欠缴地价款情形的可能性较小。若存在因未足额缴纳地价款，而被相关政府部门追缴并处以罚金的可能，该等风险已由原始权益人承诺由其补足地价款并缴纳罚金作为风险缓释措施，且承诺有效期截至万海大厦项目地块土地使用权到期之日（包括土地

---

① 参见 http：//reportdocs.static.szse.cn/UpFiles/reitsinfodisc/REITS_00017940466EA13FD6AABF7608265C3F.pdf，2023 年 5 月 30 日访问。

② 参见 http：//reportdocs.static.szse.cn/UpFiles/reitsinfodisc/REITS_000178FA1A5DDF3FDF483A91F339FC3F.pdf，2023 年 5 月 30 日访问。

使用权续期期间）。

综上，由于各项目开发建设中存在各种特殊情形或者历史遗留问题，因此奢求每个项目均按照法律法规要求的一般流程取得相应审批文件并不现实。对于开发建设文件的缺失，根据以上项目经验，可以由相关主管部门出具文件确认相关文件处在补办过程中，或者由原始权益人出具承诺函承诺提供风险缓释措施。

（三）项目入库

根据《国家发展改革委办公厅关于建立全国基础设施领域不动产投资信托基金（REITs）试点项目库的通知》，基础设施基金试点项目库分为意向项目、储备项目和存续项目三类。其中，意向项目指基本符合基础设施 REITs 发行条件，原始权益人具有明确意向的基础设施项目；储备项目指原始权益人已正式启动发行 REITs 产品的准备工作的基础设施项目；存续项目指 REITs 产品已成功发行，转入存续期管理的基础设施项目。

根据 958 号文，未纳入项目库的项目不得申报参与试点，所以入库是成为试点项目的一个必要条件。若任何基础设施项目拟申报试点项目，则应当在做好相关准备工作的同时，及时和项目所在地省级发改委沟通，并纳入到项目库中，而后再进一步推动基础设施基金的申报流程。

七、基础设施基金的相关主体

（一）基金管理人

根据基础设施基金的结构，基础设施基金有其管理人，即基金管理人；基础设施基金则持有资产支持证券的全部份额，资产支持证券也有其管理人，即资产支持专项计划管理人。

根据 54 号文，基金管理人应当符合《证券投资基金法》《公开募集证券投资基金运作管理办法》规定的相关条件，并满足如下要求：

（1）公司成立满 3 年，资产管理经验丰富，公司治理健全，内控制度完善；

（2）设置独立的基础设施基金投资管理部门，配备不少于 3 名具有 5 年以上基础设施项目运营或基础设施项目投资管理经验的主要负责人员，其中至少 2 名具备 5 年以上基础设施项目运营经验；

（3）财务状况良好，能满足公司持续运营、业务发展和风险防范的需要；

（4）具有良好的社会声誉，在金融监管、工商、税务等方面不存在重大不良记录；

（5）具备健全有效的基础设施基金投资管理、项目运营、内部控制与风险管理制度和流程；

（6）中国证监会规定的其他要求。

以上对基金管理人的要求，主要是因为基金管理人在整个基础设施基金的论证、项目筛选、项目尽调、和发改证监部门沟通等过程中均起到重要作用，只有基金管理人具备相关经验和人才储备，才能肩负起基础设施基金发行的责任，并且最终对投资人负责。

基金管理人和资产支持专项计划管理人应存在实际控制关系或为同一控制人控制关系。这主要是因为，虽然结构上基础设施基金持有专项计划全部份额，专项计划持有项目公司的全部股权，但实际上，这仅是基于 ABS 模式已经较为成熟，并在此基础上增加基础设施基金是较为稳妥的一种考虑。实际上，专项计划和项目公司都是基础设施基金所要投资的对象，因此，专项计划和基础设施基金的管理人存在实际控制关系或为同一控制人控制，可以更有效解决二者的协调配合问题。

（二）基金托管人

基础设施基金和资产支持专项计划需要相应的托管人。根据 54 号文，托管人不仅应当满足财务状况良好、社会声誉良好、不存在重大不良记录、具有基础设施领域托管经验、配备充足专业人员等条件，而且要求基础设施基金的托管人和资产支持专项计划的托管人为同一人。根据实践经验，银行作为托管人情况下，分行和支行将被视为同一人。

（三）原始权益人

原始权益人是指基础设施基金持有的基础设施项目的原所有人。

原始权益人作为项目原所有人尽管将项目出售给基础设施基金，但是根据监管要求，原始权益人必须参与基础设施基金的战略配售，并且战配比例不低于基金发售数量的 20%，20% 以内部分的限售期为 60 个月，20% 以外部分的限售期为 36 个月。

此外，958 号文还要求，"引导原始权益人履行承诺，将回收资金以资本金注入等方式投入新项目建设，确保新项目符合国家重大战略、发展规划、产业政策等要求。加强跟踪服务，对回收资金拟投入的新项目，协调加快前期工作和开工建设进度，尽快形成实物工作量。对原始权益人未按承诺将回收资金投入到相关项目的，要及时督促落实。"其实在基础设施基金发行的过程中，监管部门就一直在强调原始权益人应将回收资金投入到原始权益人的新基础设施项目中。而 958 号文更明确鼓励回收资金用于基础设施补短板项目的建设，并要求回收资金应明确具体用途（包括具体项目、使用方式和预计使用规模等），在符合国家政策及企业主营业务要求的条件下，回收资金可跨区域、跨行业使用；90%或以上的净回收资金（指扣除用于偿还相关债务、缴纳税费、按规则参与战略配售等资金后的回收资金）应当用于在建项目或前期工作成熟的新项目；鼓励以资本金注入方式将回收资金用于项目建设。

实际上，以首批基础设施基金为例，在《招募说明书》中均对回收资金的主要用途做了介绍，包括用于某新项目、项目总投资等，甚至列明新项目所述行业、建设内容和规模、总投资、预期经济社会效益、前期工作进展、下一阶段工作安排等。也就是说，关于回收资金用途是监管机构将重点关注的内容之一。但如何引导原始权益人将回收资金投入相关基础设施项目，监管部门对于原始权益人将采取何种监管措施落实，且还要维持原始权益人的积极性，这些都有待监管部门进一步释明，以有利于原始权益人进一步判断和决策。

此外，笔者认为，首批基础设施基金的原始权益人基本为国资背景，只有中金普洛斯基础设施证券投资基金的原始权益人为外资背景。虽然华安张江光大园基础设施证券投资基金的原始权益人为两个主体，但从工商信息可检索到，上海光全投资中心（有限合伙）的主要份额持有人是上海张江集成电路产业区开发有限公司，也属于国企背景。

表15.4　9个首批发行基础设施基金的原始权益人列示

序号	基金名称	原始权益人名称
1	华安张江光大园REIT	上海光全投资中心（有限合伙） 光控安石（北京）投资有限公司
2	富国首创水务REIT	北京首创股份有限公司
3	浙商沪杭甬杭高速REIT	浙江沪杭甬高速公路股份有限公司 杭州市交通投资集团有限公司 杭州市临安区交通投资有限公司 杭州余杭交通集团有限公司
4	中金普洛斯REIT	普洛斯中国控股有限公司
5	东吴苏州工业园REIT	苏州工业园区科技发展有限公司 苏州工业园区建屋产业园开发有限公司
6	中航首钢生物质REIT	首钢环境产业有限公司
7	博时招商蛇口产业园REIT	招商局蛇口工业区控股股份有限公司
8	平安广州交投广河高速REIT	广州交通投资集团有限公司
9	红土创新盐田港REIT	深圳市盐田港集团有限公司

(四) 运营管理人

根据 54 号文的规定，基金管理人应主动履行运营管理的职责，但是也允许基金管理人设立专门的子公司承担基础设施项目运营管理职责，或者委托外部管理机构负责，但基金管理人依法应当承担的责任不因委托而免除。

基金管理人委托外部管理机构运营管理基础设施项目的，应当自行派员负责基础设施项目公司财务管理。基金管理人与外部管理机构应当签订基础设施项目运营管理服务协议，明确双方的权利义务、费用收取、外部管理机构考核安排、外部管理机构解聘情形和程序、协议终止情形和程序等事项。

由于项目运营管理是一项专业性较强的工作，基金管理人在人员配置上很难满足相应要求，因此基金管理人通过委托外部管理机构运营管理基础设施项目一般而言是大概率事件。基金管理人应对拟接受委托的外部管理机构进行充分的尽职调查，确保其在专业资质、人员配备、公司治理等方面符合相关法律法规要求，具有受托履行运营管理的能力。

需要提示注意的是，外部运营管理机构具体负责基础设施项目的运营管理，势必要接触和管理基础设施项目的经营信息，从本质上讲基础设施基金是这些经营信息的所有权人，因此，外部运营管理机构有必要做好相关经营信息的保密和管控工作，同时配合基金管理人做好信息披露工作，确保所提供的信息、数据真实和准确。由于每个项目的具体情况不同，外部运营管理机构的具体股东情况、公司架构等都不同，需要结合具体情况对外部运营管理机构如何实现自身运营管理、股东知情权及基础设施项目经营信息保密等进行综合考量，并制定相应的制度，确保符合相关法律法规的规定，也符合监管的相关要求。

此外，笔者认为，首批发行基础设施基金均委托了外部运营管理机构，但运营管理机构均为原始权益人或其关联方。这从一个方面可以确保基础设施项目运营管理的稳定，同时也与国际上的 REITs 相似，即原始权益人在真实出售了基础设施项目后，还可以通过为基础设施项目提供运营管理而继续有所收益。

表 15.5　9 个首批发行基础设施基金的运营管理机构列示

序号	基金名称	运营管理机构名称
1	华安张江光大园 REIT	上海集挚咨询管理有限公司
2	富国首创水务 REIT	北京首创股份有限公司
3	浙商沪杭甬杭高速 REIT	浙江沪杭甬高速公路股份有限公司
4	中金普洛斯 REIT	普洛斯投资（上海）有限公司

续表

序号	基金名称	运营管理机构名称
5	东吴苏州工业园 REIT	苏州工业园区科技发展有限公司 苏州工业园区建屋产业园开发有限公司
6	中航首钢生物质 REIT	北京首钢生态科技有限公司
7	博时招商蛇口产业园 REIT	深圳市招商创业有限公司
8	平安广州交投广河高速 REIT	广州交通投资集团有限公司 广州高速运营管理有限公司
9	红土创新盐田港 REIT	深圳市盐田港物流有限公司

（五）参与机构

参与机构主要指为基础设施基金提供专业服务的财务顾问（如有）、评估机构、会计师事务所、律师事务所、外部运营管理机构等专业机构。评估机构负责出具评估报告，会计师事务所负责出具审计报告，律师事务所负责出具法律意见书，外部运营管理机构前面已有提及。但根据 54 号文要求，也有一些特殊的要求，例如，评估机构为同一只基础设施基金提供评估服务不得连续超过 3 年；基金管理人与资产支持证券管理人聘请的专业机构可以为同一机构等。

需要关注的是，基础设施基金募集期间产生的评估费、财务顾问费（如有）、会计师费、律师费等各项费用不得从基金财产中列支。如基础设施基金募集失败，上述相关费用不得从投资者认购款项中支付。

八、基础设施基金的基本架构

（一）基本架构及其基本操作

根据目前监管的要求，基础设施基金的结构一般包括三层，第一层是基础设施基金，第二层是资产支持专项计划，第三层是项目公司，即基础设施基金将从投资人募集的资金用于购买资产支持专项计划的份额，资产支持专项计划进而持有项目公司 100% 股权，并通过项目公司持有基础设施项目权益。

国家发改委和证监会在 2020 年 4 月底通知进行基础设施基金试点（即 40 号文）时，不少文章分析基础设施基金将采用四层结构，第一层是基础设施基金，第二层是资产支持专项计划，第三层是私募基金，第四层是项目公司。这里的第二层至第四层，其实就是一般资产支持证券业务的架构。但在后续的监管意见中，实质取消了私募基金这一层。

不过，总体而言，目前基础设施基金的三层架构还是以成熟的资产支持证券业务架构为基础，即采用了"基础设施基金+资产支持专项计划"的交易架构。基金管理人与资产支持专项计划管理人存在实际控制关系或为同一控制人控制。具体而言，基础设施基金就是在原资产支持证券业务的基本架构基础上增加了基础设施基金这样一层结构。

当然，具体项目情况可能有所差异，例如有的项目在资产支持专项计划和项目公司中间可能还存在一层特殊目的公司，但实质仍然是资产支持证券全资持有特殊目的公司，再通过特殊目的公司全资持有项目公司。

基础设施基金的交易架构与下面将要论述的基础设施基金和核心法律文件直接相关，交易架构的搭建直接决定了各主体之间将形成怎样的法律关系，进而体现为具体的法律文件。为便于进一步了解基础设施基金的交易安排，我们选取两个首批发行的基础设施基金进行分析解读。

（1）中金普洛斯 REIT

以下内容系根据《中金普洛斯仓储物流封闭式基础设施证券投资基金招募说明书（草案）》归纳和总结①。

中金普洛斯 REIT 的《基金合同》生效后，基金投资的基础设施资产支持证券为"中金–普洛斯仓储物流基础设施资产支持专项计划基础设施资产支持证券"，并通过持有该资产支持证券的全部份额进一步持有北京普洛斯、广州保税普洛斯、广州设管普洛斯、佛山普顺、苏州普洛斯和昆山浦淀等 6 家项目公司，该 6 家项目公司共持有 7 个基础设施项目。中金普洛斯 REIT 的基本操作如下：

首先是基金合同成立、生效及基金投资。

计划管理人获得上交所关于同意基础设施资产支持证券挂牌的无异议函，基金管理人获得上交所关于同意基础设施基金上市的无异议函及证监会关于准予基础设施基金注册的批文。

在取得前述无异议函及批文后，基金管理人委托财务顾问办理基础设施基金份额发售的路演推介、询价、定价、配售等相关业务活动。关于基金份额发售的相关内容将在后文中介绍其规则和要求。

如果基金份额发售即募集达到基金备案的条件后，自基金管理人办理完毕基金备案手续并取得证监会书面确认之日起，基金合同正式生效，并将于取得证监会确认文件的次日对基金合同生效事宜进行公告。

---

① 参见 http://static.sse.com.cn/bond/bridge/information/c/202105/8a1c4f69ad0a474da894f184794c8487.pdf，2023 年 5 月 30 日访问。

基金合同生效后，基金募集资金除支付必要的税费外，将全部投资计划管理人发行的资产支持证券，并成为该资产支持证券的唯一份额持有人。

其次是资产支持专项计划设立与投资。

专项计划发行期届满前，如果基金管理人认购资产支持证券份额的认购资金支付至专项计划募集资金专户内，则计划管理人应聘请会计师事务所对认购资金进行验资。验资完成后，计划管理人应在 2 个工作日内将专项计划募集资金全部划转至已开立的专项计划账户。认购资金划入专项计划账户之日为专项计划设立日。

资产支持专项计划设立后将以基金支付的认购资金进行投资，包括预留及支付专项计划费用、受让项目公司股权及向项目公司增加注册资本、向项目公司发放股东借款，以及进行其他允许的合格投资。

关于专项计划对基础资产即项目的投资安排，包括股权收购和债权投资两个部分。其实这种"股+债"模式，在资产支持证券业务中已经成为比较惯常的操作，其目的主要是通过构建债务来抽现金流，实现节税。对于基础设施基金来说，为了搭建符合实际商业安排的基金结构，在基金投资成为底层被投企业股东的同时，基金对被投资企业提供的借款，理论上最高能够达到股权投资额的 2 倍。

最后是标的股权交割。

专项计划设立日起，计划管理人将代表专项计划成为标的股权的所有权人，享有标的股权对应的权利及承担对应的义务。

就本项目而言，标的项目公司应在计划管理人支付标的股权收购价款之前办理完成标的股权变更至计划管理人名下的工商变更登记手续。

在《股权转让协议》约定的前提条件被计划管理人确认满足或豁免的前提下，计划管理人将向各项目公司境外股东一次性支付标的股权的收购价款。如果在模拟汇总净资产基准日至权利义务转移日期间内，标的项目公司发生损益的，应当按照收益归专项计划所有、损失由项目公司境外股东承担的原则来进行处理。

（2）中航首钢生物质 REIT

以下内容系根据《中航首钢生物质封闭式基础设施证券投资基金招募说明书（草案）》归纳和总结[①]。

[①] 参见 http://reportdocs.static.szse.cn/UpFiles/reitsinfodisc/REITS_000178FCDB9E223FEA7C3F7B52D3E93F.pdf，2023 年 5 月 30 日访问。

首先是资产重组。

与中金普洛斯 REIT 有所区别的是，在交易步骤和安排上，中航首钢生物质 REIT 有其一定的特殊性，包括资产重组、反向吸收合并及国有资产交易。

第一是资产重组。首钢基金全资设立首钢咨询，由首钢咨询从首钢环境受让首钢生物质 100% 股权，股转对价为 A 万元，但首钢咨询仅首笔支付 10 万元股转价款，剩余 A-10 万元待支付，作为首钢环境对首钢咨询的债权。债权本金金额在基金发行后确定，为基金募集规模扣减基金及专项计划层面预留的必要费用和首钢咨询首笔股转价款 10 万元后的余额。

第二是首钢基金受让首钢环境对首钢咨询的债权。

第三是专项计划设立及公募基金成立。基金募集 B 万元，并将扣除基金层面预留的必要费用后的 C 万元认购专项计划的全部份额。专项计划在扣除专项计划层面预留的必要费用后的 A 万元购买首钢基金持有的对首钢咨询的股权及债权，其中股转价款为 10 万元，债权转让对价为 A-10 万元。首钢基金在取得该等债权转让对价后向首钢环境支付债权转让对价 A-10 万元。

第四是首钢咨询与首钢生物质之间的反向吸收合并①，由首钢咨询与首钢生物质合并，合并后保留首钢生物质，注销首钢咨询。关于反向吸收合并，该项目参照了《公司法》《公司登记管理条例》的相关规定及北京市工商局公布的关于内资企业吸收合并的办事指南，主要程序包括：首钢咨询和首钢生物质分别内部决策同意吸收合并、首钢咨询和首钢生物质签订合并协议、首钢咨询和首钢生物质分别编制资产负债表和财产清单、首钢咨询和首钢生物质分别通知债权人并在指定报纸公告、首钢咨询和首钢生物质向市监部门申请合并登记并申请首钢咨询的注销登记。

需要关注的是，前述资产重组及交易步骤中的首钢环境将所持首钢生物质 100% 股权转让予首钢咨询，以及首钢基金将所持首钢咨询 100% 股权转让予专项计划，均涉及国有产权转让。将在后文基金架构中须关注的特别问题中予以介绍。

其次是交易安排。

基金募集达到法律法规规定及基金合同规定的条件后，基金管理人向证监

---

① 经统计，在首批九个项目中，交易安排中涉及反向吸收合并的有四个，分别是"红土创新盐田港仓储物流封闭式基础设施证券投资基金""博士招商蛇口产业园封闭式基础设施证券投资基金""中航首钢生物质封闭式基础设施证券投资基金""华安张江光大园封闭式基础设施证券投资基金"，但由于各地的政策不同，能否最终实现反向吸收合并，仍然存在一定的不确定性。

会办理基金备案手续，并取得证监会书面确认之日为基金合同生效日。基金合同生效后，在扣除基础设施基金所需预留的全部资金和费用后，剩余基金资产将全部用于认购资产支持证券全部份额，进而通过支持证券持有项目公司全部股权。

专项计划发行期结束或提前结束时，如果资产支持证券投资人即基金的认购资金总额达到或超过资产支持证券募集规模的100%，则专项计划管理人应不晚于资产支持证券缴款截止日后第一个工作日将专项计划认购资金扣除必要费用后划入专项计划账户，该日为转让计划设立日。专项计划的投资标的包括首钢咨询的100%股权及自首钢基金取得的对首钢咨询的债权。

(二) 基金架构中需关注的特别问题

1. 转让限制

基础设施项目的基本条件之一即基础设施项目具有可转让性。经查，首批基础设施项目大多存在一定的转让限制，但由于这些转让限制主要是因为项目所在地的具体规定或者项目存在具体情况，参考性有限，因此以下仅简要列示。

(1) 招商蛇口产业园项目

该项目在产权转让方面的限制较多，包括项目仅能以宗地为单位整体转让，受让方应当通过区产业部门的资格条件审核，配套商业、食堂部分经批准进入市场销售的应按市场评估地价补缴地价款等。

(2) 盐田港项目

该项目限整体转让；此外，由于项目土地使用权系协议出让取得，已取得对应土地行政主管部门出具的无异议函。

(3) 广州交投广河高速项目

原始权益人相关债券发行文件及融资文件中约定有转让限制；此外，《初始特许经营协议》对股权和资产转让也有限制性规定。

(4) 苏州工业园项目

《土地出让合同》中存在关于土地使用权转让需满足完成开发投资总额25%以上的限制性约定；《产业项目用地转让管理规定》中有关于"产业用地受让人股权结构或出资比例发生改变的，应当事先经管委会授权签订《产业发展协议》的单位同意"。

(5) 张江光大园项目

项目公司的股权转让需取得土地出让人的同意；项目相关融资及担保合同对项目转让存在限制规定等。

（6）沪杭甬高速项目

原始权益人包括香港联合证券交易所上市公司，下属公司股权转让构成分拆上市。

（7）普洛斯项目

昆山项目公司股权转让存在所在地区镇可以优先收购的限制性约定。

针对各个项目的不同特殊性，需要结合律师的尽职调查情况及拟出具的法律意见书，有针对性地提出解决方案，包括取得相关融资债权人的豁免或者同意，取得土地出让人的同意，或者相关主管部门的同意等。

2. 国有产权交易

由于基础设施项目中原始权益人需将所持项目公司或者 SPV 公司的股权转让给专项计划；部分项目中，在转让给专项计划前，原始权益人还会先进行内部重组，如果原始权益人为国有企业，就可能触发《企业国有资产交易监督管理办法》（以下简称"32 号文"）关于国有产权转让原则上应当进场交易的规定。

32 号文第十三条规定："产权转让原则上通过产权市场公开进行。"第三十一条规定："以下情形的产权转让可以采取非公开协议转让方式……（二）同一国家出资企业及其各级控股企业或实际控制企业之间因实施内部重组整合进行产权转让的，经该国家出资企业审议决策，可以采取非公开协议转让方式。"

（1）苏州工业园项目

以下内容系根据《关于申请募集东吴-苏州工业园区产业园封闭式基础设施证券投资基金的法律意见书》归纳和总结[1]。

苏州工业园区国有资产监督管理办公室于 2020 年 7 月 2 日作出《园区国资办关于同意兆润控股对苏州工业园区产业园资产进行资产证券化（REITs）运作的批复》，同意原始权益人向基础设施基金控制的特殊目的载体转让项目公司 100%股权。

苏州工业园区国有资产监督管理办公室于 2020 年 10 月 30 日出具《园区国资办关于对兆润控股拟申请试点发行公募 REITs 相关事项的回复意见》，"鉴于公募 REITs 的公募基金采取公开询价机制在证券交易所公开上市交易，支持原始权益人通过非公开协议转让的方式转让给公募基金控制的特殊目的载体。"

因此，苏州工业园项目最终是由国资监管机构批复基于基础设施基金系公

---

[1] 参见 http://static.sse.com.cn/bond/bridge/information/c/202105/cc795bb6d35240cab9264d9bbefa210a.pdf，2023 年 5 月 30 日访问。

开询价及公开上市交易，同意非公开协议转让。

（2）首创水务项目

以下内容系根据《关于富国首创水务封闭式基础设施证券投资基金募集之法律意见书》归纳和总结①。

该项目中，原始权益人为北京市国资委实际控制的国有企业，项目公司是原始权益人的全资子公司，因此，项目公司股权转让需履行国有资产转让审批程序。

但根据32号文第四十八条及《首创集团国资交易管理办法》第六条、第三十三条的规定，针对首创集团内部实施资产重组，转让方和受让方均为首创集团及其各级国有、国有控股企业或实际控制企业，经首创集团审议决策，并在实施前由首创集团以报告形式上报北京市国资委备案的产权转让可采取非公开协议方式进行。据此，首创集团董事会审议通过项目公司股权转让事项后，项目公司股权转让可以通过非公开协议转让方式进行，符合相关法律法规规定。

（3）沪杭甬高速项目

以下内容系根据《关于浙江浙商证券资产管理有限公司注册浙商证券沪杭甬高速封闭式基础设施证券投资基金的法律意见书》归纳和总结②。

该项目的股权转让也涉及到国有资产转让，原始权益人转让项目公司股权应取得各上级国有资产管理部门的批复。原始权益人均已取得相关国资监管部门同意原始权益人将持有的项目公司的全部股权以非公开协议方式转让给基于基础设施基金需要设立的特殊目的载体的有效批复，且原始权益人均已分别取得股权转让的内部授权。原始权益人的股转行为合法有效。

（4）首钢生物质项目

以下内容系根据《关于申请注册中航首钢生物质封闭式基础设施证券投资基金的法律意见书（申报稿）》归纳和总结③。

首钢生物质项目涉及两次国有产权转让。

第一次国有产权转让是发生在前期重组阶段。首钢环境将首钢生物质100%股权转让至首鿏管理，该转让为非公开协议转让，属于同一国家出资企业

---

① 参见 http://static.sse.com.cn/bond/bridge/information/c/202105/2a4de0afb227451797ff24231febc885.pdf，2023年5月30日访问。

② 参见 http://static.sse.com.cn/bond/bridge/information/c/202104/e467078ff16b44298a016729e087ef29.pdf，2023年5月30日访问。

③ 参见 http://reportdocs.static.szse.cn/UpFiles/reitsinfodisc/REITS_000178FD40FD723FEF32EADC5BDE2F3F.pdf，2023年5月30日访问。

内部实施重组整合,转让方和受让方为该国家出资企业及其直接全资拥有的子企业。首先,首钢集团内部根据《北京市人民政府国有资产监督管理委员会 北京市财政局关于贯彻落实<企业国有资产交易监督管理办法>的意见》,对股权转让方案进行了可行性研究,并审议通过。其次,由普华永道中天会计师事务所(特殊普通合伙)出具项目公司的审计报告,海问律师事务所出具法律意见书,对此次股转过程进行核查,确保符合法律法规规定。最后,转让方和受让方分别填写产权转让鉴证申请书,并根据北京市产权交易所的需要,将三方资料递交北京产权交易所,由北京产权交易所根据企业提供材料合法交易凭证,鉴证本次转让行为符合相关法律法规规定。

第二次国有产权转让是在专项计划设立及基础设施基金募集成立后,资产支持专项计划管理人代表专项计划受让首钢基金持有的 SPV 公司股权及债权。就本次国有产权转让,北京市召开了关于研究推进本市基础设施领域不动产投资信托基金有关工作的会议,参会的部门包括北京市国资委,形成了以下会议记录:"关于国有资产转让进场交易问题。中国证监会已明确基础设施 REITs 在证券交易所公开发行,本市相关项目申报可按照规定,并参照外省市做法,豁免国有资产进场交易程序。"并且,为了确保此次国有产权转让合规,相关方仍然聘请相关评估机构进行国有资产评估。

因此,首钢生物质项目在资产重组过程中,是按照同一国家出资企业内部实施重组整合的思路采用了在产权交易所非公开协议转让的方式;而在将 SPV 公司股权转让给资产支持专项计划时则是采用了和苏州工业园类似的方式,豁免了进场交易。

(5)盐田港项目

以下内容系根据《关于红土创新基金管理有限公司设立红土创新盐田港仓储物流封闭式基础设施证券投资基金的法律意见书(申报稿)》归纳和总结[1]。

盐田港项目的项目公司系深圳市国资委间接持股 100% 的国有企业,同样适用国有产权转让相关法律法规。

就本次发行涉及的项目公司股转事宜,深圳市国资委出具了《深圳市国资委关于深圳市地铁集团有限公司、深圳市盐田港集团有限公司申请基础设施 REITs 试点的反馈意见》,"基础设施 REITs 是通过证券交易所公开发行的金融产品,项目所涉国有资产按照中国证监会公布的《基础设施基金指引(试

---

[1] 参见 http://reportdocs.static.szse.cn/UpFiles/reitsinfodisc/REITS_0001792064B5B43FAAA1A64BE076203F.pdf,2023 年 5 月 30 日访问。

行）》等证券监管制度要求，遵循等价有偿和公平公正的原则公开规范发行，无须另行履行国有资产交易程序。你公司与基金管理人等中介机构应严格按照证券监管制度要求，充分发挥公开市场配置资源作用，根据基础设施项目评估情况及基础设施REITs交易结构，按照市场化方式通过公开询价确定基金份额认购价格，进而确定基础设施项目交易价格，防止国有资产流失，实现国有资产保值增值。"

因此，在盐田港项目中，深圳市国资委也认为本项目涉及的国有产权转让也是通过公开询价确定基金份额认购价格和基础设施项目交易价格，无须另行履行国有资产交易程序。

（6）招商局蛇口产业园项目

以下内容系根据《关于博时招商蛇口产业园封闭式基础设施证券投资基金发售募集的法律意见书》归纳和总结[①]。

在招商局蛇口产业园项目中，也涉及到国有产权转让问题。根据原始权益人出具的承诺函，原始权益人承诺，就本次交易中涉及的国有资产交易的相关事宜，将在基础设施基金发布询价公告前根据32号文等相关法律法规、国资监管部门的监管要求以及相关批复和审批文件等履行和完成相应的国有资产交易审批流程。

因此，在该项目中，区别于其他项目，并没有相关国资监管部门豁免履行国有资产交易，而且作出承诺将在询价公告发布前履行完毕相关流程。这也就要求基础设施基金管理人要和相关产权交易所进行必要的沟通并按步骤按时间要求完成相应流程。

（7）广州交投广河高速项目

以下内容系根据《关于申请募集注册平安广州交投广河高速公路封闭式基础设施证券投资基金的法律意见书（申报稿）》归纳和总结[②]。

该项目中，项目公司由广州交投100%持股，而广州交投是广州市国资委100%持股，所以股转也涉及国有产权转让。广州市国资委做出了《关于交投集团基础设施REITs试点广河项目股权转让环节国有资产交易程序的复函》，"基础设施REITs是通过证券交易所公开发行的金融产品，执行中国证监会公布的

[①] 参见 http://reportdocs.static.szse.cn/UpFiles/reitsinfodisc/REITS_000178FA1A5DDF3FDF483A91F339FC3F.pdf，2023年5月30日访问。

[②] 参见 http://reportdocs.static.szse.cn/UpFiles/reitsinfodisc/REITS_00017940466EA13FD6AABF7608265C3F.pdf，2023年5月30日访问。

《公开募集基础设施证券投资基金指引（试行）》等证券监管制度，遵循等价有偿和公开公平公正的原则公开规范发行，无须另行履行国有资产进场交易程序。"

因此，该项目也是基于基础设施项目的公开发行特点而豁免了履行国有产权转让进场交易流程。

综上，若涉及国有产权交易，解决方式基本是由相关国资监管部门出具批复或者函件，豁免进场交易。此处需要提示的是，鉴于存在原始权益人为有限合伙的情形，有限合伙对外转让股权是否涉及进场交易存在不同的意见。2019年5月27日，国务院国有资产监督管理委员会在其官网上发布了一则问答登选①（以下简称"527问答"），就"国有企业转让有限合伙企业财产份额是否适用32号令？"的留言进行了回复。根据527问答的答复，32号令的适用范围是公司制企业，国有企业转让有限合伙企业份额的监管管理另行规定。但这仅是一种观点，而且随着对于有限合伙中国资持有份额的监管向严的趋势，因此仍建议结合具体情况具体分析，避免因未进场交易而触发相关处罚措施。

3. 股东借款

从基础设施基金的基本交易架构可知，基础设施基金基本是在原已较为成熟的资产支持证券业务基础上架设一层基础设施基金，下层仍然是资产支持专项计划-项目公司的架构。所以，原资产支持证券业务模式中一直存在的股债比问题在基础设施基金中也同样存在。

所谓股债比，就是资产支持专项计划对于项目公司并不仅进行股权投资，除股权投资外，还会创设一定比例的债权投资，通过这种"股+债"的方式实现一定的税筹等目的。"股+债"结构的优势包括：

第一是起到节约税款作用。《财政部 国家税务总局关于企业关联方利息支出税前扣除标准有关税收政策问题的通知》第一条规定，"一、在计算应纳税所得额时，企业实际支付给关联方的利息支出，不超过以下规定比例和税法及其实施条例有关规定计算的部分，准予扣除，超过的部分不得在发生当期和以后年度扣除。企业实际支付给关联方的利息支出，除符合本通知第二条规定外，其接受关联方债权性投资与其权益性投资比例为：（一）金融企业，为5：1；（二）其他企业，为2：1。"此外，2018年1月23日，基金业协会在北京召开

---

① 参见国务院国有资产监督管理委员会，http：//www.sasac.gov.cn/n2588040/n2590387/n9854167/c11349294/content.html，2023年5月22日访问。

的"类REITs业务专题研讨会",在基金业协会官方网站发布的会议通讯稿[1]中指出,"在私募基金投资端,私募基金可以综合运用股权、夹层、可转债、符合资本弱化限制的股东借款等工具投资到被投企业,形成权益资本。符合上述要求和《备案须知》的私募基金产品均可以正常备案。"(以下简称"备案指导意见")同时,备案指导意见提出"符合资本弱化限制的股东借款"。因此,在债权投资和股权投资不超过2∶1的比例范围内,项目公司向其股东支付的股东借款利息就可以在计算应纳所得税时予以扣除,一定程度上减少了应纳所得税额,有利于增加可以分配利润,提高投资人的获分配金额。

第二是构建稳定的现金流。股权投资的收益具有不确定性,或赚或赔;而债权投资约定有明确的借款期限和利率,具有确定性。基础设施基金强调基础设施项目有稳定的现金流,股东借款所形成的利息恰恰符合这一要求,有利于持续稳定地向资产支持专项计划及基础设施基金提供现金流。

第三是避免资金沉淀。对于基础设施基金如何构建这种股债比,一般是在项目公司原有债权基础上,通过资产支持专项计划向项目公司提供新的股东借款用于替换原有债权,这样就在股权投资基础上新构建了债权投资。当然结合具体项目情况的不同,构建股债比的方式也可能有所不同,需要结合项目具体情况而定。

在此,笔者仅以首批试点项目中较为有代表性的三个项目为例简单介绍。

首先看张江光大园项目,资产支持专项计划分别向SPV公司和项目公司提供借款,并在项目公司对SPV公司的吸收合并后,由项目公司统一承继对资产支持专项计划的债务,由此形成资产支持专项计划对项目公司的股权投资+债权投资。

其次看沪杭甬高速项目,项目公司首先召开股东会,通过减资方式形成项目公司对原始权益人的应付减资款,资产支持专项计划通过受让原始权益人持有项目公司100%股权及应收减资款债权,从而对项目公司形成股权投资+债权投资。

最后看招商蛇口产业园项目,资产支持专项计划受让项目公司股权后,项目公司的投资性房地产由成本法计量转为公允价值计量,公允性房地产由成本法计量转为公允价值计量,公允价值与账面价值的差额调整期初留存收益。项

---

[1] 《促进回归本源 助力业务发展——中国证券投资基金业协会资产证券化专业委员类REITs业务专题研讨会在京召开》,载中国证券投资基金业协会网站,https://www.amac.org.cn/aboutassociation/gyxh_xhdt/xhdt_xhgg/201801/t20180124_2333.html,2023年5月22日访问。

目公司依据股东届时作出的利润分配决定以会计政策变更形成的未分配利润向SPV公司进行分配，分别形成对SPV公司的应付股利；SPV公司依据股东届时作出的利润分配决定向基础设施资产支持专项计划进行分配，形成对基础设施资产支持专项计划的应付股利。资产支持专项计划管理人（代表专项计划）和/或SPV公司和/或项目公司签署债权确认及重组协议，对各方之间的债权债务关系进行确认及重组，最终分别形成专项计划对项目公司的债权债务关系、SPV公司对项目公司的债权债务关系。在项目公司完成对SPV公司吸收合并之后，最终构建成资产支持专项计划对项目公司的股权投资+债权投资。但招商蛇口项目之所以选择这种构建方式不得而知，不过由于其存在较大的项目特殊性，并不具有太多可参考和借鉴的价值。

由于相关项目披露的招募说明书、基金合同等文件并未详细披露资产支持专项计划对SPV公司及/或项目公司的借款金额，故无法判断股债比是否为1：2。

4. 反向吸收合并

在首批基础设施项目中，反向吸收合并这一操作的主要目的是减少基础设施基金架构中涉及的层级问题。基础设施基金募集的资金主要用于认购基础设施资产支持证券，基础设施资产支持专项计划进一步持有项目公司的100%股权。但由于受到原始权益人原来搭建结构的影响，项目公司的股东往往是SPV公司，所以最终基础设施基金的架构就是基础设施基金—基础设施资产支持专项计划—SPV公司—项目公司。但从监管角度，为了压降架构层次，建议拿掉SPV公司这一层，因此就需要项目公司对SPV公司进行反向吸收合并，最终达到基础设施基金—基础设施资产支持专项计划—项目公司这样的架构层次。

经查，以首批基础设施基金项目为例，有4个项目涉及到反向吸收合并操作，具体情况包括：

（1）张江光大园项目

根据该项目《基金合同》[①] 约定，在基金合同生效后20个工作日内，基金将启动反向吸收合并的相关工作。步骤为项目公司吸收取得SPV公司100%股权，在项目公司完成对SPV公司的合并后，SPV公司履行注销手续。但考虑到法律法规规定、监管政策及各地区市场监督管理部门工作人员对反向吸收合并

[①] 《华安张江光大园封闭式基础设施证券投资基金基金合同（草案）》，载上海证券交易所网站，http：//static.sse.com.cn/bond/bridge/information/c/202105/c68d978722b041d4b009a03120d89bfd.pdf，2023年5月22日访问。

的理解和具体业务办理存在差异，反向吸收合并能否完成、何时完成都存在不确定性。

截至 2022 年 7 月底，张江光大园项目由于实务操作存在较高税务成本，继续推进反向吸收合并将对基金份额持有人利益产生较大影响。为保护基金份额持有人利益，基金管理人决定终止反向吸收合并工作，并进行了相应的公告①。

（2）招商蛇口产业园项目

根据该项目《基金合同》②，基金成立后，在符合法律法规和相关政府部门的操作要求前提下，项目公司将吸收合并其股东 SPV 公司，SPV 公司将注销。吸收合并安排受限于法律法规的规定和相关政府部门的操作要求，能否完成、何时完成存在一定的不确定性。

（3）盐田港项目

根据该项目《基金合同》③，在专项计划完成收购 SPV 股权后的 6 个月内，项目公司将反向吸收合并 SPV 公司，反向吸收后，SPV 公司注销，专项计划成为项目公司 100% 股权。

（4）首钢生物质项目

根据该项目《基金合同》④，SPV 公司与项目公司之间反向吸收合并，即项目公司与其股东 SPV 公司进行合并，合并后项目公司主体存续，SPV 公司注销。

5. 涉税问题

基础设施基金的涉税问题是基金管理人、原始权益人等基础设施基金参与主体所普遍关注的问题。财政部和国家税务总局于 2022 年 1 月 26 日发布了《关于基础设施领域不动产投资信托基金（REITs）试点税收政策的公告》（财政部 税务总局公告 2022 年第 3 号），对于设立基础设施基金前原始权益人向项

---

① 《关于华安张江光大园 REIT 所涉仲裁结果的公告》，载上海证券交易所网站，http://www.sse.com.cn/disclosure/fund/announcement/c/new/2022-07-30/508000_20220730_1_4lvbY2a0.pdf，2023 年 5 月 22 日访问。

② 《博时招商蛇口产业园封闭式基础设施证券投资基金基金合同（草案）》，载深圳证券交易所网站，http://reportdocs.static.szse.cn/UpFiles/reitsinfodisc/REITS_000178FD7359733FDD6D11C3B514763F.pdf，2023 年 5 月 22 日访问。

③ 《红土创新盐田港仓储物流封闭式基础设施证券投资基金基金合同（更新）（草案）》，载深圳证券交易所网站，http://reportdocs.static.szse.cn/UpFiles/reitsinfodisc/REITS_00017940A40DE63FAB51BA29A708803F.pdf，2023 年 5 月 22 日访问。

④ 《中航首钢生物质封闭式基础设施证券投资基金基金合同（草案）》，载深圳证券交易所网站，http://reportdocs.static.szse.cn/UpFiles/reitsinfodisc/REITS_000178FD5FBEAE3FD95EAC1A3A52CE3F.pdf，2023 年 5 月 22 日访问。

目公司划转基础设施资产相应取得项目公司股权适用特殊性税务处理、基础设施基金设立阶段原始权益人转让项目公司股权实现的资产转让评估增值适用递延纳税等进行了规定，且该公告追溯到2021年1月1日起实施。

但还有一些和基础设施基金有关的税务问题并没有得到统一的规定。以土地增值税为例，基础设施基金架构中，资产支持专项计划管理人代表专项计划需要受让SPV公司或项目公司股权，对于这一过程中的股权转让是否需要缴纳土地增值税就存在不同声音，即股权转让应征土地增值税和股权转让不应征土地增值税。持前者观点的主要理由是，从实质课税的角度出发，虽然表面上市股权转让，但实际上转让的就是土地使用权及地上建筑物，且国家税务总局2000年发布的《关于以转让股权名义转让房地产行为征收土地增值税问题的批复》（以下简称"687号函"）也以个别复函的形式认可，对一次性转让公司100%的股权，且这些以股权形式表现的资产主要是土地使用权、地上建筑物及附着物，对此应按土地增值税的规定征税。持后者观点的主要理由是，687号函仅是个别复函，不具有普适性，而且根据《土地增值税暂行条例》第二条，"转让国有土地使用权、地上的建筑物及其附着物并取得收入的单位和个人，为土地增值税的纳税义务人，应当依照本条例缴纳土地增值税。"土地增值税应是在转让国有土地使用权、建筑物及其附着物等资产时才会产生的税种。为此，据悉为推进首批基础设施试点项目，某地发改委曾召开基础设施基金协调会，会上，该市税务局曾口头回复股权转让暂无须缴纳土地增值税。

因此，作为有望开启万亿规模蓝海的基础设施基金，希望可以有相关税务方面的进一步文件尽快出台，以利于基础设施基金涉税相关问题进一步明确化，更好地促进基础设施项目的发展。

九、基础设施基金涉及的法律文件及重点关注事项

（一）招募说明书

基金管理人在申请募集基础设施基金时应当编制招募说明书，对所有可能对投资人投资判断有重大影响的信息予以披露，充分披露投资基金的风险。

招募说明书内容大致包括：招募说明书摘要，招募说明书封面，目录，前言，释义，基础设施基金整体架构，基础设施基金治理，基金管理人，基金托管人，相关参与机构，风险揭示，基金的募集，基金合同的生效，基金份额的上市交易和结算，基金的投资，基金的业绩，基金的财产，基础设施项目基本情况，基础设施项目财务状况及经营业绩分析，现金流测算分析及未来运营展

望，原始权益人，基础设施项目运营管理安排，利益冲突与关联交易，基础设施基金扩募与基础设施项目购入，基金资产的估值，基金的收益与分配，基金的费用与税收，基金的会计与审计，基金的信息披露，基金的终止和清算，基金合同的内容摘要，基金托管协议的内容摘要，对基金份额持有人的服务，其他应披露事项，招募说明书的存放及查询方式，招募说明书附件，备查文件。

招募说明书需由交易所审核，确保其内容符合一般规定，且不存在未向投资人披露的相关情形。

(二) 基金合同

基金合同的签署方为基金管理人和基金托管人，属于契约式基金的一般合同签署方式，且由于基金投资人众多，基金合同适用于每个基金投资人。

基金合同内容大致包括：前言，释义，基金的基本情况，基金份额的发售，基金份额的上市交易和结算，基金备案，基金合同的当事人及权利义务，基金份额持有人大会，基金管理人、基金托管人的更换条件和程序，基金的托管，基金份额的登记，基金的投资，利益冲突及关联交易，基金的扩募，基金的财产，基础设施项目运营管理，基金资产的估值，基金的费用与税收，基金的收益与分配，基金的会计与审计，基金的信息披露，基金合同的变更、终止与基金财产的清算，违约责任，争议的处理，以及基金合同的效力。

鉴于基金合同是基金存续期间各方权利义务的纲领性文件，也是确保投资人利益的根本性文件，因此基金合同的拟定除了各方达成一致以外，还需要交易所的审核，确保基金合同的约定不存在侵害投资人利益的情形。

(三) 股权转让协议

股权转让协议是资产支持专项计划管理人（代表专项计划）从原始权益人受让 SPV 公司或项目公司 100% 股权的主要交易文件，签署方包括转让方即原始权益人、受让方资产支持专项计划管理人（代表专项计划）及目标公司即 SPV 公司或项目公司。

从股权转让角度看，股权转让协议作为股权转让的主要交易文件，与一般的股权并购交易在基本条款设置方面是一致的，条款主要包括定义与解释、股权转让与交易步骤、转让价款和支付、转让价款支付条件、陈述与保证、违约责任、终止与解除及其他条款。

但从基础设施基金角度看，股权转让协议与一般的股权并购交易中的股权转让协议相比还是存在一些特殊点，需要关注。

第一，交割日。一般的股权并购交易中将标的股权的工商变更登记设定为交割日；但基础设施基金中则将专项计划设立日作为标的股权交割日，从该日起标的股权的全部权利和义务均由资产支持专项计划管理人享有和承担。基础设施基金募集资金用于认购基础设施资产支持专项计划，专项计划管理人应在资产支持证券缴款截止日后的第一个工作日将认购资金（不含利息）全部划转至已开立的专项计划账户并在该日完成验资，完成验资的当日即为专项计划设立日。

第二，转让价款支付。基础设施基金中的股权转让价款分为预计转让价款和经交割审计后调整的股权转让价款。其中预计转让价款一般是SPV公司或项目公司的净资产金额，专项计划管理人首先在满足首笔付款条件后向原始权益人支付预计转让价款的90%作为第一笔付款；而后进行交割审计，交割审计完成后，各方根据交割审计的结果对股权转让价款进行调整和确认，并根据调整后的股权转让价款向原始权益人支付尾款。尾款的支付条件一般包括SPV公司或项目公司已经变更为专项计划管理人的全资公司的工商变更登记，即专项计划已变更为SPV公司或项目公司的唯一股东。

第三，生效日。由于股权转让价款来源于基础设施基金对基础设施资产支持专项计划的资产支持证券的认购款，而该认购款又来源于基础设施基金能否募集成功，所以股权转让价款是存在或然性的。因此，股权转让协议的生效条件是经各方有效签署之日成立，自专项计划设立日起生效。这种生效日设置避免了专项计划未能有效设立时股权转让协议已生效情形下专项计划必买及原始权益人必卖的情形。

（四）运营管理协议

运营管理协议是基金管理人委托运营管理机构对基础设施项目提供运营管理服务的主要协议，签署方一般包括基础设施基金管理人、运营管理机构、项目公司。

运营管理协议的基本条款包括定义、委任、陈述和保障、运营管理服务内容、各方权利和职责、权利与义务、管理监督、管理费、考核安排、报告和告知、运营管理机构的解聘和更换、违约责任、终止和解除、适用法律及争议解决及其他条款。

本质来讲，基础设施基金管理人应当对基础设施项目进行运营管理，但是根据40号文等相关规定，基金管理人也可以由其子公司或者委托第三方运营管理机构对基础设施项目进行运营管理，但是这种委托并不免除基金管理人的应有管理义务或责任。因此，运营管理协议重点应解决如下相关问题：

第一是明确委托运营管理的范围，纳入运营管理范围的内容将由运营管理机构具体负责，对此基金管理人将起到监督管理的作用。

第二是明确委托运营管理的费用及考核机制，运营管理机构收取管理费是提供运营管理服务的应有之义，但同时，基金管理人也可以设置一定的考核指标，并将考核指标和运营管理收费相挂钩，更好地促进和刺激运营管理机构提供服务。

第三是明确运营管理机构的解聘和更换程序，基于对投资人负责的考虑，如果运营管理机构无法满足运营管理的要求，甚至对于基础设施项目的运营管理起到负面作用，那么基金管理人应启动解聘和更换程序，并通过召开基金份额持有大会作出相应决议，同时履行相应信息披露义务。

第四是做好项目信息保护，防止信息不必要扩散。运营管理机构仅提供运营管理服务，但其并非基础设施项目的所有人，所有人是基金管理人所代表的基础设施基金。在运营管理机构提供运营管理的过程中，不可避免地将接触到基础设施项目的各类经营信息，并向运营管理机构的股东进行必要的汇报。因此，为了防止基础设施项目经营信息的不必要扩散，运营管理机构应承担保密责任和义务，并在其股东层面圈定相应的知情人范围，如果存在因信息扩散而侵害投资人利益情形，也便于追究相关人员责任。

十、基础设施基金的发售

（一）基金发售的流程

基础设施基金的发售业务主要依据是上交所和深交所分别制定和发布的发售业务指引。基金发售大致可分为路演、询价、定价、认购、配售等内容及流程。

所谓路演，是指通过现场演示的方法，和目标客户沟通展示，吸引目标客户的关注，以达到销售的目的。路演现在并不限于证券领域，其主要目的就是宣传和销售。

所谓询价，是指基础设施基金首次发售的，基金管理人或财务顾问通过向网下投资者询价的方式确定基础设施基金份额的认购价格，即基金管理人或财务顾问让网下投资者报价，在此基础上由基金管理人或财务顾问最终确定价格。

所谓定价，就基础设施基金而言，是指在询价的基础上，基金管理人或财务顾问根据网下投资者报价的中位数和加权平均数，结合公募证券投资基金、公募理财产品、社保基金、养老金、企业年金基金、保险资金、合格境外机构投资者资金等配售对象的报价情况，审慎合理确定的基础设施基金的认购价格。

所谓配售，是指基础设施项目原始权益人或同一控制下的关联方，以及符合相关条件的机构投资者，可以参与基础设施基金的战略配售。战略配售的特点是定量不定价，即在基础设施基金份额的价格通过网下询价和定价之前，参与战略配售的主体就已向基金管理人认购一定的基金份额，待定价后，参与战略配售的主体就必须按照认购的份额及份额定价认购相应份额。

(二) 基金的询价和定价

基础设施基金通过向网下投资者询价的方式确定基础设施基金份额的认购价格。网下投资者是指证券公司、基金管理公司、信托公司、财务公司、保险公司及保险资产管理公司、合格境外机构投资者、商业银行及银行理财子公司、政策性银行、符合规定的私募基金管理人以及其他符合中国证监会及交易所投资者适当性规定的专业机构投资者。全国社会保障基金、基本养老保险基金、年金基金等可根据有关规定参与基础设施基金网下询价。概括而言，符合相关规定的专业投资者均可作为网下投资者参与网下询价。原始权益人及其关联方、基金管理人、财务顾问、战略投资者以及其他与定价存在利益冲突的主体不得参与网下询价，但基金管理人或财务顾问管理的公募证券投资基金、全国社会保障基金、基本养老保险基金和年金基金除外。

交易所可以受基金管理人或财务顾问的委托向符合条件的网下投资者提供网下发行电子平台进行询价报价和认购申报。受托的交易所会向参与询价的网下投资者提供电子平台的投资者CA证书。

基金管理人申请发售基础设施基金，应当首先向交易所提交相关资料，包括发售申请、发售方案、询价公告、招募说明书、基金产品资料概要、基金合同、托管协议等。经交易所审核无异议的，基金管理人通过交易所网站或其他方式披露基础设施基金询价公告、招募说明书、基金合同、托管协议等文件。

网下投资者及其配售对象应在询价日前一交易日12时前在中国证券业协会完成注册。交易所从证券业协会获取网下投资者及其配售对象的相关信息。基金管理人或财务顾问对网下投资者的资格进行审核，并向网下发行电子平台确认拟参与该次网下发售的网下投资者及配售对象的相关信息。

网下询价的时间原则上为1个交易日。询价期间，网下投资者及其管理的配售对象的报价应当包含每份价格和该价格对应的拟认购数量，但填报的拟认购数量不得超过网下初始发售总量，且同一网下投资者全部报价中的不同拟认购价格不得超过3个。

网下投资者提交的拟认购数量合计低于网下初始发售总量的，基金管理人、财务顾问应当中止发售，并发布中止发售公告。报价截止后，基金管理人或财务顾问应当根据事先确定并公告的条件，剔除不符合条件的报价及其对应的拟认购数量。

剔除不符合条件的报价后，基金管理人、财务顾问应当根据所有网下投资者报价的中位数和加权平均数，并结合公募证券投资基金、公募理财产品、社保基金、养老金、企业年金基金、保险资金、合格境外机构投资者资金等配售对象的报价情况，审慎合理确定认购价格。也就是最终的定价是由基金管理人、财务顾问决定的。

基金管理人、财务顾问确定的认购价格高于中位数和加权平均数的孰低值的，基金管理人、财务顾问应至少在基金份额认购首日前 5 个工作日发布投资风险特别公告，并在公告中披露超过的原因，以及各类网下投资者报价与认购价格的差异情况，同时提请投资者关注投资风险，理性作出投资决策。

（三）基金发售的方式及投资者构成

基础设施基金的发售方式包括战略配售、网下发售和向公众发售三种方式。

1. 战略配售

战略配售，前面已有述及，即原始权益人或其同一控制下的关联方，以及符合条件的专业机构投资者，可以参与基础设施基金的战略配售。参与战略配售的投资者不得接受他人委托或委托他人参与战略配售，但依法设立并符合特定投资目的的证券投资基金、公募理财产品等资管产品，以及全国社会保障基金、基金养老保险基金、年金基金等除外。

因此，参与战略配售的主体又可以具体分为两类，一类是原始权益人或其同一控制下的关联方，对于这类主体，监管要求其必须认购不少于20%的基础设施基金拟发售份额，具体份额数待发售份额数确定后即可确定。对于原始权益人或其同一控制下的关联方参与战略配售20%以内的份额，限售期为60个月，在此期间该等份额不得转让或质押；20%以外的份额，限售期为36个月，在此期间该等份额不得转让或质押。另一类是符合条件的专业投资者，没有具体战配份额的限制，但也同样有限售期，限售期为12个月，在此期间不得转让或质押。

基金管理人、财务顾问应当在招募说明书及询价公告中披露战略投资者选取标准、向战略投资者配售的金额份额数量、占本次基金发售数量的比例以及限售期安排。基金管理人应当与战略投资者事先签署战略配售协议。募集结束前,战略投资者应当在约定的期限内,以认购价格认购其承诺认购的基金份额数量。

2. 网下认购和公众投资者认购

网下询价结束后,网下投资者应当以询价确定的认购价格参与基础设施基金份额认购。参与战略配售的投资者不得参与该基金份额的网下询价,但依法设立且未参与本次战略配售的证券投资基金、理财产品和其他资管产品除外。基金份额认购价格确定后,询价阶段提供有效报价的投资者方可参与网下认购。这里的有效报价是指网下投资者提交的不低于基金管理人及财务顾问确定的认购价格,同时符合基金管理人、财务顾问事先确定且公告的其他条件的报价。

网下投资者认购时,应当按照确定的认购价格填报一个认购数量,其填报的认购数量不得低于询价阶段填报的"拟认购数量",也不得高于基金管理人、财务顾问确定的每个配售对象认购数量上限,且不得高于网下发售份额总量。

募集期内,公众投资者可以通过场内证券经营机构或基金管理人及其委托的场外基金销售机构认购基金份额。

募集期届满,公众投资者认购份额不足的,基金管理人和财务顾问可以将公众投资者部分向网下发售部分进行回拨。网下投资者认购数量低于网下最低发售数量的,不得向公众投资者回拨。网下投资者认购数量高于网下最低发售数量,且公众投资者有效认购倍数较高的,网下发售部分可以向公众投资者回拨。回拨后的网下发售比例,不得低于本次公开发售数量扣除战配配售部分后的70%。因此,对于扣除战略配售后的部分,网下认购的比例不能够低于70%,但并没有约定上限。基础设施基金也是在我国基金领域首次适用"回拨机制"。

一般意义上的回拨机制,是指基金募集期满,根据战略投资者缴款、网下发售及公众发售认购情况,基金管理人对战略配售、网下发售和公众发售数量进行调整。但就基础设施基金来讲,仅存在网下发售和公众发售之间的调整。

交易所网站公告显示,上交所的"富国首创水务基金"采用了回拨机制。回拨机制启动前,该基金网下初始发售份额为9600万份,公众初始发售份额为2400万份。网下发售占扣除战配部分后份额的80%。由于公众投资者有效认购倍数较高,且网下投资者认购数量高于网下最低发售量,基金管理人决定启动回拨机制,将1200万份基金份额由网下回拨至向公众投资者发售。回拨后,网下发售8400万份,公众投资者发售3600万份,网下发售占扣除战配部分后的份额的70%。

上交所发行中金普洛斯基金和东吴苏州产业园基金，以及深交所发行的蛇口产业园基金、首钢绿能基金、广州广河基金也都适用了回拨机制。除东吴苏州产业园基金适用回拨机制后，扣除战配部分后的份额中，网下发售占比为75%，公众投资者发售占比25%外，其余几只基金在适用回拨机制适用后，扣除战配部分后的份额中，网下发售占比均为70%，公众投资者发售占比均为30%。通过适用回拨机制，也是在符合监管规定的前提下，一定程度上满足公众的申购需求。

对网下投资者进行分类配售的，同类投资者获得的配售比例应当相同。

（四）基金发售成功的条件

依据上交所和深交所的发售业务指引，基金募集期满，出现下列情形之一的，基础设施基金募集失败：（1）基金份额总额未达到准予注册规模的80%；（2）募集资金规模不足2亿元，或投资人少于1000人；（3）原始权益人或其同一控制下的关联方未按规定参与战略配售；（4）扣除战略配售部分后，向网下投资者发售比例低于本次公开发售数量的70%；（5）导致基金募集失败的其他情形。

以上是基金募集期满基础设施基金募集失败的情形，反之，则是基金发售成功的条件，即在同时满足以下情形：（1）基金份额总额达到准予注册规模的80%；（2）募集规模达到2亿元，且投资人不少于1000人；（3）原始权益人或其同一控制下的关联方按规定参与战略配售；（4）扣除战略配售后，向网下投资者发售比例不低于本次公开发售数量的70%，则意味着基础设施基金募集成功。

但根据查询各基金公告的基金合同，部分基金，比如富国首创基金、中金普洛斯等基金则要求基金份额总额达到准予注册规模的100%，较上交所和深交所的发售指引要求更为严格。因此，基金合同在满足上述发售指引要求的基础上，还可能约定有更为严格的基金募集成功条件。

十一、基础设施基金的上市和交易

54号文第十四条规定，基础设施基金拟在证券交易所上市的，基金管理人应当同步向证券交易所提交相关上市申请。证券交易所同意基础设施资产支持证券挂牌和基础设施基金上市的，应当将无异议函在产品注册前报送中国证监会。第二十七条规定，基础设施基金应当采取封闭式运作，符合法定条件并经证券交易所依法审核同意后，可上市交易。

基础设施基金作为证券投资基金，在经交易所审核同意后，可上市交易。

（一）基础设施基金上市

基础设施基金符合相应证券交易所《证券投资基金上市规则》规定的上市条件的，基金管理人可在提交相关文件后向证券交易所申请上市。根据上交所《上海证券交易所公开募集基础设施证券投资基金（REITs）业务办法（试行）》第二十五条规定，相关文件包括：基础设施基金上市申请文件、基金合同已生效的基础设施基金认购基础设施资产支持证券的认购协议、基础设施基金所投资专项计划的成立公告、已生效的专项计划购买基础资产的买卖协议，以及证券交易所要求的其他文件。因为在此之前基金合同、基金托管协议、招募说明书、法律意见书、基金管理人及资产支持证券管理人相关说明材料、基金管理人与主要参与机构签订的协议文件应已提交过证券交易所，故如无变更则无须重复提交。

经审核，基础设施基金符合上市条件的，证券交易所将向基金管理人出具上市通知书。基金管理人应在基金份额上市交易的3个工作日前，公告上市交易公告书。

（二）基础设施基金限售

关于基础设施基金的限售期限在前面关于战略配售部分已有描述，此处不再重复论述。

战略投资者持有的基础设施基金战略配售份额符合解除限售条件的，可以通过基金管理人在限售解除前5个交易日披露解除限售安排。基金管理人应当披露战略投资者履行限售承诺的情况以及律师的核查意见（如需）。

（三）基础设施基金上市后交易

基础设施基金可以采用竞价、大宗、报价、询价、指定对手方和协议交易等交易所认可的交易方式交易。基础设施基金竞价、大宗交易适用基金交易的相关规定，报价、询价、指定对手方和协议交易等参照适用债券交易的相关规定。

基础设施基金可作为质押券按照本所规定参与质押式协议回购、质押式三方回购等业务。原始权益人或其同一控制下的关联方在限售届满后参与上述业务的，质押的战略配售取得的基础设施基金份额累计一般不得超过其所持全部该类份额的50%。

十二、基础设施基金的借款

（一）基础设施项目既有借款

原则上，基础设施基金成立前，基础设施项目已经存在的对外借款，应在基础设施基金成立后通过募集资金予以偿还。但在例外情况下，也可以保留基础设施项目已存在的对外借款，这种情况下应当充分说明理由，并详细说明保留借款的金额、比例、偿付安排、符合法定条件的说明及对基础设施项目收益的影响等，充分揭示相关风险，并在招募说明书进行充分披露。同时，既存的对外借款也要符合 54 号文第二十八条第二款的规定且不存在他项权利。

（二）基础设施基金对外借入款项

基础设施基金直接或间接对外借入款项，应当遵循基金份额持有人利益优先原则，不得依赖外部增信，借款用途限于基础设施项目日常运营、维修改造、项目收购等，且基金总资产不得超过基金净资产的 140%。其中，用于基础设施项目收购的借款应当符合下列条件：

（1）借款金额不得超过基金净资产的 20%；

（2）基础设施基金运作稳健，未发生重大法律、财务、经营等风险；

（3）基础设施基金已持基础设施和拟收购基础设施相关资产变现能力较强且可以分拆转让以满足偿还借款要求，偿付安排不影响基金持续稳定运作；

（4）基础设施基金可支配现金流足以支付已借款和拟借款本息支出，并能保障基金分红稳定性；

（5）基础设施基金具有完善的融资安排及风险应对预案；

（6）中国证监会规定的其他要求。

基础设施基金总资产被动超过基金净资产 140%的，基础设施基金不得新增借款，基金管理人应当及时向中国证监会报告相关情况及拟采取的措施等。

十三、基础设施基金的信息披露

基础设施基金的信息披露包括基础设施基金发售阶段的信息披露及运营管理阶段的信息披露等。

在基础设施基金发售阶段，基础设施基金经证监会注册后，基金管理人应在基金份额公开发售 3 日前，依法披露基金合同、托管协议、招募说明书、发售公告、基金产品材料概要等法律文件。尤其是招募说明书，应当披露基础设施基金的详细信息，以有利于潜在投资人了解基础设施基金的相关情况及决策。

招募说明书披露的信息包括基础设施基金整体架构及拟持有的特殊目的载体情况、基金份额发售安排、预期上市时间表、募集及存续期相关费用、募集资金用途、基础设施资产支持证券基本情况、基础设施项目基本情况、基础设施项目财务状况及经营业绩分析、基础设施项目现金流测算分析、运营未来展望、基础设施基金配备的主要负责人情况、基础设施项目运营管理安排、借款安排、关联交易及防控措施、原始权益人基本情况、原始权益人或同一控制下关联方战略配售情况、基金募集失败的情形及对应处理、基础设施基金拟持有基础设施项目权属到期、处置等相关安排、主要原始权益人及其控股股东、实际控制人对相关事项的承诺、基础设施项目最近3年及一期的财务报告及审计报告、经会计师事务所审阅的基金可供分配金额测算报告、尽调报告、评估报告、主要参与机构基本情况、其他可能影响投资人决策的其他重要信息。

基础设施基金运营管理阶段的信息披露又可以进一步分为临时披露和定期披露。临时披露主要针对运营管理过程中发生的影响基金份额持有人利益或者可能对基金资产净值产生影响的事项，包括基础设施基金发生重大关联交易，基础设施项目公司对外借入款项或者基金总资产被动超过基金净资产140%，金额占基金净资产10%及以上的交易，金额占基金净资产10%及以上的损失，基础设施项目购入或出售，基础设施基金扩募，基础设施项目运营情况、现金流或产生现金流能力发生重大变化，基金管理人、基础设施资产支持证券管理人发生重大变化或管理基础设施基金的主要负责人员发生变动，更换评估机构、律师事务所、会计师事务所等专业机构，原始权益人或其同一控制下的关联方卖出战略配售取得的基金份额，以及可能对基础设施基金份额持有人利益或基金资产净值产生重大影响的其他事项。定期披露主要针对基础设施基金基本情况、财务状况、运营管理情况等需要定期向投资者披露的事项。定期披露的形式有季度报告和年度报告。基金信息披露文件涉及评估报告相关事项的，应在显著位置特别声明相关评估结果不代表基础设施项目资产的真实市场价值，也不代表基础设施项目资产能够按照评估结果进行转让。

十四、基础设施基金的运营管理

基础设施基金发行及上市后，就进入存续期，存续期的运营管理涉及到很多方面，比如信息披露、份额持有人大会、购入新项目、扩募等。信息披露在前面已有论述，主要是针对基金重要事项、基本情况而发布的临时报告和定期报告，下面主要介绍其他存续期运营管理可能涉及到的事项：

（一）份额持有人大会

份额持有人大会之于基础设施基金，就如同股东会之于有限责任公司，股东大会之于股份有限公司，合伙人会议之于有限合伙企业。份额持有人大会由持有基础设施基金份额的投资人组成，是基础设施基金的最高权力机构，并有权就基础设施基金的重大事项作出决议。

根据 40 号文，份额持有人大会的表决机制区分重要程度而有两种情形。

（1）应当经参加大会的基金份额持有人所持表决权的二分之一以上表决通过的情形包括：①金额超过基金净资产 20% 且低于基金净资产 50% 的基础设施项目购入或出售；②金额低于基金净资产 50% 的基础设施基金扩募；③基础设施基金成立后发生的金额超过基金净资产 5% 且低于基金净资产 20% 的关联交易；④除基金合同约定解聘外部管理机构的法定情形外，基金管理人解聘外部管理机构的。

（2）应当经参加大会的基金份额持有人所持表决权的三分之二以上表决通过的情形包括：①对基础设施基金的投资目标、投资策略等作出重大调整；②金额占基金净资产 50% 及以上的基础设施项目购入或出售；③金额占基金净资产 50% 及以上的扩募；④基础设施基金成立后发生的金额占基金净资产 20% 及以上的关联交易。

基金份额持有人与表决事项存在关联关系的，应当回避表决，其所持份额不计入有表决权的基金份额总数。

（二）基础设施基金购入新项目

在基础设施基金存续的运营管理期间，基础设施基金可能购入新的基础设施项目，对于基金份额持有人而言，新的基础设施项目购入属于重大事项。笔者认为可以从三个方面重点关注。

第一是基金管理人基础设施基金购入新基础设施项目，需要发布临时公告，披露拟购入基础设施项目的相关情况及安排，并定期发布进展公告，说明具体进展情况。

第二是如果基金管理人涉及按照规定向证监会申请变更基础设施基金变更注册的，基金管理人和资产支持证券管理人均应当向交易所提交基金变更及资产支持证券变更的相关申请，并由交易所进行审核。

第三是基金管理人应公告份额持有人大会事项，披露拟购入基础设施项目事项的详细方案及法律意见书等。

此外，如果基础设施基金新购入基础设施项目涉及到扩募的，还要履行扩募的相关要求。

(三) 基础设施基金的扩募

根据交易所的发售指引，基础设施基金是可以扩募的，可以向原基础设施基金持有人配售份额，也可以向不特定对象或特定对象发售。

关于基金扩募的发售价格或者定价方式，以及发售数量，由基金管理人根据基础设施基金二级市场交易价格和拟投资项目市场价值等有关因素合理确定，并将其与扩募方案等其他事项报基金份额持有人大会决议通过。

基础设施基金扩募的，基金管理人还应当向交易所提交中国证监会同意变更注册的批准或备案文件复印件、扩募发售方案、扩募发售公告等文件。5个工作日内表示无异议的，基金管理人启动扩募发售工作。扩募发售方案中应当包括本次基础设施基金发售的种类及数量、发售方式、发售对象及向原基金份额持有人配售安排、原战略投资者份额持有比例因本次扩募导致的变化、新增战略投资者名称及认购方式（若有）、基金扩募价格、募集资金用途、配售原则及其他本所要求的事项。

应当讲，扩募对于基础设施基金而言是有必要的，而且有利于基础设施项目的持续发展。为此，958号文强调，资产规模要符合要求，原始权益人要具有较强扩募能力，以控股或相对控股方式持有、按有关规定可发行基础设施基金的各类资产规模（如高速公路通车里程、园区建筑面积、污水处理规模等）原则上不低于拟首次发行基础设施基金资产规模的2倍。这说明从监管部门角度，已经从项目筛选和试点角度为后续基础设施扩募做了相应的准备。

同时，基础设施基金进行扩募的，基金管理人还应当取得证监会同意变更注册的批准或者备案文件，并向交易所提交该等批准或备案文件、扩募发售方案、扩募发售公告等。经审核无异议的，基金管理人才能启动扩募发售工作。

# 第十六章　房地产项目法律尽职调查重点关注事项解析

所谓尽职调查，英文是 Due Diligence，简称 DD，是指在企业进行交易时买方对目标资产或目标企业的经营情况所进行的调查。尽职调查的成果是尽职调查报告，简称 DD Report。

关于尽职调查，笔者参与了很多尽调，且均涉及房地产项目，因此对于房地产项目的尽职调查感触颇多。房地产项目的尽职调查的目的主要是了解目标项目或者标的公司的情况，以便发现资产交易或者股权交易所隐藏的各种风险。如果通过尽调发现的资产或公司有难以解决的问题或者难以承受的风险，那么交易很可能终止。当然，任何企业也不能指望通过尽职调查发现交易中可能存在的所有风险点，尽管目前公开查询企业或者资产信息的途径很多，但是如果遇到的卖方故意设置相关的陷阱，尽职调查也无法发现所有的"坑"。但对于交易而言，通过有经验的律师或者企业相关人员对目标项目或者标的公司进行尽职调查仍然是目前为止发现交易陷阱或风险的最佳方法。当然，除了法律尽职调查以外，还有财务、工程、税务等尽职调查。由相关专业的中介机构进行的尽职调查已经形成了固定的范式，即针对哪些重点事项进行调查。根据笔者的经验，本章将对房地产项目法律尽职调查所需要的重点事项进行归纳总结和介绍。

一、公司

不论是资产交易还是股权交易，对于相关主体的公司信息的尽职调查都必不可少，但也有所区别。对于资产交易，主要针对的是资产卖方的基本情况，目的是了解其基本情况，尤其是否涉及异常经营等情况，以及卖方出售资产应当履行的公司必要决策流程等；对于股权交易，则不仅针对股权持有人的基本情况,由于股权收购完成后,将持有目标公司的标的股权,因此重点是目标公司的基本情况。

1. 基本信息

基本信息主要指公司的名称、统一社会信用代码、法定代表人、公司类型、注册资本、成立日期、营业期限、登记机关、注册地址、经营范围等。基本信息主要依赖于交易对手提供的公司最新版本营业执照。同时可以依赖如国家企业信用信息公示系统等官方网站进行核对,以判断营业执照是否为最新版本及其记载是否属实。现在也有很多企业信息的查询系统,一般而言,尽调还是应该以国家企业信用信息公示系统为准。此外,各地的市监局也可能有相应的企业信息查询系统,可以一并查询,多重核实。

2. 股东情况

股东情况重点是了解公司的投资人情况,包括股东名称、认缴及实缴出资情况、所持股权比例等。对于股权情况,是否存在股权代持是值得注意的,如果存在股权代持,应当重点审核其代持协议。由于真正的权利人为被代持方,那么拟进行的交易,尤其是在股权交易的情况下,应当取得被代持方的同意,否则可能为交易埋下争议的隐患。

3. 设立和变更情况

公司的设立和变更情况,一方面可以由交易对方配合前往市监局调取公司的设立登记和变更登记工商档案,这些档案能够权威地展示公司设立和历次变更的基本情况及所提交的相关文件。另一方面也可以通过查询国家企业信用信息公示系统或者第三方网站等方式,了解历次变更情况等,网站已经对历次变更情况进行了整理。为谨慎起见,还是建议通过前往市监局调取工商档案的方式,能够更准确地完成对公司设立及变更情况的梳理。

4. 组织架构

组织架构主要是指公司的股东会(上市公司为股东大会)、董事会(也可能仅有一名执行董事)等。了解公司的组织架构,主要根据交易对方的信息披露及最新版本的公司章程。公司章程对于股东会(股东大会、股东)、董事会(执行董事)等的职权有相应的规定,有助于我们判断拟进行的交易需要从公司决策流程层面取得何种决议或者决定。

5. 股权质押、冻结等权利限制

对于股权交易,标的股权是否存在质押或者冻结等权利限制至关重要。因为标的股权在存在质押或者冻结的情况下,无法进行转让,必须在转让前将股权解除。

6. 对外投资

在股权交易的情况下，这里的对外投资是指标的公司的对外投资情况。对外投资也属于标的公司的资产，尤其是标的公司还有实质性经营业务时更是如此。但由于拟进行的交易往往只是针对目标公司，因此买方往往要求将不纳入交易的对外投资剥离掉，尽量让交易标的简单化，避免产生预期之外的风险和问题。

二、项目

针对房地产交易而言，不论是股权交易还是资产交易，实质目的都是取得项目。资产交易项下，买方单纯就是要受让卖方持有的土地使用权，或者是卖方持有的房地产项目。股权交易项下，虽然交易标的是股权，但实质上是基于交易便利及税负方面的考量，间接地仍然是为了取得土地使用权或者房地产项目。因此，项目的情况是尽职调查的重中之重，也往往蕴藏了最多的法律风险点。

在此前"房地产项目开发基本流程"一章中，我们曾经对房地产项目的开发建设流程做过较为细致的梳理，包括土地出让、用地预审、项目立项/备案、用地规划、取得土地证、工程规划、单项批复、施工许可、单项验收、竣工验收备案和权属登记等。基本上涵盖了针对项目情况进行尽职调查所应关注的点，以下逐一简单分析一下。

1. 拆迁

房地产项目难免会涉及拆迁，尤其是作为受让方更应当关注项目曾经是否存在拆迁问题，因为拆迁涉及补偿问题，如果这种补偿需要由项目公司承担，或者由相关协议转嫁给项目公司最终承担，那么拆迁的补偿事宜是否处理完毕就直接关系到交易价款的商定或者买方在交易完成后通过项目公司间接承继了拆迁补偿负债。

除房屋拆迁外，一些公共设施的挪移也值得关注。例如，某些项目地块上涉及高压塔等公共设施的挪移，挪移工作不仅涉及费用的问题，也涉及与相关行政部门的沟通，如果挪移工作不能如期进行，不仅项目的推进会受到影响，项目价值也必将受到影响。

2. 立项

项目的立项一般分为项目核准和项目备案两种主要方式。首先，立项文件是项目开发建设过程中所必须的，为此，交易对方应当提供立项文件。此外，需要关注的是立项文件的有效期限，以及项目开发建设与立项文件的有效期是否匹配。例如，对于需核准的项目，建设单位应当在 2 年内开工建设，如需延期，只能延期一次，期限不得超过 1 年。如果项目开发建设的时间超出核准文件的有效期，虽然可能未必对交易构成实质性影响，但是从严谨角度，应当对相关问题予以提示和披露。

3. 土地使用权相关合同

土地使用权相关合同的审查是对房地产项目尽职调查的一项重要内容，原因在于在目前土地二元划分的情况下，项目公司仅能取得项目的土地使用权。所以土地使用权的取得是项目能够开发建设的根本前提。

关于土地使用权的取得方式包括很多种，如公开出让方式取得、协议出让方式取得、划拨方式取得、转让方式取得，其中最为主要和常见的是以公开出让方式取得。不同的取得方式所应关注的点也会有所区别。

对于公开出让即政府通过公开招拍挂的方式发出公告，各意向方均可以在符合公告要求的情况下参与招拍挂。如果最终摘牌，那么政府会向项目公司发出中标通知（或者其他类似的通知摘牌的通知）。因此，对于通过公开出让方式取得的土地使用权，首先就应当审查其中标通知书。其次是审查项目公司与国土部门签署的国有土地使用权出让合同，重点的审核内容是宗地面积、土地用途、土地使用权出让年限、土地出让金价款及支付、土地使用权的转让、出租、抵押要求和限制，动工时间要求、竣工时间要求、违约责任、争议解决方式，以及其他出让合同约定的特殊事项。再次是土地出让金及契税的缴纳凭证，这也是必须核查的范围，正常情况下较容易核查清楚，同时契税有的地方适用 4% 的税率，有的地方适用 3% 的税率，对此也应予以关注。最后就是不动产权证书和不动产登记证明。如果项目还在开发建设的阶段，那么其不动产权证书上只有土地的相关信息。当然，在改用不动产登记证书以前，针对土地使用权均取得的是国有土地使用证，个别地区也叫房地产权证，目前均统一为不动产权证书。不动产权证明同样是目前的叫法，此前叫他项权证，即办理项目存在抵押的情况下，会有他项权证记载抵押人和抵押权人及抵押物的相关信息。对于这些权属证明的查证及核实原件，能够更好地确认项目公司持有土地使用权，此外，为谨慎起见，仍有必要前往项目所在地的不动产登记部门核实土地相关信息，并确认有无抵押、查封等限制性权利。一些项目的尽调律师由于时间紧张而忽略了权属核实这一关键步骤，不仅导致了客户信誉度的降低，而且也实质地增加了交易可能存在的风险。

对于协议出让的方式和上面公开出让的关注点基本一致，唯一的区别就在于出让的具体方式。

对于划拨方式取得土地使用权，出现在并购交易中是比较少见的。首先，根据相关规定，不能够未经有权机构的审批而直接将划拨土地对外进行转让或者出租，且转让或出租的所得还应当补缴对应的土地出让价款，所以划拨土地除非经过必要的审批外，一般不会出现在并购交易中。其次，在划拨情形下，应当着重审核《国有土地划拨决定书》、《土地使用权划拨合同》、国有土地使用证等相关文件，具体的审查内容可以参照上面的公开出让有关内容。

对于转让方式取得土地使用权，被尽调的项目公司处于受让方的位置，重点要审查原出让或者划拨合同、转让合同、不动产权证书及不动产登记证明等这些文件，并据此判断转让土地使用权时是否满足土地使用权转让的条件、转让价款是否支付完成、土地使用权是否已登记到项目公司名下等各种问题。

由于项目情况不同，项目所在地的政策也有所不同，甚至项目比较久远，因此对于土地使用权的审查务必要戒骄戒躁，在充分调研和核实的基础上，才能发现有价值的问题并提出相应建议。

4. 单项审批

所谓单项审批，一般是指项目在规划阶段面临的诸如环保审批、消防审批、交通影响评价、人防审批、文物保护审批、超限高层建筑防震审批、树木伐移审批、地质灾害审批、防雷设计审批等。

对于单项审批，一方面要从着重审核相关单项审批是否实际存在，即审批的有无，这将决定项目的审批完备性问题；另一方面要进一步审核相关审批是否存在某些限制性要求及有效期等，并比对项目的实际情况是否存在出入。

5. 五证

五证是房地产开发建设中至关重要的五个节点，分别对应建设用地规划许可证、国有土地使用证、建设工程规划许可证、建筑工程施工许可证和预售许可证。对于某些无法销售的项目，当然也不存在预售许可证，仅有前四证。

对于建设用地规划许可证，其取得时间一般在取得国有土地使用证前，尽调中应重点比对其取得的时间及证载相关信息是否与项目情况一致。

对于国有土地使用证，重点是核查其证载信息是否与土地出让/划拨合同等情况一致。此外，国有土地使用证的附记栏中也可能记载一些与土地有关的重要事项，如抵押情况等。因此，作为土地使用权的权属证明，国有土地使用证的审核至关重要。

对于建设工程规划许可证，不仅该证的本身证载情况重要，而且该证的附件也同样重要。尤其是附件会记载项目的详尽规划指标，这对于判断项目后续的开发建设是否满足规划条件是极为重要的参考。

对于建筑工程施工许可证，其重要性在于，一方面项目只有取得施工许可以后才能进行开发建设，否则，涉嫌未取得施工许可即开发建设将存在行政处罚的风险；另一方面，施工许可证的取得及项目开工时间还和土地出让合同或划拨合同中约定的相关动工要求直接相关，也需要审查是否存在逾期开工等问题。

对于预售许可证，则需要审核其取得时间和实际销售的时间是否相符，未取得预售许可，不得进行任何预售活动。

6. 竣工验收备案

根据要求，竣工验收完成后需要进行竣工验收备案。建设单位应当自工程竣工验收合格之日起15日内，向工程所在地的县级以上地方人民政府建设主管部门备案。对此，需要逐一核实，项目是否完成了各单项验收（如消防验收、人防验收、防雷验收、规划验收、档案预验收等）及五方验收（建设单位、勘察单位、设计单位、施工单位、监理单位），在完成前述验收工作后，即应申请进行竣工验收备案。这个阶段，着重应核查是否完成了相关验收和备案工作，以及是否存在相关保留意见。

7. 销售

对于项目房产的销售，如果涉及，那么应关注：第一，收集销售台账，掌握已销售的房产相关情况，包括但不限于房号、面积、房款金额、已收款金额、未收款金额等，以便明确项目通过销售剩余房源及收取剩余未收款还能回收多少资金等；第二，收集销售合同，销售合同中可能有项目公司的相关限制性或者义务性的约定，需要审核是否会给交易买方带来相关潜在风险；第三，如尚未进行正式销售，是否签署了相关意向协议或认购协议，是否收取了相关款项；第四，土地出让合同/划拨合同或相关协议、法律法规规定是否限制项目的对外销售。

三、物业管理

在房地产项目尽调中，曾经对于物业管理的尽调并未给予足够重视，但是随着物业管理近年来日益得到重视，且物业管理导致的交易后相关纠纷的出现，使得对物业管理相关问题的尽调越来越受到买方的关注。总结起来，有以下几个方面。

一是物业服务阶段，是前期物业服务阶段，还是后续一般物业服务阶段。通过收集物业服务合同，可以对此有效判断，并分析项目公司享有的权利及应承担的义务。

二是项目是否属于独立的物业管理区域，如果是，则需进一步判断该区域内是否只有项目公司一个业主，抑或还存在其他业主；如果不是，则需要进一步明确物业管理区域的范围还包括其他哪些业主。这一分析的目的是能够明确项目公司是否对于物业管理区域内的物业管理事务具有决定权。《民法典》最新规定，业主共同决定事项，应当由专有部分面积占比三分之二以上的业主且人数占比三分之二以上的业主参与表决。对筹集建筑物及其附属设施的维修资金，改建、重建建筑物及其附属设施，以及改变共有部分的用途或者利用共有部分从事经营活动的，应当经参与表决专有部分面积四分之三以上的业主且参与表决人数四分之三以上的业主同意；对于其他业主共同决定的事项，应当经参与表决专有面积过半数的业主且参与表决人数过半数的业主同意。

三是通过公开途径查询或者房管科问询等方式，确定登记物业服务单位与交易卖方披露的物业服务单位是否一致，避免存在转委托或者其他不利于交易买方情况的存在。

综上，由于物业服务单位是独立于交易卖方以外的第三方，故需要从法律关系上确保交易卖方能够在交易完成后对物业服务单位有决定权，否则很可能处于骑虎难下的尴尬境地。

四、人员

对于人员情况的尽职调查主要集中在股权交易中，资产交易一般不涉及对人员情况的调查。

在交易买方完成交易后，将间接通过项目公司承接员工，这就涉及项目公司与员工签署的劳动合同、劳务合同，在相关合同项下的权利义务，以及缴纳社保和公积金的相关义务等。正因如此，所以在尽职调查过程中摸清项目公司的员工情况，能够为交易买方最终决定是否保留员工提供基础事实情况的支撑，如果交易卖方最终决定不承接员工，那么可能要求在交易完成前由卖方负责剥离掉相关员工，并就由此产生的员工赔偿问题作出约定。

缴纳社保是项目公司的法定义务，对此，项目公司应当缴纳，否则将面临相应的处罚。但对于公积金，并非法定义务，对于非城镇户口的员工，项目公司未必一定要缴纳。对此，还应当结合项目所在地的具体情况分析判断。

五、诉讼仲裁

对于股权交易而言，审查目标公司所涉及的诉讼仲裁情况至关重要。这是因为如果存在未决的诉讼和仲裁，对于买方而言可能在交易后形成新的负债，尤其是目标公司作为被告或者被申请人的情况下，不论所涉及的法律关系多么简单，都很难准确判断法院或者仲裁机构最终会作何裁判。即便是目标公司作为原告或者申请人的情况下，同样值得关注，因为交易后，目标公司由买方间接持有，对于该等诉讼或仲裁，就需要投入相应的精力，并不排除和被告或者被申请人之间形成新的进一步的纠纷。

是否存在未决仲裁通过公开途径是无法查询的，仲裁裁决或相关流程都不会公示，这也是很多机构倾向于仲裁的原因之一。所以，对于仲裁，主要还是依赖于交易对方的披露。

是否存在未决诉讼和执行案件是可以通过公开途径查询的，如通过裁判文书网，一些省市的高级人民法院也会提供查询所在地区的诉讼案件，但是并非所有的裁判文书都可以通过公开途径查询到，且可能存在公示不及时的情况。所以，对于诉讼、执行案件，一方面可以自行查询；另一方面也要依赖于交易对方的披露，前者也可以作为对后者的一种验证。

六、资产

关于资产，一般从固定资产和知识产权两个维度调查。前者包括除房地产项目以外的相关资产，如打印机、办公设备等，项目公司一般有相应的固定资产台账。后者主要包括著作权、商标、专利、实用新型等。

对于资产的调查，基本不涉及法律问题的判断，重在对相关资料的收集和对相关情况的核实，如对于相关知识产权，就可以通过国家知识产权局综合服务平台或者中国商标网等途径进行核实，以判断是否存在过期等情况。

七、保险

关于保险，也属于事实问题的调查，即项目公司或者其他方为项目或资产（如汽车、员工）提供了哪些保险，相关保险的被保险人、受益人、保险金额、保费缴纳情况等。一般可以对相关保险情况列表格，以有助于查阅。同时，还需要对相关保险单及保险缴费凭证等进行核实。

八、重大债权债务及担保

重大债权债务及担保是尽职调查的一个重要方面。债权情况较容易理解，如果目标公司存在对外债权，那么对于买方而言，在交易完成后还可能有债权入账，则相应体现在交易价款上就可能更多一些，当然也存在债权是否能够如约收回的问题。

对于债务，在交易完成后将由目标公司承继，如此一来，相当于成了一笔负债，需要买方明确到底要承继债务金额、债务人、债务期限等具体的情况。此外，债务相关合同中往往对于作为债务人的目标公司有一系列的限制性约定，如目标公司进一步融资需要取得债权人同意等，这些限制性的约定也非常重要，需要在审核有关债务合同时着重留意，并据此进行分析和提示相关风险。

对于担保情况，进一步可以分为目标公司为自己的债务提供的担保和目标公司为其他方提供的担保两类；同时，担保又进一步包括抵押、质押、保证和其他具有担保性质的义务等类型。对此，首要的仍是收集相关的合同，了解担保合同的债务人、债权人、担保人、担保期限、担保类型及担保合同的限制性约定等。担保合同尤其是银行作为债权人的担保合同，可能会要求担保人不得在未经债权人同意的情况下提供新的担保或者进行新的融资等，这类问题均需要在审核合同时着重留意，并据此提示相关风险。

九、重大合同

目标公司一般针对合同都有相应的台账，对台账的收集是第一步。接下来需要做的是对台账进行筛选，一是确定重大合同的金额标准，对于房地产项目公司，其合同金额往往较高，故一般可以确定一个比较高的重大合同筛选标准；二是区分已签署已履行完毕的合同和已签署但未履行完毕的合同，前者由于已经履行完毕，不作为审查的重点，后者由于还有未履行的内容，对于并购交易而言属于一种负债，故需要重点审查。

房地产项目公司有两大类已签署但未履行完毕合同需要关注，一类是建设工程类合同，对此，在建设工程一章中已有涉及，此处不再赘述，但需强调的是，对于该类合同，还是需要尽量审阅并梳理其主要的合同条款，如工期、质量、价款、付款方式、质保等条款。另一类是销售合同，可销售合同对于目标公司而言是一种货值，对于已签署但尚未履行完毕的销售合同，对于目标公司属于资产，但也存在相应的义务，这些事项均应当予以关注。

十、税务

税务问题并非法律尽职调查所重点关注的事项，且只有在股权交易情况下才涉及。对于税务方面的尽调主要是了解目标公司所涉及的税种及税率。由于某些情况下，目标公司可能存在一定的税收优惠，这类优惠的原因及期限、优惠幅度等，也需要一并了解。

以上是房地产项目法律尽职调查的重点关注事项，需要说明的是，由于一方面法律法规在不断变化；另一方面项目所在地的具体政策和执行层面也可能不同，因此，对于房地产项目法律尽职调查看似简单，但想做好却并不容易，需要耐心、细心和信心。

后　　记

　　本书的最终成书和如何做好法律实务工作直接相关，并且二者呈现出相互促进的关系。在此，笔者想进一步阐释对于如何做好法律实务工作的一些个人思考。

　　一是理论学习。在校学习期间，所学习的主要是法学理论，目的在于开启法律思维，建立对法律的敬畏之心，同时也激发对法律学习的兴趣。进入社会开启工作生涯之后，往往发现很多实际问题，其实在课堂上老师早就有所讲解和总结。因此，法学生应认真把握在校学习时光，认真做笔记，做好预习和复习，让学校期间所习得的知识融入自己的知识结构中，甚至变成下意识的反应，这对于后续的实践工作将助力巨大。

　　二是广泛参与实践和接触不同业务领域。笔者在大学期间参与过一些学生社团和实践教学活动，接触到实际案例，参与到一些就改编案例的讨论或模拟法庭。站在今天反观当初，才认识到这些安排的重要意义，即所谓的学以致用。在正式工作后，因为工作安排的原因，接触了和房地产相关的很多细分业务领域，甚至破产业务也有所接触。现在法律行业划分得很细致，大的方面可分为诉讼和非诉领域，小的方面又可分为诸如资本市场业务、基金业务、反垄断业务等，但在工作的开始几年最好还是给自己多一些尝试不同业务的机会，以此发现自己真正的兴趣所在，同时拓宽自己的知识储备，而不要封闭在某一个小的业务范围内。

　　三是认真工作。因缘际会，每个人在工作中都可能会遇到贵人，这并非每个人自己所能决定的，但对待工作的态度却是可以自己把控的。经过工作，慢慢就会发现，凡是努力认真对待工作的人，工作都会给予他们最好的反馈。这种反馈或来自上级的器重，或来自同事的认可，或来自客户的肯定，或来自自身能力的不断提升，总之会让自己变得越来越好。

　　四是形成正确的工作方法。工作方法和学习方法一样，对于工作都起到正向的促进作用，甚至是事半功倍的作用。经常性的、阶段性的总结，或者写一篇文章，或者做一次知识分享，都能够将经验不断转化为生产力。

上述只是笔者对于既往工作的一些粗浅认识，希望能够对读者有些许的帮助。

很多人为了本书的最终出版付出了巨大的努力，需要笔者在此逐一感谢。首先要感谢的是中国法制出版社的编辑老师，在他们的帮助和支持下，本书才得以出版。其次要感谢的是我的父母，他们平日里带孩子很辛苦；再次要感谢我的岳父岳母，他们在寒暑假里带孩子也很辛苦，正是他们的无私付出，才让我能有时间撰写本书。最后要感谢的是我的妻子，没有她的鼓励和宽容，我可能没有足够的耐心和勇气完成本书。本书开始撰写时，儿子还在咿呀学语，本书即将出版之际，他已经顺利迈入幼儿园，并且顺利得有些出乎意料，本书也作为他迈入个人新阶段的一份礼物。

张涛

2023 年 10 月

图书在版编目（CIP）数据

房地产全流程法律实务 / 张涛著 . —北京：中国法制出版社，2023.10
（法律人核心素养丛书）
ISBN 978-7-5216-3827-1

Ⅰ.①房… Ⅱ.①张… Ⅲ.①房地产法-基本知识-中国 Ⅳ.①D922.38

中国国家版本馆 CIP 数据核字（2023）第 156535 号

策划编辑：陈兴（cx_legal@163.com）
责任编辑：白天园　　　　　　　　　　　　　　　封面设计：杨泽江

房地产全流程法律实务
FANGDICHAN QUANLIUCHENG FALÜ SHIWU

著者/张涛
经销/新华书店
印刷/三河市紫恒印装有限公司
开本/730 毫米×1030 毫米　16 开　　　　印张/ 24.75　字数/ 357 千
版次/2023 年 10 月第 1 版　　　　　　　　2023 年 10 月第 1 次印刷

中国法制出版社出版
书号 ISBN 978-7-5216-3827-1　　　　　　　定价：98.00 元

北京市西城区西便门西里甲 16 号西便门办公区
邮政编码：100053　　　　　　　　　　　传真：010-63141600
网址：http://www.zgfzs.com　　　　　　编辑部电话：010-63141792
市场营销部电话：010-63141612　　　　　印务部电话：010-63141606

（如有印装质量问题，请与本社印务部联系。）